JN270693

プロのための
わかりやすい
フランス菓子

Pâtisserie française

はじめに

　この本をつくるにあたって一番悩んだことは、ただ学校で使う教科書としてだけでなく、食べ物好きのすべての人に使っていただけるようにするには、どうしたらよいか、ということです。
　お菓子づくりをはじめたいがどのように勉強をすればよいか、お菓子をつくってきたがなぜこのようなつくり方をするのか、なぜうまくつくることができないのか……。この「なぜ」という疑問を少しでも解きほぐす役に立ち、そして愛用の料理書の片隅にでも加えていただけることを願って、見て楽しく、つくって楽しく、食べて楽しく、贈って楽しく、を目指して構成しました。
　目新しい製品を生み出すこと、売れる製品をつくることを要求されるパティシエと、なぜ、どうしてと疑問を投げかけながらつくってきた我々との違いがこういう本をつくりたいと思わせるのかも知れません。お菓子をつくって売ることを喜び、商売としてのお菓子をつくるパティシエに対し、我々に要求されるのは教え伝えることであり、学校の教育方針に掲げられている「DOCENDO　DISCIMUS：教えることで学ぶ」という言葉は我々の根幹をなしている部分です。ですから私自身は、パティシエ（Pâtissier）と呼ばれるよりも、プロフェスール・ド・パティスリ（Professeur de Pâtisserie）と言われた方が仕事上正しいと思っています。
　現在、お菓子に関する書籍は数多く出版され、オーナーシェフと呼ばれる製菓長兼経営者の方々が惜しげもなく製品のつくり方、配合までも紹介されています。昔の人たちにとっては考えられないことでしょう。しかし、そうした数々の製品も理論的なことを知れば、限られた材料をいかに混ぜ合わせ、いかに組合わせるかによってお菓子の状態、表現が幾通りにも変わっていっているのだということが分かるはずです。お菓子の不思議はそこにあります。
　よくお菓子づくりは配合通りに、材料を正確にはかればできると考えられがちですが、それだけではおいしい、すばらしい、素敵なお菓子は生まれてこないのです。ではどうすればよいのでしょうか。───それは状態の変化を感じることです。
「なにで!?」「身体全体で！」
　視る(目で見るだけではなく心に感じる見方)、触る(温度、弾力、粘り)、嗅ぐ、聞く、味わう(温度、味、固さ)、五感全てで感じてください。生地、クリームをつくる工程や焼成時、でき上がってからの保管、保存……。もろもろの事柄がおいしいお菓子をつくる条件につながっているのです。
　フランスの偉大な料理人にして菓子職人であったアントナン・カレームは、『芸術には5種類ある。すなわち絵画、彫刻、詩、音楽、建築がそれで、建築の主要な一部門にパティスリーがある』と言いました。私はこの世界に入って数十年経ちますが、年ごとにこの言葉がひしひしと身にしみて感じられるようになりました。そしてこれらの芸術すべてが、お菓子づくりになくてはならない要因であると自負しています。
　粉、卵、砂糖、乳製品といった形のないところから形(生地、クリームなど)をつくり、組立て、飾る。さらに店の雰囲気づくりをしてお客様においしいお菓子を提供する。これほどすばらしい芸術作品はないと思います。
　しかしお菓子は、見る見る壊され、作品としては残されることの許されない芸術品なのです。そして、それゆえにこそパティシエは新たな作品づくりに次から次に意欲が湧くのです。その意欲の火を消さないためにもこの本をバイブルとしてより多くのパティシエに使っていただけることを願っています。
　この本の製作にあたり、雑誌連載時から長期にわたって写真家の夫馬潤子さん、柴田書店書籍編集部の佐藤順子さんにはたいへんお世話になりました。厚く御礼申し上げます。

川北末一

プロのためのわかりやすいフランス菓子　目次

はじめに　3
この本の使い方　8

第1章　フランス菓子の基礎知識　9

フランス菓子の分類　10
菓子の歴史　12
フランスの風土と菓子　15
材料について　18
　小麦粉　18
　卵　20
　砂糖　22
　乳製品　24
器具について　26
　オーブン　26
　型やオーブンプレート用の敷紙　27
　混ぜる器具　28
　計量器具　29

第2章　スポンジ生地、バター生地の菓子　31

スポンジ生地について　32
　[基本の生地]**パータ・ビスキュイ**　34
　オムレット・オ・フレーズ　37
　[基本のクリーム]**クレーム・パティシエール**　40
　ルレ・オ・フリュイ　43
　＊絞り出し袋の準備と絞り方　45
　シャルロット・オ・プワール　46
　＊洋梨のシロップ煮　49
　[基本の生地]**パータ・ジェノワーズ**　50
　フレズィエ　52
　＊マジパン細工(バラの花)　55
　ガト・モカ　56
　＊型の準備　59
　[基本のクリーム]**クレーム・オ・ブール**　60
　＊糖液の温度と状態　61
　トラーンシュ・オ・ショコラ　62
　[基本のクリーム]**ガナシュ**　65
　パン・ド・ジェンヌ　66
　[基本の生地]**パータ・ビスキュイ・ジョコンド**　69
　サンマルク　71
　オペラ　74
バター生地について　77
　＊パータ・ケックの製法　78
　ケック・オ・フリュイ　79
　ガト・オ・ショコラ・ド・ナンスィ　82
　マドレンヌ　85

第3章　練り込みパイ生地の菓子　89

パータ・フォンセについて　90
　[基本の生地]**パータ・フォンセ**　90
　＊パイ生地ののばし方　92
　タルト・オ・スリーズ　93
　＊麺棒の使い方　97
　タルト・タタン　98
　トゥルト・フロマジェ　101
パート・シュクレについて　104
　[基本の生地]**パート・シュクレ**　104
　フラン・オ・プワール　106

[基本のクリーム]**クレーム・ダマンド** 109
タルトゥレット・オ・スィトロン 110
タルトゥレット・オ・ピニョン 113
パート・サブレについて 116
[基本の生地]**パート・サブレ** 116
フロランタン・サブレ 118
ガレット・ドラーンジュ 120
ムリヌワ 123

第4章 折り込みパイ生地の菓子 127

フイユタージュについて 128
[基本の生地]**フイユタージュ・オルディネール** 129
[基本の生地]**フイユタージュ・アンヴェルセ** 132
[基本の生地]**フイユタージュ・ア・ラ・ミニュット** 134
ミルフユ・グラセ 136
＊フォンダン 139
＊アプリコットジャム 140
＊紙のコルネのつくり方 141
ピティヴィエ 142
ピュイ・ダムール 144
ショソン・ナポリタン 147
フユタージュ・スュクレ 149
[フイユタージュの応用]**フイユタージュ・オ・ショコラ** 152
ミルフユ・ショコラ・ア・ラ・マーント 154

第5章 シュー生地の菓子 159

パータ・シューについて 160
[基本の生地]**パータ・シュー** 160
シュウ・ア・ラ・クレム 162
シュウ・アン・スュルプリーズ 164
ポンヌフ 166
パリブレスト 169
サントノレ 171
ルリジューズ 174

第6章 メレンゲの菓子 179

メレンゲについて 180
ムラング・フランセーズ 181
ムラング・スイス 182
ムラング・イタリエンヌ 183
モンブラン 184
セヴィニェ 187
ビテール 190
スュクセ・プラリネ 193
マカロン・オ・フランブワーズ 196
タルト・オ・マロン・エ・プワール 199
ガト・マルジョレンヌ 202

第7章 発酵生地の菓子 207

パート・ルヴェ(発酵生地)について 208
クグロフ 210
サヴァラン 213
ブリヨシュ・オ・フリュイ・コンフィ 217
クイーニャマン 221

第8章 デザート 225

デザートについて 226
クレップ・ノルマーンド 227
ファール・ブルトン 230
ベーニェ・オ・ポム 232

　　　　　　　　　ビューニュ　235
　　　　　　　　　スフレ・ア・ラ・ヴァニーユ　238
　　　　　　　　　スフレ・オ・ポム　241
　　　　　　　　　ゴーフル　244
　　　　　　　冷たいデザートについて　246
　　　　　　　　　バヴァルワ　247
　　　　　　　　　ブランマンジェ　250
　　　　　　　　　ジュレ・ド・パンプルムゥス　253
　　　　　　　　　クレム・ランヴェルセ・オ・カラメル　256
　　　　　　　　　ムゥス・オ・ショコラ　259
　　　　　　　　　ムゥス・オ・スィトロン　262
　　　　　　　　　サバヨン　265
　　　　　　　　　＊ビスキュイ・ド・ラーンス　267
　　　　　　　　　ウ・ア・ラ・ネージュ　268
　　　　　　　　　コンポット・ド・プリュノ　271

　　　第9章　　氷菓について　274
　　　氷菓　　　＊糖度の測り方　275
　　　273　　　　グラス・ア・ラ・ヴァニーユ　276
　　　　　　　　ソルベ　278
　　　　　　　　　　ソルベ・オ・スィトロン　279
　　　　　　　　　　ソルベ・ア・ラ・フランブワーズ　280
　　　　　　　　　　ソルベ・ア・ラ・マーング　280
　　　　　　　　　　ソルベ・ア・ロランージュ　280
　　　　　　　　グラニテ・オ・ペシュ　282
　　　　　　　　パルフェ　284
　　　　　　　　スフレ・グラセ・オ・グラン・マルニエ　286
　　　　　　　　ヌガ・グラセ　288

　　　第10章　　プティ・フールについて　292
　　プティ・フール　プティ・フール・フレ　293
　　　291　　　　　バト・ショコラ　294
　　　　　　　　　バルケット・オ・マロン　295
　　　　　　　　　マロン　295
　　　　　　　　　モカ　295
　　　　　　　　　エリソン　296
　　　　　　　　　フレーズ　296
　　　　　　　　　コンフィ　296
　　　　　　　　テュイル・オ・ザマーンド　298
　　　　　　　　テュイル・ダンテル　300
　　　　　　　　ガレット・ブルトンヌ　302
　　　　　　　　スィガレット　304
　　　　　　　　パレ・オ・レザン　306
　　　　　　　　バトン・マレショ　308
　　　　　　　　ロシェ・オ・ヌワ・ド・ココ　310
　　　　　　　　マカロン・ド・ナンスィ　312
　　　　　　　　マカロン・ムゥ　314

　　　第11章　　糖菓について　318
　　　糖菓　　　＊マジパン　319
　　　317　　　　[基本の生地]**パート・ダマンド・クリュ**　320
　　　　　　　　[基本の生地]**パート・ダマンド・フォンダント**　323
　　　　　　　　プティ・フール・オ・ザマーンド　327
　　　　　　　　フリュイ・デギゼ　330
　　　　　　　　パート・ド・フリュイ　333
　　　　　　　　ギモーヴ　336
　　　　　　　　ヌガ・ド・モンテリマール　339
　　　　　　　　ヌガ・ド・プロヴァーンス　342

　　　　　　　　　　カラメル・ムゥ　344
　　　　　　　　　　ボンボン・ア・ラ・リクール　346
　　　　　　　　　　プラリンヌ　349

第12章　　　　チョコレートについて　352
チョコレート　　＊チョコレートの製造工程　353
　　　　　　　　＊チョコレート製品　354
　351　　　　　＊調温　タンペラージュ　356
　　　　　　　　＊タブラージュ法の手順　357
　　　　　　　　　　ブシェ・オ・ショコラ　359
　　　　　　　　　　マンディヤン　360
　　　　　　　　　　ピエモンテ　361
　　　　　　　　　　トリュフ　362
　　　　　　　　　　オラーンジュ　365
　　　　　　　　　　グリヨット・オ・キルシュ　368
　　　　　　　　　　フランブワズィンヌ　370
　　　　　　　　　　アマーンド・オ・ショコラ　373
　　　　　　　　　　ロシュ・ダマーンド　375
　　　　　　　　　　テュッティ・フルッティ　378

第13章　　　　　　菓子の演出　ラッピング　382
フランス菓子の周辺知識　　　四角い箱(直方体)を包む　384
　　　　　　　　　　リボンの結び方　385
　381　　　　　　　色の違うリボンで変化をつける　386
　　　　　　　　　　丸い箱(円筒形)を包む　387
　　　　　　　　　　三角形の箱を包む　388
　　　　　　　　　　六角形の箱を包む　389

　　　　　　　　コーヒーについて　390
　　　　　　　　　　コーヒーの3原種　391
　　　　　　　　　　コーヒーの産地　391
　　　　　　　　　　コーヒー豆の選別　392
　　　　　　　　　　コーヒー豆の焙煎　393
　　　　　　　　　　コーヒー豆のグラインド　394
　　　　　　　　　　コーヒーの抽出　395

　　　　　　　　紅茶について　398
　　　　　　　　　　紅茶の等級　398
　　　　　　　　　　紅茶の種類　398
　　　　　　　　　　紅茶の産地　399
　　　　　　　　　　紅茶の抽出　400
　　　　　　　　＊コーヒー豆と紅茶の茶葉の保存法　402

　　　　　　　　製菓用語集　403
　　　　　　　　フランスの祝祭日、行事　411
　　　　　　　　菓子名索引　413
　　　　　　　　基本技法索引　415
　　　　　　　　総索引　416

　　　　　　　　　　　　　　　　　撮影・夫馬潤子
　　　　　　　　　　　　　　デザイン・田島浩行　田島洋平
　　　　　　　　　　　　　　　　イラスト・佃　二葉
　　　　　　　　　　　　　　　　　編集・佐藤順子

＜この本の使い方＞

本書の構成
内容は辻製菓専門学校の指導方法に基づいています。フランス菓子を生地ごとに分類し、技術の積み重ね、知識の積み重ねを容易に行えるよう、また簡単な基本生地から応用へと自然に生地の種類や菓子のつくり方を学べるようにページを追って構成しています。巻末には、基本生地とクリーム、この本で使用している材料、器具の一覧がありますので必要に応じて参照してください。
茶色の記述部分は、それぞれの作業を行う上で知っておきたいこつ、ポイント、知識などを補っています。また括弧内のオレンジ色で記した単語は、製菓で使用頻度が高い動作を示すフランス語で、ぜひ覚えていただきたい言葉です。巻末の製菓用語集をあわせてご利用ください。

生地の構造図
基本になる生地については、操作の手順と組織の状態を理解していただくために、私なりに生地の想像図を記してあります。実際に生地の組織を顕微鏡で覗いた世界とは雲泥の差があると思いますが、簡略化した図にすることで、より理解を深める助けになればと、あえて掲載したものです。また、お菓子の組立ても必要に応じて図解しています。

フランス語の知識
菓子名はフランス語で表現し、読み方についても、よりフランス読みに近い表記を添えました。また材料や操作に関する用語についても、できるだけ多くのフランス語を掲載しています。フランス菓子を知るためにフランス語の知識は欠かせないものです。材料表および本文中のフランス語は巻末に製菓用語集としてまとめて解説していますので、併せて活用してください。
フランス語の注で [f] は女性名詞 [m] は男性名詞 [adj] は形容詞を表します。

お菓子の演出
お菓子はつくって終わりではありません。プロとしてお菓子をつくる場合はとくに、よりおいしそうに、より楽しく提供する演出を常に意識していなくてはなりません。また、お菓子だけを食べることはまずないでしょう。必ず何か飲み物が添えられるはずです。本書では、お菓子のバックアップに必要な知識として、コーヒー、紅茶、ラッピングの基礎をとり上げています。

作業をはじめる前に
※材料表のバターは、とくに指定のない場合、無塩バター（食塩不使用と表示のあるもの）を使用する。
※小麦粉は指定のない限り、薄力粉を用いる。必ず一度ふるってから計量し、使用前に再度ふるう。
※生地をのばすときなどに用いる打ち粉には、均一に散りやすい強力粉を用いる。
※シロップは、指定した割合で水と砂糖を混ぜ合わせて一度沸騰させ、熱をとったものを用いる。
※生クリームを泡立てる（ボウルを氷にあてて冷やしながら作業する）、クレーム・パティシエールを冷やす、板ゼラチンを戻す（水温が高い場合）といった作業には、氷が必要になる。氷（クラッシュアイス）を用意しておくのが望ましい。
※卵や生クリームの泡立て、生地の撹拌などには、業務用のメランジュール（撹拌器）を使用。同じ操作をハンドミキサーを使うか、または泡立て器やヘラなどを使って手で行うことができる。
※オーブンは業務用の大型オーブンを使用。温度、加熱時間は目安なので、生地の状態、焼き上がりを見て、使用するオーブンによって調節すること。
＊家庭用小型オーブンを使う場合→p.26
※オーブンは生地を入れる最低30分前に熱源を入れて必要な温度に温めておく。
※作業する室温は15〜20℃を想定しており、常温にするという場合は、この温度まで冷ます（温める）ことを指す。

第 1 章

フランス菓子の基礎知識
Généralités

Classification
Histoire de la pâtisserie
Atlas de la pâtisserie française
Produits de base
Matériels

フランス菓子の分類

菓子にはさまざまな種類があり、一通りには分類しきれないものだが、ベースになる材料および製造工程の大きな違いから、Pâtisserie[パティスリ]、Glace[グラス]、Confiserie[コンフィズリ]、Chocolat[ショコラ]の四つに大別することができる。さらにこの四つのグループに加えて、Entremets de cuisine[アントルメ・ド・キュイズィンヌ]（調理場のアントルメ＝デザート）があり、また別の部門として、工芸菓子（細工物）※1がある。

Pâtisserie（Entremets de Pâtisserie）

いわゆるケーキやクッキーのことで、菓子全般の中で一番大きな位置を占めている。菓子店、製菓業という意味もあるが、とくに小麦粉をベースにしたpâteを焼いてつくる菓子類を指す。

生地の製造法によってさらに細かく分類できる。

スポンジ生地・バター生地
（製法からpâte battuesと呼ばれることもある）

練り込みパイ生地
（状態からpâte friableと呼ばれることもある）

折り込みパイ生地 pâte feuilletée

シュー生地 pâte à choux

メレンゲ meringue
（メレンゲが主体の生地。例外的に小麦粉は入らない、あるいは代わりにアーモンドパウダーなど他の粉類を使うものがほとんど）

発酵生地 pâte levée

プティ・フール petit four
（すべての生地を使った小菓子）

Glace

材料を冷たく凍らせてつくる氷菓。アイスクリームやシャーベット、パルフェなど。

Confiserie

糖菓のこと。砂糖を主体としてつくる菓子類。

砂糖類の加工品（フォンダン、キャンディ、キャラメル、ボンボン・ア・ラ・リクールなど）

果実類の加工品（ジャム、パート・ド・フリュイ、フリュイ・デギゼなど）

ナッツ類の加工品（ヌガー、マジパン、プラリネ、ドラジェなど）

Chocolat

チョコレートを主体とした菓子類。チョコレートケーキなどは含まず、トリュフなどの、ボンボン・オ・ショコラなどを指す。Confiserieに含めて扱われる場合もある。

Entremets de cuisine
アントルメ・ド・キュイズィンヌ

PâtisserieやGlaceもレストランでデザートとして提供され、Chocolat、Confiserieの中には、プティ・フールとして、食後のコーヒーなどの飲みものと共に提供されるものもある。それらとは別に、基本的にはつくったその場で食べるような菓子類を、レストランの調理場でつくられる甘いもの、という意味で以下のように分類する。

Entremets chaud
アントルメ・ショ

（温かいデザート。スフレ、クレープなど）

Entremets froid[※2]
アントルメ・フルワ

（冷たいデザート。ゼリー、ババロワ、ムースなど）

※1 チョコレート細工、飴細工、マジパン細工、またパスティヤージュやヌガー、クッキーの生地やパン生地を使って立体的にさまざまなイメージを表現するもの。
※2 冷蔵、冷凍技術の進歩と、より軽い味への嗜好から、近年ではスポンジ生地やメレンゲとババロワやムースを組合わせたアントルメが多くつくられるようになっているが、ここで言うEntremets froidにはそうしたものを含めて考えていない。

菓子の歴史

古代	BC7000ごろ	小麦の栽培がはじまる。
	BC3000〜	古代エジプト時代、小麦粉を使ったパンが誕生。はちみつや、いちじく、デーツ、干しぶどうなどの果物で甘味をつけることで菓子が生まれる。
	BC1000ごろ〜	古代ギリシャ時代、バターやチーズなどの乳製品や卵が使われるようになる。
	BC500ごろ〜	古代ローマ時代、ドラジェやヌガーの原形にあたるはちみつとアーモンドを使った糖菓がつくられていた。アルプスから天然の氷や雪を運び、はちみつや酒などを混ぜて飲みものとしていた。
	BC250〜	古代マケドニアのアレキサンダー大王（BC356〜323）がインドで「蜜を出す植物」（さとうきび）を発見。さとうきびの栽培と精糖は紀元前のインドではじまり、ペルシャ、アラブへと伝わった。
中世	5〜13世紀	パンを焼くオーブン（窯）は12世頃まで貴族、教会、修道院が独占していた。その使用料として納められた蜂蜜やバターなどを材料に、修道院で菓子が発達した。また教会に納める「オブレoblées」（聖体拝領用のパン）をつくるオブレ職人obloiersが、ウブリ※1、フワス※2などの菓子をつくっていた。
	11世紀	十字軍の遠征（〜13世紀）。アラブ諸国からヨーロッパへ、砂糖、蒸留酒、フイユタージュに似た菓子の製法が伝わる。パン・デピス※3が登場。
	12世紀頃	南フランス、アルビの菓子職人がエショデ※4を考案。イギリスでプディングが登場。
近世（ルネサンス）	14〜16世紀	アラブ世界から砂糖が輸入されるようになる。非常に貴重なもので、はじめは薬として扱われたが、やがて砂糖が菓子に用いられはじめ、甘いフランやタルトがつくられるようになった。イタリアではペルシアやアラブから伝わった氷菓が発達する。大航海時代には、新大陸から新しい食物がもたらされた。
	1379	シャルル5世と6世に仕えた料理人タイユヴァンTaillevent（本名ギヨーム・ティレルGuillaume Tirel 1312?〜1395?）がフランス最古の料理書『食物譜Le Viandier』を著す。
	1440	ウブリ職人oublayerusと、パテ専門職人pasticiers（菓子職人pâtissierの語源）de graisseがそれぞれ独立した組合をつくる。
	1493	コロンブスがバニラをスペインに持ち帰る。1502年の第4次航海では、グアナラGuanaja諸島の原住民がカカオ豆で飲料をつくり、また貨幣として使っているのを発見。
	1506	ロワレ県ピティヴィエの職人がクレーム・ダマンドをつくったと言われる。
	1528	スペインのコルテス将軍がメキシコへ遠征、カカオ豆とそれを使った飲料のつくり方をスペインに持ち帰り、ヨーロッパでも飲むようになる。
	1533	フィレンツェからメディチ家のカトリーヌ・ド・メディシスが、後のフランス王アンリ2世と結婚。当時文化面ではフランスより進んでいたイタリアから菓子職人が伴われ、氷菓、マカロン、ビスキュイがフランスでつくられるようになった。
	1550	コンスタンチノーブル（現在のイスタンブール）に初のカフェができる。
	1575	オリヴィエ・ド・セールOlivier de Serres（フランスの農学者。1539〜1619）が甜菜に糖が含まれていることを発見。
	1596	パン・デピス組合が菓子職人組合から独立。
	17世紀	ヨーロッパで紅茶、コーヒー、チョコレートが飲まれるようになる。砂糖の需要が増え、アンティル諸島などの植民地でさとうきびのプランテーション栽培が盛んになり、大量の原料糖がヨーロッパ各地の港に精糖工場に供給されるようになった。17世紀後半から18世紀に、スュクル・ティレ※5、パスティヤージュ※6を使ったピエスモンテ※7が登場する。またパータ・シュー、フイユタージュ、クレーム・パティシエール、クレー

※1 ウブリoublie：鉄板でごく薄く焼いた生地を円錐形に巻いてつくるゴーフルの原形になった菓子。ウブリは店で売られるのではなく、独特の売り声をあげながら行商した。

※2 フワスfouaces：平たい円形のパンの一種で、上質の小麦粉を使い、灰の下に埋めて焼いていた。現在も地方菓子となって残っている。

※3 パン・デピスpain d'épice：小麦粉またはライ麦粉に、はちみつ、香辛料でつくる菓子。大きな四角形につくり、薄く切って食べるのが一般的。ディジョンのものが有名。

※4 エショデéchaudé：甘味のないかりっとした小型の菓子。小麦粉、水、卵、バターでつくった生地を四角く切って熱湯に通してからオーブンで乾燥焼きしたもの。18世紀に再び流行し、19世紀まで親しまれていた。フランス西部などに残っている。

※5 スュクル・ティレsucre tiré：引き飴。飴細工の技法の一つ。飴生地をひきのばして空気を含ませ、光沢を出したもの。

※6 パスティヤージュpastillage：細工菓子用の素材。粉砂糖と水を練ったもの（ゼラチン、でんぷん、ガム質を加えて粘性を与える）。薄く板状にのばし、さまざまな形に切り抜いて乾燥させ、それを組立てて有名な建築物のミニチュアなどがつくられる。

※7 ピエスモンテpièce montée：菓子や糖菓を組合せて、立体的に大きく仕上げた装飾菓子。カレームの時代に全盛期を迎え、豪華な作品が宴会の食卓を飾った。現在では製菓店のディスプレイや、結婚式や洗礼式などのお祝いのためにつくられる。

時代	年代	出来事
近世（ルネサンス）		ム・フランジパーヌがこの時代に誕生したと言われる。
	1615	スペイン王フェリペ3世の王女、アンヌ・ドートリッシュがルイ13世と結婚、スペインが独占していたチョコレートがフランス宮廷に伝わる。
	1630年頃	プラリーヌ誕生。
	1633	フランスで最初の精糖工場がボルドーにできる。
	1638	パリで菓子店を営んでいたラグノーRaguenau（1608～1654）がタルトレット・アマンディーヌTartelette amandineを考案。
	1653	ラ・ヴァレンヌLa Varenne（デュクセル侯爵の料理人。1618～1678）が、タイユヴァン以後はじめてのフランス料理の集大成である『フランスの料理人Le Cuisinier François』刊行。つづいて1655年、『フランスの菓子職人Le Pâtissier François』刊行。同書の中では砂糖を使った菓子が半分近くを占めるようになっている。またププラン（poupelin）というお菓子があり、そのつくり方にはじめてシューの名が現れる。
	1660	スペイン王フェリペ4世の王女、マリア・テレーサがルイ14世と結婚。たいへんなチョコレート好きで、チョコレートがヨーロッパ中に広まるきっかけになった。
	1683	ウィーンでトルコ軍との戦いに勝ったことを記念してクロワッサンが誕生したと伝えられる。戦利品にコーヒー豆があり、それをもとにウィーンにコーヒーハウスができる。
	1686	イタリア人フランチェスコ・プロコピオ・デイ・コルテッリFrancesco Procopio dei Coltelliが、パリ最古のカフェと言われる、プロコープProcopeを開く。コーヒー、アイスクリームが売り出された。
近代	18世紀	コーヒー、アイスクリームが流行。オーブンが普及しはじめる。フイユタージュを使ったブーシェ・ア・ラ・レーヌ、ピュイ・ダムールなどが誕生。またメレンゲが登場する。
	1720年頃	スタニスワス1世※8がクグロフにラム酒をかけて食べ、アリ・ババと命名。後にロレーヌ地方出身の菓子職人のストレールStohrerがパリに店を開き、ババ（アリ・ババを縮めてババとした）を売り出した。
	1722	ウブリの行商が禁止される。
	1746	『ブルジョワ家庭の料理人La Cuisiniere bourgeoise』刊行。多くの菓子のつくり方が見られる。
	1747	ドイツの科学者アンドレアス・マルクグラーフAndreas Marggraf（1709～1782）が甜菜から砂糖を抽出する実験に成功したが実用化はできなかった。
	1789	バスティーユ襲撃。フランス革命はじまる。貴族や修道院のものであった菓子が庶民の間にも広まっていく。
	1796	フランツ・カルル・アシャールFranz Karl Achard（フランス系ドイツ人の化学者。1753～1821）が甜菜からの精糖を工業化したが、費用がかかりすぎ、質もよくなかったために失敗。
	1798	ナポリ出身のヴェッローニVelloniがパリにカフェ・レストラン兼アイスクリームパーラーを開き、給仕頭のトルトーニTortoniが引き継いで店名をトルトーニとした。ビスキュイ・グラセbiscuit glacé、グラニテなどが人気を呼び、氷菓がパリで大流行する。
	19世紀	石炭オーブン、金属製の泡立器、絞り出し袋と口金が使われるようになる。タルト・タタン、ミルフイユ、パン・ド・ジェンヌなど、現在でもつくられているフランス菓子の多くがつくられるようになり、パータ・シューを使ったシュ・ア・ラ・クレム、エクレールなどの菓子が広まる。クレーム・オ・ブール、フォンダン、T.P.T.が登場。また飲みものであったチョコレートから食べるチョコレートが生まれる。
	1810	アントナン・カレーム※9『国王の菓子職人Le Pâtissier Royal』刊行。
	1810	バンジャマン・ドレセールBenjamin Delessert（フランスの実業家。1773～1847）が甜菜糖の製造法を完成させ、ナポレオン1世（1804からフランス皇帝）の後援を受けて、本格的な甜菜糖の製造がはじまる。

※8 スタニスワフ1世：スタニスワフ・レシチンスキ（スタニスラス・レクチンスキー）Stanislaw Leszcynski。1677～1766。ポーランド王に選ばれるが、ポーランド継承戦争に破れ、1736年退位。ロレーヌとバールの公爵領を得る。娘のマリア・レシチンスカはルイ15世妃。

※9 アントナン・カレームAntonin Carême：1783～1833。フランスの料理人、菓子職人。貧しい家庭に生まれ、10歳で安食堂の主人にひきとられる。16歳でパリ最高の製菓店の一つ「バイイ」に見習いに入り、アヴィス※10の指導を受ける。タレーラン、イギリス摂政王太子（後のジョージ4世）、ロシア皇帝アレクサンドル1世、ウィーン宮廷付イギリス大使、ロスチャイルド男爵に料理長、給仕長として仕えた。カレームの著書には、「パリ風」のメレンゲ、ミルフイユ、クロカンブッシュ、フラン、スフレ、シャルロット、ヌガーなどが見られる。

※10 ジャン・アヴィスJean Avice：19世紀の製菓職人。パリの高級菓子店バイイBaillyの職長。タレーラン（1754～1838。フランスの政治家。すばらしい料理やサービスで賓客をもてなし、その食卓はヨーロッパ随一と言われた）に重用され、カレームは「パータ・シューの名手」と称えた。

近代	1815	アントナン・カレーム『絵入り菓子職人Le Pâtissier Pittoresque』『パリの王室菓子職人Le Pâtissier Royal Parisien』刊行。
	1826	ブリヤ＝サヴァランBrillat-Savarin（1755～1826。フランスの政治家。著作家。美食家として名を残す）『味覚の生理学Physiologie de Goût』刊行。味覚のメカニズムを考察し、学問としての美食「ガストロノミー（美味学）」を説き、食べものにまつわる逸話を語った著作。フランスの古典の一つになっている。
	1828	オランダのチョコレート会社ヴァン・ホーテン（1815設立）のコンラッド・ヴァン・ホーテンKonrad Van Houtenがココアパウダーを製造。
	1835	マロン・グラセがはじめてつくられる。
	1840年代	トゥールの菓子職人デュシュマンDucheminが別立法のスポンジを考案。パリの菓子職人シブーストChiboustの店でサントノレが誕生。オーギュスト・ジュリアンAuguste Julien（ジュリアン3兄弟※11の一人）がババをアレンジしてサヴァランを考案（ブリヤ＝サヴァランにちなんで命名）。
	1845	ボルドーの菓子職人ガゾーGazeauがタン・プール・タンを考案。
	1848	アメリカで最初のアイスクリームフリーザーが製造され、特許を受ける。
	1850	シブーストの店でパン・ド・ジェンヌからアーモンド入りジェノワーズ（レジャンrégent）が生まれる。
	1865	キレQuilletがクレーム・オ・ブールのもとになったクリームを考案。
	1869	ナポレオン3世が、安価で保存性のよいバターの代用品を公募したのに応じて、フランス人イポリット・メージュ＝ムリエスHippolyte Mège-Mouries（1817～1881）が、マーガリンを発明。
	1873	ジュール・グーフェJules Gouffé（フランスの料理人、菓子職人。カレームの弟子1807～1877）『菓子の本Le Livre de Patisserie』刊行。
	1875	スイスでダニエル・ペーターDaniel Peterがミルクチョコレートの製法を考案。
	1890	ピエール・ラカンPierre Lacam（フランスの菓子職人、料理史家。1836～1902）『フランス菓子覚書Mémorial historique et géographique de la pâtisserie』刊行。伝統的な菓子や外国の菓子を紹介するとともに、新しい菓子、プティ・フールも数多く考案した。
	1894	ユルバン・デュボワUrbain Dubois（フランスの料理人。ロシアやプロイセンの宮廷で料理長を勤め、理論的な著書を多く残した。1818～1901）『今日の製菓La Pâtisserie d'aujourd'hui』を出版。
現代	20世紀～	1950年頃から冷凍、冷蔵技術が普及。電気オーブンや電動の機械、プラスチック、アルミ、セロファンなどの新しい素材を使った器具が登場。衛生、栄養学へも注意が払われるようになる。軽い味を好む傾向が現れ、ムースやババロワを使った菓子が多くなる。
	1900	『ギッド・ミシュランGuide Michelin』創刊
	1903	オーギュスト・エスコフィエ※12『料理の手引き Le Guide Culinaire』刊行。
	1923	ローヌ＝アルプ地方のリヨンから南へおよそ30kmのところにあるヴィエンヌの町にフェルナン・ポワンFernand Point（1897～1955）のレストラン「ピラミッド」誕生。世界中の食通が集まる美食の殿堂と呼ばれるようになる。
	1938	プロスペール・モンタニェ『ラルース料理大事典 Larousse Gstronomique』刊行。
	1938	ネスレNestlé社がインスタントコーヒーを開発する。
	1971	パリのパティシエ＝トレトゥールのガストン・ルノートルGaston Lenôtreが調理・製菓技術の向上を目指す学校を創設。
	1984	国立製菓学校Ecole nationale de la pâtisserieが開校。

※11ジュリアン3兄弟
Arthur, Auguste et Narcisse Jullien：1820年頃から有名になった菓子職人の3人兄弟。トロワフレールなどの菓子を考案。

※12オーギュスト・エスコフィエ
August Escoffier：1846～1935。フランスの料理人。13歳からレストランで見習いとして働きはじめ、19歳でパリに出る。ホテル王リッツに見出されロンドンの「サヴォイ」「カールトン」のホテルの料理長となる。装飾的な古典料理を簡素化し、現代のフランス料理の基礎をつくった。1920年フランスの最高勲章であるレジオン・ドヌール勲章受賞。ネリー・メルバNellie Melbaと呼ばれたオーストリアの歌姫のために創作した「桃のメルバ風pêche Melba［ペシュ・メルバ］」などが有名。

フランスの風土と菓子

北部（フランドル、アルトワ、ピカルディーなど）
かつては炭鉱で栄えた地域。ベルギー、オランダと国境を接し、人や物の往来が盛んで、ベルギー風のものとよく似たゴーフル（→p.244）がつくられている。フランス北部は、甜菜の栽培地域であり、精糖が行われていることから、菓子にも、ヴェルジョワーズvergeoise（ショ糖の結晶を得た残りの糖液からつくる茶色い粗糖）のような独特の砂糖を使ったタルト・オ・スュクルtarte au sucreなどがある。

北東部（シャンパーニュ、ロレーヌ、アルザス）
アルザス地方は、ライン川をはさんでドイツと国境を接し、言語、文化などドイツの影響が強い。クグロフ（→p.210）もその一つで、その独特の型がドイツやウィーンの菓子と共通している。クエッチ、ミラベルなどのプラム、さくらんぼ、ミルティーユ、グロゼイユなどの果樹栽培が盛んで、これらを使ったタルトがつくられ、ジャムやフルーツブランデーも名産品。
ロレーヌ地方はフランス有数の鉱工業地帯として栄えてきたが、その一方で、中心都市ナンシーの名前を冠したガト・オ・ショコラ・ド・ナンスィ（→p.82）をはじめ、数々の有名なお菓子を生んだ地方としても知られている。18世紀には、スタニスワフ1世（ルイ15世妃の父→p.13）がロレーヌ公としてナンシーに宮廷を構えていた。公はたいへんな食通で、その宮廷で多くの客人をもてなしたことから、この地方の菓子であったマドレヌ（→p.85）やババ（サヴァラン→p.213）などが、パリでも流行した。
シャンパーニュ地方は、フランドルとイタリア、ドイツとスペインを結ぶ交通の要衝であり、中世には市で栄えた。発泡性白ぶどう酒のシャンパーニュ（シャンパン）の産地で、シャンパーニュに添えて食べるビスキュイ・ド・ランス（→p.267）が名物。

北西部（ブルターニュ、ノルマンディー）
ブルターニュ地方は、英仏の間にあってケルト文化の影響が強く、16世紀まで半独立国だった。牧畜・乳業が盛んで、ゲランドの塩sel de Gérande[セル・ド・ゲランド]に代表される海塩の生産地でもあることからか、この地方のガレット・ブルトンヌ（→p.302）やクイーニャマン（→p.221）などの菓子には有塩バターを使うのが特徴になっている。寒冷な気候のため、かつてはそば粉のクレープ（これもガレットと呼ばれる）が主食であり、その名残でクレープが名物になっている。また、ファール・ブルトン（→p.230）など古い形の菓子が残っている。
ノルマンディー地方は質のよい乳製品の産地で、カマンベールチーズ、イジニーIzgnyのバターと生クリームなどA.O.C.※（原産地管理呼称）を持つ乳製品がある。また、りんごの栽培が多く、シードル、カルヴァドスがつくられている。南部はブルターニュ地方との共通点が多く、クレープ（→p.227）が有名である。ほかにこの地方の菓子としてサブレsablé（バターを多く使ったもろいクッキー）、ルーアンのミルリトンmilriton（クレーム・ダマンドを詰め、砂糖を振って焼くタルト）やスュクル・ド・ポムsucre de pomme（棒状の飴）などがある。

※ Appellation d'origine contrôlée[アペラスィヨン・ドリジンヌ・コントロレ]の略 「ある産物がある土地の特産物であり、その品質または特徴が自然および人為的要因を含む地理的環境に起因することを示す、地方、地域、地区の名称」。ワインを中心に、乳製品、家禽などの農産物について厳格な取得条件（生産地域、製造法など）を充たしたものに特定の地域の名称をつけて販売することを認め、品質を保証するもの。

中部（イル＝ド＝フランス、ロワール川中流域）
豊かな平野を川が潤し、野菜、果物、花、穀物の栽培が盛んで、「フランスの庭」、「フランスの穀倉」と言われる。梨、桃、りんご、プラム、あんず、いちごなどの果物は生産量だけでなく質のよさでも知られている。
オルレアネ地方は、フランス最長のロワール川中流に位置し、ジャンヌ・ダルクゆかりの町オルレアンを中心とする地域。ピティヴィエ（→p.142）は、オルレアン近くの町で生まれ、町の名前がついた。

タルト・タタン（→p.98）の発祥の地とされるソローニュ地方やベリー地方は、オルレアネの南に位置し、ロワール川とシェール川にはさまれた豊かな森林地帯である。ノルマンディーに近いアンジュー地方は乳業も盛んで、クレメ・ダンジュ crémet d'Anjou はフレッシュチーズと生クリームでつくるデザートである。

中部山岳地帯（オーヴェルニュ、リムーザン）

中央山塊（マスィフ・サントラル Massif Central）と呼ばれる山岳地帯で、最高峰で2000mに満たないが、夏は短く、気温が低くて雨が多い。冬は長く降雪があり寒さが厳しい。なだらかな山々は牧畜に適し、カンタル、ブルー・ドーヴェルニュなどのA.O.C.チーズがつくられている。お菓子では、陶製の器にさくらんぼを入れ、小麦粉、卵、牛乳、砂糖のアパレイユを流して焼いたクラフティ・ド・リムーザン clafoutis de Limousin が有名。

東部（ローヌ川流域、ジュラ、アルプス山脈）

サヴォワ地方やドーフィネ地方は、スイス、イタリアとの国境沿いに連なるアルプス山脈とローヌ川の支流がつくる渓谷からなる起伏にとんだ風光明媚な地方。穀物やぶどうの栽培、山岳気候を生かした牧畜が盛ん。この地方の代表的な菓子は、コーンスターチを使った軽いビスキュイ・ド・サヴォワ biscuit de Savoie、ブリヨシュ・ド・サンジュニ Brioche de Saint-Génix（ピンク色のプラリンヌ→p.349をのせたブリオッシュ）など。またグルノーブルはくるみの産地で、ドーフィネ地方のモンテリマールはヌガー（→p.339）の町として知られている。

ブルゴーニュ地方は、ボルドーと並ぶワイン産地だが、中心都市のディジョンはカシスのリキュール crème de cassis で有名。リヨネ地方はフランス第2の都市リヨンを中心に、美食の地として名高い。有名なレストランや菓子店が数多くあり、ガト・マルジョレンヌ（→p.202）やガレット・ドラーンジュ（→p.120）はそうした店の一つで生まれた菓子である。一方で、カーニバルなどの祭りにはビューニュ（→p.235）のような素朴な菓子がつくられている。

南部（プロヴァンス、コート＝ダジュール、ラングドック＝ルシヨン）

南フランスは地中海性気候で、夏は暑く冬は短く、温暖で乾燥し、日照量も多い。夏のバカンス、冬の避寒の地である。牧畜、果樹、米の栽培、ワイン（赤ワイン中心）づくり、香料用の花の栽培などが行われている。伝統的な菓子には、ヌガ・ド・プロヴァンス（→p.342）、エクス＝アン＝プロヴァンスのカリソン calisson（挽いたアーモンドと果物のコンフィをひし形に固め、糖衣をかけたもの）などの糖菓、フガス fougasse、ポンプ pompe などのオリーブ油を使った平たいブリオッシュのようなパン菓子がある。果物のコンフィ（砂糖漬け）も特産品の一つで、菓子にオレンジの花水、松の実、アーモンド、オリーブ油などの特産品が使われるのも特徴である。コルシカ（コルス）では、栗の粉が菓子に使われる。最も古いデザートと言われるブランマンジェ（→p.250）は、ラングドック＝ルシヨン地方で生まれたデザートである。

南西部（大西洋沿岸地方）

海洋性気候のため、冬は暖かく年間の温暖差は少ないが、雨量は多い。農産物は、エシレのバター beurre d'Echiré、ボルドーの赤ワイン、コニャック。またペリゴールは茸のトリュフが有名だが、グルノーブルと並ぶくるみの名産地でもある。果樹栽培にも適した地域で、りんご、さくらんぼ、洋梨、プラムなどが栽培される。とくにアジャンのプラムは干しプラム用として有名で、中身をとり出し、砂糖を加えてピューレにし、詰め戻したプリュノ・フレ pruneau fourré が名物になっている。伝統的な菓子に、ダクワーズ（→p.199）、カヌレ・ド・ボルドー cannelé de Bordeaux、クレム・オ・コニャック crème au cognac、パスティス pastis、ミヤス millas、クルスタッド・オ・ポム croustade aux pommes、バスク地方のガト・バスク gâteau basque などがある。

ポワトゥ、シャラント地方は、ロワール川下流に位置し、古くからパリとボルドーを結ぶ交通の要衝であった。牧畜が盛んでとくに山羊の飼育で知られ、山羊のチーズを使ったトゥルト・フロマジェ（→p.101）がある。この地方では8世紀にスペインから侵攻してきたサラセン帝国を撃破した戦いがあり、そのときサラセン人から山羊の飼育とチーズづくりが伝わったと言われる。

フランス地図

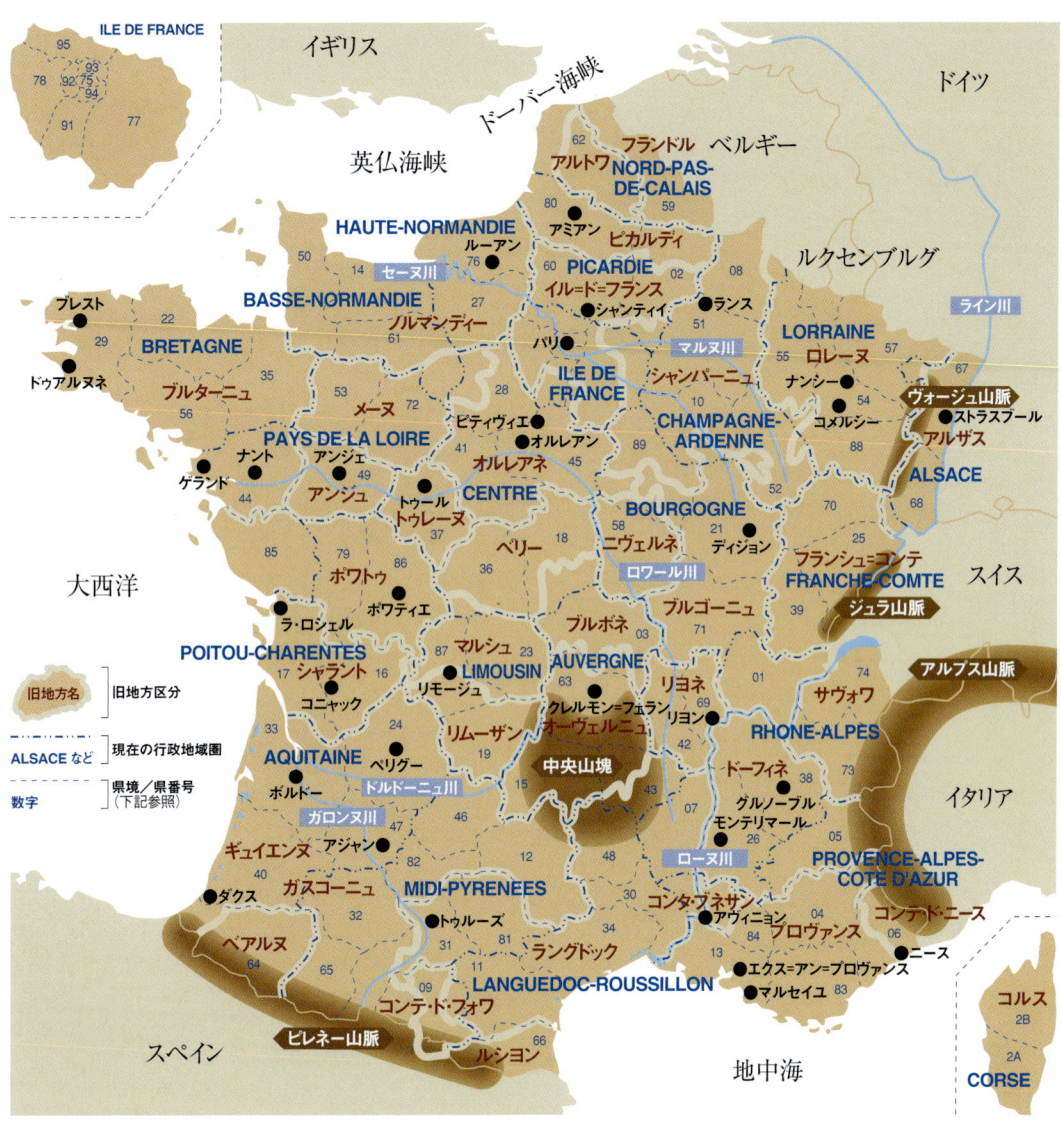

ILE DE FRANCE: 95, 78, 93, 92, 75, 94, 91, 77

周辺地域・国名
- イギリス
- ドーバー海峡
- 英仏海峡
- ドイツ
- ベルギー
- ルクセンブルク
- スイス
- イタリア
- スペイン
- 大西洋
- 地中海
- コルス

地域圏（région）と主要都市

- **NORD-PAS-DE-CALAIS**（フランドル／アルトワ）— アミアン
- **HAUTE-NORMANDIE** — ルーアン（セーヌ川）
- **BASSE-NORMANDIE** — ノルマンディー
- **PICARDIE** — ピカルディ、シャンティイ
- **BRETAGNE**（ブルターニュ） — ブレスト、ドゥアルヌネ
- **ILE DE FRANCE** — パリ、ピティヴィエ
- **CHAMPAGNE-ARDENNE** — シャンパーニュ、ランス、コメルシー（マルヌ川）
- **LORRAINE**（ロレーヌ） — ナンシー
- **ALSACE**（アルザス） — ストラスブール（ヴォージュ山脈）
- **PAYS DE LA LOIRE** — ナント、アンジェ、メーヌ
- **CENTRE** — オルレアン、トゥール、トゥレーヌ、ベリー
- **BOURGOGNE**（ブルゴーニュ） — ディジョン、ニヴェルネ、ブルボネ
- **FRANCHE-COMTE**（フランシュ＝コンテ） — ジュラ山脈
- **POITOU-CHARENTES** — ラ・ロシェル、ポワティエ、ポワトゥ、シャラント、コニャック
- **LIMOUSIN**（リムーザン） — リモージュ、マルシュ
- **AUVERGNE**（オーヴェルニュ） — クレルモン＝フェラン、中央山塊
- **RHONE-ALPES** — リヨン、リヨネ、ドーフィネ、サヴォワ、グルノーブル、モンテリマール（アルプス山脈）
- **AQUITAINE**（ギュイエンヌ） — ボルドー、ペリグー、ダクス、ベアルヌ、ガスコーニュ（ドルドーニュ川／ガロンヌ川）
- **MIDI-PYRENEES** — トゥールーズ、アジャン、コンテ・ド・フォワ、ラングドック（ピレネー山脈）
- **LANGUEDOC-ROUSSILLON** — ルシヨン
- **PROVENCE-ALPES-COTE D'AZUR** — アヴィニョン、エクス＝アン＝プロヴァンス、マルセイユ、ニース、コンタ・ブネザン、プロヴァンス、コンテ・ド・ニース（ローヌ川）
- **CORSE**（コルス）

凡例
- 旧地方区分
- 現在の行政地域圏（ALSACEなど）
- 数字：県境／県番号（下記参照）

département（県番号／県名）

- 01 AIN
- 02 AISEN
- 03 ALLIER
- 04 ALPES-DE-HAUTE-PROVENCE
- 05 ALPES(HAUTES-)
- 06 ALPES-MARITIMES
- 07 ARDECHE
- 08 ARDENNES
- 09 ARIEGE
- 10 AUBE
- 11 AUDE
- 12 AVEYRON
- 13 BOUCHES-DU-RHONE
- 14 CALVADOS
- 15 CANTAL
- 16 CHARENTE
- 17 CHARENTE-MARITIME
- 18 CHER
- 19 CORREZE
- 2A CORSE-DU-SUD
- 2B CORSE(HAUTE-)
- 21 COTE-D'OR
- 22 COTES-D'ARMOR
- 23 CREUSE
- 24 DORDOGNE
- 25 DOUBS
- 26 DROME
- 27 EURE
- 28 EURE-ET-LOIR
- 29 FINISTERE
- 30 GARD
- 31 GARONNE(HAUTE-)
- 32 GERS
- 33 GIRONDE
- 34 HERAULT
- 35 ILLE-ET-VILAINE
- 36 INDRE
- 37 INDRE-ET-LOIRE
- 38 ISERE
- 39 JURA
- 40 LANDES
- 41 LOIR-ET-CHER
- 42 LOIRE
- 43 LOIRE(HAUTE-)
- 44 LOIRE-ATLANTIQUE
- 45 LOIRET
- 46 LOT
- 47 LOT-ET-GARONNE
- 48 LOZERE
- 49 MAINE-ET-LOIRE
- 50 MANCHE
- 51 MARNE
- 52 MARNE(HAUTE-)
- 53 MAYENNE
- 54 MEURTHE-ET-MOSELLE
- 55 MEUSE
- 56 MORBIHAN
- 57 MOSELLE
- 58 NIEVRE
- 59 NORD
- 60 OISE
- 61 ORNE
- 62 PAS-DE-CALAIS
- 63 PUY-DE-DOME
- 64 PYRENEES-ATLANTIQUES
- 65 PYRENEES(HAUTES-)
- 66 PYRENEES-ORIENTALES
- 67 RHIN(BAS-)
- 68 RHIN(HAUT-)
- 69 RHONE
- 70 SAONE(HAUTE-)
- 71 SAONE-ET-LOIRE
- 72 SARTHE
- 73 SAVOIE
- 74 SAVOIE(HAUTE-)
- 75 PARIS
- 76 SEINE-MARITIME
- 77 SEINE-ET-MARNE
- 78 YVELINES
- 79 SEVRES(DEUX-)
- 80 SOMME
- 81 TARN
- 82 TARN-ET-GARONNE
- 83 VAR
- 84 VAUCLUSE
- 85 VENDEE
- 86 VIENNE
- 87 VIENNE(HAUTE-)
- 88 VOSGES
- 89 YONNE
- 90 BELFORT(TERRITOIRE-DE-)
- 91 ESSONNE
- 92 HAUTS-DE-SEINE
- 93 SEINE-SAINT-DENIS
- 94 VAL-DE-MARNE
- 95 VAL-D'OISE

※96の県départementがあり、数県ずつまとまって22の行政圏régionsを形成する。他にレユニオンRéunionなどの4つの海外県D.O.M.: département d'outre-mer、ニューカレドニアNouvelle Calédonieなどの4つの海外領土T.O.M.: territoire d'outre-mer、2つの特別自治体Collectivité Départementaleが西インド諸島、北米、南米、インド洋、南太平洋に点在している。

材料について

小麦粉

小麦は最も古い栽培植物の一つで、小麦粉は小麦の種子を粉砕し、外皮（ふすま）、胚芽をふるい分け、製粉したもの。小麦はイネ科だが、米と違って外皮がはがれにくいため、挽いて粉にしてから消化の悪い外皮などを除いて食べる方法が発達した。およそ1万年も前から、粉にした小麦に水を混ぜてこね、熱した石の上で焼いて食べられていたが、そこにはちみつや果実で甘味をつけたのが、菓子のはじまりである。

小麦粉の種類

日本では、小麦粉の法的な定義や規格はない。流通上の区分として、たんぱく質の含有量が多いものから強力粉、準強力粉、中力粉、薄力粉があり、一方で色合いと灰分率によって1等粉、2等粉、3等粉、末粉という等級づけがある（灰分はふすまや胚芽、胚乳の外皮に近い部分に多い。1等粉が最も色が白くてつやがよく、灰分が少ない）。

強力粉
粒子が粗くさらさらしている。たんぱく質量が多いのでグルテンができやすく、できたグルテンの弾力が強く、よくのびる。
　　＊薄く均一に散りやすいので打ち粉に適する。また粘りがある、薄くよくのびるといった性質の生地をつくる場合に使用する。フイユタージュ（デトランプ）、発酵生地など。

薄力粉
粒子が細かいので手で握ると固まる。たんぱく質量が少ないためグルテンができにくく、グルテンの性質も弱い。
　　＊スポンジ、クレーム・パティシエールなどグルテンのこしをあまり必要としない菓子に適する。

中力粉
強力粉と薄力粉の中間の性質。
　　＊製菓でも使うことはあるが、主にうどんなど麺類用。

その他の粉
・全粒粉：外皮や胚芽を除かずに粒のまま粉に挽いたもの
・フランスパン専用粉：フランスパンをつくるために開発された製品

●フランスの小麦粉
フランスでは、灰分率による規格が定められている。
・type45：最も精製度が高く白くてきめ細かい粉で、製菓用。
・type55：45に次ぐもので製菓・製パン及び家庭での一般的用途向けとされている。
　　＊たんぱく質量はどちらも日本の準強力粉から強力粉に相当。ただし原料の小麦の種類が違うため、含まれるたんぱく質やでんぷんの性質が異なり、一概には比較できない。

グルテンについて

強力粉に水を加えてこし、弾力が出るまでこね、布に包んで流水にさらして揉む。でんぷんが水に溶け出したあとで、残ったものがグルテン（麩質）である。

小麦粉に水が加わると、たんぱく質が変性し、粘りと弾力を合わせもった「グルテン」ができる。グルテンになるのは、小麦粉に含まれるグルテニン、グリアジンという水に溶けないたんぱく質で、これらが吸水すると、グルテニンはゴムのような弾力のある物質、グリアジンは流動性のあるねばねばした物質になり、網目状の構造をつくって、生地の骨格になる。

卵

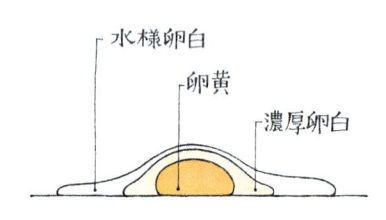

殻の色によって赤玉と白玉があり、赤玉のほうが価格が高い傾向があるが、基本的に殻の色の違いによって、卵黄の色や栄養価に差はない。殻の色は鶏の種類によって決まるもので、例外はあるが、一般に毛の色が褐色の鶏が赤玉を産み、毛の色が白い鶏が白玉を産む。

卵の構造

殻　　11%
卵白　57%
　　水様卵白：殻のすぐ内側と卵黄の周囲にある粘度の低い卵白。
　　濃厚卵白：粘りが強く、こしのある卵白。卵が古くなると水様卵白にかわっていく。
卵黄　37%

重さの目安

M寸　1個60g（取引規格は58g以上、64g未満）
　　　殻10g、全卵50g、卵黄20g、卵白30g
　　　＊本書ではM寸の卵を使用している。

卵の性質と働き

・凝固性：加熱すると凝固する性質。
　　卵白　60℃をこえると半熟状態、75〜80℃で完全に凝固。
　　卵黄　65℃くらいで凝固しはじめ、70℃でほぼ完全に凝固。
　　＊砂糖を加えると凝固しにくくなる。砂糖には、たんぱく質の変性を抑える性質があるため。
・起泡性：撹拌して空気を送り込むと気泡をつくる性質。卵は製菓材料の中で一番よく空気を含む。
　　卵白　卵の起泡性は主に卵白の働きによる。泡立器で撹拌すると気泡がたくさんでき、空気に触れた卵白のたんぱく質が膜状に凝固して気泡が安定する。粘り、こしが強いほど泡立ちにくくなるが、きめ細かく安定した泡ができる。
　　＊泡立ちにくい条件（安定した泡ができる）：新鮮な卵（濃厚卵白が多い）、砂糖を加えた卵（粘りが出る、たんぱく質の変性が抑えられる）、低温の卵（逆に温度を上げるとこしが弱まって泡立ちやすくなる）
　　卵黄　油脂を含むので卵白ほど泡立たない。
　　＊油脂には、気泡を壊す性質がある。
・乳化性：卵黄に含まれるレシチンには、油脂と水分を乳化させる働きがある。

加工卵

乾燥卵
液卵を乾燥させた粉末状のもの。乾燥全卵、乾燥卵白、乾燥卵黄がある。常温で保存できる。
乾燥卵白は、指定量の水を加えると生の卵白同様に使えるが、生の卵白に粉末のまま加えてメレンゲなどの起泡性の強化に補助的に使うことが多い。乾燥卵黄、乾燥全卵は、卵の風味や色をつけるために用いる。乾燥卵白や乾燥全卵には起泡性をもたないものもあるので用途に応じた製品を選ぶこと。輸送や貯蔵に利便性があり、大量生産に用いられる。

乾燥卵

凍結卵
殺菌した液卵を凝固しないぎりぎりの温度で殺菌（全卵60℃、卵白56℃、卵黄65℃）し、凍結させたもの。−15℃以下で保存。冷蔵庫（0〜5℃）で解凍し、解凍後は生卵と同じなので微生物の繁殖に注意し、翌日中に使い切る。
・凍結全卵：卵白と卵黄を均質化して凍結したもの。
・凍結卵黄：製菓用の凍結卵黄は20％加糖のものが一般的。卵黄はそのまま凍結すると、たんぱく質が変化し解凍するともとの状態に戻らず、粘度が高いゼリー状になる。これを防ぐために凍結卵黄には塩、または砂糖が加えられている。卵黄の風味、乳化力、凝固力、栄養価をそのまま保持しているとされる。
・凍結卵白：通常、解凍したときに水様化するので、泡立ちはよいが安定性は悪くなる。そのためこの点を改良した泡立て専用の凍結卵白もつくられている。

　＊それぞれ1kgでおよそ全卵20個、卵黄50個、卵白32個に相当。

凍結卵

砂糖

製菓には、主に純度が高いグラニュー糖を用いる。ショ糖がほぼ100％で、くせのないすっきりした甘味。アクが少ない。湿りにくくさらさらしているので使う前にふるう必要がなく、計量しやすい。家庭用に市販されているものはやや溶けにくいが、製菓用に、より粒の細かい微細粒グラニュー糖（粒子の大きさが$\frac{1}{6}$）がある。

砂糖の性質と働き

- 吸水性（親水性、吸湿性、保水性）：水分をひきつけ、とりこむ性質。
    焼き上がった菓子の乾燥を防ぐ、しとりを与える。
    でんぷんの老化防止。
    卵白の泡立ちの安定化（たんぱく質の水分を吸収。粘りが増し、泡立ちにくくなるが、気泡がきめ細かく安定がよくなる）。
    油脂の酸化防止（バターなどに含まれる水分と砂糖が結合して酸素が溶け込みにくくなる）。
    防腐作用（砂糖の濃度が高くなると、浸透圧で食品の水分をとりこみ、保水性が強いのでとりこんだ水分を離さない。そのため黴や細菌が繁殖しにくい）。
- ペクチンのゼリー化を促進する。
- 油脂と水分の乳化を助ける。
- 分散がよくなる（ココアパウダーや粉末の凝固剤など吸湿しやすいものは、砂糖と混ぜておくと、砂糖が水分をひきつけるので、ダマにならず、ほかの材料と混ざりやすくなる）。
- たんぱく質の凝固を抑制する（凝固温度を高め、柔らかく固める働き）。
- 加熱するとたんぱく質と反応してメイラード反応を起し、菓子に焼き色をつける。香りもよくなる。
- 水によく溶ける。ほかの材料と混ざりやすく、均質に甘味がつく。

さとうきび、グラニュー糖（細粒）、精製度の低い茶色のさとうきび糖。茶色い砂糖の中には、精製する過程である程度のショ糖以外の成分を残して粗糖に近い風味にしたものや、精製した砂糖にカラメルで風味と色をつけたものもある。

てんさいと、北海道産のてんさいからつくった含蜜糖。一般的には、てんさいからは含蜜糖はつくられないが、てんさい糖は特別に生産されている。独特の風味を持ち天然のオリゴ糖を含む。商品名「てんさい糖」

砂糖の種類

原料による分類

- かんしょ（甘蔗）糖：亜熱帯から熱帯で栽培されるかんしょ＝さとうきび（イネ科）からつくる。糖蜜を含むか含まないかによって含蜜糖と分蜜糖に分けられ、含蜜糖には独特の風味があるが、精製された純度の高い分蜜糖では、てんさい糖との違いはない。

さとうきびの絞り汁　→　濃縮して結晶化　→　遠心分離　→　原料糖（粗糖）の結晶　→　輸送　→　精製

- てんさい（甜菜）糖：温帯から寒帯で栽培されるてんさい（アカザ科）からつくる。てんさいは、ビート、砂糖大根とも呼ぶ。日

本ではかんしょ糖が中心だがフランスはてんさい糖の生産量が多い。てんさいは消費地と生産地が近く、一般的に現地で直接精製糖（耕地白糖）にする。

てんさいの糖分を浸出した液　→　濃縮　→　糖液を精製　→　結晶化

製法による分類
分蜜糖（精製糖）
- ざらめ糖（ほぼショ糖100％まで精製した砂糖）……白ざら糖（結晶が大きい）、中ざら糖（カラメルで黄褐色に着色）、グラニュー糖（結晶が細かい）

白ざら糖　　グラニュー糖（粗）　　グラニュー糖（細）

- 車糖（転化糖液をまぶしてつくるしっとりした日本独自の砂糖）……上白糖（吸湿性が高く、焼き色がつきやすい）、三温糖（結晶化の際に加熱をくり返すためカラメル化して茶色くなる）

- 加工糖
  粉砂糖：純度の高いざらめ糖を微粉末にしたもの。防湿のためコーンスターチを添加した製品もある。仕上げ専用に、湿気を吸わず、溶けにくい（なかない）ように粉砂糖の粒子に油脂をふきつけたものがプードル・デコールで、菓子の仕上げに用いる。
  あられ糖（スュクル・アン・グラン sucre en grains）：大きな粒状に加工した砂糖で、菓子の飾りに用いる。またベルギーワッフルに欠かせないのでワッフルシュガーともいう。生地にのせて焼いてもほとんど溶けずに残る。
  角砂糖：グラニュー糖に糖液を振りかけて押し固めたもの。1個の重量が決まっているので計量の手間がはぶける。

含蜜糖（分蜜粗糖）
- 日本……黒砂糖（さとうきびの汁をそのまま煮詰め、どろどろになったものを固めたもの）、和三盆糖（伝統的な製法である程度まで分蜜してつくる淡黄色できめ細かい砂糖）
- フランス……スュクル・ルゥ sucre roux（粗糖）、カソナード cassonade（かんしょ糖の粗糖）、ヴェルジョワーズ vergoise（てんさい糖の結晶をとった残りの糖蜜を結晶化させたもの明るい茶褐色のものと、濃い赤褐色のものがある）

いろいろな砂糖

メープルシュガー：さとうかえで（楓）の樹液を濃縮したものがメープルシロップで、メープルシュガーはそれをさらに乾燥させてつくった砂糖。明るい茶褐色で、香りがよい。

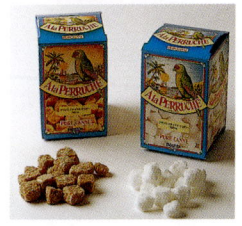

パームシュガー：やし（さとうやし、ココやし）からとれる砂糖。茶色またはクリーム色で、ペースト状のものと固形のものがある。精製していないので糖蜜を多く含み、粘りが強い。こくのある独特の風味で、ココナッツやココナッツミルクを使う場合によく合う。

フランスでよく見かける角砂糖。かんしょ糖で、白と茶の2色ある。

乳製品

[乳製品の製造過程]

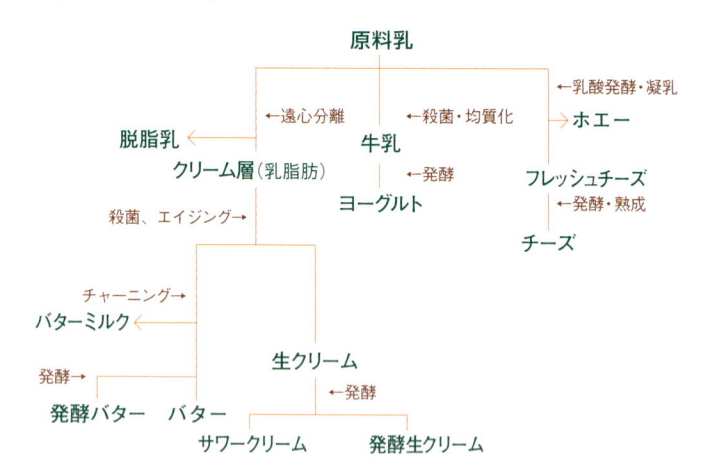

```
                          原料乳
                            │
         ┌──────────────────┼──────────────────┐
     ←遠心分離          ←殺菌・均質化        ←乳酸発酵・凝乳
         │                 牛乳                →ホエー
   脱脂乳←                  │
      クリーム層（乳脂肪）   ←発酵           フレッシュチーズ
         │               ヨーグルト           ←発酵・熟成
    ←殺菌、エイジング                           チーズ
         │
      ←チャーニング→
   バターミルク
         │
    ←発酵→           生クリーム
   発酵バター  バター    ←発酵
              サワークリーム  発酵生クリーム
```

牛乳

生乳（牛からしぼったままの乳）に何も加えず加熱殺菌しただけのもの。乳脂肪分3％以上、無脂乳固形分8％以上。

牛乳の種類

ノンホモ牛乳：原料乳の脂肪球を細かく砕いて安定させる均質化（ホモゲナイズ）を行わない牛乳。
低温殺菌牛乳：62～65℃で30分殺菌した牛乳。独特の風味がある。一般的な牛乳の殺菌は、超高温瞬間殺菌（120～150℃、1～3秒）。
加工乳：生乳に脱脂乳やクリームなど乳製品を加えて乳成分を調整したもの。
脱脂粉乳：生乳からほとんどすべての乳脂肪を除き、粉末にしたもの（スキムミルク）。

生クリーム (食品衛生法に基づく乳等省令による規格)

クリーム

牛乳のみを原料とし、乳脂肪分18％以上、無添加で衛生基準を満たしたものをクリームという。乳脂肪分20～30％のものはコーヒー用につくられたもので、泡立てるためには最低でも35％以上の脂肪分が必要。45％くらいのものが泡立ちやすい。業務用のクリームは種類が豊富だが、一般的に35～38％の低脂肪のものと、40～45％くらいの高脂肪のものを用途に応じて使い分けている。純乳脂肪のクリームは、やや黄色みを帯び、風味、口溶けに優れている。ただし、温度変化に弱いので、購入から使用するまで一貫して5℃以下に保ち（0～3℃の冷蔵庫で保管）、泡立てたり絞ったりする作業中も温度管理が重要である。いったん10℃以上になってしまうと、風味が損なわれて戻らない。

乳または乳等を主原料とする食品

クリームに安定剤や乳化剤などを添加したもの
　乳脂肪100%であっても「クリーム」とは表示できないが、風味は「クリーム」とかわらず、添加物によって扱いやすくなっている。

コンパウンドクリーム、植物脂肪クリーム
　乳脂肪の一部または全部を植物性脂肪（ヤシ油、パーム油、大豆油、なたね油など）に置きかえたもの。通常、安定剤なども添加され、比較的劣化しにくく、安定性もよい。長く泡立てても分離しにくい。色は白く、純乳脂のクリームにくらべてこくや香りがやや劣るが、さっぱりとした風味が適している場合もある。

　　※フランスでは、液状の生クリームをクレム・フルーレットcrème fleuretteともいい、生クリームに乳酸菌を加えて少し発酵させた濃度の高い発酵生クリーム（→p.176）をクレム・エペスcrème épaisse、クレム・ドゥーブルcrème doubleと呼ぶ。サワークリーム（→p.115）は、北ヨーロッパでよく使われるクリームで、クレム・エペスより発酵が進み、酸味が強い。

バター

牛乳の乳脂肪を集めて練り上げたもの。牛乳をクリーム（生クリーム）と脱脂乳に遠心分離し、クリーム層を加熱殺菌したあとに撹拌して、乳脂肪だけを凝集してつくる。乳脂肪分80%以上、水分17%以下。

バターの種類

- 発酵バター：乳酸菌を加えて発酵させたもので、わずかな酸味と独特の芳香がある。ヨーロッパで製造されている多くはこのタイプ。
- 非発酵バター：発酵させずにつくるもの。日本の製品は一般的に非発酵バター。
- 無塩バター：塩を添加しないもの。「食塩不使用」と表示される。製菓では基本的に無塩バターを使う。
- 有塩バター：加塩バターともいう。日本の製品の多くは有塩バターで、塩分は1.8%以下に定められている。

バターの働きと性質

バターは、菓子づくりに欠かせない三つの性質を持つ。
- 可塑性（固形でありながら自由に形づくれる柔軟性）
　　＊バターが可塑性を示す温度は13〜18℃。
- ショートニング性（可塑性のある固形油脂が、小麦粉の中に薄膜状に広がってグルテンをばらばらに分断する性質。さくさくした食感を与える）
- クリーミング性（撹拌すると大量の空気をとりこむ）
　　＊一度溶かしたバターは、再び冷やし固めてもこれらの特徴を発揮できない。

ポワトゥ地方のエシレ産バター、ブール・デシレbeurre d'Echiré。発酵バターで、無塩バター、ブール・ドゥbeurre douxと薄塩バター、ブール・ドゥミセルbeurre demi-selがある。

器具について

オーブン

一般的な業務用オーブン

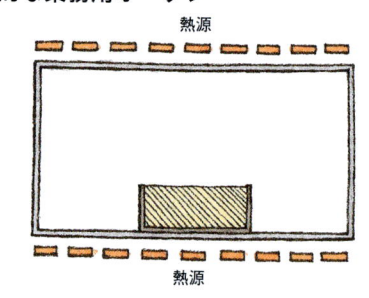

熱源の温度が同じであれば、空気（上）と鉄（下）の温度は同じであるが、熱の伝わり方は空気のほうが遅く、鉄のほうが早い。温度の伝わり方が異なるので普通は表面より底が速く焦げる。そのため、全体を同じように焼成するには下火を弱くするかプレートを底に重ねて焼成する。

* 生地の上面は、まず乾燥し、次に焼き色がついてくる。下火からは、型に入れた生地にすぐさま熱が伝わり、乾燥して火が通りはじめるが、生地に含まれている水分があるため、完全に乾燥して焼き色がつくまで時間がかかる。

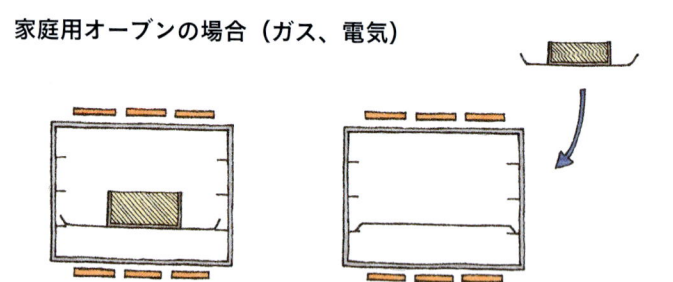

家庭用オーブンの場合（ガス、電気）

家庭用オーブンは庫内に段がついており、上段、中断、下段と呼ばれ、各用途に応じてオーブンプレートを入れる位置をかえる。しかし、熱のあたり方は段によってかわるが、上面も下面も加わる熱は温められた空気の温度だけになる。上火と下火の与える熱量が極端に異なり、とくに下からは、業務用のオーブンのように熱源に接していないため、オーブンプレート、型などを温めないと生地になかなか熱が伝わらない。

* 熱源が下のみの場合も同じように考えてよい。また、生地を入れた型の下に、オーブンプレートではなく網を使用する場合もあるが、熱の伝わり方はオーブンプレートがない場合とかわらない。

材料にできるだけ熱を平均に伝えるために、余分なオーブンプレートを図（右）のように下向きにしてオーブンに入れて前もって温めておく。このプレートの上に生地を入れたプレートや型を置くことで熱の伝わりがよくなる。また家庭用オーブンのように庫内が小さい場合、熱がすぐにこもり上火が強くなる傾向がある。少しドアを開けることによって庫内の空気の流動がよくなり、きれいに焼くことができる。

型や オーブンプレート用の 敷紙（またはシート）

スポンジ生地の焼き型やオーブンプレートに敷く場合などは、加熱調理用の紙でなく、普通紙（蛍光染料を使用していない紙）、ハトロン紙（褐色で丈夫な紙）でもよい。とくに生地の表面に焼き色を残したくない場合、普通紙やハトロン紙を使うと、焼き上がりに生地が紙にくっつき、焼き色のついた部分が紙と一緒にはがれ、きれいに仕上がる。

生地の表面を損ねたくない場合は、表面に加工をして剥離性をよくした加熱調理用の紙（パピエ・キュイソンpapier cuisson）か、ベーキングシートを用いる。

食品用に使われるいろいろな紙

・シリコン樹脂加工耐油紙：薄紙（グラシン紙など）にシリコン樹脂加工したもので、熱に強く、表面がなめらかで、生地がこびりつかない。油は通さず、食品から出る余分な水分（蒸気）は適度に逃がす性質がある。両面加工のものが便利。

・グラシン紙：科学パルプを細かくつぶし圧縮してつくる半透明で光沢がある薄い紙。組織が密で、通気性が低い。加工して耐熱、耐油性を持たせて製菓に用いる。カップケーキやタルトレット用などの形にしたものもある。装飾性もあり、製品の包装にも使う。

・硫酸紙（パーチメントペーパー）：原紙を硫酸に浸し、洗浄、乾燥したもの。通気性がなく、耐水、耐油性が高い。半透明で薄く、光沢はあまりない。無味、無臭で、長期間食品を包んでも風味に影響しない。敷紙のほか、バター、チーズなどの包装に使われる。

・パラフィン紙（ワックスペーパー）：パラフィン（蝋）をしみこませた紙。耐水、防湿性がある。長時間の加熱には向かない。

普通紙

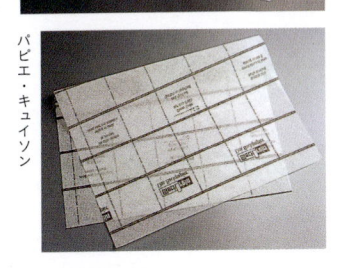

パピエ・キュイソン

加熱調理用の紙
クッキングペーパー、オーブンペーパーなどの商品名で呼ばれるもの。耐熱、耐水、耐油性のあるものを指す。よく使われるものに硫酸紙、シリコン樹脂加工耐油紙がある。
＊販売する場合、食品に直接触れる紙は食品衛生法で原料や製造法が規制され、蛍光染料、許可外の着色料の使用が禁止されている。

ベーキングシート

シルパットなど

ベーキングシート
丈夫で厚く、くり返し使えるものを指す。厚手で弾力のある紙様のもの、より分厚いシート状のものなどさまざまある。ガラス繊維にテフロン加工したもの（耐熱280度 耐冷-100度）、シルパット※など。

※シルパットSilpat シリコン樹脂性でゴムのような弾力があるシートの商標。

混ぜる器具

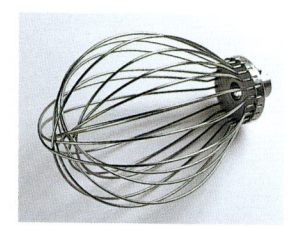

ホイッパー

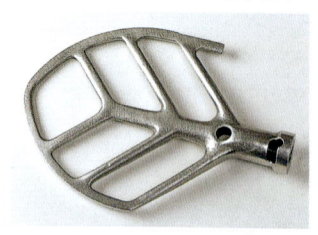

パレット

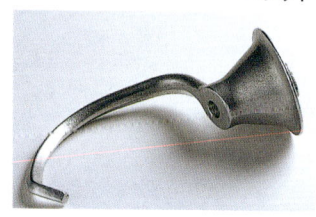

フック

メランジュール(製菓用ミキサー) mélangeur, batteur-mélangeur

電動で混ぜる、泡立てる、こねるなどさまざまな機能をする機械。作業時間が短縮でき、力も強いので生地やクリームの仕上がりがよく、品質も一定する。製菓店で多量につくる場合には欠かせない機械になっている。泡立器形(ホイッパー)、木の葉形(パレット)、鉤形(フック)のパーツをつけ替えることで機能が変化する。また回転速度も低速から高速まで調節できる(機種によって3段階、5段階などがある)。

＊材料を入れるときは、周りに飛び散らないように回転を止めるか、低速にする。
＊メランジュールのボウルは深いので、時々機械を止めて、泡立器やヘラで底からまぜて全体を均一にする。またボウルの内側の壁に生地などがつくので、基本的にそれもきれいにとって混ぜ込む。

ホイッパー (fouet フエ)

泡立て用。材料に空気を含ませながら撹拌したり混ぜ合わせる場合に用いる。

パレット (fouille フユ)

空気を含ませずに、練り混ぜるまたはすり混ぜる操作用。パイ生地をつくるときなど。

フック (crochet クロシェ)

固さ、粘りのある生地を撹拌する場合に用いる。パン生地など。

泡立器 (fouet フエ)

＊泡立てる場合は、泡立器の長さとボウル(bassine バスィヌ)の直径を同じにすると最も泡立てやすい。

泡立器

泡立器は針金の太さ、硬度、数によって空気の入り方が異なる。泡立てる場合は、弾力があり針金の数が多いほうが効率がよい。固い生地を混ぜる場合は、針金が太くしっかりしたものがよい。

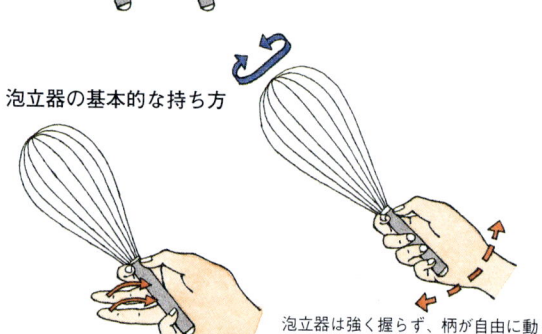

泡立器の基本的な持ち方

泡立器の柄を親指、人差し指、小指で軽く持ち、残り2本の中指、薬指を柄に添える。

泡立器は強く握らず、柄が自由に動くように持ち、手首の関節を柔軟に動かして泡立てる。柄をしっかり握り込んでしまうと、手首は固くなり、肩にも無駄な力が入って泡立器の動きがぎこちなくなり、よい状態に泡立たない。

材料をしっかり混ぜ合わせたり、あまり空気を含ませないように混ぜる場合

針金の太いものを用いて針金部分を親指と人差し指で押さえて撹拌する。あるいは、柄をしっかり握り込んで撹拌する。

木杓子（spatule en bois）
スパテュル・アン・ブワ

鍋で加熱する材料を混ぜ合わせるほか、クリームやジャムを煮詰めるときに用いる。先が平たいものは鍋底の隅まで混ぜやすい。裏漉しをする際にも使う。力を入れて固いものを混ぜることもできる。

ゴムベラ（palette en caoutchouc）
パレット・アン・カウチュウ

＊マリーズmaryseともいう。

柔らかいものを混ぜ合わせるときに用いる。弾力があるので、ボウルや鍋などについた生地をきれいにまとめることもできる。とくに耐熱性であるもの以外は、直火にかける操作では使わない。

カード（corne）
コルヌ

弾力のあるプラスチック製の板で一辺が半円形になったかまぼこ型をしている。丸みのある側と直線の部分を使い分けて、ボウルや作業台についた生地やクリームをきれいにとることができる。ゴムベラより幅があり、絞り出し袋に詰める場合など、クリームや生地をいためずに大きくすくって移動させることができる。また練り込みパイ生地などを練らずにまとめたい場合に使い、カードで切ったり折り返したりして重ね、まとめていく。

木杓子とゴムベラ

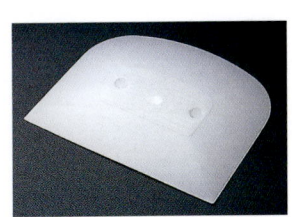

カード

計量器具

効率のよい計量をする。

＊重さの目安を覚えておき、必要量をおおよそ見積もってはかりにのせ、微調整する。
　卵（M寸）：卵白30ｇ、卵黄20ｇ。
　バター１包み、小麦粉レードル１杯、砂糖レードル１杯など実際に使用する材料、器具ではかって覚えておく。

＊小麦粉類は一度ふるって、大きな塊やゴミ等を除いて粒子を細かく揃えてから計量し、再度ふるいにかけて用いる。ふるった粉はボウル等に入れるとまた粒子が詰まってしまい、ほかの材料中に分散しにくくなるので、紙の上にふるってそのまま置いておく。

＊卵は容器に１個ずつ割り入れ、殻や血液などが混入していないか、腐敗していないかを確認してから、計量する（使用する）。

材料の重量をはかるには、ばね式の台ばかりにかわって、最近では計測が正確で早いデジタル式の電子ばかりを用いる。計量の際には、風袋（材料を入れた容器の重さ）を差しひくが、デジタル式ではその設定も容易になっている。少量のものをより精密にはかる場合は、てんびんばかりが用いられる。

計量カップ、計量スプーンは、体積をはかる器具で、水は４℃のとき、１立方センチ（１㎖）が１ｇなので、１㎖＝１ｇと換算してもよい。

＊計量カップ：１カップ＝200㎖
　計量スプーン：小さじ１＝５㎖、中さじ１＝10㎖、大さじ１＝15㎖

酒類、果汁、牛乳や生クリームなどの液体も体積で計量することが多いが、液体の体積は温度によって異なり、同じ体積でも重量が少しずつ変動するため、より厳密に計量するなら、液体も重量（ｇ）ではかるとよい。

水以外の物質は、体積（かさ）＝重量（重さ）ではない。とくに固形のものでは大きく異なるため、基本的に重量（ｇ）ではかる。

＊例：グラニュー糖は、容量200㎖のカップすりきり１杯は、約170ｇ〜180ｇ。

第 2 章

スポンジ生地、バター生地の菓子
Pâte à biscuit, Pâte à cake

Pâte à biscuit
Omelette aux fraises
Roulé aux fruits
Charlotte aux poires
Fraisier
Gâteau moka
Tranche au chocolat
Pain de Gênes
Saint-Marc
Opéra
Pâte à cake
Cake aux fruits
Gâteau chocolat de Nancy
Madeleine

スポンジ生地について

　スポンジ生地は、空気を含んだ弾力のある軽いスポンジ状の組織を持ったものであり、このような組織をつくるには生地に空気をたっぷり含ませる材料が必要である。
　製菓材料の中で最も空気を含む性質を持ったものと言えば卵である。卵には強くかき立てると気泡をつくるという性質があり、これを卵の起泡性という。
　全卵でも空気を含むが、卵黄と卵白を分けて空気を含ませることもできる。卵白だけを泡立てると、よりたくさんの空気を含ませることができるので、卵黄と卵白を別々に泡立ててつくる場合もある。一般に、全卵のまま泡立てる製法は共立法、卵黄と卵白を分けてつくる製法は別立法と呼ばれている。
　どちらの製法でも、卵を充分に泡立てて気泡をたくさんつくると同時に、つぶれにくい、こしのある安定した泡にすることがビスキュイをつくる上で重要になる。
　また、卵は気泡をつくるだけでなく熱凝固性があり、ビスキュイの骨組みのいったんを担っている。しかし、卵は柔らかく固まるので、組織を形成する上では完全とは言えない。そこで、ビスキュイの組織を支える役割をする材料として小麦粉が必要である。
　ただし泡立てた卵に、小麦粉を加えるだけでは、泡はつぶれてしまい、ビスキュイはつくれない。まず卵のつくる気泡を、小麦粉を加えてもつぶれない状態にしなくてはいけないが、この条件をかなえるものは砂糖である。
　砂糖を加えることにより、卵の気泡はきめ細かく安定し、小麦粉を加えてもつぶれなくなる。だから、全卵で泡立てるときも、卵黄と卵白をそれぞれ別に泡立てるときも、必ず砂糖を加えて泡立てるのである。
　砂糖はほかにも、ビスキュイに必要な弾力や湿り気（しとり）、甘味を与えるなど、いくつもの大切な役割を持った材料である。
　卵と砂糖で安定した気泡をつくったら、先に述べたようにビスキュイの組織を完全に仕上げるために必要な小麦粉を加える。小麦粉はでんぷんとたんぱく質を含んでいて、それぞれの成分がビスキュイの組織をつくる上で欠かせないものである。
　でんぷんは糊化して、なめらかな口当たりの組織をつくる。ただ、

特徴：卵の起泡性を利用した、弾力のある軽い組織。
製法：卵を全卵のまま泡立てる製法
　　　共立法　→P.50：パータ・ジェノワーズ
　　　卵黄と卵白を分けて泡立てる製法
　　　別立法　→P.34：パータ・ビスキュイ

でんぷんがつくる組織は柔らかいので、これだけではビスキュイの骨組みとしては弱いが、一方のたんぱく質がほかの材料とつながってしっかりした組織（グルテン）をつくり、ビスキュイの骨組みを完成させるのである。

さらに、生地を焼き上げると、砂糖の働きで、ビスキュイの表面に焼き色がつき、組織はよりしっかりと固まる。焼き上がった生地の弾力と適度なしとりを保つ役割をしているのもまた砂糖である。このように、卵、砂糖、小麦粉の三つの材料が結びつき、それぞれの特性を発揮してスポンジ生地が形成されている。

●スポンジ生地の名称について
共立法でつくる生地をパータ・ジェノワーズ、別立法でつくる生地をパータ・ビスキュイと呼んで区別するが、ビスキュイはスポンジ生地の総称として使われることもある。また、スポンジ生地をさらにおいしくつくるために、バターを加えた生地は、ビスキュイ・オ・ブールという。一般的に共立法でつくるため、単にジェノワーズと呼ぶことも多い。

＊アーモンドパウダーを加える　→p.69ビスキュイ・ジョコンド
＊ココアパウダーを加える　→p.63ジェノワーズ・オ・ショコラ
＊コーヒーを加える　→p.57ジェノワーズ・オ・カフェ

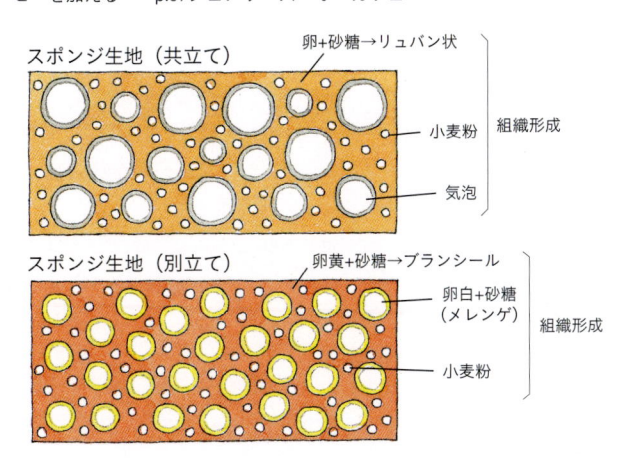

スポンジ生地（共立て）
- 卵+砂糖→リュバン状
- 小麦粉　｝組織形成
- 気泡

スポンジ生地（別立て）
- 卵黄+砂糖→ブランシール
- 卵白+砂糖（メレンゲ）　｝組織形成
- 小麦粉

基本の生地

Pâte à biscuit
パータ・ビスキュイ（別立法のスポンジ生地）

卵黄と卵白に分け、別々に泡立ててつくるスポンジ生地。気泡がこわれにくく、固さがあるので、絞り出して形をつけて焼く場合などにも適している。またよくふくらんだ、ややきめが粗く軽いスポンジをつくることができる。

＊pâte パート[f]　生地。粉と水の混合物（練り粉）。
菓子は穀物の粉を水で練って焼くことからはじまった。よりおいしくするために卵、砂糖、油脂、牛乳などを加えるようになり、風味だけでなく食感の異なるさまざまな菓子用のパートがつくられている。
＊à ア　～用の、という意味の前置詞。
＊biscuit ビスキュイ[m]　2度（bis）焼く（cuit）という意味で、遠征や長い航海の食糧として保存性を高めた乾パンのようなものを指す言葉だった。英語ではビスケットになったが、フランス語では柔らかいスポンジのことを指す。

材料　基本配合
卵黄　60 g（3個）　60 g de jaunes d'œufs
グラニュー糖　45 g　45 g de sucre semoule
メレンゲ　meringue
├ 卵白　90 g（3個分）　90 g de blancs d'œufs
└ グラニュー糖　45 g　45 g de sucre semoule
薄力粉　90 g　90 g de farine

＊粉類は一度ふるって、大きな塊やゴミ等を除いて粒子を細かく揃えてから計量し、再度ふるいにかけて用いる。
＊ふるった粉はボウル等に入れるとまた粒子が詰まってしまい、ほかの材料中に分散しにくくなるので、紙の上にふるってそのまま置いておく。

1　薄力粉をふるう（→タミゼtamiser）。

＊卵はまず別の容器に1個ずつ試し割りをし、腐敗卵や殻が入らないようにする。
＊泡立ちにくくなるので卵白には決して卵黄が混じらないように気をつける。

2　卵を卵黄と卵白に分ける（→クラリフィエclarifier）。

＊グラニュー糖を加えると水分を吸って卵黄が固まってしまうので、加えたらすぐに混ぜる。卵黄は乾燥すると溶解性が悪くなり乳化力が低下する。

3　卵黄をほぐし、グラニュー糖を加えて混ぜ合わせる。

メレンゲのポイント

1. 砂糖と卵白
卵白に砂糖を加えないで泡立てると、早く大きな泡が立つが、安定性が悪く消えやすい。砂糖を加えて泡立てることできめ細かく安定した泡ができる。
ただし砂糖をはじめに全量加えると卵白に粘りと弾力が生じ、泡立ちにくくなる。また、完全に泡立ってから多量の砂糖を加えると泡がつぶれてしまう。そのため、2〜3度に分けて加えながら泡立てるのがよい。（→P.180）

2. 脂質と卵白
脂質は卵白の泡をこわす。卵黄は脂質が多いので、卵白に卵黄が混ざると泡立ちを妨げる。また、ボウルや泡立て器などの器具に油脂分が付着していても、泡立たなくなるので器具はよく洗っておく。

＊泡立て器の弾力を生かして使う。（→p.28：泡立て器の基本的な持ち方）

4　泡立て器fouetで白っぽくなるまでしっかり撹拌する（→ブランシール blanchir）。

5　メレンゲをつくる。卵白にはどろっとした濃厚卵白とさらっとした水様卵白が含まれているので泡立て器でほぐして均一にする。

6　卵白がほぐれてさらっとした状態になったら泡立てはじめる（→フウェテ fouetter）。

7　白っぽくなりふんわりしてきたらグラニュー糖を少量（$\frac{1}{3}$量程度）加える。

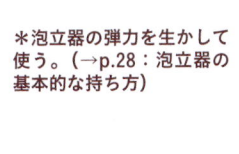

8　残りのグラニュー糖を2回に分けて加えながらさらに泡立てる。泡立て器でくいとると角が立つ状態まで泡立ったら、最後に全体を力強くすり混ぜて、きめ細かくなるよう気泡をひきしめる（→セレ serrer）。メレンゲのでき上がり。

9 メレンゲを1/3量とって4の卵黄に加え、ゴムベラpalette en caoutchoucで全体になじませる。

10 さらに残りのメレンゲを加え、気泡をこわさないように中央からゴムベラでさっくりと切るように全体を混ぜる。

＊片手でボウルを回しながら、ゴムベラを中央から「の」の字を描くように大きく動かして混ぜ合わせる。（粉をできるだけすばやく全体に分散させるため）

11 薄力粉を振り入れながら、ゴムベラで切るように混ぜる。

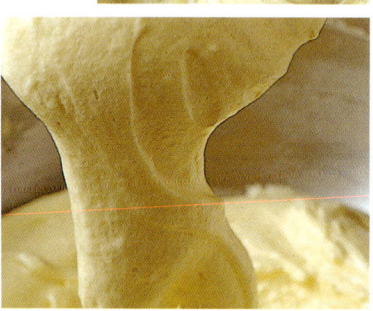

＊生地を混ぜすぎると柔らかく流れる落ちるような状態になってしまい、ボリュームのない、固く乾燥した焼き上がりになる。

12 粉気がなくなるまで混ぜ合わせる。生地のでき上がりは、共立法に比べてつやはないがきめが均一な状態。

※スポンジ生地ができ上がったらすぐに焼けるように、生地をつくりはじめる前にオーブンの温度設定をして温めはじめ、それぞれの菓子で必要になる型やオーブンプレート、絞り出し袋の準備をしておく。

Omelette aux fraises
オムレット・オ・フレーズ

オムレツに見立てたケーキ。別立法でつくったパータ・ビスキュイを円形に絞り出して焼き、クリームをはさんで二つ折りにする。このケーキに使うビスキュイは、焼き上がって冷めてから二つ折りにできる柔軟性がなければならない。そのため砂糖の量が多く、冷めてからもしっとりと柔らかさを保つような配合になっている。
フランスでは卵に砂糖を加えてかき立て、果物などを具にした甘いデザートオムレツはあるが、スポンジ生地を使ったオムレツは一般的ではない。
＊omeletteオムレット[f]　オムレツ
＊aux　オ　〜風の、〜風味の、〜入りの（auxの後ろの名詞が複数形の場合）

オムレット・オ・フレーズ

材料 直径11cmのもの8個分
パータ・ビスキュイ　基本配合　pâte à biscuit
クレーム・ディプロマット　crème diplomate
　┌クレーム・パティシエール　320g　320 g de crème pâtissière（→p.40）
　│キルシュ　20㎖　20 ㎖ de kirsch
　└生クリーム　300㎖　300 ㎖ de crème fraîche
いちご　12粒　12 fraises
粉砂糖　sucre glace

下準備
・オーブンを210℃に温める。
・オーブンプレートの準備をする。紙に直径11cmの円を描いて型紙をつくる。この型紙の上に、型紙が透けて見える紙を重ねてオーブンプレートに敷く。
＊焼くときに敷く紙は、硫酸紙、ベーキングシート、クッキングペーパーなどオーブン調理用につくられた紙のほか、普通紙（コピー用紙などの白無地の上質紙）でもよい。
＊生地を絞るときは、必要な図形を描いた型紙をつくっておき、別の紙をその上に重ねて絞る。型紙はくり返し使える。
・絞り出し袋の準備をする（→p.45）。直径9㎜の丸口金、星型の口金douille cannelée（8切れ・直径8㎜）使用。
・いちごは洗うといたみやすいので、固く絞ったぬれ布巾で汚れを軽くぬぐう。縦半分に切る。

生地を焼く
①直径9㎜の丸口金をつけた絞り出し袋にパータ・ビスキュイを入れ、直径11cmの円形になるよう渦巻状に絞り出す。型紙をはずす。
＊渦巻き状に絞るときは口金をほぼ垂直に保ち、やや上から生地をたらすように絞る（→ドレセdresser）。
②210℃に温めたオーブンで約6分焼く。生地の表面にきれいな焼き色がついたら、スポンジの表面を手のひらで軽く押さえてみて弾力を感じればよい。
＊オーブンプレートに接している面は熱の伝わり方が速いので、プレートを2枚重ねて入れるなど、下からの熱の伝わり方を弱めて生地の焼き色を調節する。
③焼き上がり。
④焼き上がったらすぐに別の紙をあててひっくり返し、敷いていた紙をはがす。はがした紙を裏返してかぶせ、紙にはさんだ状態で常温になるまで冷ます。
＊常温は、触ってみて冷たくも熱くもない温度のこと。
＊紙が湿気（ビスキュイから抜けていく水蒸気）を吸い、ゆっくり冷めていくあいだに水分が適度にビスキュイに戻るので、ビスキュイは程よい湿気を含み、巻いたり曲げたりしやすい柔軟性のあるスポンジ状になる。

クレーム・ディプロマットをつくる

⑤クレーム・パティシエールをボウルに入れ、ヘラでよく混ぜ、煮詰めたときと同様のなめらかでつやがある状態に戻して、キルシュを加える。

⑥生クリームを氷水で冷やしながら固くしっかりと泡立て（→フウェテfouetter）、クレーム・パティシエールに加えて混ぜ合わせる。

＊混ぜすぎると生クリームの泡がつぶれてゆるいクリームになってしまうので、ざっくりと合わせる。

組立てる

⑦クレーム・ディプロマットを星型の口金（8切れ・直径8㎜）をつけた絞り出し袋に入れる。ビスキュイの左半分の上に、縁を1㎝程度残して絞り出す（→ドレセdresser）。

⑧いちごをクリームの両端にのせてビスキュイを半分に折る。

仕上げる

⑨2㎝幅の帯状に切った紙を中央に置いて茶漉しを使って粉砂糖を振る。紙をはずして粉砂糖のかかっていない部分にクリームを絞り出し、いちごを飾る。

※ガク付きのいちごを飾る場合は、ガクの汚れをぬれ布巾でよくぬぐいとり、必ずガクを上向きにして生地やクリームに触れさせない。

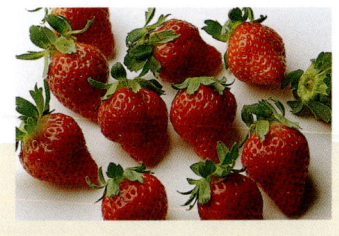

いちご

バラ科の多年草。ヨーロッパでは13世紀に栽培がはじまり、ルイ14世時代には、ラ・カンティーニという農学者がヴェルサイユで温室栽培を成功させた。現在出回っている栽培種はすべて、18世紀にアメリカ大陸からヨーロッパに持ち込まれたいちごから生まれた品種（オランダイチゴ）がもとになっており、日本では明治時代から栽培が広まった。

本来は春から初夏にかけて実る果物だったが、促成栽培などにより、現在最も多く出回るのは12～4月。北海道以外の国産いちごがほとんど出回らない7～10月には、アメリカ（カリフォルニア）のいちごが輸入される。実がしまっているので日持ちがするが、完熟しないと甘味が少なく固い。

・とよのか：大粒で、光沢がとくによく、色鮮やか。甘味が強く、ほどよい酸味もあり、香りがよい。
・女峰：やや小粒で、果肉が固くいたみにくい。甘み、酸味、香りのバランスがよい。
・とちおとめ：女峰より大粒で、光沢がある。酸味が少なく、甘みが多い。
・明宝：大粒で、果肉が柔らかい。表面はややオレンジ色がかり、内部は白っぽい。香りがよい。
・アイベリー：とくに大粒で、通常のいちごの2倍くらいから鶏卵大になることもある。

＊フレズィエ（→p.52）には、酸味があり、味にこくのあるいちごを使うと、クレーム・ムスリンヌと調和する。小ぶりで形の揃ったものが使いよい。洗うといたみやすいので、ぬれ布巾で軽くぬぐうだけにする。

キルシュ

さくらんぼの実を粉砕して発酵させ、蒸留してつくる無色透明の酒。フルーツブランデーの一種で、オ・ド・ヴィ・ド・キルシュ、キルシュヴァッサーとも呼ぶ。アルコール分は一般的製品で40～45度。

酒について

・醸造酒：ワイン、日本酒、ビールなど原料を発酵させてつくる酒。
・蒸留酒：醸造酒を蒸留したもの。果物を原料にした酒をブランデーと言う。穀物からつくるウィスキー、ウォッカ、ジン。サトウキビからつくるラム酒など。
・混成酒：蒸留酒または醸造酒に、果物、香辛料、香草などの風味をつけ、糖分を加えた酒。リキュール、梅酒など。

基本のクリーム

Crème pâtissière
クレーム・パティシエール（カスタードクリーム）

日本では英語でカスタードクリームcustard creamという名前で親しまれている。パティシエールの由来ははっきりしていないが、17世紀頃に牛乳と卵と小麦粉を加熱してつくる濃いソースが、パティシエのクリームと呼ばれていた（当時のパティシエはパテをつくるのが主な仕事だった）。18〜19世紀にかけて、シュウ・ア・ラ・クレム、ミルフユといった菓子と一緒に、現在のような甘くなめらかなクリームとして完成されたと考えられる。クレーム・パティシエールは、果物のタルトにもよく使われ、さまざまなクリームのベースにもなる。→クレーム・ムスリンヌ（→p.53）、クレーム・ディプロマット（→p.39）、クレーム・シブースト（→p.172）。英語のカスタードは、牛乳、卵、砂糖を混ぜたもののことで、そこに香料、でんぷんなどを混ぜ、クリーム状に煮詰めたものや、蒸したり焼いたりして固めたデザートのこともいい、中世の英語でcrustade（卵でとろみをつけたソースで和えた肉や果物を詰めたパイ）という言葉が語源とされている。フランス語では、小麦粉を使わないカスタードは、クレーム・アングレーズ（→p.248）と呼ばれている。

＊pâtissier／pâtissièreパティスィエ[m]／パティスィエール[f]　菓子店、菓子製造（販売）人。形容詞としても用いる。

材料　基本配合：でき上がり約650g
牛乳　500mℓ　500 mℓ de lait
バニラのさや　1本　1 gousse de vanille
卵黄　120g（6個）　120 g de jaunes d'œufs
グラニュー糖　150g　150 g de sucre semoule
薄力粉　25g　25 g de farine
カスタードパウダー　25g　25 g de poudre à crème

下準備
・薄力粉とカスタードパウダーを合わせてふるっておく（→タミゼtamiser）。

＊牛乳は完全に沸騰させると表面にたんぱく質の膜がはるので、それを防ぐには混ぜているか、ぐらぐら煮立てないようにする。

1　バニラのさやを縦に裂いてナイフの先で中の種をこそげ、牛乳に加える。さやも入れ、火にかけて沸騰直前まで温める。

＊よく混ぜておくことで、このあと加える粉類や牛乳がなじみやすくなる。
＊泡立器は、柄ではなく針金の根元を持つ。弾力がなくなり混ぜやすい。（→p.28：泡立器の基本的な持ち方）

2　ボウルに卵黄を入れてほぐし、砂糖を加えて混ぜ合わせ、白っぽくもったりするまで泡立器で撹拌する（→ブランシールblanchir）。

3　ふるった粉類を加え、泡立器で混ぜ合わせる。

カスタードパウダー
小麦粉、でんぷん、バニラ系の香料、糖類、黄色の着色料などを配合し、カスタード風味のクリームを簡単に風味よくつくれるように開発された粉末状の製品。プードル・ア・クレーム、プードル・ア・フランなどの名前で出回っている。牛乳とこの粉末だけでクリームをつくることも可能だが、通常のクレーム・パティシエールの配合で、小麦粉の一部をこれにかえてつくると、粘りが出にくく、口当たりが軽いクリームになる。

クレーム・パティシエールの製造上の注意
・使用する器具は清潔に保ち、使用前に消毒液（アルペットEなど）を吹きつけておく。
・熱いクリームを冷蔵庫（7～10℃）に入れても冷えるまでに時間がかかり、菌の増殖を促す適温の状態が持続することになる。まず氷水ですばやく完全に冷やしてから冷蔵庫で保管する。
・バットに広げたクリームの表面にラップを密着させるのは、乾燥を防ぐためでもあるが、空気中の雑菌が落ちてくるのを避けるためでもある。
・でき上がったクリームは冷蔵庫で保管し、基本的にはつくった日に使いきる。
・再度加熱しないクリームなどを絞り出す場合、使い捨ての絞り出し袋を使うのが一番よい。パータ・ビスキュイなどで使用するくり返し使えるタイプの絞り出し袋は、雑菌が繁殖しやすいので避けたほうがよい。

クレーム・パティシエールの応用
①風味を変える（加える）
　　＋酒（キルシュ、ラム、グラン・マルニエなど）
　　＋チョコレート、コーヒー、プラリネ、ピスタチオペースト
　　＋各種のエッセンス、レモンの皮、香草（ミントなど）
②ほかのクリームや材料と組合わせる
　　＋泡立てた生クリーム　→クレーム・ディプロマット
　　＋バター　→クレーム・ムスリンヌ
　　＋メレンゲ　→クレーム・シブースト
　　＋クレーム・ダマンド（アーモンドクリーム）　→フランジパーヌ

4　温めた牛乳を少しずつ加えてなじませる。

＊牛乳を温めた熱い鍋に入れたほうが早く火が通り、余分な粘りや弾力が生じない。

5　漉し（→パセpasser）ながら鍋に戻す。

＊クレーム・パティシエールを煮詰めるときにアルミ製の鍋を使う場合は、泡立器で強くこすると金気が出るため、木杓子（木ベラspatule en bois）を使うとよい。

6　中火にかけ、泡立器で絶えず底から混ぜながら沸騰させる。

7 粘りがなくなってさらっとした状態になったら火からおろす。

＊沸騰すると一気に濃度がついてくるので、焦げつかないようにしっかり混ぜ続ける。すくうとさらさらと流れ落ち、つやがあるなめらかな状態になればでき上がり。

8 バットに薄く広げ、表面にラップを密着させておおい、氷にあてて一気に冷却する。冷めたら冷蔵庫で保存する。

（クリームにダマができてしまった場合は裏漉して用いる）

＊よい状態にでき上がったクレーム・パティシエールは、冷やすと弾力のある状態に固まり、べとつかずにバットからきれいにはがれる。ヘラで混ぜてなめらかなクリーム状に戻して使う。泡立器で戻すとダマができやすい。

バニラ

ラン科のつる性植物。15〜20数cmくらいの、細長いさや状の果実を、未熟な緑色のうちに摘みとり、加熱して発酵させると独特の甘い芳香が生じる。さやを切り開くと、細かい黒い種がたくさん入っている。香りの主成分はバニリン（4-ヒドロキシ-3-メトキシベンズアルデヒド）。

・ブルボンバニラ（V.Planifolia）：インド洋の西アフリカ沿岸の、レユニオン(旧名ブルボン)、マダガスカル、コモロ諸島産。インドネシアでもこの種類を栽培しているが産地によって香りが若干異なる。

・タヒチバニラ（V.Tahitensis）：南太平洋のタヒチ周辺の島（モーレアなど）で産する。バニリンの香りに加えてアニスやムスク（麝香）のような香りがすると言われる。

バニラのさや（バニラビーンズ）

エクストレ・ド・ヴァニーユ
extrait de vanille
フランス語でバニラエクストラクトの意味。本書でバニラエッセンスという場合はこれを使用。

合成バニラ香料（バニリン）の粉末
バニラの香気成分バニリンを科学的に合成してつくったもの。糖菓などで、水分を加えたくない場合に用いる。

バニラエクストラクト Vanilla extract（英）
天然のバニラエッセンス vanilla essence（英）。バニラのさやをアルコールにつけて香りを抽出し、ろ過した茶褐色の液体。バニラチンキとも言う。

バニラオレオレジン Vanilla Oleoresin（英）
溶剤（アルコール、アセトンなど）で抽出したのち、溶剤を除去してバニラの香気成分を濃縮したもの。ほぼバニラの精油（エッセンシャルオイル essential oil）（英）そのものと言える。

＊普及品の「バニラエッセンス」「バニラオイル」には、天然のバニラを原料にしたものもあるが、安価なものには合成バニリンでつくったものが多い。合成香料は香りがきつく、後味がしつこく感じることがあるので使用量は控えめにする。

香料の種類

・水溶性香料（エッセンス）：香気成分をアルコールに溶かしたもの。水によく溶けるのでプディングなどの水分の多い生地になじみやすい。

・油性香料（オイル）：香気成分を油脂に溶かしたもの。油溶性なのでバターを多く使った生地になじみやすい。また耐熱性を高め、焼き菓子に向くようにつくられている。

・乳化香料：精油や合成香料を乳化剤などを用いて水溶液に乳化分散したもの。果物のジュース類、冷菓の工業生産に用いられている。

・粉末香料：噴霧乾燥などの方法で粉末状にした香料。

Roulé aux fruits
ルレ・オ・フリュイ

パータ・ビスキュイで、シート状の生地をつくり、果物とクリームを巻き込んだ菓子。
シート状に焼いたパータ・ジェノワーズ（→p.50）でロールケーキをつくることもできる。

*roulé ルレ[m]　ロールケーキ。巻くという意味のrouler［ルレ］という動詞の過去分詞形でもあり、形容詞としては、「円筒形に巻いた」という意味で使われる。

ルレ・オ・フリュイ

材料 長さ30cmのもの2本分
パータ・ビスキュイ　基本配合×3　pâte à biscuit
アンビバージュ　imbibage
┌ シロップ（水2：グラニュー糖1）　50㎖　50 ㎖ de sirop
└ キルシュ　50㎖　50 ㎖ de kirsch
クレーム・オ・フロマージュ・ブラン　crème au fromage blanc
┌ フロマージュ・ブラン　300g　300 g de fromage blanc
│ 生クリーム　200㎖　200 ㎖ de crème fraîche
│ ムラング・イタリエンヌ　meringue italienne（→p.183）
│（下記の分量でつくり100g使用）
│　┌ 卵白　90g　90 g de blancs d'œufs
│　│ グラニュー糖　180g　180 g de sucre semoule
└　└ 水　60㎖　60 ㎖ d'eau
いちご　20粒　20 fraises
バナナ　1本　une banane
キウイ　1個　un kiwi
黄桃（缶詰）2片　2 demi-pêches jaunes au sirop
粉砂糖　sucre glace

※imbibageアンビバージュ　焼いた菓子を湿らせて柔らかくし、香りをつけるためにしみこませる液体。シロップや酒などを使い、配合は好みでよい。

下準備
・オーブンを210℃に温める。
・オーブンプレートに紙を敷く。
・絞り出し袋の準備をする。
・果物をおよそ1cm角に切る。

生地を焼く
①直径9mmの丸口金をつけた絞り出し袋にパータ・ビスキュイを詰め、縦30cm、横35cmの長方形内に斜めに絞る。口金を少し傾け、紙からあまり離さずに絞り出す（→クシェcoucher）。
＊まず対角線上に1本絞り、それに添って絞って手前半分の三角形を埋めていく。焼くとふくらむので、少し間隔があいてもよい。端まで絞ったら、紙の向きを変えて同様にする。
②210℃に温めたオーブンで7分焼く。焼き上がったら紙をはずし、紙にはさんで常温に冷ます。

クレーム・オ・フロマージュ・ブランをつくる
③フロマージュ・ブランを泡立器で混ぜて柔らかくし、それと同じくらいの固さに泡立てた生クリームを加え混ぜる。最後にムラング・イタリエンヌ（→p.183）を加えて混ぜ合わせる。
＊ムラング・イタリエンヌは口当たりと甘味の調節をしている（配合量は少なめ）。

組立てる
④紙の上にビスキュイを置き、刷毛でアンビバージュを塗る（→アンビベimbiber）。
⑤パレットナイフ（アングルパレットpalette coudée）でクリームを塗る。
⑥果物を散らす。
＊手前から巻いていくので、巻き終わりになるほうの端から数cmには果物を散らさずにあけておく。
⑦紙を使い手前から向こうにころがして生地を巻く。
⑧生地の巻き終わりを下にして、上に紙をかぶせ、その上にものさしをあてて押さえながら下の紙をひいてビスキュイの巻きをしめる。冷蔵庫で冷やす。

仕上げ
茶漉しを使って粉砂糖を振り、切り分ける。
＊包丁は熱湯につけて温めておき、一切れごとにきれいにふいて再び熱湯につける。

絞り出し袋 poche の準備と絞り方

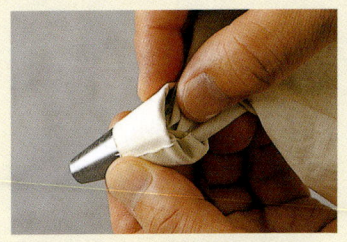

1　絞り出し袋の先端は口金 douille の広がっているほうの直径に合わせて切る。袋に口金を入れ、口金の後ろで袋を2〜3回ねじり、口金の中に押し込む。

2　袋の上部を折り返す。

3　折り返した部分に手を差し込み、親指と人差し指の間で袋の折り返し部分を支える。

4　クリームや生地をカード corne 等ですくって入れる。

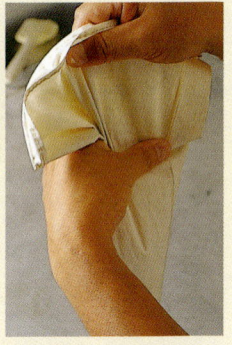

5　折り返した部分を戻し、袋の上部を持って、生地（またはクリーム）を口金のほうへ寄せる。

6　生地が入っている部分のすぐ上を絞り、利き手の親指と人差し指の間にしっかりはさんで、口金を上に向けて持つ。

7　口金に押し込んだ部分をのばす。利き手で持った部分をねじり、生地が口金の先端まできっちり詰まって袋がぴんとはった状態にする。

8　反対の手の親指と人差し指を口金に添え、利き手で絞り出し袋を握るようにして絞り出していく。絞る度に袋をねじり、常に口金と絞り出し袋がぴんとはった状態を保つ。

フロマージュ・ブラン
カッテージチーズやクリームチーズと同じフレッシュチーズの一種。「白いチーズ」という名前の通り純白のクリーム状で、フランスのフレッシュチーズの代名詞にもなっている。牛乳を乳酸発酵させて凝固させ、多少脱水しただけの製品で、熟成させないので風味にくせがない。ヨーグルトに似た酸味があるが、より穏やかでこくがある。

Charlotte aux poires
シャルロット・オ・プワール

型の周りにビスキュイをはりつけ、中にバヴァルワなどを詰めて冷やし固めるシャルロットのつくり方は、19世紀にアントナン・カレーム（1783〜1833年。フランスの料理人、菓子職人）が完成させたと言われる。それまでのシャルロットは、外側にビスキュイまたはパンを使い、中に果物のジャムのようなものを詰めて焼いた温かい菓子で、イギリスの宮廷でつくられ、ジョージ3世（1738〜1820年）の王妃シャーロットにちなんで名づけられたと言う。シャルロットには、縁にギャザーを寄せてリボンやレースをあしらった婦人用の帽子の意味もある。

材料 直径21cm、高さ4.5cmのもの2台分
パータ・ビスキュイ基本配合×2　pâte à biscuit
粉砂糖　sucre glace
洋梨のバヴァロワ　bavaroise aux poires
┌ 洋梨のピューレ　300㎖　300 ml de purée de poire
│ 卵黄　120 g　120 g de jaunes d'œufs
│ グラニュー糖　60 g　60 g de sucre semoule
│ 板ゼラチン　3枚（1枚3 g）　3 feuilles de gélatine
│ 洋梨のブランデー　30㎖　30 ml d'eau-de-vie de poire
│ 生クリーム　300㎖　300 ml de crème fraîche
└ 洋梨のシロップ煮　4片　4 demi-poires au sirop
洋梨のシロップ煮　6～8片　6 à 8 demi-poires au sirop
ナパージュ　nappage
ピスタチオ（飾り）　pistaches

※bavaroiseバヴァルワーズ　バヴァロワのこと。シャルロットの中に入れる場合などケーキのクリームとして使うときは、クレーム・バヴァルワーズまたはバヴァルワーズと呼ぶことが多い。

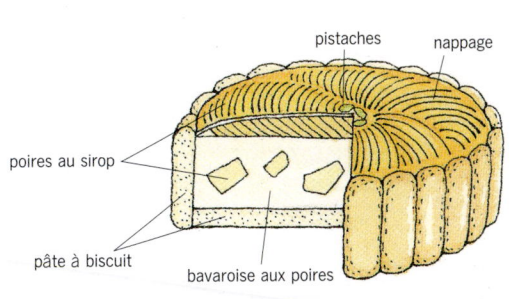

Charlotte aux poires
（図：pistaches、nappage、poires au sirop、pâte à biscuit、bavaroise aux poires）

下準備
・オーブンを200℃に温める。
・オーブンプレートに型紙を敷き、上に型紙が透けて見える紙を重ねる。
　型紙には直径19cmの円を二つ、4.5cm幅の平行線を二組プレートの幅いっぱいに描く。
・絞り出し袋の準備をする（→p.45）。
・洋梨のシロップ煮4片は1.5～2 cm角に刻む。
・ピスタチオは湯むきして薄切りにする。
・板ゼラチンをたっぷりの氷水につけて戻す。柔らかくなったら水気を絞っておく。
＊氷水につけるときは、3枚重ねたまま入れるとくっついてしまい、中のほうまで均一に戻らないため、1枚ずつ入れていく。

生地を焼く
①パータ・ビスキュイを直径13mmの丸口金をつけた絞り出し袋に入れ、4.5cm長さの棒状に絞り出してつなげ、帯状にする（63cmの帯が2本必要）。口金で生地を押さえるようにして、口金の直径より太めに絞る。残りの生地は、直径9mmの丸口金をつけた絞り出し袋に入れ、直径19cmの円形になるように渦巻き状に2枚絞り出す（→ドレセdresser）。
＊帯状の生地はシャルロットの側面の装飾になるので、形をくっきりときれいな状態に仕上げるために、生地の状態がよりよいうちに先に絞る。
②帯状に絞った生地に粉砂糖を軽く振ってしばらく置き、粉砂糖が溶けたら、もう一度、振りかける。この作業を2～3回くり返す。
＊焼き上げると、いったん溶けた粉砂糖が真珠のような粒状に固まって表面に質感が出る（→ペルラージュperlage）。
③200℃に温めたオーブンで10～15分焼く。焼くときに敷いた紙ははがさずに、もう1枚紙をかぶせて常温に冷ます。冷めたら紙をはがした帯状のビスキュイをセルクルの側面にそわせて入れ、底の大きさに合わせて切った円形のビスキュイを敷く（→シュミゼchemiser）。

セルクル・ア・アントルメ cercle à entremets
底のないリング状の型。アントルメを組立てるとき、また生地を焼く型として用いる。

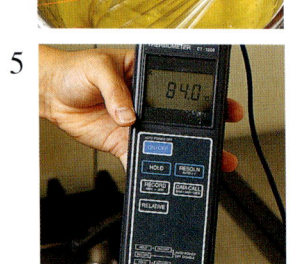

洋梨のバヴァロワをつくる

④ボウルに卵黄を入れてほぐし、グラニュー糖を加えて混ぜ合わせ、白っぽくもったりするまで泡立器で撹拌し（→ブランシールblanchir）、沸騰させた洋梨のピューレを加える。
⑤鍋に入れて火にかけ、よく混ぜながら82〜84℃まで熱する。
＊温度計がない場合、材料を混ぜながら煮詰めていき、鍋の周囲が沸きはじめたら火からおろす。
⑥火からおろし、戻したゼラチンを加えて溶かす。
⑦漉して（→パセpasser）ボウルに入れて粗熱をとり、とろみがついたら洋梨のブランデーを加える。泡立てた生クリームと合わせる。
＊生クリームは六分立て＝泡立器ですくえるがゆっくり落ちていく程度。

組立てる

⑧ビスキュイを敷いた型にバヴァロワを半量流し、刻んだ洋梨のシロップ煮を散らす。
⑨残り半量のバヴァロワを入れて平らにならし、冷蔵庫で冷やし固める。
＊バヴァロワに、刻んだ洋梨のシロップ煮を全部混ぜ合わせてビスキュイを敷いた型に流し入れてもよい。
⑩洋梨のシロップ煮6〜8片を薄切りにしてオーブンプレートに広げ、バーナーで焦げ目をつけ、冷やし固めたバヴァロワの表面に並べる。

仕上げる

刷毛pinceauでナパージュを塗り、ピスタチオを飾る。セルクルをはずす。好みでビスキュイにリボンを巻いて飾ってもよい。
＊ナパージュは10％程度の水を加え、沸騰させて完全に溶かして用いる。

ナパージュ

つやを出したり表面を保護するために、菓子の表面に塗るもの。アプリコットと砂糖を煮詰めてつくられたジャム状のもので、ペクチンの濃度が高い。グロゼイユ（赤すぐり）等の赤い果実からつくる赤いナパージュ（ナパージュ・ルージュnappage rouge）もある。ナパージュ・ヌートルnappage neutreは無色透明のナパージュで、果物は使わず、水にペクチン、砂糖、水あめなどを加えてつくられたもの。

ゼラチン

ゼリーやバヴァロワなど冷菓を固めるために使う凝固剤の一つ。牛や豚の骨または皮からコラーゲン（不溶性のたんぱく質）を熱水で抽出、精製して乾燥させた無色透明のもの。板状と粉末状の製品がある。ゼラチンは吸水させてからほかの材料に加え、50〜60℃で加熱して溶かす。これを冷やすと柔らかく粘りと弾力のある状態に凝固する。（→p.246：凝固剤について）

洋梨のシロップ煮

材料
洋梨　3個　3 poires
レモン（1cm厚さの輪切り）1枚　1 rondelle de citron
バニラのさや　1本　1 gousse de vanille
シロップ（グラニュー糖1：水2）　sirop
　水　400㎖　400 ml d'eau
　グラニュー糖　200g　200 g de sucre semoule

つくり方
①洋梨の皮をむいて縦半分に切り、芯をとる。
②洋梨、シロップ、バニラのさや1本、レモンの薄切り1枚を密閉できる耐熱性ビニール袋（開口部が二重になったもの）に入れる。
③軽く沸騰させた湯に袋のまま入れ、40分～1時間ゆでる。
④粗熱がとれたら、冷蔵庫で保存する。

洋梨
バラ科ナシ属のセイヨウナシの果実。日本の梨には果肉の細胞が木質化した石細胞が多く、これがざらざらした舌ざわりをもたらすが、洋梨はねっとりなめらかな果肉のとろけるような口当たりと甘味、芳香が特徴。この特徴は、完熟をまたずに収穫し、一定の温度で保存しておく追熟処理によってはじめて生じる。フランスには7月半ばから4月頃まで、様々な品種が出回っているが、日本ではラ・フランスと呼ばれる品種を中心に、バートレット、ル・レクチエなどの品種が栽培されている。

洋梨のブランデー
洋梨の果実を粉砕して発酵、蒸留した無色透明のフルーツブランデー。とくに香りのよいポワール・ウィリアムPoire Williams（ポワール・ウィリアムスとも言う）という品種の洋梨でつくった同名の酒が有名。

基本の生地

Pâte à génoise
（パータ・ジェヌワーズ）

パータ・ジェヌワーズ（共立法のスポンジ生地）

全卵のまま泡立てる共立法でバターを加えてつくるスポンジ生地。共立法の生地は、別立法の生地より気泡量は少ないが、しっとりときめ細かいのが特徴。柔らかく流動性がある生地なので、絞り出して焼くことはなく、型に入れるかプレートに流して焼き上げる。

バターを加えてつくるスポンジ生地は、一般的に共立法でつくることが多い。バターが入っているので、風味にこくがあり、クレーム・オ・ブールなど濃厚な風味のクリームと合わせるのにも適している。

＊génoiseジェヌワーズ[f]　スポンジケーキの一種のジェヌワーズ。Gênesジェンヌ（イタリアのジェノバのこと）の形容詞génoisジェヌワの女性形。

材料　基本配合
卵　150g（3個）　150 g d'œufs
グラニュー糖　90g　90 g de sucre semoule
薄力粉　90g　90 g de farine
バター　30g　30 g de beurre

下準備
・薄力粉をふるう(→タミゼtamiser)。
・バターを湯煎にかけて溶かす。
・卵を1個ずつ試し割りをしながら、大きなボウルに移す。（カラの破片、腐敗卵をとり除くため）

＊全卵は泡立ちにくいが、温めるとこしが切れ、表面張力が弱くなって泡立ちやすくなる。卵は人肌程度（38℃くらい）の温度が起泡力が一番よい。

1 卵を軽くほぐしてグラニュー糖を加え、湯煎（→バンマリbain-marie）にかける。

＊卵のこしがなくなると、できる気泡の安定性は低くこわれやすい。そのため、できた気泡の安定性をよくする性質がある砂糖を最初から加える。

2 卵のこしがなくなってさらっとした状態になるまで泡立器fouetで撹拌する。この状態になったら、生地は人肌程度に温まっている。

＊湯煎にしながら泡立てすぎると卵のこしが完全に切れてしまい、安定性のないきめの粗い気泡ができる。焼成後はきめが粗く中央がくぼんだスポンジになりやすい。

3 湯煎からはずし、泡立てはじめる。泡立てる間に卵が常温に戻り、白くふんわりときめ細かくなってくる。すくい上げると、ねっとりして一定の幅を保ちながらなめらかに流れ落ち、落ちた生地の形がしばらく残ってから消える状態になるまで泡立てる。この状態をリュバン状(→リュバンruban)と呼ぶ。

* 必ず泡立てた卵が常温に戻ってから薄力粉を加える。卵が温かいと気泡が安定していない。
* 薄力粉を振り入れながらボウルを絶えず手前に回し、生地の中央から大きく「の」を描くようにヘラで切るように混ぜ合わせる（生地の量が少なく、ボウルが浅い場合。図1）。
* 機械を使って生地をつくる場合は、生地の量が多くボウルが深いため、図1のように行っても全体に薄力粉が混ざらない。ボウルを手で回転させながら、穴杓子écumoireを使って生地を底から大きくすくい上げるようにして混ぜ合わせる（図2）。

4 薄力粉を振り入れながら、粉気がなくなるまで、木杓子spatule en boisかゴムベラpalette en caoutchoucで大きく生地を切るように、ていねいに混ぜ合わせる。

* 溶かしバターを直接生地に注ぐと、底に沈み、生地になじみにくい。沈んでしまった場合、よく合わせようと長く混ぜることになり、バターの消泡性によって卵の気泡がつぶれてしまう。

* バターがなじまずに残っていると、その部分は焼成後に黄色い生地のかたまりができてしまう。

5 温かい溶かしバターをヘラにあてながら、生地の表面全体に広げるように回し入れ、底から大きく切るように混ぜる。

6 できるだけ手ばやく生地全体にバターをなじませる。

※スポンジ生地ができ上がったらすぐに焼けるように、生地をつくりはじめる前にオーブンの温度設定をして温めはじめ、それぞれの菓子で必要になる型やオーブンプレート、絞り出し袋の準備をしておく。

図1
ヘラをボウルの向こう側から手前に大きく「の」を描くように動かして合わせていく。

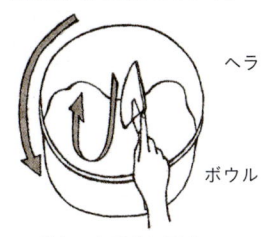

ヘラ
ボウル
ボウルを手前に回す

図2
気泡をつぶさないように、穴杓子を斜めに底まで入れ、生地をすくい上げるようにしながら混ぜる。

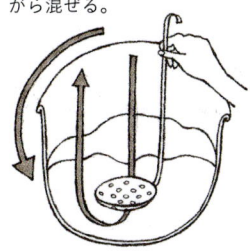

ボウルを手前に回す

バターの加え方のコツ

生地にバターを加えることでこくのある風味になるが、油脂には卵の気泡をこわす性質（消泡性）がある。そのためジェノワーズでは、バターは生地をつくる工程の最後に加え、すばやく混ぜ合わせて気泡をつぶさないように仕上げ、すぐに焼き上げることが大切である。

バターを生地全体に手ばやく混ぜ合わせるために、熱い溶かしバターを用いる。というのも、バターは温度が下がると流動性が失われ、生地になじみにくくなるからである。

この溶かしバターは、生地に混ぜ合わせた時点でも流動性を保っていなくては意味がない。溶かす温度は人肌程度とも言われることもあるが、温度は季節や器具などの条件によってかわる。

とくに外気温が低い冬場などは、ボウルや生地もかなり冷たくなっていることが予想される。そうしたときに、人肌くらいの温かさしかない溶かしバターを使うと、生地に加えた時点でバターの温度が下がって流動性が悪くなり、なじみにくく、結果的に生地の気泡をつぶしてしまうことになってしまう。そういう場合には溶かしバターの温度をより上げておく必要がある。

Fraisier
フレズィエ

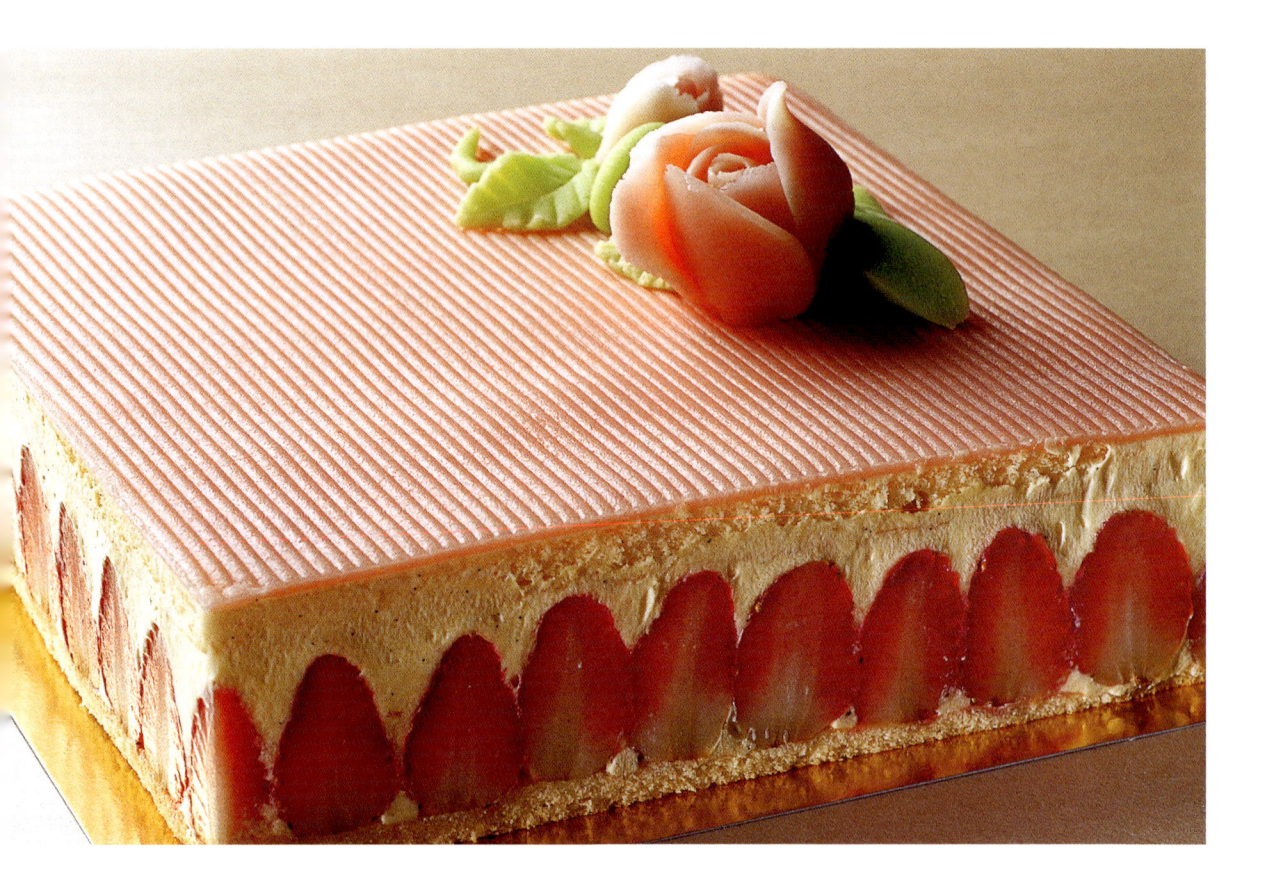

日本でいちごを使ったお菓子と言えば、まずショートケーキが浮かぶが、フランスでは、こくのあるクレーム・ムスリンヌ、スポンジ、いちごを組合わせたフレズィエが一般的。表面に上品なピンク色のマジパンをかぶせ、たっぷりと詰めたいちごの断面を見せるのが特徴になっている。

＊fraisier フレズィエ[m]　植物としてのいちごを指す言葉。

材料　18×18cm、高さ4.5cmの正方形1台分
パータ・ジェノワーズ　基本配合　pâte à génoise
アンビバージュ　imbibage
　[シロップ（水2：グラニュー糖1）　60㎖　60 ㎖ de sirop
　[グラン・マルニエ　30㎖　30 ㎖ de Grand Marnier
クレーム・ムスリンヌ　crème mousseline
　[クレーム・パティシエール　370g　370 g de crème pâtissière（→p.40）
　[クレーム・オ・ブール　190g　190 g de crème au beurre（→p.60）
いちご（小）　400g　400 g de fraises（→p.39）
パート・ダマンド　200g　200 g de pâte d'amandes
食用色素（赤、緑、黄）　colorant (rouge, vert, jaune)
バター（型用）　beurre
粉砂糖（打ち粉）　sucre glace

※mousselineムスリンヌ [adj.]（菓子、クリームなどが）軽い、なめらかな。女性名詞として柔らかい毛織物のモスリンのこと。

生地を焼く

①紙を敷いた40×30cmのオーブンプレートにパータ・ジェノワーズを流し入れ、200℃に温めたオーブンで約10分焼く。完全に熱がとれたら、型に合わせて18cm角の正方形を2枚切りとる。バターを薄く塗った型にジェノワーズを1枚はめ込み、アンビバージュを塗る（→アンビベ imbiber）。

＊型にバターを塗るのは、型をはずすときに抜きやすくするためと、いちごの酸で型の金気が出るのを防ぐため。
＊写真のように焼き色のついた面を上にしてジェノワーズを敷いたら、⑦で上にのせるほうは焼き色を下にして、切り口の色のバランスをとる。

クレーム・ムスリンヌをつくる

②クレーム・パティシエールをヘラで混ぜてなめらかに戻し、クレーム・オ・ブールを少しずつ加え、泡立て器でなめらかな状態に混ぜ合わせる。

＊クレーム・オ・ブールを加えると、クレーム・パティシエールがもろもろした粒状になってしまうことがある。そのように分離した場合は、少量とって湯煎で温めてなめらかにし、さらに少しずつ分離したクリームを足して、泡立て器で混ぜ合わせるとよい。
＊クレーム・オ・ブールに、クレーム・パティシエールを少しずつ加えていくほうが分離しにくいが、パティシエールにクレーム・オ・ブールを加えるほうがクリームによりこくが感じられる。

組立てる

③直径13mmの丸口金をつけた絞り出し袋 poche à douille unie にクレーム・ムスリンヌを入れて型の中に絞り入れる。
④いちごを10数個縦半分に切り、切り口を型の側面にはりつけて並べる。
＊いちごは固く絞ったぬれ布巾で汚れを軽くぬぐっておく。
⑤粒のいちごをクリームに埋め込むように内側全体に並べ、クレーム・ムスリンヌをいちごの間を埋めるように絞り出す。
⑥隙間に残っている空気を抜きながらクリームを平らにならす。
⑦もう1枚のジェノワーズをのせ、アンビバージュを塗る（焼き色のついた面を下に向ける）。ラップをかけて冷蔵庫で冷やし、クリームを固める。

クレーム・ムスリンヌ

クレーム・パティシエールをベースにしたクレーム・オ・ブール（バタークリーム）の一種。基本は、パティシエールの1/2〜2/3量のバターを柔らかいクリーム状にして空気を含ませ、パティシエールを加えてつくる。ここでは、バターそのもののかわりに、イタリアンメレンゲをベースにしたクレーム・オ・ブールを使ってより軽いクリームにしている。適度な粘性があり、いちごのような水分の多い果物と生地を接着する役割もする。

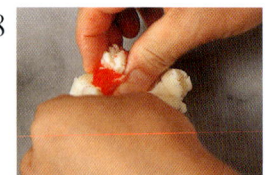

パート・ダマンドを準備する

⑧パート・ダマンドを食用色素でピンク色に着色する。

＊パート・ダマンドを一部とって赤の食用色素で着色し、残りのパート・ダマンドに加えて色を調節していく。

⑨粉砂糖で打ち粉をしながら、麺棒で薄くのばして正方形に整える。筋つけ用の麺棒rouleau cannelé で筋模様をつける。

仕上げる

⑩冷やし固めた⑦の表面に残りのクレーム・ムスリンヌを薄く塗り、パート・ダマンドを麺棒に巻きつけてのせ、空気が入らないようにぴったりとかぶせる。

⑪板などをあててひっくり返し、はみ出したパート・ダマンドを切りとる。

⑫側面をバーナーなどで温めて、型を抜く。板などをあてて上下を戻し、パート・ダマンドのバラ（右ページ参照）を飾る。

グラン・マルニエ
オレンジとコニャックをベースにつくるリキュール。フランスのマルニエ＝ラポストル社が1880年から製造している。ビターオレンジの皮をブランデーの新酒につけて蒸留し、さらにコニャックとブレンドして熟成させたのち、濾過して甘味をつけている。強い熱を加えても香りが消えないのが特徴。

食用色素
食品に使用することができる着色料。色調を維持したり、食欲をそそる色を与えるために使われる。赤色2号などのタール系色素に代表される化学的に合成したものと、植物や昆虫など天然の材料から抽出したもの（ベニバナ色素、コチニール色素など）がある。

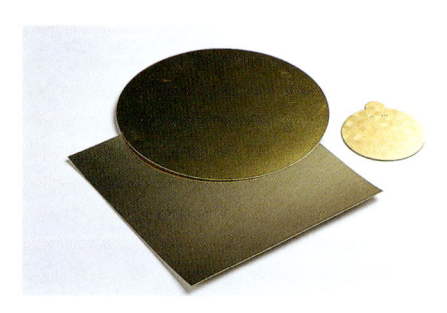

カルトン carton
ケーキの台に使う金または銀の厚紙。組立てたケーキの底に敷いておくと、形をくずさずに移動させやすい。ムースやババロワをセルクルで固める際の敷き紙にも使える。

マジパン細工（バラの花）→P.319

1　ピンク色と白色に着色したパート・ダマンド（マジパン）をマーブル状に混ぜ合わせる。

2　棒状にのばして等分に切り分ける。

3　一つずつパレットナイフpaletteでのばして花びらをつくる。ふちのほうをより薄くのばす。

4　別に芯になる部分をつくる。

5　3の花芯側をつまむ。

6　つまんだ部分を片側に折り曲げる。

7　6の花びらを花芯にかぶせる。

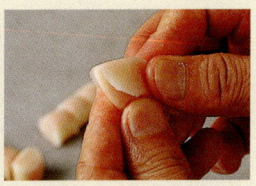

8　根元をしっかりとつける。5〜8の要領で花びらを3枚ほど花芯の周りにつける。

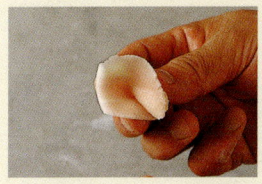

9　花びらのふちの一部を外側に開いて、5と同様花芯側をつまむ。

10　8にかぶせてつける。9、10の要領で花びらを3〜4枚つける。

11　根元をナイフで切り落とす。

12　バラの花のでき上がり。

13　緑色に着色したパート・ダマンドで葉と茎をつくる。着色するときは食用色素の緑と黄色を使って色を調節する。

14　バラの花に、葉と茎を組合わせる。

Gâteau moka
ガト・モカ

フランス菓子の中で、ジェノワーズを使ったケーキの代表的なものの一つ。和製の洋菓子「いちごのショートケーキ」に代表されるように、日本ではジェノワーズには生クリーム（クレーム・シャンティイ）の組合わせが最もポピュラーになったが、フランスではデコレーションケーキは伝統的にクレーム・オ・ブールが主流である。クリームの塗り方、絞り出し方の基本を身につければ、デコレーションは自由。

＊mokaモカ[m] コーヒー豆の品種名。深煎りの豆で入れた濃いコーヒー。コーヒー風味のケーキ。紅海に面したイエメン共和国の港町Mokaに由来する。アラビア半島はコーヒー栽培の起源と言われ、その歴史は紀元前にさかのぼる。半島南端の港町モカは、16世紀にコーヒーの輸出積出港として栄えた。

材料　直径21cmのもの　1台分
パータ・ジェノワーズ・オ・カフェ　pâte à génoise au café
（基本配合＋コーヒー）
- 卵　150g（3個）　150 g d'œufs
- グラニュー糖　90g　90 g de sucre semoule
- 薄力粉　90g　90 g de farine
- バター　30g　30 g de beurre
- インスタントコーヒー　5g　5 g de café soluble
- 湯　5㎖　5 ㎖ d'eau chaude

クレーム・オ・ブール・オ・カフェ　crème au beurre au café
- クレーム・オ・ブール　400g　400 g de crème au beurre（→p.60）
- インスタントコーヒー　5g　5 g de café soluble
- 湯　5㎖　5 ㎖ d'eau chaude

アンビバージュ　imbibage
- シロップ（水2：グラニュー糖1）　75㎖　75 ㎖ de sirop
- ラム酒　60㎖　60 ㎖ de rhum

コーヒービーンズチョコレート（飾り）　10個　10 grains de café
円形のチョコレート（飾り）　10枚　10 disques de chocolat
ピスタチオ（飾り）　pistaches

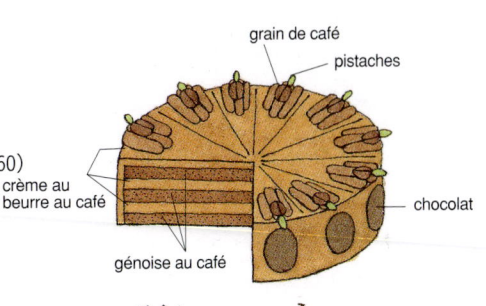

Gâteau moka
（grain de café / pistaches / crème au beurre au café / génoise au café / chocolat）

下準備
・インスタントコーヒー（ジェノワーズ用、クレーム用）は分量の湯で溶かしておく。
・アントルメ用セルクルcercleに紙を敷く（→p.59）。
・オーブンを180℃に温める。

パータ・ジェノワーズ・オ・カフェをつくって焼く
①全卵にグラニュー糖を加えてリュバン状（→リュバンruban）になるまで泡立て（→p.50：パータ・ジェノワーズ1〜3）、溶かしたコーヒーを混ぜる。そこに薄力粉、溶かしバターの順に加える（→p.51：パータ・ジェノワーズ4〜6）。
②型に流し入れ、台の上に軽く打ちつけて、大きな気泡を抜く。
③180℃に温めたオーブンで約25分焼く。
＊ほどよく焼き色がついたら、ドーム状に一番高くふくらんでいる中央を指の腹で押さえてみる。弾力を感じたら焼き上がっているので、オーブンからとり出す。焼き足りない場合は、沈むような感じがして、指の跡がついたりする。
④焼き上がったら少し高い所から落としてスポンジにショックを与え、さらにスポンジを型ごと熱いプレートに裏返して30秒程置く。もとの状態に戻して完全に熱をとる。紙をはずし、型の内側に沿って包丁を入れ、型から抜く。1cm角の鉄の棒をジェノワーズの両側に置き、棒に包丁を沿わせて、下から横に3枚切りとる。残った一番上の焼き色の部分は漉してケーキクラム（ミエットmiette）にする。
＊スポンジに衝撃を与えることによって早く余分な水分を飛ばし、きめを均一にして、しっかりした組織を形成させる。
＊裏返すことによって表面を平らに整える。

クレーム・オ・ブール・オ・カフェをつくる
⑤クレーム・オ・ブールに溶いたコーヒーを加え、なめらかになるまで混ぜる。
＊クリームが固い場合は湯煎にかけて固さを調節する。

コーヒービーンズチョコレート
コーヒー豆の形をしたチョコレート。形だけでなくコーヒーの風味をつけたもの、本物の焙煎したコーヒー豆をチョコレートでコーティングしたものもある。

組立てる

⑥回転台にジェノワーズを1枚置いて刷毛pinceauでアンビバージュを塗る（→**アンビベimbiber**）。ジェノワーズの中央にクリームの⅓量をのせて塗り広げる。側面にはみ出したクリームはとり除く。
＊パレットナイフは人差し指を金属の部分に添えて持ち、指先の感覚がパレットナイフの先まで伝わるようにする。
＊回転台を反時計回りに回転させながら、パレットナイフを左右に大きく動かして、クリームを手前から向こうへ押しやるようにのばして端まで広げ、一定の厚さにする。

⑦2枚目のジェノワーズを置き、水平になるように軽く上から押さえる。周囲にはみ出したクリームを押し込むようにして側面を整え、ジェノワーズにアンビバージュを塗る。

⑧⑥と同じ厚さにクリームを塗り広げ、3枚目のジェノワーズを置いてアンビバージュを塗る。残ったクリームの半量を上面に塗り広げる。

⑨残りのクリームの一部で側面を整える。
＊側面にクリームを塗るときはパレットナイフを短く持ち、先端を使ってクリームをのばす。パレットナイフと回転台はそれぞれ反対の方向に回してクリームをなめらかに整える。

⑩コームpeigne à décorで筋模様をつける。
＊コームをケーキに対して直角にあてると、クリームがえぐれてしまう。クリームを塗るときのように、コームをケーキに対して斜めの角度にあてるときれいな筋模様が描ける。

⑪側面を整えたときに上面にはみ出したクリームを中央に向かってパレットナイフでとる。

⑫等分器で印をつける。

⑬残りのクリームを絞り出し、ケーキクラムやピスタチオ、チョコレートなどを飾って仕上げる。

ピスタチオ
ウルシ科の落葉樹。中央アジアから西アジア原産。食用の歴史は古く、有史以前に狩猟・採集で食料を得ていた時代に、すでに自生のピスタチオを食べていたことがわかっている。白く固い殻の中に薄皮でおおわれた緑色の種子があり、むき実を飾りに用いたり、ペーストにしたものも使われている。緑色の濃いものがよいとされる。
写真左：むき実、右：皮つき

パレットナイフ palette

パレットナイフの持ち方、選び方
パレットナイフは、軽く握って人差し指を金属の部分に添え、先端の感覚が人差し指に伝わるように持つ。
パレットナイフから伝わる感覚は、金属部分の固さによって異なるので、自分にあった固さのものを選ぶことが大切。

カステラ包丁
日本独特のカステラを切るための包丁。刃渡りが長く、刃が薄い。波刃包丁couteau scieで切るとスポンジのくずが出やすいが、カステラ包丁を使うときれいに切れる。

型の準備

[底のある型に紙を敷き込む方法]

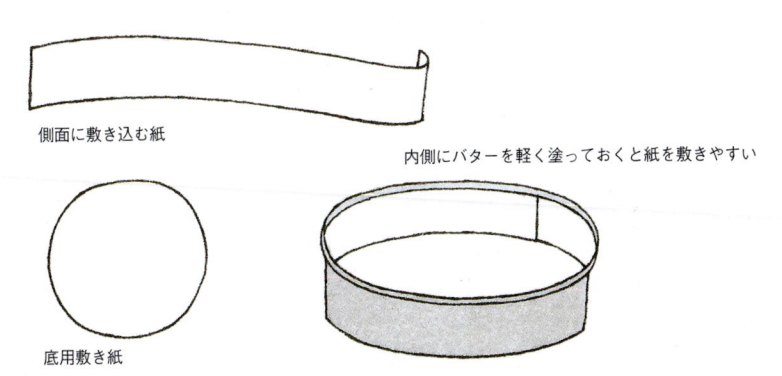

側面に敷き込む紙

内側にバターを軽く塗っておくと紙を敷きやすい

底用敷き紙

[アントルメ用セルクルに紙を敷く方法]

1.セルクルの底に一回り大きい紙を敷き、周囲の余分な紙を点線の部分を型に合わせて折り曲げる（図1）。
＊この場合は、型にはバターなど油脂は塗らない。焼いているときに生地が型にはりつき、そのまま冷ますことで縮みが防げる利点がある。
2.でき上がり（図2）。

図1

図2

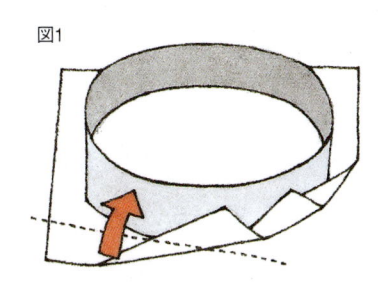

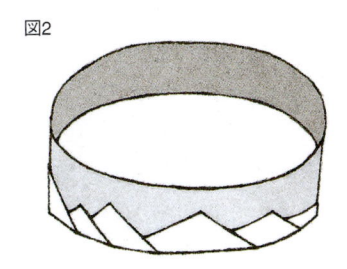

[底のある型にバターを塗り、粉をふりかける方法]

1.底のある型にクリーム状のバターをまんべんなく塗る（図1）。
2.強力粉を振り入れて余分な粉を振り落とす（図2）。

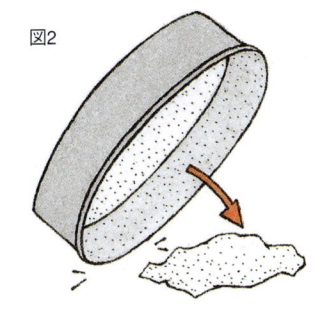

図1

図2

基本のクリーム

Crème au beurre
クレーム・オ・ブール（バタークリーム）

クレム・オ・ブール

もともとは、バターに砂糖で甘味をつけただけのものだったが、より軽く口溶けのよいように工夫されて、さまざまな製法が考案された。19世紀に、まずカレームによって、ついでエスコフィエ（→p.14）によって飛躍的に進歩したという。モカ、フレズィエ、オペラ、ビュッシュ・ド・ノエルといったフランスらしいアントルメに欠かせないクリームとなっている。クレーム・オ・ブールには、製法によって風味や固さ、色合いなどが異なる。ここで紹介するムラング・イタリエンヌをベースにしたもののほかに、パータ・ボンブをベースにしたもの（→p.188）、クレーム・パティシエールをベースにしたもの（→p.53）などがある。

＊crème au beurre クレーム・オ・ブール　バタークリーム

材料　基本配合：でき上がり約750g
バター　450g　450 g de beurre
ムラング・イタリエンヌ　meringue italienne（→p.183）
┌ 卵白　120g（4個分）　120 g de blancs d'œufs
│ グラニュー糖　20g　20 g de sucre semoule
│ シロップ　sirop
│　┌ 水　60㎖　60 ㎖ d'eau
└　└ グラニュー糖　180g　180 g de sucre semoule

下準備
・バターを室温で柔らかくしておく。

1　水とグラニュー糖180gを110～120℃に煮詰めてシロップをつくる（→p.61）。一方で、卵白にグラニュー糖20gを加え、きめ細かくなって角が立つまで泡立て、シロップを少量ずつ、ボウルの縁に添わせながら加える。

＊シロップを加えるときは、製菓用ミキサーmélangeurを中速で回す。高速で回転させると、シロップがボウルの周囲に飛び散ってしまう。

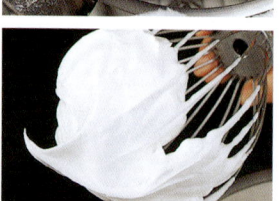

2　完全に熱がとれるまで泡立てる。ムラング・イタリエンヌのでき上がり。

＊シロップを全部加えたら高速回転にし、シロップと卵白がなじんだら中速にする。過度に泡立てると泡がつぶれて離水するので注意。

3　柔らかくしたバターを2のムラング・イタリエンヌに加え混ぜる。

4　なめらかになって光沢が出てきたら、クレーム・オ・ブールのでき上がり。

＊常温でも溶けにくく保形性がよい反面、口溶けはよくない。絞り出して使う場合にも適する。色が白っぽいので着色する場合に発色がよい。卵黄を使うクレーム・オ・ブールに較べ、風味は淡泊。

糖液の温度と状態

100℃ ナペ nappé
糖液にスプーンを浸すと、表面全体を薄くおおう。滴となって落ちる。

110℃ フィレ filé
糖液を親指と人差し指の先にとって、冷水にさっとつけ、2本の指をつけて離すと、指の間に糸をひく。

115℃ スフレ soufflé
糖液をチョコレート用フォーク（丸型）にとって息を吹きかけると、気泡ができる。

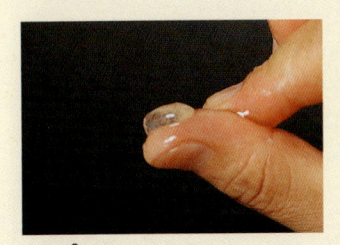

120℃ プティ・ブーレ petit boulé
フィレの場合と同様にして指の間にとると、丸まるが柔らかく、押すと平たくなる。

130℃ グラン・ブーレ grand boulé
同様にして指の間にとると、きれいな球形になる。力を入れてもつぶれない。

140℃ プティ・カセ petit cassé
同様にして指の間にとると、しんなりした板状になる。丸めることができずに曲がる。

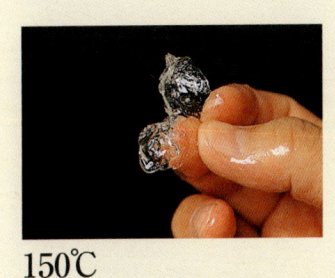

150℃ グラン・カセ grand cassé
同様にして指の間にとると、カチカチの板状になる。パリンと割れる。

160℃ カラメル・クレール caramel clair
薄い黄色のカラメル。

170℃ カラメル・ブラン caramel brun
褐色のカラメル。

180℃以上
カラメルの色が濃くなり、甘味は無くなっていく。

〔糖液を煮詰めるときの注意点〕
・清潔な厚手の銅鍋と刷毛、水を用意する。120℃までは鍋肌に糖液が飛び散るので、水でぬらした刷毛で鍋の中へ洗い落しながら煮詰める。
・砂糖の再結晶化を防ぐために、木杓子でかき混ぜたり、鍋をゆすったりしない。また同じ理由で途中で火を弱めないこと。糖液の表面がぶくぶくと踊っている状態を保つ。火を弱めると、表面が糖化しはじめる。
・再結晶化や焦げつきの原因になるので、炎が鍋の底をはみ出して側面にあたらないようにする。

Tranche au chocolat
トラーンシュ・オ・ショコラ

基本的にクリームと生地は風味を一致させると調和がとれる。ガナシュと組合わせるチョコレート風味の生地をつくる場合は、基本配合にココアを加え、その分小麦粉の量を減らせばよい。ここでは四角く組立てる菓子なのでプレートに流して焼くが、同じ生地で丸い型に流して焼くこともできる。

＊trancheトラーンシュ[f] 薄切り。一切れ。ここでは四角く切り分けるケーキを指す。

材料　9×36cmの長方形1台分
パータ・ジェノワーズ・オ・ショコラ　pâte à génoise au chocolat
- 卵　150g（3個）　150 g d'œufs
- グラニュー糖　90g　90 g de sucre semoule
- 薄力粉　75g　75 g de farine
- ココアパウダー　15g　15 g de cacao en poudre
- バター　20g　20 g de beurre

アンビバージュ　imbibage
- シロップ（水2：グラニュー糖1）　75㎖　75 ㎖ de sirop
- ラム酒　60㎖　60 ㎖ de rhum

ガナッシュ　ganache　（→p.65）
- 生クリーム（乳脂肪分38％）　100㎖　100 ㎖ de crème fraîche
- チョコレート（カカオ分56％）　100g　100 g de chocolat

ガナッシュ・オ・ブール　ganache au beurre
- 生クリーム（乳脂肪分38％）　250㎖　250 ㎖ de crème fraîche
- チョコレート（カカオ分56％）　250g　250 g de chocolat
- バター　100g　100 g de beurre

ココアパウダー　cacao en poudre
金箔（飾り）　feuille d'or

※シロップは、分量の水と砂糖を完全に沸騰させて冷ましたもの。

下準備
- 40×30cmのオーブンプレートに紙を敷いておく。
- オーブンを200℃に温める。

パータ・ジェノワーズ・オ・ショコラをつくって焼く
①薄力粉とココアパウダーを泡立て器で混ぜ合わせてから、ふるう（→タミゼtamiser）。
②基本のパータ・ジェノワーズ（→p.50）を参照して全卵とグラニュー糖をリュバン状（→リュバンruban）に泡立て、①のふるった粉類を振り入れながら、ヘラで生地を切るように混ぜ合わせる。
＊ココアパウダーの油脂分で卵の気泡がつぶれやすいので、手ばやく混ぜ、粉気が少し残っているくらいで、次の溶かしバターを加える。
③温かい溶かしバターをヘラにあてながら、生地の表面全体に広げるように回し入れる。ヘラを底から大きく「の」の字を描くように動かして、バターを生地全体になじませる。粉気がなくなるまで混ぜる。
④オーブンプレートに生地を流し入れ、表面を平らに整えて200℃に温めたオーブンで約10分焼く。焼き上がったら紙をはずし、紙にはさんで冷まして、幅9cmの帯状に3枚切りとる。

ガナッシュとガナッシュ・オ・ブールをつくる
⑤ガナッシュを用意する。ガナッシュ・オ・ブールは、ガナッシュと同様にして生クリームとチョコレートを合わせ、粗熱がとれたら冷やしてクリーム状にする。柔らかくしたバターを加えて泡立て器で混ぜる。
＊バターとガナッシュは同じくらいの柔らかさにしておく。

組立てる
⑥長方形の板の上にジェノワーズを1枚置き、アンビバージュを塗る（→アンビベimbiber）。

⑦ガナシュ・オ・ブールを1/3量とり、平らに塗り広げ、側面にはみ出したクリームをとり除く。
⑧2枚目のジェノワーズを置き、表面を軽く押さえて形を整え、アンビバージュを塗る。この操作をもう1度くり返す。
⑨全体にガナシュ・オ・ブールを塗り、側面にクリームをたっぷり塗って整える。
⑩さらに上面を平らにならす。
⑪再び側面を整え、冷蔵庫で冷やし固める。
＊上面から側面にはみ出したクリームを上から下に切り落とすようにパレットナイフを動かして、側面を整える。

仕上げる
⑫上面にパレットナイフで4cm間隔の区切り線を入れ、直径7mmの丸口金をつけた絞り出し袋で、柔らかくしたガナシュを絞り出して枠をつくる。
⑬ココアパウダーを振り、湯煎でさらに柔らかくしたガナシュを、⑫のガナシュの枠の中に流し入れ、金箔を飾る。

基本のクリーム
Ganache
ガナシュ

チョコレートと生クリームを乳化させたクリーム。生クリームは、水分の中に乳脂肪の油滴が分散して乳化した状態になっている。そこへさらにチョコレートのカカオ油脂をうまく溶けこませることでなめらかな口溶けのクリームができる。ガナシュは、スポンジ生地と組合わせてアントルメにするほか、タルトのガルニテュール、ボンボン・オ・ショコラのセンターなどに使われる。

ガナシュには、間抜け、馬の下顎という意味があるが、チョコレートクリームの名前としてのガナシュは20世紀になってから使われるようになった同形意義語で、フランス南西部の方言で「(ぬかるみを) 苦労して歩く」という意味のganacher（ガナシェ）という動詞が語源と言われる。

材料　基本配合：でき上がり約400g
チョコレート（カカオ分56％）　200g　200 g de chocolat
生クリーム（乳脂肪分38％）　200mℓ　200 mℓ de crème fraîche

下準備
・チョコレートは細かく刻む。

1　生クリームを沸騰させ、刻んだチョコレートに加える。

2　チョコレートと生クリームがなじむように泡立器で静かに混ぜ合わせる。

3　漉し（→パセpasser）ながらバットに流し入れ、表面にラップをはる。

4　粗熱をとり、冷蔵庫で冷やし固めておく。分離した場合、分離したガナシュを少量ボウルにとり、新たに生クリームを少量加えて乳化させる。そこに分離したガナシュを少量ずつ加えてなじませていく。

＊チョコレートも生クリームも脂肪分が高い場合は、表面に溶けた油脂が浮くことがある。沸騰した生クリームの温度を少し下げてからチョコレートに加えると、そうした油脂の分離が防げる。また、乳脂肪分やカカオ分（とくにカカオバター）の含有率がより低い製品を使用してもよい。

Pain de Gênes
パン・ド・ジェンヌ

ビスキュイ生地をさらにおいしくするために、小麦粉にかえてアーモンドパウダーを加えてつくるのがパン・ド・ジェンヌとビスキュイ・ジョコンドである。
パン・ド・ジェンヌは、アーモンドパウダーを加えたビスキュイの中では古典的なもので、ビスキュイとしてはバターの配合が多い。クリーム等と組合わせることもできるが、アーモンドとバターの風味が濃いので、焼き上げた生地そのものを味わう菓子として広まっている。少しもろくくずれやすく、軽い口当たりが感じられることだろう。

*pain de Gênesパン・ド・ジェンヌ　ジェンヌはイタリアの町ジェノバのフランス語名で、直訳すると「ジェノバのパン」の意。1800年にフランスがジェノバを包囲したことにちなんで、ついた名前と言われる。当時、ジェノバを含む北イタリア一帯がフランス領になった。一説によると包囲されたジェノバの人々がアーモンドを食べて生き延びたことからこの名がついたともと言う。

材料　直径20cm（底面17cm）×高さ4.5cmのパン・ド・ジェンヌ型2台分
卵　175g　175 g d'œufs
卵黄　40g　40 g de jaunes d'œufs
グラニュー糖　250g　250 g de sucre semoule
アマレット　35㎖　35 ㎖ d'amaretto
メレンゲ　meringue
　卵白　65g　65 g de blancs d'œufs
　グラニュー糖　20g　20 g de sucre semoule
アーモンドパウダー　195g　195 g d'amandes en poudre
コーンスターチ　120g　120 g de fécule de maïs
バター　125g　125 g de beurre
アーモンドスライス　amandes effilées
バター（型用）　beurre

下準備
・型に柔らかくしたバターを塗って底にアーモンドスライスを散らし、冷蔵庫で冷やしてバターを固めておく。
・アーモンドパウダーとコーンスターチを合わせてふるう。
・バターは熱めの湯煎で溶かす。
・卵を1個ずつ試し割りをしながらボウルに移す。必要な分は卵黄と卵白に分け、卵黄は全卵と同じボウルに入れる。
・オーブンを180℃に温める。

パータ・パン・ド・ジェンヌをつくる
①全卵と卵黄を合わせてほぐし、グラニュー糖を加えて、きめ細かく白くふんわりとしたリュバン状になるまで撹拌する（→リュバンruban）。
＊リュバン状でもブランシールblanchirに近い状態。
②アマレットを加えて全体に混ぜ合わせる。
③メレンゲをつくる。ほぐした卵白を泡立て（→フウェテfouetter）、白っぽくふんわりしてきたら少量のグラニュー糖を加える。残りのグラニュー糖を2回に分けて加えながらさらに泡立て、泡立器ですくいとると角が立つ状態まで泡立てたら、最後に全体を力強くすり混ぜて、きめ細かくなるよう気泡をひきしめる（→セレserrer）。
④②に③のメレンゲの1/3量を加えてなじませる。残りのメレンゲを加え、しっかりよく混ぜ合わせる。
⑤合わせてふるったアーモンドパウダーとコーンスターチを加え、粉気がなくなるまでヘラでていねいに混ぜ合わせる。
＊小麦粉が加わっていないため、組織の形成が弱く、しっかり混ぜ合わせて材料のつながりをつくらないと生地がしぼんでしまう可能性がある。

型の準備
左：パン・ド・ジェンヌ型moule à pain de Gênes
円形のマンケ型manqué rondで側面に溝がある型manqué rond canneléをパン・ド・ジェンヌ型と呼ぶ。この型で焼くこともパン・ド・ジェンヌの特徴の一つ。
右：マンケ型manqué
側面が垂直ではなく、口がやや開いた浅めのスポンジ型。

⑥熱めの溶かしバターをヘラにあてながら、生地の表面全体に広げるように加え、すばやく切り混ぜる。

パータ・パン・ド・ジェンヌを型に流して焼く
⑦型に8分目まで流し入れ、台の上に軽く打ちつけて、型の隅々まで生地を行きわたらせ、粗い気泡を抜く。
⑧180℃に温めたオーブンで30〜35分間焼く。型からはずし、網の上で冷ます。

コーンスターチ
とうもろこしのでんぷん。でんぷんの中で最も生産量が多い。粒子が非常に細かく、揃っている。でんぷんの中では湿気にくい。糊化温度は65〜76℃で、粘度が高く、糊状になったときの安定性もよい。日本で料理によく用いられる片栗粉は現在ではじゃがいものでんぷんで、粒子が大きく、糊状になったときの透明度が高い。

アマレット
あんずの核を原料にしてつくるリキュール。アーモンドのような風味がある。北イタリア発祥。あんずの核を粉砕して発酵させ、蒸留したものに、各種のスパイスを抽出した液体とアルコールを合わせる。これを熟成させ、シロップを添加して製品にする。

アーモンド
バラ科。春に桜によく似た花が咲く。果実は桃やあんずと同じく、中心に厚い殻におおわれた核を持つ。果肉は少なく、核の中の種子（仁）を一般にアーモンドと呼んでいる。ビターアーモンドは有害な成分を含むため、芳香成分だけを抽出して主に香料用に用いられ、食用として栽培されているのはスイートアーモンドである。
イタリアはアーモンドの名産地で、中でもシシリー（シチリア島）産のものが有名。形は偏平で不揃いなものが多いが、香りがよく、風味もこくや甘味がある。ビターアーモンドと交配してより香りを高めた品種もつくられている。代表的な品種はパルマ-ジルジェンティ、トゥオーノなど。
スペインのアーモンドは、品種にもよるが、香りがきつく、やや苦味があるなど独特の風味を持つ。代表的な品種に、マルコナ（粒が丸くやや苦味があるが風味が豊か）、プラネタ（扁平で色が白っぽい）がある。
アメリカは、大規模栽培が行われ、世界のアーモンドの生産量の7割を占める。日本でも粒が揃って形が整っているカリフォルニア産が最も多く出回っている。品種は、ノンパレル、カーメルなど。ヨーロッパのものに比べて香りは弱いが、甘味はある。
（写真左上から時計回りに、スペイン産、シシリー産、カリフォルニア産、イタリア産）。

＊製菓では最もよく用いるナッツで、アーモンドホール（全粒）、スライス、ダイス（みじん切り状のもの）、パウダーがあり、そのまま、または170℃くらいのオーブンでローストして用いる。ホールは皮つきの状態で保存するほうが酸化しにくいので、必要に応じて薄皮を湯むきして用いる。またタン・プール・タン（→p.70）、パート・ダマンド（→p.319）、プラリネ（→p.125）に加工して用いる。

基本の生地

Pâte à biscuit Joconde
パータ・ビスキュイ・ジョコーンド

パータ・ビスキュイ・ジョコンド

ビスキュイ・ジョコンドは、バターの配合量は一般的なビスキュイ・オ・ブール（ジェノワーズ）とかわらないが、小麦粉の大部分をアーモンドパウダーにおきかえてつくるので、ビスキュイ生地のしっとりした柔らかさはそのまま残しながら、生地そのものにアーモンドの香ばしい風味がプラスされてこくが生まれる。この生地は、よりリッチな味のクリームと組合わせて菓子をつくっても、クリームの濃厚さに負けないので、菓子全体のバランスが損なわれない。用途の広い生地と言える。

＊Jocondeジョコーンド[f]　レオナルド・ダ・ビンチ作の肖像画「モナ・リザ」のこと（フィレンツェの名士デル・ジョコンドの夫人リザがモデルとされる）。イタリアは古くからアーモンドの名産地であったので、アーモンドを使った菓子には、イタリアにちなんだ名前が見られる。

材料　基本配合
卵　170g　170 g d'œufs
タン・プール・タン　250g　250 g de tant pour tant（T.P.T.）
薄力粉　30g　30 g de farine
メレンゲ　meringue
　卵白　120g　120 g de blancs d'œufs
　グラニュー糖　25g　25 g de sucre semoule
バター　25g　25 g de beurre

下準備
・タン・プール・タンと薄力粉を合わせて目の粗いザルでふるう。
・バターを湯煎で溶かし、熱い状態を保っておく。
・オーブンプレートに紙を敷く。
＊プレートに少量のバターをつけておくと紙がずれなくてよい。
・オーブンを210〜220℃に温めておく。

＊手で混ぜてなじませてから、製菓用ミキサーmélangeurを使って、高速で撹拌する。

1　卵に合わせてふるった粉類を加え、白っぽくもったりした状態になるまでよく混ぜ合わせる。

＊ほぐした卵白にグラニュー糖を加えて、写真の状態になるまで泡立てる。

2　メレンゲをつくる。

＊メレンゲをつくったら、時間をおかずに1に混ぜることが大事。

3 メレンゲを1に加え、さっくりと切るように混ぜ合わせる。

4 メレンゲが全体になじんだら、熱めの溶かしバターをヘラにあてながら生地の表面全体に広げるように加え、すばやく切り混ぜる。

＊パータ・ビスキュイ・ジョコンドを焼くときは、下からの熱の伝わり方をゆるやかにするために、基本的にオーブンプレートを2枚重ねて210〜220℃に温めたオーブンで焼成する。焼き上がったら紙をはずし、紙にはさんで冷ます。

5 生地のでき上がり。オーブンプレートに均等な厚さに流して焼く。

タン・プール・タン
アーモンドと砂糖を同量ずつ合わせて挽き、粉末にしたもの。アーモンドパウダーと砂糖を同量ずつ混ぜ合わせて使ってもよい。タン・プール・タンtant pour tantは、1対1、同量ずつ、という意味。アーモンドを皮つきのまま使ったものをタン・プール・タン・ブリュットtant pour tant brut（写真左）と言う。

Saint-Marc
サンマルク

ボリューム感のあるクリームを2層に重ね、ビスキュイ・ジョコンドではさんだもの。
ビスキュイの表面に砂糖を振って焦がし、歯ごたえとほろ苦さを与えている。

＊Saint-Marcサンマルク　聖マルコ。新約聖書の「マルコによる福音書」を書いたとされる聖人。

サンマルク

材料 40×30cmの長方形1台分
パータ・ビスキュイ・ジョコンド　基本配合　pâte à biscuit Joconde
パータ・ボンブ　pâte à bombe
　┌ 卵黄　160g　160 g de jaunes d'œufs
　├ グラニュー糖　160g　160 g de sucre semoule
　└ 水　80mℓ　80 mℓ d'eau
クレーム・シャンティイ・オ・ショコラ　crème chantilly au chocolat
　┌ 牛乳　150mℓ　150 mℓ de lait
　├ チョコレート（カカオ分56％）　300g　300 g de chocolat
　└ 生クリーム（乳脂肪分45％）　600mℓ　600 mℓ de crème fraîche
クレーム・シャンティイ・ア・ラ・ヴァニーユ　crème chantilly à la vanille
　┌ パータ・ボンブ　150g　150 g de pâte à bombe
　├ バニラのさや　½本　½ gousse de vanille
　├ バニラエッセンス　少量　un peu d'extrait de vanille
　├ 板ゼラチン　10g　10 g de feuille de gélatine
　└ 生クリーム　600mℓ　600 mℓ de crème fraîche
グラニュー糖　sucre semoule
※パータ・ボンブ：卵黄＋熱いシロップ→泡立てる

下準備
・板ゼラチンを氷水につけて柔らかく戻す。

生地を焼く
①40×60cmのオーブンプレートに紙を敷いてパータ・ビスキュイ・ジョコンドを流し入れ、パレットナイフpaletteで平らにならす。プレートを2枚重ねにし、210〜220℃に温めたオーブンで10分焼く。焼き上がったら紙をはずし、上下を紙にはさんで冷ます。完全に熱がとれたら、半分に切る。

パータ・ボンブをつくる
②卵黄を白っぽくなるまで泡立て器fouetでしっかり撹拌する。一方で、グラニュー糖と水を鍋に入れて火にかけ、115〜117℃に煮詰める。卵黄を撹拌しながら煮詰めた熱いシロップを少量ずつ加える。
③完全に熱がとれてリュバン状（→リュバンruban）になるまでしっかり泡立てる。パータ・ボンブのでき上がり。
④等分したビスキュイ・ジョコンドのうちの1枚の、焼き色がついていない面にパータ・ボンブ適量を薄く平らに塗り、冷蔵庫に入れて乾かす。
＊パータ・ボンブを塗って表面をなめらかにすることで、仕上げるときに、きれいにカラメリゼできる。

クレーム・シャンティイ・オ・ショコラをつくる
⑤チョコレートを細かく刻み、沸騰させた牛乳を加え混ぜる。
⑥生クリームを泡立て器にかかる程度の固さに泡立てて、熱い⑤を一気に加えてすばやく混ぜ合わせてクレーム・シャンティイ・オ・ショコラを仕上げる。
⑦等分したもう一方のジョコンドの焼き色がついた面に、クレーム・シャンティイ・オ・ショコラを絞り出し（直径13mmの丸口金をつけた絞り出し袋poche à douille unie使用）、パレットナイフで表面を平らにならす。
＊クリームが柔らかくならないように冷蔵庫に入れておく。

焼きごて、カラメライザー
caraméliseur
菓子の仕上げに、表面に砂糖を振ってカラメル化させるときに用いる。

クレーム・シャンティイ・ア・ラ・ヴァニーユをつくる
⑧パータ・ボンブ150gに、バニラの種½本分とバニラエッセンスを加える。戻したゼラチンの水気を絞ってボウルに入れ、湯煎で溶かして加える。
＊パータ・ボンブにゼラチンを加え混ぜて、固くしまってきた場合は、湯煎にかけてなめらかな状態に戻す。
⑨生クリームを六〜七分立てにし、少量を⑧に入れてなじませる。それを残りの泡立てた生クリームに加えて混ぜ合わせる。
＊固さはクレーム・オ・ショコラと同じくらいになるようにする。
⑩クレーム・シャンティイ・ア・ラ・ヴァニーユのでき上がり。

ケーキを組立てる
⑪クレーム・シャンティイ・ア・ラ・ヴァニーユを⑦のクリームの上に絞り出し（⑦と同じ直径の丸口金を使用）、表面をパレットナイフで平らにならし、冷蔵庫で冷やし固める。
⑫④のジョコンドのパータ・ボンブを塗った面にグラニュー糖を振り、充分に熱したカラメライザーで焦がして色づける（→カラメリゼcaraméliser）。
⑬3〜4回くり返し、表面をきれいなカラメル状にする。
＊砂糖を焦がしすぎて黒くならないように注意する。
⑭カラメルの表面に紙をあてて板などを利用してひっくり返し、温めた包丁で必要な大きさに切り分ける。
＊カラメリゼした面を上にして切ると、表面のカラメルが割れてしまうので、裏返して切り分けておく。
⑮カラメリゼした面を上にして⑪にのせ、その切り目に合わせて全体を切り分ける。

Opéra
オペラ

20世紀半ばに、パリのオペラ座の近くにあるDalloyau（ダロワイヨ）という菓子店がつくって売り出し、流行した菓子。チョコレートをかけたなめらかな表面に、ガナシュで「Opéra」と書いたり、金箔を飾ったりする。

材料　20×30cm 1台分
パータ・ビスキュイ・ジョコンド　基本配合　pâte à biscuit Joconde
アンビバージュ　imbibage
├ コーヒー　300㎖　300 ㎖ de café
├ グラニュー糖　30 g　30 g de sucre semoule
└ コーヒーエッセンス　少量　un peu d'extrait de café
ガナシュ　ganache　(→p.65)
├ チョコレート（カカオ分56％）　225 g　225 g de chocolat
└ 生クリーム（乳脂肪分38％）　225㎖　225 ㎖ de crème fraîche
クレーム・オ・ブール・オ・カフェ　crème au beurre au café
├ クレーム・オ・ブール　300 g　300 g de crème au beurre　(→p.60)
├ インスタントコーヒー　10 g　10 g de café soluble
└ 湯　10㎖　10 ㎖ d'eau chaude
パータ・グラセ　pâte à glacer　(→p.355)
チョコレート（飾り）　chocolat

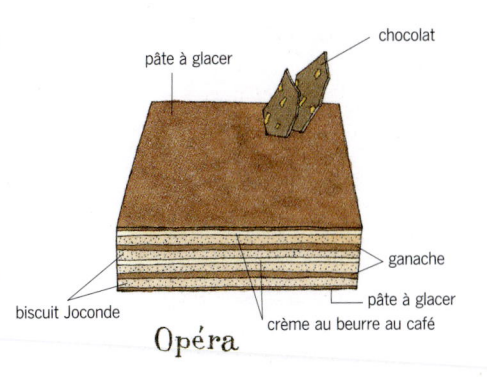

Opéra

pâte à glacer
chocolat
ganache
pâte à glacer
crème au beurre au café
biscuit Joconde

ビュッシュ用口金
douille à bûche de Noël
平たくなった先端の片側または両側に、刻みがついている。片側だけに刻みのあるものは片目の口金とも呼ぶ。

生地とクリームを準備する

・40×60cmのオーブンプレートに紙を敷いてパータ・ビスキュイ・ジョコンドを流し入れ、パレットナイフで平らにならす。210～220℃のオーブンで10分焼く。焼き上がったら紙をはずし、上下を紙にはさんで冷ます。完全に熱がとれたら、1/4に切る。
＊オーブンプレートは重ねずに1枚で生地をしっかり焼き、あとでアンビバージュがしみこみやすくする。
・ガナシュをつくる。
・クレーム・オ・ブール・オ・カフェをつくる。ムラング・イタリエンヌとバターでクレーム・オ・ブールをつくり、湯で溶いたインスタントコーヒーを加える。

組立てる

①パータ・グラセを細かく刻んで湯煎で溶かし、1/4に切ったパータ・ビスキュイ・ジョコンド1枚の焼き色がついた面に塗る。冷蔵庫で冷やし固め、厚紙をあてて裏返す。
＊パータ・グラセを湯煎で溶かすときに、湯気など水分が入らないように注意する。
②①のジョコンドにアンビバージュをたっぷり塗る。
(→アンビベimbiber)
＊指先でジョコンドを押すとアンビバージュがにじみ出てくる状態。
③ガナシュをビュッシュ用口金をつけた絞り出し袋で絞り出し、パレットナイフで表面を平らにならす。
④2枚目のジョコンドを焼き色がついていない面を上にしてのせ、バットなどで軽く押さえて平らにする。ジョコンドにアンビバージュをたっぷり塗る。
⑤クレーム・オ・ブール・オ・カフェを、③と同様の口金をつけた絞り出し袋に入れ、④の上に絞り出して表面を平らにならす。
⑥3枚目のジョコンド、ガナシュ、4枚目のジョコンドの順に重ね、ジョコンドにはアンビバージュをたっぷり塗る。最後にクレーム・オ・ブール・オ・カフェを絞り出し、表面をパレットナイフできれいにならし、冷やし固める。
＊ラップなどをかけ、オーブンプレートなどで重しをして冷蔵庫で冷やし固める。中心までよく冷やしておくと、パータ・グラセをかけたときにすぐに固まって、きれいに仕上がる。

⑦網の上に置き、溶かしたパータ・グラセを表面全体にかける。
⑧パレットナイフを一方向に動かして余分なパータ・グラセをすばやく落とす。網を持ち上げて軽く振動を与え、余分なパータ・グラセを落として表面を均一にする。そのまましばらくおいて固める。
⑨温めた包丁で4辺を切り落として形を整える。チョコレートを飾る。

コーヒーエッセンス
濃く抽出したコーヒーとカラメルでつくったもの。少量でコーヒーの風味と色をつけることができる。インスタントコーヒーを溶かして使うより、香りがよく、また色合いに赤みがある。

バター生地について

　これまで紹介したビスキュイでは、卵の起泡性を利用して、空気を含んだ軽いスポンジ状に焼き上げることができた。しかしバターをたっぷり使うと、卵の気泡が油脂の消泡性によってこわされてしまい、柔らかくてふっくらした軽い焼き上がりの生地は見こめない。
　そこで、逆にバター生地（パータ・ケック）では、バターの配合量が多いことを生かし、バターのクリーミング性（撹拌することによって空気をたくさんとりこむ性質）を利用して生地をつくる。この性質のおかげで、卵の起泡性を利用できないという悪条件をクリアーし、ビスキュイほど弾力のある柔らかい焼き上がりにはならないまでも、きめが細かくしっとりした、バター特有の風味とこくのある生地を得ることができるのである。
　バターという脂肪分の配合が多いので、生地そのものにこくと深い味わいのある、おいしいお菓子ができる。
　この生地をフランス語でパータ・ケックpâte à cakeと呼び、英語のケイクcakeをそのままとり入れたものである。ただし英語のケイクは、スポンジケーキからクッキー、パンケーキなど、小麦粉を主材料とした生地を焼いてつくる菓子全般を言うが、フランス語のケックは、いわゆるパウンドケーキ類、とくにレーズンなどのドライフルーツや砂糖漬けの果物を入れたフルーツケーキのことを指す。
　フランス語で、果物が入らないプレーンなパウンドケーキのことをカトルカールquatre-quartsと言うが、これは$\frac{1}{4}$を四つという意味で、小麦粉、卵、砂糖、バターの4種類の主材料を同量ずつ使うことに由来している。パウンドケーキが、材料を1パウンド（ポンド）ずつ使うことから名づけられたのと同様である。

パータ・ケックの製法

パータ・ケックのつくり方には、大きく分けると、
シュガーバッター法とフラワーバッター法がある。

シュガーバッター法（共立て）

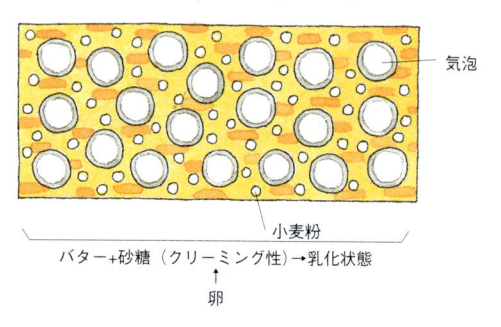

気泡
小麦粉
バター+砂糖（クリーミング性）→乳化状態
↓
卵

p.79のCake aux fruitsは、全卵を加える方法でつくっている。空気はバターにとりこまれ、組織全体に気泡が広がっている。

シュガーバッター法（別立て）

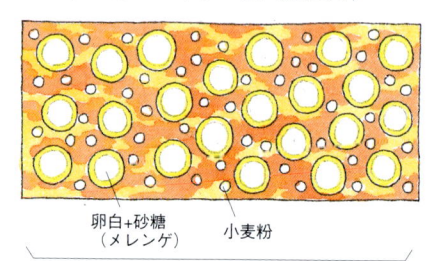

卵白+砂糖（メレンゲ）
小麦粉
バター+砂糖+卵黄→乳化状態

空気はバターに含まれると同時に、メレンゲも多くの空気をとりこんでいる。したがって、全卵を加える方法よりも、比較的軽くてふんわりした、もろい焼き上がりが望める。p.82のGâteau au chocolat de Nancyがこれにあたる。

フラワーバッター法

卵+砂糖+気泡（リュバン状）
バター+小麦粉+ベーキングパウダー→クリーム状

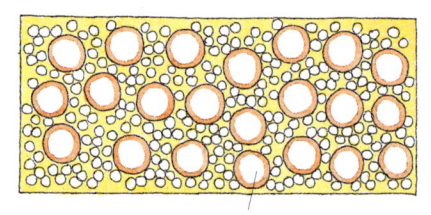

[シュガーバッター法]

シュガーバッター法では、まずバターを撹拌してクリーム状にし、砂糖を加え混ぜる。空気を多く含んだクリーム状の油脂に砂糖を加え混ぜると、油脂中の少量の水分によっていくらかの砂糖は溶けるが、大部分の砂糖は油脂中に残る。この溶け残った砂糖をさらに撹拌して分散させることにより、より多くの空気を含み、生地の容積が大きくなって、よい状態のケックができる。

バターと砂糖が混ざったら、卵を少しずつ加えていく。元来、油脂は親水性に乏しいが、分散している砂糖の親水性によってうまく卵が分散し、乳化する。そして、小麦粉を加えることによって、安定した生地ができる。

シュガーバッター法の卵の加え方には、全卵を加える方法と、卵黄と泡立てた卵白（メレンゲ）を別々に混ぜ込んでいく二通りの方法がある。

[フラワーバッター法]

フラワーバッター法は、バターを撹拌してクリーム状に柔らかくしたら、まず小麦粉を加え混ぜる。卵と砂糖はリュバン状に撹拌し、先の油脂と小麦粉の混合物に少量ずつ混ぜ合わせ、生地をつくる。気泡はバターよりもむしろ、リュバン状になった卵と砂糖の混合物に多く含まれる。

この製法では、粉が油脂にしっかり混ざって全体に行きわたっているので、卵を加えたときにその水分が粉に吸収され、その結果油脂と卵が分離しにくく、生地のつながりがよい（生地が分離するとボリュームが出ず、固く焼き上がる）。ただし、シュガーバッター法ほどは粉と卵の水分が強く結合していないので、焼成後の風味は比較的粉っぽく、もろく感じる。ただし、きめは細かい。

シュガーバッター法やフラワーバッター法では、油脂のクリーミング性を利用して生地にとりこんだ空気と、卵の水分が、焼成によって膨張する。ただし、粉の量に対して油脂や卵の量が少ないと、うまくふくらまないので、膨張剤の助けを借りることが必要になる。

p.85のMadeleineはオールインワン法（オールインミックス法）でつくっている（今回の配合でも、シュガーバッター法やフラワーバッター法でつくることはできる）。オールインワン法とは、材料を全部合わせて撹拌する方法で、油脂のクリーミング性は利用しない。そのため、膨張剤の助けを借りることが必要になる。この製法は大量生産に向いている。

Cake aux fruits
ケック・オ・フリュイ

ケックの中でも最も基本的なカトルカール（＝パウンドケーキ）の配合で生地をつくり、ドライフルーツをたっぷりと入れたフルーツケーキ。単にケックとも呼ぶ。
＊cakeケック［m］　フルーツケーキ

ケック・オ・フリュイ

材料 20×7.5cm、高さ7.5cmのパウンド型2台分
パータ・ケック　pâte à cake
- バター　250g　250 g de beurre
- グラニュー糖　250g　250 g de sucre semoule
- 卵　250g　250 g d'œufs
- 薄力粉　250g　250 g de farine
- レモンの皮（すりおろしたもの）3個分　zeste de 3 citrons
- バニラエッセンス　適量　extrait de vanille

フリュイ・コンフィ、レーズン　合わせて450〜500g　450 à 500 g de fruits confits et raisins secs
ラム酒　rhum
アプリコットジャム　confiture d'abricots
フリュイ・コンフィ（飾り）　fruits confits
バター（型用）　beurre

型の準備
型にバターを薄く塗り、紙を敷く。

下準備
・生地用のフリュイ・コンフィはレーズンと同じ大きさに刻む。フリュイ・コンフィとレーズンをラム酒に最低2〜3日漬ける。
＊乾いていたり糖分の多い場合は熱湯にさっと通し、水気をよくとってから漬ける。
・レモンはよく洗い、表面の黄色い皮だけをすりおろす。
・卵、バターを冷蔵庫から出し、常温にしておく。
・薄力粉をふるう（→タミゼtamiser）。
・オーブンを160〜170℃に温めておく。

パータ・ケックをつくる
①バターを室温でポマード状に柔らかくし、さらに撹拌してクリーム状にする。
＊バターは冷蔵庫から出したばかりの固いものを使うのではなく、室温で柔らかくした（指で軽く押すと跡がつく程度）クリーミング性のあるバターを使用する。あとでほかの材料を加えてバターがしまることを考慮して、この時点でのバターの温度は16〜21℃ぐらいの柔らかいものが望ましい。

②グラニュー糖を少しずつ加えてなじませ、よくすり混ぜる。
＊製菓用ミキサーmélangeurをときどき止めてヘラで底から混ぜる。
＊グラニュー糖を一度に加えると、バターに含まれている水分が吸収されてバターが固くしまり、撹拌しにくくなって空気の含み（クリーミング性）が悪くなる。またグラニュー糖の分散も悪くなり、焼成後、表面に斑点を生ずる。分散となじみをよくするために粉砂糖を用いてもよいが、いずれにせよ空気を充分に含み、分散するようによく撹拌することが大切。

③卵を溶きほぐし、少しずつ混ぜ合わせる。加えた卵が生地に完全になじんでから、さらに加えていく。
＊卵は常温にしておく。冷たい卵を生地に加えると、バターが固くなってクリーミング性がなくなり、極端な場合はいったん乳化した油脂（バター）と水分（卵）が分離する。外気温が低いときには、少し温めておくとよい。
＊卵はよく溶きほぐして用いるほうが、卵黄の乳化作用によって、よく生地になじむ。

④レモンの皮とバニラエッセンスを加える。
⑤薄力粉を振り入れ、粉気がなくなるまでヘラでよく混ぜ合わせる。
＊あまり混ぜすぎても、目が詰まって固い焼き上がりになる。

焼き上げる
⑥パータ・ケックにラム酒漬けのフリュイ・コンフィとレーズンを加え、よく混ぜ合わせる。

⑦パータ・ケックを等分して型に入れ、台の上に軽く打ちつけて表面を平らに整える。
⑧160～170℃に温めたオーブンで25分焼く。薄く色づいて表面に膜がはったら、水でぬらしたナイフで中央に切り込みを入れる。
⑨さらに同じ温度で35分焼く。よくふくらみ、切り込みを入れた箇所に充分な亀裂ができ、この部分が色づいたら焼き上がり。型から出し、左右交互に横にねかせて冷ます。
＊焼成後、そのままの形で熱をとると、ケックが縮み、亀裂が小さくなりふさがってしまう。
＊酒の風味としとりをつけたい場合は、好みの酒を加えたシロップをつくり、焼き上がった熱いうちにしみこませておく。
⑩アプリコットジャムに少量の水を加えて火にかけ、なじませる。ケックが冷めたら紙をはずし、上面に熱いアプリコットジャムを塗る。
⑪飾り用のフリュイ・コンフィを適当な大きさに切って飾る。

フリュイ・コンフィ
果物の砂糖漬け。時間をかけて中までシロップをしみこませ、果物中の水分をシロップに置きかえたもの。果物をシロップに漬けて加熱し、徐々に濃いシロップに漬けかえてつくる。オレンジ等の柑橘類の皮、さくらんぼ、アンゼリカなどでよくつくられる。

ラム酒
さとうきびからつくる蒸留酒。さとうきびの絞り汁（または砂糖の結晶をとったあとに残る廃糖蜜）を水で薄めて発酵させ、蒸留したもの。17世紀に、さとうきび栽培が盛んな西インド諸島で、製糖の副産物として生まれた。アルコール度40度から、70度以上のものもある強い酒。蒸留・熟成法の違いで風味や色が異なり、色によってホワイト、ゴールド、ダーク、また風味によってライト、ミディアム、ヘビーに分けられる。製菓ではダークラムをよく用いる。濃い茶色で、香りが強く、複雑で濃厚な風味を持つ。レーズンや干しプラム、フリュイ・コンフィなど果物を漬けこむときによく使われる。

アプリコットジャム （→p.140）
アプリコットは酸味の強い果物で、ペクチンを多く含むのでジャムに加工されることが多い。アプリコットジャムは、菓子の表面に塗ってつやを与えたり、乾燥を防ぐために用いる。ほどよい酸味があるので菓子の甘さとのバランスもよい。ただし、現在では市販されているアプリコット風味のナパージュを用いることがほとんどである。ナパージュは風味、色はアプリコットジャムに劣るが、透明感と凝固力が優れている。

レーズン
干しぶどう。種なしぶどうの完熟した実を乾燥させたもの。一般にレーズンと呼ばれる茶色いもの（アメリカ産のトンプソンシードレスが多い）、飴色をしたサルタナレーズン、黒色で小粒のカラントレーズン（コリントレーズンまたはカレンズとも呼ぶ）などがある。

Gâteau au chocolat de Nancy
ガト・オ・ショコラ・ド・ナンスィ

フランス東部ロレーヌ地方の中心都市、ナンシーの伝統的なチョコレートケーキ。ナンシーは15世紀に美食家として知られるスタニスワス1世（→p.13）が宮殿を構え、城下町として栄えた。

材料 直径18cmのクグロフ型2台分
パート pâte
- バター 450g 450 g de beurre
- チョコレート（カカオ分56%）450g 450 g de chocolat
- 卵黄 240g 240 g de jaunes d'œufs
- メレンゲ meringue
  - 卵白 270g 270 g de blancs d'œufs
  - 塩 1つまみ 1 pincée de sel
  - グラニュー糖 60g 60 g de sucre semoule
- タン・プール・タン・ノワゼット 450g 450 de T.P.T. noisette
- 薄力粉 150g 150 g de farine

バター（型用） beurre
ヘーゼルナッツパウダー（型用） noisettes en poudre
粉砂糖 sucre glace

※tant pour tant noisetteタン・プール・タン・ノワゼット　ヘーゼルナッツと砂糖を同量ずつ合わせて粉砕機（ブロワイユーズ）で挽き、粉末にしたもの。ヘーゼルナッツパウダーと粉砂糖を同量合わせてもよい。

型の準備
型にバターを塗り、ヘーゼルナッツパウダーを入れて型にまぶしつけ、余分なものは落とす。冷蔵庫で冷やしてバターを固める。

下準備
・タン・プール・タン・ノワゼットと薄力粉を合わせてふるう。
・絞り出し袋pocheの準備をする（→p.45）。
・オーブンを170℃に温めておく。

①バターを室温でポマード状に柔らかくし、さらに撹拌してクリーム状にする。
②チョコレートを細かく刻み、40℃ぐらいの湯煎にかけて溶かす。柔らかくしたバターに溶かしたチョコレートを加える。
③しっかりと撹拌し、空気をたっぷり含んだクリーム状にする。
④卵黄を加え、しっかり混ぜる。
＊卵黄だけを加える場合、卵黄には乳化力があるので、一度に加えてもよい。
⑤卵白に塩と、グラニュー糖の一部を加えてよくほぐし、泡立てる。
⑥残りのグラニュー糖を振り入れながら角が立つまで撹拌する。しっかりしたきめの細かいメレンゲにするために、泡立て器fouetを手で持って、全体を力強くすり混ぜて仕上げる（→セレserrer）。

⑦メレンゲを④に加えて全体にざっくり混ぜる。
⑧メレンゲが完全に混ざらないうちにふるった粉類を振り入れる。
⑨メレンゲが見えなくなり、粉気がなくなるまで混ぜる。
＊混ぜすぎるとメレンゲの気泡がつぶれ、目の詰まった固い焼き上がりになってしまう。
⑩生地を等分して準備した型に絞り入れる。
＊型が深く、溝もあるので、絞り出し袋を使ったほうが生地が詰めやすい。
⑪台の上に軽く打ちつけて、型の隅々まで生地を行きわたらせ、表面を平らに整える。
⑫170℃に温めたオーブンで50分焼く。型からはずし、網にのせて完全に熱をとる。冷めたら粉砂糖を振る。

ヘーゼルナッツ
カバノキ科の木の実。和名ハシバミ。日本や北米にも固有の品種があるが、食用として栽培されているのは主にセイヨウハシバミとランバート・フィルバートという種類である。香りがよく、甘く繊細な風味を持つ。脂質を多く含み、ヘーゼルナッツ油もつくられている。どんぐりのような殻を割って中身をとり出し、200℃のオーブンに数分入れて焼き、茶色い薄皮をむいて用いる。アーモンド同様、粉末にして使うことも多い。ヨーロッパでは味が良く、香りの強いピエモンテ産が好まれている。写真上：ピエモンテ産（ローストしたもの）、右下：トルコ産（生、皮つき）、左下：シシリー産（生、皮つき）

Madeleine
マドレーヌ

マドレーヌはロレーヌ地方のCommercy(コメルスィ)が、発祥の地と言われる。
中央がぷっくりとふくれているのがマドレーヌ・ド・コメルシーの特徴。

材料 マドレーヌ型約50個分
卵 250 g　250 g d'œufs
グラニュー糖 250g　250 g de sucre semoule
はちみつ 50 g　50 g de miel
転化糖 20 g　20 g de sucre inverti
レモンの皮（すりおろしたもの）2個分　zeste de 2 citrons
薄力粉 250 g　250 g de farine
ベーキングパウダー 4 g　4 g de levure chimique
バター 250 g　250 g de beurre
バター（型用）　beurre
強力粉（型用）　farine de gruau

マドレーヌ

下準備
・型にバターをたっぷり塗って強力粉を振り、余分な粉を払い落とす。冷蔵庫で冷やしバターを固める。
・薄力粉とベーキングパウダーを合わせてふるう（→タミゼtamiser）。
・バターを湯煎（→バンマリbain-marie）で溶かす。
・レモンは表面の黄色い皮だけをすりおろす。
・オーブンを2台用意し、230～240℃と160～170℃に温めておく。
＊2台準備できない場合は、最初から160～170℃で焼く。

生地をつくる
①卵とグラニュー糖を泡立器でほぐしながら混ぜる。
②卵のこしが切れて、さらっとした状態になるまでしっかり混ぜる。
③はちみつと転化糖を加えてなじむまでよく混ぜる。
④レモンの皮を加えて混ぜ合わせる。
⑤ふるった粉類を加え、ボウルを回しながらさっくりと混ぜ合わせる。
⑥溶かしバターを加える。
⑦よく混ぜ合わせる。すくい上げると流れ落ちる状態。しばらく冷蔵庫でねかせ、絞り出せる固さに調節する。

焼き上げる
⑧絞り出し袋に直径13㎜程度の丸口金をつけて生地を入れ、準備した型に絞り出す。
⑨230～240℃に温めたオーブンで約5分焼く。縁の型に接している部分が薄く色づき、少しふくらんで表面に膜がはったらとり出す。
⑩160～170℃のオーブンに移して約15分焼く。
＊高温で表面を焼き固めてから温度を下げて中まで火を通す。厚みのある中心部は火通りが遅いので、火が通るにしたがって生地が膨張し、中央を押し上げる。
⑪焼き上がったら型からはずし、紙を敷いた板の上で冷ます。
＊マドレーヌは柔らかく、跡がつきやすいので網にのせない。またふくらんだ部分は紙などにくっつきやすいので、冷めるまでは上を向けておく。

膨張剤
水分と熱に反応して炭酸ガスを発生し、生地をふくらませる性質を持つ化学物質（食品添加物）。
・重曹：炭酸水素ナトリウム単独の膨張剤。加熱によって分解し、炭酸ガスを発生する。高温で炭酸ガスを発生。単独では、全てガス化せず、アルカリ性の物質が残るため、小麦粉のフラボノイドが反応して生地が黄ばむことがある。
・ベーキングパウダー：重曹をベースに、PH調整のための酸性剤（酒石酸水素ナトリウムや焼きミョウバンなど）とコーンスターチ類を加えた合成膨張剤。生地中への分散をよくし、またPHとガスの発生を調整して重曹独特のにおいや苦味、焼き上がりの黄ばみがないようにつくられている。即効性と、遅効性のものがあるが、いずれも水分を加えると反応ははじまってしまうので、長くねかせる生地には向かず、加えたらなるべく早く仕上げる。また、保存中に湿っても効果がなくなる。業務用には、さまざまな性質を持った製品があり、例えば、焼き物用では、生地に混ぜたときから、オーブンなどで高温になったときまで持続的にガスが発生するタイプが多く、焼き色がきれいに出るように、弱アルカリ性に調整されている。蒸し物用なら、短時間でガスを発生させ、目を粗く大きくふくらませるように、揚げ物用なら油を吸わずにからっと仕上がるように反応温度や速度が調整されている。

蜂蜜 [はちみつ]

砂糖よりはるか昔、有史以前から使われてきた天然の甘味料。蜜蜂の飼育も紀元前3000年頃にはすでに行われていた。蜂蜜は蜂が花の蜜に含まれるショ糖を体内から分泌する酵素でブドウ糖と果糖に転化して巣にたくわえたもの。ビタミン（B₁、B₂、B₆、パントテン酸など）、ミネラル（カルシウム、鉄、カリウム、リンなど）、酵素を含む。
甘さを強く感じ、風味にこくがある。酸味や渋味を感じるものもある。保湿性があるので焼き菓子などに使うとしっとりと仕上がる。また、焼き色もつきやすい。

蜂が蜜を集めてくる花の種類によってそれぞれ特有の風味を持つ。黄金色、琥珀色など色合いもさまざまで、一般に色の濃いものほど、灰分やミネラルが多い。日本ではレンゲ、アカシア、クローバーなどのくせのないはちみつが多いが、ヨーロッパでは、個性的な風味のあるものが好まれている。また花ではなく、樹液を吸うアブラムシなどの昆虫の分泌物を蜜源にした蜂蜜は、甘露蜜と呼ばれる。

蜂蜜は糖度が約80％と非常に高く、水分が少ないため保存性がよく、腐敗したりカビが生えることはない。ただし、過飽和溶液であるため、長期間おくとブドウ糖が白く結晶化していく。また15℃以下の低温になると結晶化が進む。花粉などの不純物が多いほど結晶しやすい。固まってしまった蜂蜜は、湯煎で温めれば溶けて元の状態に戻るが、成分が壊れてしまうので、60℃以上の高温にはしないこと。

＊砂糖の半量程度、あるいは菓子によっては全量を蜂蜜にかえることもできるが、甘さが異なるので、好みによって加減する。また、砂糖と異なり水分を含むのでほかの液体の量を少し減らす。また、焼き色がつきやすいため、オーブンの温度を下げたり、生地のふくらみが悪くなるのでベーキングパウダーを使う、といった配慮が必要になる。

＊クローバー、アカシア（ニセアカシア）、レンゲなどの蜂蜜は、風味が穏やかで何にでも合わせやすい。もみの木（サパン）、松、栗などの蜂蜜は、色が濃く、アクの強い風味。ラベンダー、オレンジなどの蜂蜜は、それぞれの花の香りがする。

＊なたね、クローバーの蜂蜜は、ブドウ糖が多いので結晶しやすい。そのため、はじめからきめ細かく結晶させ、白っぽいクリーム状にしたタイプもある。アカシア蜂蜜は果糖の割合が高いので結晶しにくい。

転化糖
砂糖（ショ糖）をブドウ糖と果糖に分解したもの。砂糖より、こくと甘味が強く、製品の乾燥を防ぐ、砂糖を再結晶化しにくくするなどの働きがある。

第 3 章

練り込みパイ生地の菓子
Pâte à foncer, Pâte sucrée, Pâte sablée

Pâte à foncer
Tarte aux cerises
Tarte Tatin
Tourteau fromagé
Pâte sucrée
Flan aux poires
Tartelette au citron
Tartelette aux pignons
Pâte sablée
Florentin sablé
Galette d'orange
Moulinois

パータ・フォンセについて

　パータ・フォンセはタルトなどの型に敷いて使う生地の総称。一般的に甘味がなく、菓子にも料理にも使う基本的な練り込みパイ生地をパータ・フォンセと呼び、砂糖を多く配合してつくる甘い練り込みパイ生地はパート・シュクレ、パート・サブレ等と呼んで区別する。

　練り込みパイ生地はパート・ブリゼ（brisée：砕けた、こわれた）とも言い、焼いたものを口に入れるともろくくずれ、口溶けのよい状態に仕上がるのが理想。

　パイ生地の原形は、小麦粉に水を加えたこね粉（デトランプdétrempe）だが、口溶けをよくするためには、生地をつくるときにグルテン（小麦粉のたんぱく質と水が結びついてできる粘弾性のある物質。焼成すると固くなり、口溶けが悪い）が形成されないようにしなければならない。

　練り込みパイ生地は、バターを小麦粉の中にできるだけ細かく分散させてつくる。こうすると小麦粉と水との間にバターの粒子があるために、小麦粉と水のつながりを悪くし、グルテンの形成を抑えるので、さくさくした焼き上がりになる。　　＊このバターの働きをショートニング性という。

　パータ・フォンセは、粉の中に油脂を分散させるために、冷やした固いバターと小麦粉を両手の間で静かにこすり合わせ、細かいそぼろ状にする（サブラージュsablage）。それから水分（水、卵）を粉全体になじませ、重ね合わせるようにしながらまとめ、練らずに小麦粉に水分を吸収させるので、グルテン形成は最小限に抑えられる。

　ただし、途中でバターが溶けて可塑性（力を加えると粘土のように自由に形を変える性質）を失うと、粉の中にうまく広がらず、ショートニング性が発揮されなくなるので、生地の温度が上がらないように、材料はすべて冷蔵庫で冷やしておき、手ばやく作業する必要がある。

パータ・フォンセ

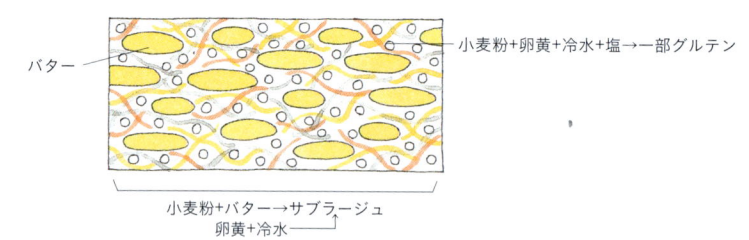

バター ／ 小麦粉+卵黄+冷水+塩→一部グルテン

小麦粉+バター→サブラージュ
卵黄+冷水

基本の生地
Pâte à foncer
パータ・フォンセ

フードプロセッサーを使用すると、手ばやく簡単につくることができる。
＊foncerフォンセ　型に生地を敷き込む。

材料　基本配合
薄力粉　250 g　　250 g de farine
バター　125 g　　125 g de beurre
卵黄　20 g（1個）　20 g de jaune d'œuf
塩　1つまみ（約1〜1.5 g）　1 pincée de sel
水　60㎖　　60 ㎖ d'eau
打ち粉（強力粉）　farine

打ち粉は、基本的に強力粉を使用する。粒子が粗いので薄くまんべんなく打つことができる。
写真右：薄力粉。粒子が細かいので手で握ると固まる。左：強力粉。粒子が粗くさらさらしている。

下準備
・薄力粉はふるう（→タミゼtamiser）。
・材料はすべて冷蔵庫で冷やしておく。

1 バターは指で押しても跡がほとんどつかないくらい固いものを用いる。

2 薄力粉と細かく切ったバターをフードプロセッサーcutterにかける。
[手作業の場合]
薄力粉の中で、バターをできるだけ細かく、カードcorneで切り刻む。

＊サブラージュsablage：油脂と粉をすり合わせて、さらさらした状態にする操作。

3 バターが薄力粉の中に分散して見えなくなり、さらさらした状態になるまで撹拌する。
[手作業の場合]
大きいバターの塊があれば指で押さえて薄くし、両手ですり混ぜて薄力粉の中に分散させる。

4 卵黄を溶きほぐし、水と塩を加えて混ぜ、3に加える。

5 一つにまとまるまで撹拌する。
[手作業の場合]
大きくさっくりと薄力粉全体に混ぜ合わせ、そぼろ状にする。

＊打ち粉は、粒子がより粗い強力粉を使用すると、薄くまんべんなく打つことができる。

6 作業台にとり出し、打ち粉をして両手で軽く練る。
[手作業の場合]
台にとり出し、カードで生地を切り分け、切った生地を重ね合わせて上から軽く手で押さえる。この操作をくり返して全体を一つにまとめていく。およそ一つになったら軽く両手で練ってまとめる。

7 ビニール袋に包み、少し平たくして冷蔵庫で休ませる。グルテンの力が弱まり、生地をのばしても縮まなくなるまで冷蔵庫で休ませる。

パイ生地ののばし方

〔円形にのばす〕

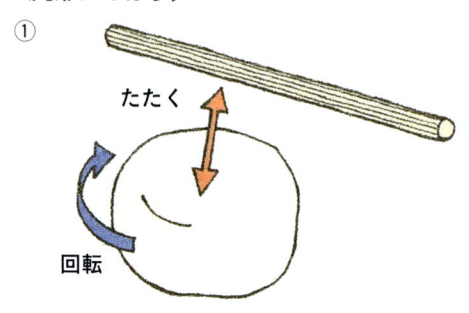

① たたく／回転

丸くまとめた生地を、回転させながら麺棒で軽くたたいて、生地の固さを調節しながら円盤状にする。

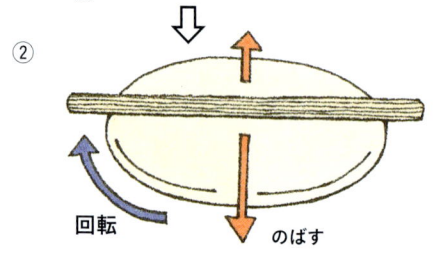

② 回転／のばす

生地を少しずつ回転させ、その都度2〜3回麺棒を転がして円形にのばす。常に回転させながらのばすのは、円形にのばすためであると同時に、生地が作業台にはりついてしまわないようにするためでもある。生地がはりつくようなら、こまめに打ち粉をする。

〔四角形にのばす〕

〈パータ・フォンセの場合〉

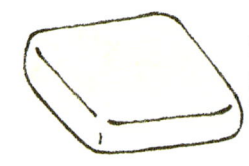

生地を四角形にまとめて休ませる。このあと麺棒で軽くたたいて生地の固さを調節してからのばす。

〈パート・シュクレ、パート・サブレの場合〉

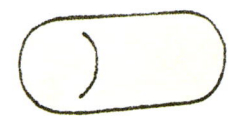

休ませた生地を麺棒で軽くたたいて固さを調節し、軽く練り直して円柱形にする。

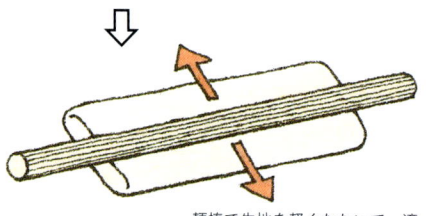

麺棒で生地を軽くたたいて、適当な四角形に形を整える。麺棒を前後に転がしながらのばす。

◎生地をのばす前に

パイ生地をのばすとき、グルテンが形成された生地（パータ・フォンセ）か、油脂の可塑性を利用してつくった生地（パート・シュクレ、パート・サブレ）か、生地の種類によってのばす前の操作が異なる。

パータ・フォンセのようにグルテンが形成された生地は、ある程度の形に成形してからグルテンのこしが切れるまで休ませる。休ませた生地はのばしやすく、成形してあることで生地に加える力が少なくてすむので、焼き縮みも少なく、焼き上がりももろくできる。

バターの可塑性を利用してつくったパート・シュクレやパート・サブレは、柔らかく、作業しにくいので、生地を冷蔵庫で冷やし固める。その後、軽く練り直してのばしたほうが扱いやすく成形しやすい。しかし、温度の変化には敏感なので、とり扱いには注意が必要である。

◎のばす

のばし方は、いずれも特別異なることはない。目的の形によって、円形にのばすなら円盤状に、四角形にのばすなら、四角形または円柱状に生地をまとめるとよい（左図を参照）。そしてパイ生地のように油脂を多く含んでいる生地は、油脂が溶けてしまわないように、できるだけすばやく、冷所でのばすように心がけることが大切である。

◎のばすための作業台

作業台は大理石がよいとよく言われるが、大理石の表面はなめらかに加工されているので、生地が密着しやすい。つねに打ち粉を忘れないようにしないと、生地がはりついてしまう可能性がある。木製の麺台などでは、木目の凹凸があるので、生地が密着せず、のばしやすい利点がある。ただし、木製の場合は衛生上とり扱いに注意が必要で、使用後は残った粉や水分をよくとり除き、充分に乾燥させておかなければならない。

Tarte aux cerises
タルト・オ・スリーズ

タルトをつくる場合、中に入れるもの（ガルニテュールgarniture）によって、型に敷き込んだ生地を空焼きしておく必要がある。液状のもの（アパレイユappareil）、柔らかく水分の多いクリームなどを使う場合は生地に火が通りにくくなるので、先に生地を焼いておくことが多い。

タルト・オ・スリーズ

材料 直径24cmのタルト型2台分
パータ・フォンセ　基本配合　pâte à foncer
シュトロイゼル　streusel
- バター　60g　60 g de beurre
- グラニュー糖　60g　60 g de sucre semoule
- アーモンドパウダー　60g　60 g d'amandes en poudre
- 薄力粉　60g　60 g de farine
- 塩　1つまみ（約1〜1.5g）　1 pincée de sel
- バニラのさや　½本　½ gousse de vanille

アパレイユ　appareil
- 卵　100g　100 g d'œufs
- 卵黄　40g　40 g de jaunes d'œufs
- グラニュー糖　100g　100 g de sucre semoule
- アーモンドパウダー　125g　125 g d'amandes en poudre
- 薄力粉　30g　30 g de farine
- メレンゲ　meringue
  - 卵白　60g　60 g de blancs d'œufs
  - グラニュー糖　25g　25 g de sucre semoule
- バター 90g　90 g de beurre

ガルニテュール　garniture
- グリヨット（冷凍）　600g　600 g de griottes surgelées
- グラニュー糖　150g　150 g de sucre semoule
- キルシュ　50㎖　50 ml de kirsch

粉砂糖　sucre glace
打ち粉（強力粉）　farine

ピケローラー pic-vite
のばしたパイ生地にピケする器具。

タルト型
moule à tarte（tourtière cannelée）
浅い焼き型。底がはずれるものとはずれないものがあり、縁に溝がないものもある。

下準備
・シュトロイゼル、アパレイユ用のアーモンドパウダーと薄力粉はそれぞれふるっておく。
・アパレイユのバターは湯煎で溶かす。

シュトロイゼルをつくる
①バターを泡立て器fouetで混ぜて柔らかくし、グラニュー糖、バニラの種、塩を加えてすり混ぜる。
＊バニラのさやを裂いて種をこそげて加える。
＊グラニュー糖は一度に加えるとバターが固くしまって混ぜにくくなるので少しずつ加える。
②アーモンドパウダーと薄力粉を加え、折り重ねるようにまとめながら混ぜ合わせる。
③粉類とバターがだいたい混ざったら生地を少しずつとり、手でまとめるように握って粉とバターをなじませる。
④両手ですり混ぜるようにして適当な大きさのそぼろ状にする。
＊バターが溶けると形がなじんでしまうので、このあと冷凍庫で冷やし固める。

ガルニテュールを用意する
⑤鍋に冷凍のグリヨットとグラニュー糖を入れる。
⑥火にかけて沸騰させる。
⑦しばらく煮て火を止め、キルシュを加え、そのまま漬けておく。
＊一晩おくとよい。

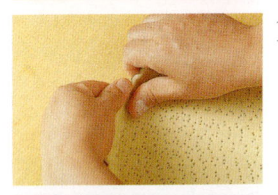

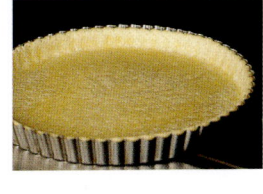

14 生地を型に敷き込む（→フォンセfoncer）

⑧作業台と生地に打ち粉をし、生地を回転させながら麺棒で軽くたたいて、円盤形にのばす。
＊生地の中と外の固さを均一にするようなつもりでたたきのばす。練り直すとグルテンが出て、焼き縮みが生じて固くなる。
⑨生地を少しずつ回転させ、円形になるように麺棒で薄くのばし（→アベセabaisser, エタレétaler）、型の口径より一回り大きくのばす。

15
＊手の平で麺棒を転がすが、常に麺棒の真上に重心を置いて均等に力を加える。指先でひいたり、あるいは手の平のつけ根で押したりして麺棒にななめ方向からの力を加えると、厚みや形にむらができてしまう（→p.97）。
＊生地を回転させることできれいな円形になり、また台に生地がはりつくのを防ぐ（→p.92）。
⑩余分な打ち粉をブラシで払い、ピケローラーかフォークで生地全体に小さい穴を空ける（→ピケpiquer）。

16
＊穴をあけておくと、焼いたときにこの穴から空気や蒸気が抜け、生地がふくれ上がらない。
＊型に敷き込む前に全体にピケするなら、ピケローラーが便利。型に敷き込んでから、フォークでピケしてもよい。
⑪生地を麺棒に巻きつけて持ち上げ、型の上にかぶせる。
⑫生地を型の内側に落とし込むようにしながら、親指で型の底と側面に沿わせて軽く押さえる。

17
⑬側面と底の角に生地がぴったりとおさまるように人差し指の側面で軽く押さえるようにして生地を入れる。

18
⑭側面をしっかり押さえて生地をなじませる。
⑮型の上に麺棒を転がして余分な生地を切り落とす（→エバルベébarber）。
＊手のひらを型の縁に押しあてて生地を切り落としてもよい。
⑯片手の親指で側面の生地を型に押しつけ、同時にもう一方の親指で上にはみ出そうとする生地を押さえて、生地を型に密着させる。冷蔵庫で休ませる。

空焼きする（→キュイール・ア・ブランcuire à blanc）

⑰生地の上に紙を敷いて重しを入れる。180℃に温めたオーブンに入れ、縁がうっすら色づくまで焼く。
⑱紙と重しをとり除いてオーブンに戻し、全体をうっすらと色づける。

さくらんぼ（桜桃［おうとう］）cerise スリーズ

バラ科。大きく分けて、果実に甘味が強く生食することが多いスイートチェリー（セイヨウミザクラ）と、酸味があり生食に向かないサワーチェリー（ミザクラ）がある。
サワーチェリーは主に加工用で、砂糖漬けにしたり、リキュールや蒸留酒の原料になる。グリヨットgriotte、アマレルamarelleはフランスでサワーチェリーの総称でもあり、代表的な品種名にもなっている。酸味は強いが色が鮮やかで、シロップで煮るなどして菓子によく用いられる。日本には冷凍や缶詰、リキュールに漬けた製品が輸入されている。
スイートチェリーには、ギーニュguigneとビガローbigarreauの2系統の品種がある。国産の佐藤錦、ナポレオン、高砂、また一般にアメリカンチェリーの名前で出回るビング、ランバートなどはいずれもスイートチェリー。

アパレイユをつくる

⑲卵と卵黄を合わせて溶きほぐし、グラニュー糖を加える。合わせた薄力粉とアーモンドパウダーを加える。
⑳泡立器ですり混ぜる。
㉑メレンゲをつくる。卵白をよくほぐし、ここにグラニュー糖を2〜3回に分けて加えながら泡立てる。
㉒しっかりしたきめの細かいメレンゲにするために、泡立器で全体を力強くすり混ぜて仕上げる（→セレserrer）。
㉓メレンゲを⑳に加えて混ぜ合わせる。
㉔溶かしバターをヘラで受けながら加えて手早く混ぜ合わせる。

焼き上げる

㉕空焼きした生地にアパレイユを少量流し入れ、ガルニテュールのグリヨットを散らす。
㉖さらにアパレイユをグリヨットがかくれる程度に入れて表面を整える。
㉗シュトロイゼルでおおい、180℃に温めたオーブンで40分間焼く。
㉘焼き上がったら型からはずして冷まし、仕上げに粉砂糖を振る。

麺棒の使い方

［のばすときの注意］
＊作業台、麺棒、生地に適宜打ち粉をしながら作業する。

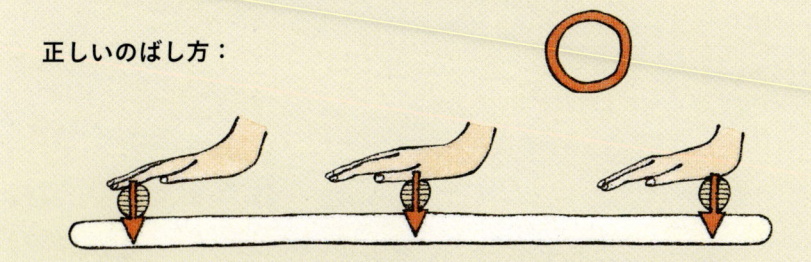

正しいのばし方： ○

生地をのばす場合は、手は肩幅に広げ、麺棒の真上に重心がくるようにしてのばすと、前後に均等に生地がのびる。指先、手首近くに麺棒が移動しても常に麺棒の同じ一点、つまり真上から垂直に麺棒に重心がかかることが大切。

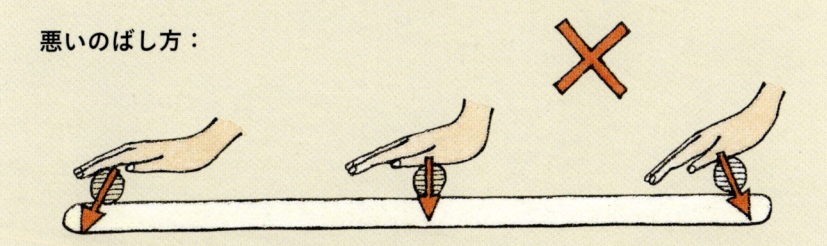

悪いのばし方： ×

麺棒が指先、手首近くにきた場合、押す（図左）またはひく（図右）ようにして、重心が生地に斜めにかかると、生地に加わる力が異なるため、いびつな状態に生地がのびる（場合によっては生地が動いてしまう）。このような場合は生地をきれいにのばすことができず、生地の変形が生じる。

Tarte Tatin
タルト・タタン

20世紀のはじめにソローニュ地方のLamotte-Beuvron(ラモット ブヴロン)でホテル＝レストランを営んでいたタタン姉妹の名とともに有名になったタルト。タルトを焼いているときに、あやまってひっくり返してしまったことから生まれたと言われるが、このように普通と逆さまに焼くタルトは、ソローニュからオルレアネ地方一帯に昔から伝わるものらしく、洋梨でもつくられる。

材料　直径24cmの銅鍋（またはマンケ型）2台分
パータ・フォンセ　基本配合×2/3　pâte à foncer
りんご　24〜26個（1個約175g）　24 à 26 pommes
カラメル　caramel
　グラニュー糖　300g　300 g de sucre semoule
　バター　200g　200 g de beurre
バニラのさや　2本　2 gousses de vanille
グラニュー糖　300g　300 g de sucre semoule
バター　200g　200 g de beurre
グラニュー糖（仕上げ用）　sucre semoule
打ち粉（強力粉）　farine

生地をのばす
①パータ・フォンセを鍋の口径より一回り大きい円形にのばして（→アベセabaisser）ピケし（→ピケpiquer）、冷蔵庫で休ませておく。

りんごをカラメルで炒める
②りんごは皮をむき、縦半分に切って芯をとっておく。フライパンにカラメル用のグラニュー糖を少しずつ入れて溶かす。
③煮詰まってカラメル状になったら、バターを加えて溶かす。
④りんごを加えて炒める。
⑤中まで火を通す必要はないが、表面全体をきれいに色づける。
＊銅鍋に入る分量以上のりんごを炒めて色づけておく。

りんごに火を通す
⑥銅鍋（またはマンケ型）にバニラのさやとバター200gを入れてバターを溶かし、グラニュー糖300gを加える。
⑦ときどき混ぜながらグラニュー糖を溶かす。
＊グラニュー糖が溶けて薄く色づき、液状になるまで加熱する。
⑧炒めたりんごを軸がついていたほうを上にして鍋いっぱいにきっちり並べ入れて、中火にかけて鍋をときどきゆすりながらりんごに火を通す。
＊鍋に入りきらないりんごは160℃に温めたオーブンに入れ、焦がさないように火を通しておき、鍋のりんごから水分が出て縮んで鍋に隙間ができたら、その都度オーブンからりんごを出して、鍋に足していく。
＊煮汁が多い場合は別の鍋に煮汁を移して煮詰め、あとで戻す。
⑨煮汁が煮詰まって透き通ったカラメル色になったら、火からおろす。
＊はじめは白濁した煮汁が表面にふき出ているが、りんごに火が通るとともに透き通ってくる。

マンケ型　manqué
タルト・タタン用の銅製のマンケ型。側面が垂直ではなく、上部が少し広がっている。なければ銅鍋を用いる。

生地をかぶせて焼く

⑩薄くのばしたパータ・フォンセをかぶせ、余分な生地を切り落とす（→エバルベ ébarber）。

⑪200℃に温めたオーブンで35分間焼く。

＊生地を別に焼いておく方法もある。その場合⑨のりんごは、そのまま熱をとって冷蔵庫で冷やす。パータ・フォンセは、タルト・タタンの底に合わせて切り抜き、180℃に温めたオーブンで別に焼いておく。りんごを鍋からとり出すときに焼いた生地を上にのせ、ひっくり返す。

⑫粗熱をとり、冷蔵庫に一晩入れて冷やし固める。鍋底を温め、生地を押さえて回す。

⑬動くようになったら厚紙などをあててひっくり返して鍋から出す。

＊表面にアプリコットジャムを塗った円形の厚紙などをあててひっくり返す。

⑭表面にグラニュー糖を振りかけ、よく熱したカラメライザー caraméliseur で砂糖を焦がして色づける（→カラメリゼ caraméliser）。

りんご

バラ科。現在栽培されているりんごはコーカサス原産。食用の歴史は古く、ギリシャ神話には、万病を癒す黄金のりんごとして現われ、また聖書ではエデンの園の知恵の木の実がりんごであったともされるなど象徴的な意味も持つ。カリウムやポリフェノール、食物繊維（ペクチン）といった健康維持に効果のある成分を含み、果物の中で最も多く消費されている。菓子に使う場合は加熱することが多いので、果肉がしまっていて、酸味のある品種が好まれる。フランスではレネット reinette 系の品種が果肉がしまっていて、火を通してもくずれにくくおいしい。日本では、ほとんどの品種が生食用に改良され、酸味が少なく、柔らかくて汁気が多いので菓子用には問題が多い。紅玉や国光など昔からある品種が製菓には適している。

Tourteau fromagé
トゥルト・フロマジェ

山羊チーズの名産地であるポワトゥ地方の菓子で、Tourteau poitevin（トゥルト・ポワトヴァン）とも呼ぶ。19世紀頃からつくられており、高温で焼いて表面を真っ黒に焦がすのが特徴。

トゥルト・フロマジェ

材料 直径15cm、深さ4cmのトゥルト専用の型2台分
パータ・フォンセ（基本配合でつくったもの） 300g　300 g de pâte à foncer
アパレイユ・オ・フロマージュ　appareil au fromage
 ┌ 山羊のフレッシュチーズ　195g　195 g de fromage frais de chèvre
 │ グラニュー糖　105g　105 g de sucre semoule
 │ 塩　1つまみ（約1.5g）　1 pincée de sel
 │ 卵黄　120g　120 g de jaunes d'œufs
 │ レモンの皮（すりおろし）　1.5個分　zeste de 1,5 citrons
 │ 薄力粉　50g　50 g de farine
 │ コーンスターチ　50g　50 g de fécule de maïs
 │ メレンゲ　meringue
 │　┌ 卵白　180g　180 g de blancs d'œufs
 └　└ グラニュー糖　90g　90 g de sucre semoule
打ち粉（強力粉）　farine
※レモンの皮　粉末状の既製品を使用する場合は大さじ1強。

トゥルト専用の型
moule à tourteau (assiette à tourteau)
やや浅めのボウルのような形をしている。

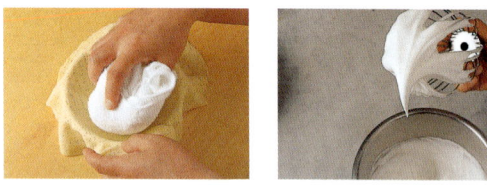

下準備
・型にバター（分量外）を薄く塗っておく。
・薄力粉とコーンスターチを合わせてふるう（→タミゼtamiser）。

生地を型に敷く
①パータ・フォンセを約1mm厚さの薄い円形にのばし（→アベセabaisser）、ピケする（→ピケpiquer）。
②生地を四つに折りたたんで型にのせる。
③生地を開いて、表面にしわが寄らないように注意しながら、丸めた布巾で押さえて型にそわせる。
④ぴったりと敷き込んだら、冷蔵庫で充分休ませる。
⑤余分な生地を切り落とす（→エバルベébarber）。
＊型に敷き込んですぐに切ると生地が縮むので、余分な生地は休ませたあとで切りとる。

アパレイユ・オ・フロマージュをつくる
⑥チーズを練ってクリーム状にし、グラニュー糖105gと塩を加えてすり混ぜる。
＊チーズの水分が多ければ布に包んで1日置いておくとよい。
⑦卵黄を加えてなめらかになるまで混ぜ合わせる。
⑧レモンの皮、粉類を加えて混ぜ合わせる。
⑨卵白にグラニュー糖90gを加えながら泡立て、柔らかめのメレンゲをつくる。
＊角がぴんと立たずに少し曲がる状態でよい。泡立てすぎると、焼いたときにはよくふくらむが、あとでしぼんでしまう。
⑩メレンゲを⑧に加える。
＊メレンゲが全体になじめばよい。混ぜすぎるとボリュームがなくなり、目が詰まった状態に焼き上がる。

焼き上げる
⑪アパレイユを流し入れ、平らにならす。
⑫250℃に温めたオーブンで、15分間ほど表面が真っ黒になるまで焼く。200℃に温めたオーブンにすばやく移し、約35分間焼いて中まで火を通す。冷めてから型をはずす。
＊途中でオーブンを開けるとしぼんでしまうので、充分にふくらんで焼き色がしっかりつくまで扉は開けないこと。

レモンの皮、オレンジの皮（粉末）
レモンまたはオレンジの表皮（色のついている部分）だけをすりおろした製品。着色料や、香料は添加されていない天然のもの。生地やクリームに香りをつけるために用いる。保存がきき、手軽に使える。

山羊のチーズ
フロマージュ・ド・シェーヴルfromage de chèvre
製造後2週間以内のものはフレッシュチーズとして出回る（写真）。水分が多く、白くてなめらか。乳脂肪分は45％以上と高めで、山羊乳特有のこくのある風味。熟成が進むにつれて、酸味とこくが増し、水分が抜けてしまってくる。表面は自然発生するカビでおおわれ、製造後12～14週くらいでぽろぽろくずれるくらいに固くなる。表面に灰をまぶして熟成させるものもある。フランスではポワトゥ地方などロワール川流域が山羊チーズの発祥の地と言われ、名産地が多い。

パート・シュクレについて

　パート・シュクレ（sucrée：甘い、砂糖入りの）は、水を用いないのでグルテン（粘り、弾力）ができにくく、もろく、口溶けのよいパイになる。また、砂糖が入るので焼き色がきれいにつく。

　パート・シュクレは、バターの可塑性を利用してつくる生地である。可塑性とは、粘土のように外から力を加えると自由に形をかえることのできる性質で、13〜18℃で最もよく発揮される。可塑性のあるバターは生地の中にうまく広がり、グルテン（粘り、弾力）の形成を押さえて焼き上がりがさくさくした軽い口当たりになる。これをショートニング性と言う。

　一般的にパート・シュクレは、バターを可塑性のある状態にして砂糖をすり混ぜ、ここに卵を加え混ぜるクレメ（crémer：油脂に砂糖、卵を加え、手や機械で練ってクリーム状にすること）という方法でつくる。

　バターと砂糖をすり混ぜることによってバターの中に砂糖が分散し、砂糖の吸水性によって卵（水分）が油脂中に溶けこんだ状態になる。ここに小麦粉を加えると、水分と直接結びつかないのでグルテンが生じるに至らない。

　グルテンが生じないので、粘り、弾力がなく、生地はつながりがよくない。そこでフレゼfraiser（フラゼfraserとも言う。手のひらで生地を台にすり込むようにする操作）をして、粉を全体によくなじませて扱いやすい生地にする。これは同時に加えた材料がすべてよく混ざっているか確かめる操作でもある。なめらかで均一な状態になった生地は一つにまとめて、操作できる固さに冷蔵庫で冷やし固める。

パート・シュクレ

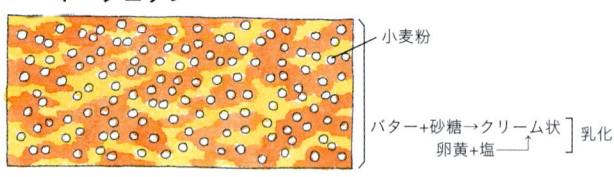

― 小麦粉
― バター＋砂糖→クリーム状　］乳化
　卵黄＋塩　　↑

基本の生地
Pâte sucrée
パート・シュクレ

基本配合
バター　125 g　　125 g de beurre
粉砂糖　100 g　　100 g de sucre glace
卵　50 g（1個）　50 g d'œuf
塩　1つまみ（約1〜1.5 g）　1 pincée de sel
薄力粉　250 g　　250 g de farine
打ち粉（強力粉）　farine

下準備
・薄力粉はふるう（→タミゼtamiser）。
・バター以外の材料はすべて冷蔵庫で冷やしておく。
・バターを柔らかくする。
＊可塑性のある（自由に形をかえることができる）状態にする（13〜18℃）。

＊空気を含ませるのではないため、泡立器ではなく、パレット（→p.28）で撹拌する。

1　製菓用ミキサーmélangeurに柔らかくしたバターを入れて練り、固さを均一にする。

*バターと砂糖をよくなじませることによってこのあと卵が混ざりやすくなる(砂糖の吸水性→p.22)。

2 粉砂糖を加えて全体になじませるように撹拌する。

3 溶きほぐした卵に塩を加えて溶かし、2に少しずつ加える。

4 バター(油脂)と卵の水分が乳化した状態になればよい。

5 薄力粉を台の上に置き、中央を空けて周囲に壁をつくるように泉状に広げる(→フォンテンヌfontaine)。中央に4を置く。

6 カードcorneで周囲の粉をなじませるように中央にかぶせ、手のひらで押さえる。

7 生地をまとめるように折りたたんで重ねる操作をくり返し、粉を全体になじませ、一つにまとめる。

*一通りこすりつけたら、いったん生地をまとめ、方向をかえて再びフレゼすると、早く全体がなじむ。

8 生地を少しずつ手のひらで押し出すようにして、台にこすりつける。材料がすべてよく混ざっているか確認し、生地を均質にする(→フレゼfraiser)。

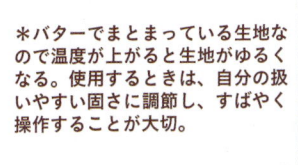

*バターでまとまっている生地なので温度が上がると生地がゆるくなる。使用するときは、自分の扱いやすい固さに調節し、すばやく操作することが大切。

9 ビニール袋に包み、平たく形を整えて冷蔵庫で冷やし固める。

Flan aux poires
フラン・オ・プワール

フランは、円形の型に生地を敷き、詰めものを入れて焼いた菓子。現在ではタルトと同じ意味で使われるが、もともとフランのほうはクリームが主体のものを指していた。歴史が古く、14世紀のはじめにはすでにタルトやフランという名前でつくられていた。洋梨、りんごなど季節の果物を使ったタルトやフランは、フランスでもっとも親しまれている菓子である。

*flanフラン[m]　カスタード（卵、牛乳、砂糖を混ぜたもの）を、平たく丸い形に焼いた菓子（カスタードプディングの一種）。同様のアパレイユを使った円形のタルト。一般的にタルトのこと。

材料　直径20cm、高さ2cmのセルクル・ア・タルト2台分
パート・シュクレ　基本配合　pâte sucrée
クレーム・ダマンド　基本配合　crème d'amandes（→p.109）
洋梨のシロップ煮　6片　6 demi-poires au sirop（→p.49）
ナパージュ　nappage
ピスタチオ（飾り）　pistaches
粉砂糖　sucre glace
バター（型用）　beurre
打ち粉（強力粉）　farine

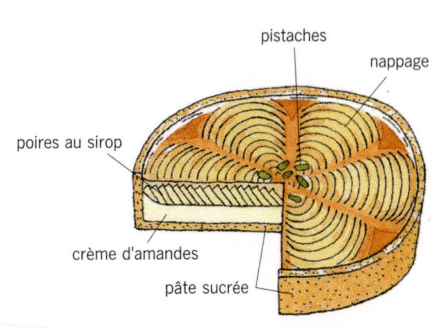

Flan aux poires

下準備
・セルクル・ア・タルトにバターを薄く塗っておく。

生地をのばして型に敷き込む（→フォンセ foncer）
①作業台と生地に打ち粉をし、パート・シュクレを麺棒でたたいて固さを調節する。軽く練って丸め直し、平たくし、生地を少しずつ回転させながらセルクルより一回り大きい円形にのばす（→アベセ abaisser）。
＊パート・シュクレはバターでまとまっているためもろく、すぐにのばすと生地の表面が割れたりする。まず適当な固さになるまで練って、可塑性をとり戻す（→p.92）。
＊あまり薄くしすぎない。
②ピケする（→ピケ piquer）。
③トゥルティエール tourtière にバターを塗ったセルクルを置き、生地をかぶせる。
④型からはみ出している生地を内側に落とし込むようにしながら入れ、型の底と側面にそわせて軽く押さえ、さらに人差し指の側面で底と側面を押さえて角をつくってなじませる。
⑤側面はセルクルの高さちょうどではなく、生地をつまむようにして少し余裕をもたせてはりつけ、あまった生地を外へ出す。
⑥はみ出た生地を切り落とす（→エバルベ ébarber）。
⑦余裕をもたせておいた側面の生地を、押し上げて型の縁にひっかけるようにして、焼成したときに生地が型から落ちないようにする。冷蔵庫で休ませる。

セルクル・ア・タルト cercle à tarte
タルト用セルクル。縁に折り返しがあって丸くなっている浅いリング状の型。底がないので、オーブンプレート（トゥルティエールという円形のものを使うことが多い）と組合わせて用いる。

焼き上げる

⑧冷蔵庫から生地を出したら、もう一度角をしっかり押さえて型になじませる。クレーム・ダマンドを絞り入れてカードcorneで平らにならす。

⑨洋梨のシロップ煮を2〜3mm厚さの薄切りにして、クリームの上に並べる。

⑩180℃に温めたオーブンで40分焼く。焼き上がったらすぐにパイとトゥルティエールの間にパレットナイフpaletteを通しておく。冷めてからセルクルをはずし、ナパージュを塗る。

＊パレットナイフをパイとトゥルティエールの間に通すことによって空気が入り、パイが冷えてもトゥルティエールにはりついてしまうことがない。パイがはずれなくなってしまった場合は、再度オーブンでトゥルティエールを温め、パレットナイフを通しておく。

⑪ヴォロヴァン型vol-au-ventを置いて粉砂糖を振り、ピスタチオを飾る。

＊ナパージュは10％程度の水を加え、沸騰させて完全に溶かして用いる。

基本のクリーム
Crème d'amandes
クレーム・ダマンド

クレーム・ダマンドは、アーモンドクリームのこと。
パイやタルトなど生地に詰めて焼き、必ず火を通して食べる。

材料 基本配合
バター　100 g　　100 g de beurre
粉砂糖　100 g　　100 g de sucre glace
卵　100 g（2個）　100 g d'œufs
アーモンドパウダー　100 g　　100 g d'amandes en poudre

下準備
・バター、卵は常温にしておく。
・アーモンドパウダーはふるう。

1　バターをポマード状に柔らかくし、粉砂糖を2〜3回に分けて加え、すり混ぜてなじませる。

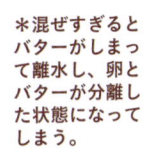

2　溶きほぐした卵を少しずつ加えて、混ぜ合わせる。加えた卵が生地に完全になじんでから、さらに加えていく。

＊混ぜすぎるとバターがしまって離水し、卵とバターが分離した状態になってしまう。

3　アーモンドパウダーを加え、全体に行きわたるようにざっくりと混ぜ合わせる。

4　でき上がりの状態。

Tartelette au citron
タルトゥレット・オ・スィトロン

レモンのタルトやタルトレットの表面にメレンゲを飾るのは、フランス風ではなくアメリカのレモンパイの影響と思われるが、酸っぱいレモンクリームと甘いメレンゲの組合わせは、味のバランスもよい。製法としては、タルトレットのケースとクリームを別々につくって組立てる。ケースになる練り込みパイ生地の種類と、アパレイユやクリーム、フルーツやナッツの組合わせは自由だが、相性を考え、その組合わせによって空焼きするかしないか、完成したクリームを詰めるか詰めてから焼くかなど製法を考える必要がある。

＊tarteletteタルトゥレット[f]　タルトレット。小型のタルト。

材料 直径6cmのミラソン型12個分
パート・シュクレ 基本配合 pâte sucrée
アパレイユ・オ・シトロン appareil au citron
- 卵 150g　150 g d'œufs
- グラニュー糖 150g　150 g de sucre semoule
- カスタードパウダー 15g　15 g de poudre à crème
- レモン汁 90ml　90 ml de jus de citron
- バター 120g　120 g de beurre

ムラング・イタリエンヌ meringue italienne (→p.183)
- 卵白 120g　120 g de blancs d'œufs
- グラニュー糖 20g　20 g de sucre semoule
- シロップ sirop
  - 水 70ml　70 ml d'eau
  - グラニュー糖 220g　220 g de sucre semoule

粉砂糖 sucre glace
打ち粉（強力粉） farine

ミラソン millasson
口がやや開いた浅い円形のタルトレット用の型。

生地を伸ばして型に敷き込む（→**フォンセ**foncer）

①パート・シュクレを麺棒でたたいて固さを調節し、軽く練り直して円柱形にまとめる。
②打ち粉をしながら3mm厚さにのばす（→**アベセ**abaisser）。
③紙の上にとって（型で抜くので、紙を敷いておくと生地がとりやすい）ピケする（→**ピケ**piquer）。
＊生地が柔らかくなったら冷蔵庫で冷やし固める。
＊水分の多い液状のものを詰める場合は一般的にピケはしない。
④直径8cmの抜き型emport-pièceで円形に抜く。
⑤型の上に生地を置き、両手の指で生地の周囲を内側に折るようにして型の中に入れる。型の底と側面に両手の親指で生地を押しあてて敷き込む。冷蔵庫で休ませる。
＊指の跡がついて生地の厚さが異なると、焼き色にむらができるので気をつける。
⑥敷き込んだ生地をもう一度軽く押さえて型になじませ、はみ出た余分な生地を切り落とす（→**エバルベ**ébarber）。

空焼きする

⑦生地の上に紙を敷いて重しを入れ、180℃に温めたオーブンで空焼きする。
⑧生地の縁がうっすら色づいたら紙と重しをはずし、内側もこんがり色づくまで焼く。すぐに型からはずし、冷ましておく。
＊生地の焼き上がりが異なる場合、きれいに色づいたものから順にとり出しておく。

アパレイユをつくる

⑨鍋に溶きほぐした卵、グラニュー糖、カスタードパウダーを入れてよく混ぜ、レモン汁を加えて混ぜる。小さく切ったバターを加える。
⑩火にかけてかき混ぜながら沸騰させる。つやが出てなめらかになり、濃度がつくまで混ぜながら煮詰める。

アパレイユを入れて仕上げる

⑪アパレイユが熱いうちに、空焼きした生地の八分目まで流し入れ、冷やし固める。

⑫ムラング・イタリエンヌをつくる。シロップの材料を合わせて110〜120℃に煮詰め、一方で卵白にグラニュー糖20gを加えて角が立つまで泡立てる。煮詰まった熱いシロップを少量ずつ泡立てた卵白に加え、完全に熱がとれるまで泡立てる。
＊泡立てすぎるとぼそついてしまうので、泡立ったら熱がとれるまでは速度を下げて撹拌する。

⑬星型の口金douille cannelée（8切れ・直径6mm）をつけた絞り出し袋pocheでムラング・イタリエンヌをアパレイユの上に絞り出す。

⑭表面に粉砂糖を振り、上火をきかせた250℃のオーブンでメレンゲを色づける。

レモンとライム
スィトロンcitron／リムlime, スィトロン・ヴェールcitron vert

ミカン科の柑橘類。いずれもインド原産。レモンは12世紀頃中世に十字軍がパレスチナから持ち帰り、スペインから地中海沿岸に栽培が広まっていった。長い航海中のビタミンC欠乏を補う食品として重用され、アメリカ大陸には15世紀にコロンブスによって伝えられた。

果汁に含まれるクエン酸には、殺菌作用、疲労回復やたんぱく質の消化を助ける働きがある。またアスコルビン酸（ビタミンC）、トコフェロール（ビタミンE）、フラボノイドといった抗酸化物質を含む。果汁には、りんごの褐変を防ぐ等、酸化防止の働きがある。

皮はペクチン、芳香性の精油（リモネン、シトラール）を多く含み、マーマレードやレモンピールをつくったり、エッセンスやリキュールの原料になる。生の皮をすりおろして焼き菓子等の香りづけに使うことも多いが、皮を使う場合は防カビ剤で処理していないものが望ましい。アメリカからの輸入品が多いが、国内でも瀬戸内海沿岸地方などで栽培されている。

ライムはレモンより小さく、熟すと淡い黄色になるが、緑色のうちに収穫する。レモンより酸味が強く独特の香りがある。一般的にライムといえばメキシカンライム（小果種でキーライムとも呼ぶ）を指し、ほかにタヒチライム（大果種）、酸味が少ないスイートライム（無酸ライム）がある。

Tartelette aux pignons
タルトゥレット・オ・ピニョン

香ばしくカラメリゼした松の実をのせたタルトレット。パート・シュクレの応用で、アーモンドパウダーを加えてつくった生地でタルトレット（またはタルト）のケースを焼き、アパレイユを流してさらに焼き上げ、また別に焼いた松の実と組合わせている。松の実は、プロヴァンスやラングドック、ミディ＝ピレネーなどのフランス南西部の地方で古くからお菓子に用いられている。

タルトゥレット・オ・ピニョン

材料　直径7cmのもの12個分
パート・シュクレ・オ・ザマンド　pâte sucrée aux amandes
　┌ バター　125g　　125g de beurre
　│ 粉砂糖　100g　　100g de sucre glace
　│ 卵黄　20g　　20g de jaune d'œuf
　│ 卵　50g　　50g d'œuf
　│ 塩　1つまみ（2g）　1 pincée de sel
　│ 薄力粉　200g　　200g de farine
　└ アーモンドパウダー　50g　　50g d'amandes en poudre
ドリュール（全卵を溶きほぐしたもの）　dorure
ピニョン・カラメリゼ　pignons caramélisés
　┌ 松の実　300g　　300g de pignons
　│ 水　600ml　　600ml d'eau
　│ グラニュー糖　500g　　500g de sucre semoule
　└ はちみつ　30g　　30g de miel
アパレイユ　appareil
　┌ 卵黄　75g　　75g de jaunes d'œufs
　│ グラニュー糖　75g　　75g de sucre semoule
　│ サワークリーム　150g　　150g de crème aigre
　│ 生クリーム（乳脂肪分48％）225ml　　225ml de crème fraîche
　│ バニラのさや　2本　　2 gousses de vanille
　│ 牛乳　150ml　　150ml de lait
　└ ラム酒　15ml　　15ml de rhum
粉砂糖　sucre glace
打ち粉（強力粉）　farine

※pâte sucrée aux amandes　パート・シュクレ・オ・ザマンド　アーモンド風味のパート・シュクレ。

下準備
・薄力粉とアーモンドパウダーは合わせてふるう。
・バターを柔らかくする。
＊可塑性のある（自由に形をかえることができる）状態にする（13〜18℃）。
・バニラのさやは縦二つに裂いて、生クリームに漬けておく（一晩漬けておくと香りが移ってよい）。

パート・シュクレ・オ・ザマンドをつくる
①柔らかくしたバターを練って固さを均一にし、粉砂糖を加えてよくすり混ぜる。
②溶きほぐした卵黄と卵に塩を加えて溶かし、少しずつ①に加えて混ぜ合わせる。
③ふるった粉類を加える。
④カードcorneで粉を周囲から中央に寄せながらまとめるように合わせる。
⑤生地を折りたたんで重ねるような操作をくり返し、粉を全体になじませて一つにまとめる。
⑥作業台にとり出して手のひらですり混ぜる（→フレゼfraiser）。
⑦打ち粉をして両手で軽く練ってまとめる。
⑧平たくし、ビニールに包み、冷蔵庫で冷やし固める。

生地を型に敷き込む（→フォンセfoncer）
⑨生地を麺棒でたたいて固さを調節し、軽く練り直してまとめ、2mm厚さにのばす。冷蔵庫で休ませてから、直径9cmの抜き型で抜く。
⑩セルクルにそわせて生地を敷き込む。型を持ち上げて生地を垂らすような感じで少したるませる。こうするときっちり角ができてきれいに敷き込める。紙の上に置き、冷蔵庫で休ませる。

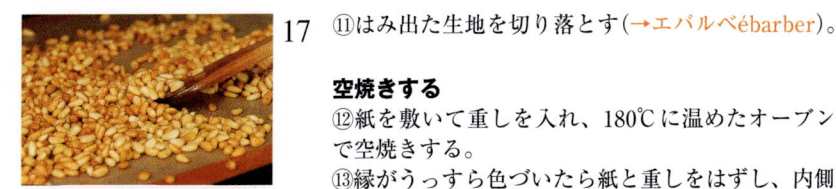

⑪はみ出た生地を切り落とす(→エバルベ ébarber)。

空焼きする
⑫紙を敷いて重しを入れ、180℃に温めたオーブンで空焼きする。
⑬縁がうっすら色づいたら紙と重しをはずし、内側にドリュールを塗ってさらに焼いて色づける。
＊卵を塗るとしっかりしたケースができ、水分の多いクリームなどを入れても、さっくりとした状態を長く保つ。

ピニョン・カラメリゼをつくる
⑭鍋に水とグラニュー糖、はちみつを入れて沸騰させる。
⑮松の実を入れ、再び沸騰させ、1分ほど煮る。
⑯ザルにあけてシロップを切り、シルパットを敷いたオーブンプレートに重ならないように広げる。
⑰180℃に温めたオーブンでカラメル色になるまで焼く（→カラメリゼ caraméliser）。
＊途中で木杓子で混ぜてまんべんなく色づける。はじめは粘りがあるが、だんだんさらりとしてくる。

アパレイユをつくる
⑱卵黄にグラニュー糖を加えてすり混ぜる。
⑲サワークリームを加え混ぜる。
⑳生クリームと牛乳を合わせ、種をしごき出したバニラのさやを漬けて香りを移しておく（できれば前日にバニラを漬けこんで冷蔵庫でねかせておくとよい）。⑲に加えて混ぜ合わせる。ラム酒を加え混ぜて、漉す（→パセ passer）。

アパレイユを流して再び焼く
㉑空焼きした生地が冷めてからアパレイユを流し入れる。200℃に温めたオーブンで10〜15分焼く。粗熱をとり、冷蔵庫で冷やして固める。
＊焼いた生地が熱いうちにアパレイユを入れると「す」がたつ。
㉒型からはずし、ピニョン・カラメリゼをのせ、粉砂糖を振る。

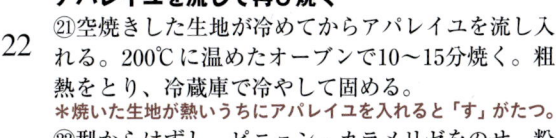

松の実
チョウセンゴヨウ、カサマツ、タイワンアカマツ、メキシコマツ（ナットパイン）などの松ぼっくりの中にある種子が食用になる。柔らかくて風味がよい。中国では仙人の霊薬と言われるように脂肪、たんぱく質、鉄、カリウム、ビタミンB₁、B₂ほかビタミンEを豊富に含む。製菓では、煎ってクッキーやマカロンなどに使う。

サワークリーム
生クリームに乳酸菌を加えて発酵させたもので、酸味が強い。生クリームやクリームチーズなどこくのあるものと組合わせて、菓子にさっぱりした風味や軽い口当たりを与える。柑橘類のムースにも合う。日本では乳脂肪分の高いもの（40％位）が主に出回る。ロシア、中・東ヨーロッパと英米、オランダなどでよく使われている。

パート・サブレについて

　パータ・フォンセやパート・シュクレよりもろい状態の練り込みパイ生地にパート・サブレがある。砂糖、卵、バターの配合が多く、口の中で溶けるようなもろさに焼き上がり、風味がよいことが条件で、パート・シュクレと同様にタルトなどの底生地に使うほか、型抜きするなどして焼けば、ガトー・セック（クッキー）にもなる。

　サブレしてつくるが（sabler：油脂と粉をすり合わせてさらさらした状態にすること。そこに卵、砂糖を加える）、クレメしてつくる（crémer：バターと砂糖をすり混ぜ、クリーム状にすること。そこに卵、粉を加える）こともある。また生地にベーキングパウダーを加えると、浮き上がりがよくなり、さらにさくさくとした仕上がりになる。

　サブレ sabléは、バターと卵の風味が豊かで、さくっとした口当たりの小さな焼き菓子の名前。パート・サブレは、サブレ用の生地という意味だが、風味のよい練り込みパイ生地の名前として広く使われている。サブレしてつくるからとも、また焼き上がったこの生地の、砂（sableサーブル）のようにもろくくずれやすい状態を形容しているとも言われる。

パート・サブレ

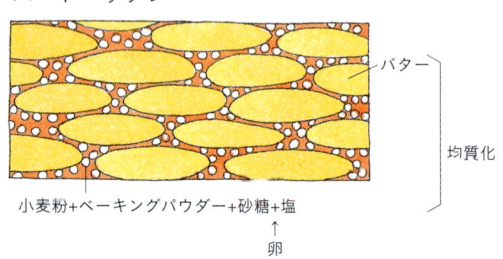

バター
均質化
小麦粉＋ベーキングパウダー＋砂糖＋塩
↑
卵

基本の生地
Pâte sablée
パート・サブレ

材料　基本配合
薄力粉　250 g　　250 g de farine
ベーキングパウダー　2.5 g　　2,5 g de levure chimique
粉砂糖　125 g　　125 g de sucre glace
バター　125 g　　125 g de beurre
卵　50 g（1個）　50 g d'œuf
塩　1つまみ（1.5 g）　1 pincée de sel
打ち粉（強力粉）　farine

下準備
・薄力粉とベーキングパウダーは合わせてふるう（→タミゼ tamiser）。
・材料はすべて冷蔵庫で冷やしておく。
＊バターは指で押しても跡がほとんどつかないくらい固いものを用いる。

1　合わせてふるった粉類と粉砂糖、小さく切ったバターをフードプロセッサー cutterにかける。

＊フードプロセッサーを使うと、早く、よりよい状態に生地がつくれる。手作業でする場合は、コルヌを使ってバターを細かく切りながら粉をまぶし、さらに手の平の間ですり合わせてさらさらした状態にする。

2　バターが薄力粉の中に分散して見えなくなり、さらさらした状態になるまで撹拌する（→サブレsabler）。

3　卵を溶きほぐし、塩を加えて溶かす。2に加える。

4　全体になじんでまとまるまで撹拌する。

＊一通りこすりつけたら、いったん生地をまとめる。さらに方向をかえて再びフレゼすることで、すばやく生地全体がなめらかになじむ。

5　作業台にとり出し、生地を少しずつ手のひらで押し出すようにして、台にこすりつける。材料がすべてよく混ざっているか確認し、生地を均質にする（→フレゼfraiser）。

＊水分が少ない生地なのでグルテンはほとんど形成されず、バターの可塑性でまとまっているため温度が上がると生地はゆるくなる。できた生地は充分に冷やし固め、使用するときは自分の扱いやすい固さに調節し、すばやく操作することが大切（→p.92）。

6　打ち粉をして両手で軽く練ってまとめる。ビニール袋に包み、平たく形を整えて冷蔵庫で冷やし固める。

117

Florentin sablé
フロランタン・サブレ

フロランタンは、アーモンドのヌガーを薄く焼いて裏にチョコレートをつけた小菓子を指す。その応用としてサブレと組合わせた。

＊florentinフロランタン[adj]　フィレンツェ（フランス語でフローレンスFlorence）風の、という意味の形容詞。男性名詞でフィレンツェ風のアーモンドを使った菓子の名前。

材料　40×60cmのオーブンプレート1枚分
パート・サブレ　基本配合×2　pâte sablée
アパレイユ　　appareil
├─生クリーム（乳脂肪分48％）　200㎖　200 ㎖ de crème fraîche
│　はちみつ　100 g　100 g de miel
│　水あめ　100 g　100 g de glucose
│　グラニュー糖　300 g　300 g de sucre semoule
│　バター　200 g　200 g de beurre
└─アーモンドスライス　300 g　300 g d'amandes effilées
クーヴェルチュール（またはパータ・グラセ）　couverture ou pâte à glacer
ピスタチオ　　pistaches
打ち粉（強力粉）　farine

①冷蔵庫で冷やし固めたパート・サブレを練り直す。オーブンプレートの大きさに合わせてのばし（→アベセabaisser）、ピケして（→ピケpiquer）、オーブンプレートに敷き込む。
＊長方形にのばす場合は円柱形にまとめてからのばしていく（→p.92）。
②180℃に温めたオーブンで約20分、うっすらと色づくまで焼き、粗熱をとる。
＊生地が焼き上がって縮み、オーブンプレートと隙間ができた場合は、あとでアパレイユを流し入れて焼くことを考慮して、新たに帯状にのばした生地を詰め、隙間を埋めておく。
③鍋に生クリームとはちみつを入れ、水あめ、グラニュー糖、バターを加えて火にかける。
④木杓子spatule en boisで混ぜながら溶かし、110℃まで煮詰める。
＊シロップを煮詰める場合と同様で、110℃は指にとると糸をひく状態（フィレ→p.61）。スプーンに煮詰まったシロップをとり、少し熱がとれてから指につけて調べる。
⑤火を止めてアーモンドスライスを加える。
⑥熱いうちに焼いたパート・サブレの上に流して表面をヘラで整える。
⑦180℃に温めたオーブンで25分、表面がきれいなカラメル状になるまで焼く（→カラメリゼcaraméliser）。焼き上がったらオーブンからとり出して粗熱をとり、表面が固まったらプレートからはずす。
＊周囲にナイフを入れ、ベーキングシートをあててひっくり返してプレートからはずす（このまま切り分けてもよい）。
⑧紙をあてて元に戻し、切り分ける（短辺2cm、長辺4cm、高さ9cmの台形）。
⑨両端にクーヴェルチュールをつける。
＊クーヴェルチュールはテンパリングして使用する（→p.356）。パータ・グラセなら溶かすだけでよい。
⑩クーヴェルチュールが固まる前に、ピスタチオのみじん切りを振りかける。

Galette d'orange
ガレット・ドラーンジュ

型を使わずに成形してつくるタルト風の菓子。フランスでの研修時代に、リヨンのBernachon(ベルナション)という店で、つくり方を覚えてきた。セロハン紙に包んでリボンをかけたエレガントな包装に心をひかれた思い出がある。
＊galetteガレット[f] 平たい円形に焼いた菓子。

材料　直径18cmのもの2台分
パート・サブレ　基本配合　pâte sablée
ガルニテュール　garniture
┌ オレンジマーマレード　50 g　50 g de marmelade d'orange
└ オレンジピール　50 g　50 g d'écorce d'orange confite
アパレイユ　appareil
┌ タン・プール・タン　160 g　160 g de T.P.T.
│ 薄力粉　20 g　20 g de farine
│ 卵白　130 g　130 g de blancs d'œufs
└ グラニュー糖　30 g　30 g de sucre semoule
粉砂糖　sucre glace
オレンジピール（飾り）　écorce d'orange confite

※オレンジピール　フランスのサバトン社製の柔らかいものを使用。オレンジマーマレードにこくをつけるために加えたもので、固く乾燥したものしか手に入らない場合は加えなくてもよい。
※tant pour tantタン・プール・タン　アーモンドと砂糖を同量ずつ合わせて挽き、粉末にしたもの。アーモンドパウダーと粉砂糖を同量合わせて使ってもよい。

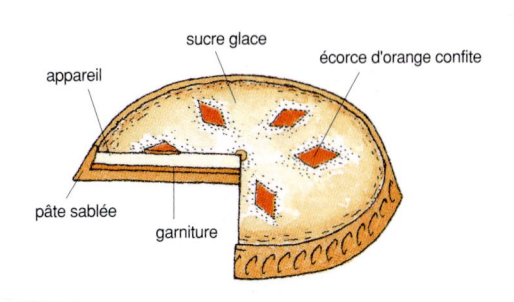

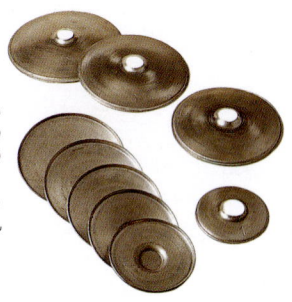

ヴォロヴァン型　vol-au-vent
円盤状の型。直径10〜25cm前後のものが各種ある。のばしたパイ生地や焼いたスポンジの上にのせ、周囲にそってナイフを入れ、必要な大きさの円形に抜くことができる。
ヴォロヴァンは蓋つきの丸いパイケースに詰めものをした料理の名前で、パイケース用の生地を丸く抜くのに必要な器具にもその名前がついた。

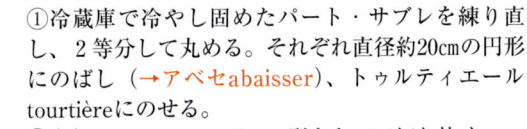

Galette d'orange

下準備
・アパレイユ用のタン・プール・タンと薄力粉を混ぜ合わせ、目の粗いふるいに通す。
＊アーモンドの粉末が通る目の粗さのザルを用いてもよい。

生地を形づくる
①冷蔵庫で冷やし固めたパート・サブレを練り直し、2等分して丸める。それぞれ直径約20cmの円形にのばし（→アベセabaisser）、トゥルティエールtourtièreにのせる。
②直径18cmのヴォロヴァン型をあてて切り抜く。
③切りとった残りの生地を太さ1cmの棒状にのばす。
＊生地が柔らかくなってのばしにくくなった場合は冷蔵庫で冷やし固める。
④円形の生地の縁に軽く水を塗り、棒状の生地をしっかりとはりつける。
⑤壁をつくるように指で生地を盛り上げ、さらに内側に指を軽く添えて、外側から生地を指でつまんで縁飾りをつける（→パンセpincer）。
⑥縁飾りができたら、冷蔵庫で冷やし固める。
⑦ガルニテュールのマーマレードに刻んだオレンジピールを混ぜて塗り広げる。

アパレイユをつくる
⑧卵白をほぐし、グラニュー糖を加えて角が立つまで撹拌する。最後に全体を力強くすり混ぜ、しっかりしたメレンゲをつくる（→セレserrer）。
⑨メレンゲに、合わせてふるったタン・プール・タンと薄力粉を加え、さっくりと混ぜ合わせる。

10

11

12 焼き上げる

⑩⑦にアパレイユを入れ、表面をヘラで整える。
⑪粉砂糖を振って溶けるまでしばらくおき、これを2〜3回くり返す。
＊焼き上げると、いったん溶けた粉砂糖が真珠のような粒状に固まり、表面に質感が出る（→ペルラージュperlage）。
⑫オレンジピールを飾り、180℃に温めたオーブンで30分焼く。焼き上がったらすぐにサブレとトゥルティエールの間にパレットナイフpaletteを通し、完全に冷めてから網に移す。
＊焼き上がってすぐはサブレが柔らかいので、動かすと割れてしまう。
＊パレットナイフをパイとトゥルティエールの間に通すことによって空気が入り、パイが冷めたときに、トゥルティエールにはりつかない。

オレンジピール
ピールは柑橘類の皮を砂糖漬けにしたもので、主にオレンジ、レモンなどでつくる。皮をシロップに漬け、シロップの濃度を徐々に上げてその浸透圧によって中まで糖分を充分にしみこませたもので、柔らかくてつやがある。刻んで生地やクリームに加えて風味をつけたり、飾りに用いたりする。

マーマレード
柑橘類の皮をせん切りにしたものに、その果汁や果肉と砂糖を加えて煮詰めたジャム。オレンジがよく使われる。柑橘類の皮は精油を多く含むので香りが強い。また表皮の下の白い部分にはペクチンが多く含まれ、それをとり除かずに使うので独特の苦みもある。アプリコットジャムと同様に菓子の仕上げに塗ってもよい。マーマレードはポルトガル語のマルメラーダから来た言葉で、もともとはマルメロ（カリンに似た形で香りがよくペクチンの多い果物）の果肉を砂糖で煮てピュレ状にして固めたゼリーのことだった。やがていろいろな果物が使われるようになった。フランス語のマルムラッドmarmeladeは、ピュレ状にした濃度のあるジャムを指すが、現在ではとくに柑橘類のジャムについていうことが多い。日本農林規格（JAS）では、マーマレードは柑橘類の果実と果皮を20％以上使用したものと定められている。

Moulinois
ムリヌワ

パート・サブレの応用で、ココアを加えてチョコレート風味にする。ここでは円形に焼いてクリームをはさんでいるが、タルト（またはタルトレット）形に焼いて使うこともできる。

＊moulinoisムリヌワ［adj］　ムランmoulin（風車、水車などの製粉機）の形容詞形。

ムリヌワ

材料 直径16cmのもの2台分
パート・サブレ・オ・ショコラ　pâte sablée au chocolat
　┌ 薄力粉　250g　250 g de farine
　│ ココアパウダー　8g　8 g de cacao en poudre
　│ タン・プール・タン・ノワゼット　130g　130 g de T.P.T. noisette
　│ バター　165g　165 g de beurre
　│ 卵　50g　50 g d'œuf
　└ 塩　1つまみ（1〜1.5g）　1 pincée de sel
ムース・オ・ブール・オ・プラリネ　mousse au beurre au praliné
　┌ バター　250g　250 g de beurre
　│ プラリネ　60g　60 g de praliné
　└ ムラング・イタリエンヌ　下記の分量でつくり1/2使用　meringue italienne
ムース・オ・ブール・オ・ショコラ　mousse au beurre au chocolat
　┌ ガナシュ　ganache（→p.65）
　│　┌ チョコレート（カカオ分56%）　65g　65 g de chocolat
　│　└ 生クリーム（乳脂肪分48%）　65mℓ　65 mℓ de crème fraîche
　│ バター　100g　100 g de beurre
　└ ムラング・イタリエンヌ　下記の分量でつくり1/2使用　meringue italienne
ムラング・イタリエンヌ　meringue italienne（→p.183）
　┌ 卵白　120g　120 g de blancs d'œufs
　│ 水　90mℓ　90 mℓ d'eau
　└ グラニュー糖　250g　250 g de sucre semoule
ココアパウダー　cacao en poudre
粉砂糖　sucre glace
チョコレートのメダル（飾り）　médaillon de chocolat
打ち粉（強力粉）　farine

※tant pour tant noisetteタン・プール・タン・ノワゼット　ヘーゼルナッツと砂糖を同量ずつ合わせて挽き、粉末にしたもの。ヘーゼルナッツパウダーと粉砂糖を同量合わせて使ってもよい。

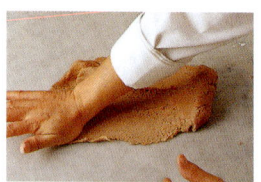

下準備
・薄力粉とココアパウダーを合わせてふるう（→タミゼtamiser）。
・パート・サブレ・オ・ショコラの材料はすべて冷蔵庫で冷やしておく。
＊バターは指で押しても跡がほとんどつかないくらい固いものを用いる。

パート・サブレ・オ・ショコラをつくって焼く
①合わせてふるった薄力粉とココアパウダー、タン・プール・タン・ノワゼットをフードプロセッサーにかける。小さく切ったバターを加え、さらに撹拌する。
②バターが細かくなって粉の中に分散して見えなくなり、さらさらした状態になるまで撹拌する（→サブレsabler）。
③卵を溶きほぐし、塩を加えて溶かし、②に加える。
④全体になじんでまとまるまで撹拌する。
⑤作業台にとり出し、手のひらですり混ぜる（→フレゼfraiser）。
⑥打ち粉をし両手で軽く練ってまとめる。ビニール袋に包み、平たく形を整えて冷蔵庫で冷やし固める。
⑦麺棒でたたいて固さを調節し、6等分する。それぞれをのばして、直径16cmのヴォロヴァン型をあてて切り抜く（1台につき3枚を使用する）。180℃に温めたオーブンで15分焼き、網の上で冷ましておく。

ムース・オ・ブール・オ・プラリネをつくる
⑧室温に置いて柔らかくしたバターを泡立器fouetで混ぜる。大理石の台の上ですり混ぜてなめらかにしたプラリネを加える。
⑨ムラング・イタリエンヌ（→p.183）を加え、気泡をつぶさないようにさっくりと混ぜ合わせる。

ムース・オ・ブール・オ・ショコラをつくる
⑩ガナシュをつくる。室温において柔らかくしたバターを泡立器で混ぜ、ガナシュを加える。
⑪ムラング・イタリエンヌを加え、気泡をつぶさないようにさっくりと混ぜ合わせる。

組立てる
⑫サブレが冷めたら4枚に2種のムースを交互に絞り出す。
⑬2段に重ねて、冷蔵庫で冷やし固める。
⑭残りのサブレ2枚の平らな面に残ったムース・オ・ブール・オ・ショコラを薄く塗り、クリームを塗った面を上にして⑬に1枚ずつのせる。
⑮表面にココアパウダーと粉砂糖を振り、チョコレートのメダルを飾る。

プラリネ
プラランpralinとも言う。アーモンドにシロップをからめて、カラメル状に煮詰めると同時にアーモンドに火を通す。それをローラーで挽いて粉末状にするか、さらにすりつぶしてペースト状にしたもの。ナッツの香ばしい風味とカラメルのほろ苦さがある。クリームや詰め物等に加えて香ばしい風味やこくをつけたり、ボンボン・オ・ショコラのセンターにもなる。ヘーゼルナッツでつくったものやアーモンドとヘーゼルナッツを混合してつくったものもある。しばらく置いておくと表面に油が浮いてくるので、よく混ぜてから使う。
＊プラリヌpralineは、アーモンドに糖衣かけした糖菓の名前なので混同しないこと（→p.349）。

第 4 章

折り込みパイ生地の菓子
Feuilletage

Feuilletage ordinaire
Feuilletage inversé
Feuilletage à la minute
Mille-feuille glacé
Pithiviers
Puit d'amour
Chausson napolitain
Feuilletage sucré
Feuilletage au chocolat
Mille-feuille chocolat à la menthe

フイユタージュについて
(パート・フイユテ)

　パイ生地は、こね粉に油脂を加えて、いかにももろく口溶けのよい状態に仕上げるかというものである。
　小麦粉に水を加えるとできるグルテンをつくらないように、バターを先に小麦粉に混ぜ込むのがパータ・フォンセ、水を加えずに小麦粉を油脂でまとめて生地をつくるのがパート・シュクレやパート・サブレで、これらは練り込みパイ生地と呼ばれる。
　それに対してフイユタージュは、グルテンを形成したこね粉（デトランプ）の中に、バターの層をつくり、こね粉をより薄くすることによって、焼成したときに幾重もの薄い板状になって浮き上がり、もろくて口溶けのよい状態に仕上げる方法でつくる。
　フイユとは、紙片、木の葉という意味で、薄い層が重なりあってできているこの生地の状態を表している。
　代表的な製法を3種類紹介する。

＊feuilletageフイユタージュ[m] pâte feuilletée パート・フイユテ[f]　フイユタージュ、パート・フイユテ、折り込みパイ生地。
＊détrempe デトラーンプ[f]　デトランプ。小麦粉に水、塩などを加えて混ぜ合わせ、一まとめにした生地。練り粉。

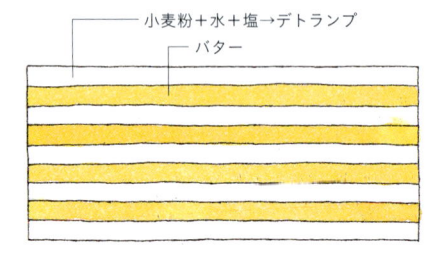

フイユタージュ・オルディネール　feuilletage ordinaire
正統的なつくり方をする普通のフイユタージュ。小麦粉、塩、水でデトランプをつくってバターを包み込み、帯状にのばして折っていく。焼き上がりは、もろく口溶けがよく、折り込みパイ生地を用いる製品には欠かすことができない。しかし、水分の多いものを包んで焼くと、生地が水分を吸い、生地の中の層が1枚の板のようになってしまい、口当たりが悪くなる。

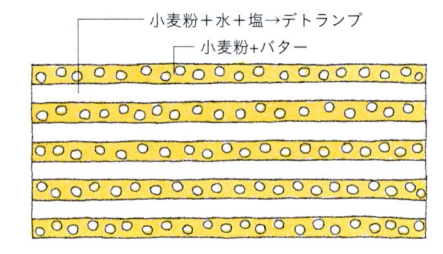

フイユタージュ・アンヴェルセ　feuilletage inversé
アンヴェルセは逆さまにした、という意味で、普通のフイユタージュと逆にバターに小麦粉を混ぜ合わせておき、少し柔らかめにつくったデトランプを包んで折っていく。バターに含まれる水分が加えた小麦粉に吸収されるため、バターとこね粉とのなじみが少なく、焼成後の浮き上がりや口溶けがよい。フユタージュ・スュクレ（→p.149）のように生地そのものを味わうような菓子に用いるとよい。

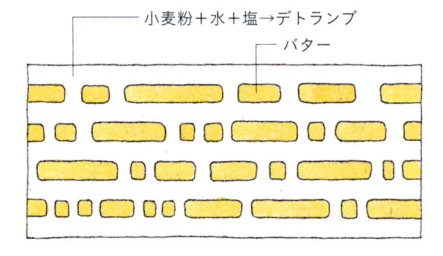

フイユタージュ・ア・ラ・ミニュット　feuilletage à la minute
フイユタージュ・ラピッドfeuilletage rapideとも言う。ア・ラ・ミニュットもラピッドも、速く短時間にできるという意味で、速成折り込みパイ生地と言われるもの。小麦粉に角切りにしたバター、塩、水を加えてざっくりとまとめ、そのまま帯状にのばして折っていく。バターの層は細かく切れている。
焼き上がりは、よく浮き上がり、さくさくとしているが、やや固く、口溶けはよくない。練り込みパイ生地と普通のフイユタージュの中間のような性質で、水分の多いクリームや果物と合わせても触感が失われにくい。
＊デトランプを別につくってバターを包む手間がなく、休ませる時間も短くてよい。つくってから時間がたつと、浮き上がりが悪くなるので、できるだけ早く使い切る。

※黄色はバター、白色はデトランプを示す。

基本の生地
Feuilletage ordinaire
フユタージュ・オルディネール
フイユタージュ・オルディネール

＊ordinaire オルディネール[adj]　普通の

材料　基本配合
デトランプ　détrempe
- 薄力粉　250 g　250 g de farine
- 強力粉　250 g　250 g de farine de gruau
- 塩　10 g　10 g de sel
- 冷水　250ml　250 ml d'eau froide
- バター　80 g　80 g de beurre

バター　370 g　370 g de beurre
打ち粉（強力粉）　farine

下準備
・薄力粉と強力粉を合わせてふるう（→タミゼtamiser）。
・材料は冷やしておく。室温が高いときには、小麦粉も冷蔵庫で冷やす。

デトランプをつくる

＊ここで加えるバターは、デトランプの粘りや弾力を弱め、仕上がりの口溶けをよくする。

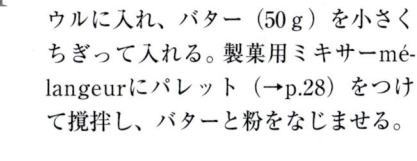

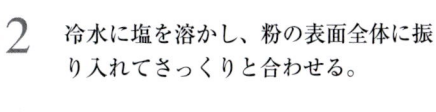

1 合わせてふるった薄力粉と強力粉をボウルに入れ、バター（50 g）を小さくちぎって入れる。製菓用ミキサーmélangeurにパレット（→p.28）をつけて撹拌し、バターと粉をなじませる。

2 冷水に塩を溶かし、粉の表面全体に振り入れてさっくりと合わせる。

＊ここではまだ生地はまとまっていなくても水分が全体になじんでいればよい。

3 粉の中に水分が吸いこまれ、ぽろぽろした状態になったら作業台にとり出す（生地の固さは耳たぶより少し固い状態に調節する）。

＊練ったときに生じたグルテンの粘り（＝弾力、こし）が弱まるまで休ませる。充分時間をおいたほうがのばす作業をしやすい。
＊室温が高いときは冷蔵庫に入れるが、冬場は室温でもよい。あとでバターを包んだときに溶けないぐらいであればよく、生地を冷やしすぎると時間がたってもグルテンのこしが弱まらないことがある。

4 とり出した生地を練って一つにまとめ、表面に十字の切り込みを入れる。ビニール袋に包み、冷所で約1時間休ませる。指で押したとき、指の跡が戻らなくなるまで充分に休ませる。

デトランプでバターを包む
（→ブラージュbeurrage）

5　冷蔵庫から出したての冷たく固いバター（400g）に打ち粉をし、麺棒でたたいて、中と外の固さを調節しながら1辺20cm位の正方形に形を整える。

＊バターが柔らかくなりすぎたときは再び冷蔵庫で冷やす。デトランプで包むときに、バターとデトランプは同じくらいの固さがよい（図1）。粘りがあり、なめらかでのびのよい状態にして成形しておく。

6　デトランプを軽く打ち粉をした作業台に置いて、十字の切り込みを四方に押し広げる。形を整えたバターより一回り大きい正方形にのばし、その中央に角をずらしてバターを置く。

7　向かい合う生地の角をそれぞれ合わせてくっつける。

8　四隅を中央に集める。

[折り込むときの注意点]
＊何回折ったか指で印をつけておく。
＊生地をのばすことで再びグルテンが生じ、またバターも柔らかくなっているので、三つ折り2回ごとに冷蔵庫で充分に休ませる。
＊打ち粉は強力粉を、必要に応じて適宜用いる。

9　バターの角を包み込むように、下から生地を持ち上げて端を合わせ、合わせた部分の生地を指でつまんでねじりながら、ぴったりととじていく（隙間がないように密閉する）。

＊合わせた部分の生地がほかの部分より厚くならないように、合わせ目の生地をねじってとじながら、両側から指でつまんで薄くする。バターが同じ厚さのデトランプで包まれているようにすること。

10　継ぎ目をきっちりととじ終えたら、麺棒で全体を軽くたたいて生地とバターをなじませる。

バターを折り込む（→トゥラージュtourage）
三つ折り2回を3回（計6回折り込む）

11　生地の手前と向こうの端から少し内側のところを麺棒で押さえ、くぼみをつける（図2-1）。

12　生地の中央からくぼみをつけた所まで前後に生地をのばしていく。生地がある程度のびたら、端のふくらんでいる部分を中央に向けてのばす（図2-2）。

＊常に麺棒の真上に重心をおいて均等に力を加え、均一な厚さにのばしていく（→p.97）。

折り込み方

フイユタージュは、折り込む回数によって、生地の浮き上がり方、歯ごたえ、口溶けが異なる。好みの状態にするために、三つ折りでなく二つ折り（半分に折る）または四つ折り※にしたり、折り込む回数を変えたりして層の数を変化させることもある。

※四つ折り
一方の端を適当な長さで折り返し、残りを半分に折って、さらに全体を半分に折る。

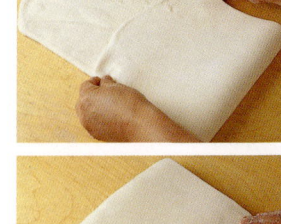

① ½ ½
② ½ ½
③

13　バターを包んだ状態から長さが幅の3倍になるまでのばし、手前を向こう側に折り重ね、端を麺棒で軽く押さえる。

14　残りの生地を向こう側から手前に重ねて三つ折りにする。端を麺棒で押さえて密着させ、全体を軽くたたいてなじませる（三つ折り1回目終了）。

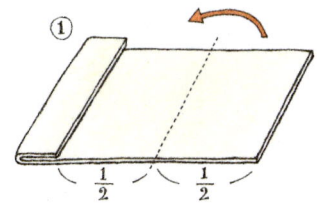

15　生地を90度回転させる。生地がずれるのを防ぐため、生地の手前と向こう側を麺棒で押さえてくぼみをつける。この生地を中央から前後にのばし、1回目の三つ折りをする前と同じ大きさにする。

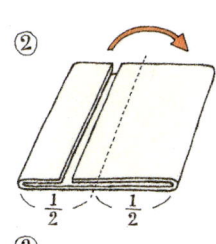

16　13、14と同様にして三つ折りを行う（三つ折り2回目）。

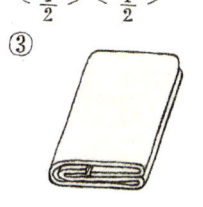

17　生地をビニール袋で包み、冷蔵庫で充分に休ませる（1時間以上）。もう1度15、16の工程をくり返し、三つ折りを計6回行なう。冷蔵庫に入れるときは、その都度生地の端に折った回数分の印を指で入れておく。

図1
［デトランプとバターが同じ固さの場合］

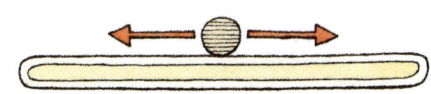

デトランプとバターが同じ固さであれば、麺棒でのばしたとき、同じタイミングでデトランプとバターが均一にのびる。

［デトランプが固くバターが柔らかい場合］

デトランプよりもバターが柔らかすぎると、デトランプよりもバターののびがよく、デトランプを押し破ってバターがデトランプからはみ出し、きれいな層が形成されなくなる。

［バターが固くデトランプが柔らかい場合］

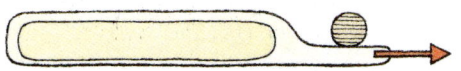

バターが固くてのびがよくない場合、デトランプだけがのびて、バターの層ができず、折り込みパイ生地の組織が形成されない。

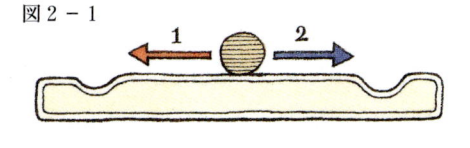

図2−1

図2−2

デトランプの端が破れてバターが飛び出さないように、のばす前に生地の前後にくぼみをつけておく。中央から外へ向けてのばしていくが、そのまま端までのばしきってしまうとバターがデトランプを押し破ってはみ出してしまうので、両端にたまったバターを内側にのばし入れる。この手順で、バターが外にはみ出すことなく、デトランプに包まれた状態でのばすことができる。

基本の生地

Feuilletage inversé
フイユタージュ・アンヴェルセ

＊inverséアンヴェルセ　inverser（逆にする）の過去分詞形で、逆さまの、ひっくり返したという意味。

材料　基本配合
バター　450 g　　450 g de beurre
薄力粉　120 g　　120 g de farine
デトランプ　détrempe
- 薄力粉　225 g　　225 g de farine
- 強力粉　225 g　　225 g de farine de gruau
- 塩　10 g　　10 g de sel
- 冷水　300㎖　　300 ㎖ d'eau froide

打ち粉（強力粉）　farine

下準備
・薄力粉と強力粉を合わせてふるう（→タミゼ tamiser）。
・材料は冷やしておく。室温が高いときには、小麦粉も冷蔵庫で冷やす。

1　冷たく固いバターに、薄力粉（120 g）をなじませる。カード corne を使って周囲から粉をかぶせ、折り重ねるようにしながら、粉を混ぜ込んでいく。

2　軽く練って一つにまとまったら麺棒でたたいて、四角形（18×26㎝）に整える。

3　冷蔵庫で冷やし固める。

デトランプをつくる

4　冷水に塩を溶かし、合わせてふるった薄力粉と強力粉に加え、製菓用ミキサーにパレットをつけて撹拌する。

＊普通のフイユタージュのデトランプより柔らかい。

5　水分が粉全体になじみ、全体がほぼ一つにつながったら、軽く打ち粉をした作業台にとり出す。

6 　生地をなめらかな状態になるまで練ってまとめ、冷蔵庫でこしが弱まるまで充分に休ませる（約1時間以上）。

バターでデトランプを包み、三つ折りを行なう

[折り込むときの注意点]
＊何回折ったか指で印をつけておく。
＊生地をのばすことで再びグルテンが生じ、またバターも柔らかくなっているので、三つ折り2回ごとに冷蔵庫で充分に休ませる。
＊打ち粉は強力粉を、必要に応じて適宜用いる。

7 　3のバターを3倍の長さの帯状にのばし、デトランプをその長さの$\frac{2}{3}$にのばす。手前を揃えてバターの上にデトランプをのせる。

8 　バターの向こう側からを手前に折り返し、重なった側辺のバターをつまんで、デトランプを包み込んでとじる。

9 　手前を折り重ね、同様に端のバターをつまんでとじる（三つ折り1回目）。

＊バターが柔らかくなってくるので手ばやく作業する。

10 　生地の向きを90度変えて、表面に軽く打ち粉をして麺棒でたたいてなじませる。

11 　さらに長さが幅の3倍になるまでのばし、再び三つ折りにする（三つ折り2回目）。

12 　表面をビニールで包み、約1時間以上冷蔵庫で休ませる。普通のフイユタージュと同様にさらに三つ折り2回をくり返し、三つ折りを計6回行う。

基本の生地
Feuilletage à la minute (Feuilletage rapide)
フイユタージュ・ア・ラ・ミニュット（フイユタージュ・ラピッド）

＊minuteミニュット[f]　分、ごく短い時間、瞬間。
＊rapidラピッド[adj]　速い、すばやい。

材料　基本配合
薄力粉　250 g　　250 g de farine
強力粉　250 g　　250 g de farine de gruau
塩　10 g　　10 g de sel
冷水　250mℓ　　250 mℓ d'eau froide
バター　450 g　　450 g de beurre
打ち粉（強力粉）　farine

下準備
・薄力粉と強力粉を合わせてふるう（→タミゼtamiser）。
・材料は冷やしておく。室温が高いときには、小麦粉も冷蔵庫で冷やす。

1　合わせてふるった薄力粉と強力粉に、2cm程度の大きさに切った冷たく固いバターを入れ、粉をまぶす。

2　冷水に塩を溶かし、1の表面全体に振りかける。

＊手で大きく下から持ち上げるようにしながら、粉全体に水分をなじませていくだけで、練ったりこねたりしない。またバターが溶けないようにすばやく合わせる。

3　粉と水分をなじませるように大きく全体に合わせる。

＊バターは塊のまま残っていてよい。

4　どうにかつながっている状態で作業台にとり出し、手で押さえ込むようにして一つにまとめる。形を整えてビニールで包み、30分程度冷蔵庫で休ませる。

フイユタージュの由来

フイユタージュの歴史をさかのぼってみると、フランスでは14世紀のはじめに、ガストー・フイエgasteaux feuillésという名前の菓子が記録に残っている。これはフイユタージュのように層状に焼き上がる菓子であったようだが、詳しいつくり方は伝わっていない。

17世紀半ばの製菓の本には、現在とほぼ同じようにしてパイ生地をつくる方法が書かれており、フイユテやフイユタージュという言葉も、この頃から使われるようになった。

残されている資料からは、フイユタージュをはじめてつくった人が誰か特定することはできないのだが、その由来については、次のようなエピソードが伝わっている。

一つは、フランス古典主義の風景画家として有名なクロード・ロラン（1600〜1682）が若い頃、菓子職人の見習いをしていたときに考案したというもの。練り込みパイ生地にバターを入れ忘れ、あとから包んで焼いたところ、層状にふくらんだおいしいパイができたという、失敗から偶然に誕生したとされる話である。

もう一つは、コンデ家の製菓長であったフイエFeuilletなる人物がつくり出したというもので、フイユタージュとフイエという名前がよく似ていることから、つながりがあるのではと想像でき、話としてはおもしろい。

フイユタージュを使った菓子では、ピティヴィエのようにアーモンドクリームを包んで焼いたものが古くからあり、ピティヴィエの町でその名前でつくられるようになったのは、18世紀のことだと言われる。

[折り込むときの注意点]
＊何回折ったか指で印をつけておく。
＊生地をのばすことで再びグルテンが生じ、またバターも柔らかくなっているので、三つ折り2回ごとに冷蔵庫で充分に休ませる。
＊打ち粉は強力粉を、必要に応じて適宜用いる。

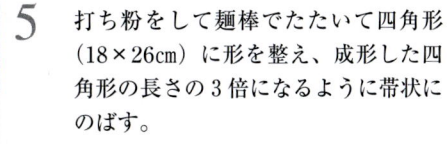

5　打ち粉をして麺棒でたたいて四角形（18×26cm）に形を整え、成形した四角形の長さの3倍になるように帯状にのばす。

6　手前を向こう側に折り重ね、残りの生地を向こう側から手前に重ねて三つ折りにする（三つ折り1回目）。

7　生地を90度回転させ、再び帯状にのばす。

8　三つ折りにして、冷蔵庫で約1時間休ませる（三つ折り2回目）。普通のフイユタージュと同様にさらに三つ折り2回をくり返し、三つ折りを計6回行う。

Mille-feuille glacé
ミルフユ・グラセ

折り込みパイ生地を使った代表的な菓子。アメリカでは、ナポレオンパイと呼ばれている。何枚もの薄い層になった折り込みパイを、さらにクリームと層状に積み重ねてつくる。

＊mille-feuille ミルフユ[m]　ミルフユ。千枚（数多く）の葉という意味。
＊glacé グラセ[adj]　糖衣（フォンダンなど）をかけた。

材料　幅9cm×長さ40cmのもの2台分
フイユタージュ　基本配合　feuilletage
クレーム・パティシエール　crème pâtissière（→p.40）
- 牛乳　1リットル　　1 litre de lait
- バニラのさや　1本　　1 gousse de vanille
- 卵黄　240g　　240 g de jaunes d'œufs
- グラニュー糖　300g　　300 g de sucre semoule
- 薄力粉　60g　　60 g de farine
- カスタードパウダー　60g　　60 g de poudre à crème

アプリコットジャム　confiture d'abricots
フォンダン　fondant
カカオマス　pâte de cacao
シロップ（砂糖1：水1）　sirop
打ち粉（強力粉）　farine

※普通のフイユタージュでも、フイユタージュ・アンヴェルセでもどちらでもよい。

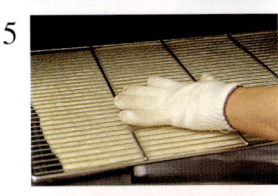

生地を焼く

①フイユタージュ（三つ折り6回）を2等分して、それぞれ40×60cmのオーブンプレートより少し大きめの長方形にのばす（→アベセ abaisser）。
②ピケする（→ピケ piquer）。
＊しっかりピケしておくことで、いびつなふくらみ方をしない。
③水を塗ったオーブンプレートにのせ、冷蔵庫で約1時間休ませる。
④はみ出た余分な生地を切り落とす（→エバルベ ébarber）。
⑤200℃に温めたオーブンで約30分焼く。途中で生地が浮き上がってきたら、網をのせて軽く押さえ、重しにしてふくらみすぎないようにする。
⑥こんがり焼き色がつき、中までしっかり焼けたら網の上で冷ましておく。
＊パイが薄いので冷ます間に反らないよう、上にも網をのせておくほうがよい。

組立てる

⑦フイユタージュを幅9cm、長さ40cmに切り分ける。フイユタージュ1枚につき、端を落として6枚とれるので1台につき5枚使用し、残りは刻んでおく（ミエット miette）。クレーム・パティシエールを絞り出し、フイユタージュとクリームを交互に層にして重ねる。
⑧一番上の5枚目のフイユタージュは平らな面を上にしてのせ、板をのせて軽く重しをし、冷蔵庫で冷やし固める。
⑨上面に煮詰めた熱いアプリコットジャムを塗る。ジャムが冷め、完全に固まるまで置いておく（固まったらその上にフォンダンを塗る）。
＊ジャムを塗ることによってパイの表面を平らに整える。
＊アプリコットジャムは、冷えて固まると手にくっつかない状態になるまで煮詰めてから使う。さもないと、フォンダンをかけたときにアプリコットジャムとなじんで汚くなってしまう。

フォンダンを準備する

⑩フォンダンを手で練って全体をなめらかな状態にする。フォンダンを鍋に入れ、シロップを少量ずつ加えて練る。

⑪すくって垂らすとゆっくり流れ落ち、落ちた部分の形がしばらく残っているぐらいの固さに調節する。

⑫湯煎にかけて約40℃に温める。柔らかくなりすぎないように、あとで菓子にかけやすい固さに再度調節する。

＊鍋肌についたフォンダンはカードなどで落とし、糖化（再結晶化）するのを防ぐ。
＊人肌に温まったときに、垂らして落ちた跡がすぐに消えるぐらいの柔らかさになっていればよい。

⑬⑫のフォンダン少量を別の容器にとり、湯煎で溶かしたカカオマスを加えて混ぜる。

⑭さらにシロップを加える。

⑮白いフォンダンと同じ固さに調節する。
＊まずフォンダンとして使える固さにしてからカカオマスを加える。カカオマスを加えると固くしまるので再びシロップを加えて調節する。

仕上げる

⑯⑨のジャムが固まったら⑫の白いフォンダンを塗る。

⑰すぐに⑮のフォンダン・ショコラを細い線状に絞り出す。

⑱竹串でなぞって矢羽根模様をつける。まず竹串で同一方向に均等な幅に線をひいて模様をつける。次にその模様を等分するように反対方向になぞると矢羽模様ができる。フォンダンが固まるまでそのまま置いておく。

⑲側面にはみ出したクリームなどを平らに整え、ミエット（⑦で余ったフイユタージュを刻んだもの）をまぶす。

フォンダンの扱い方

フォンダンは、使う前に作業台に出して、なめらかになるまでよく練る。さらに用途に応じた固さに合わせてシロップを足して練り直し、これを人肌程度（40℃）に温めて固さを調節して菓子にかける。人肌に温めたフォンダンがまだ固い場合は、シロップを加えて調節し、柔らかくなりすぎた場合は、練ったフォンダンを足せばよい。フォンダンを温めるのは、固さを調節するのと同時に、いったん少し溶かすことによって、砂糖の結晶の大きさを揃え、温度が下がって再結晶化したときにきめ細かくなり、光沢が出るようにするため。加熱しすぎると溶けた結晶が粗くなって光沢のない舌ざわりの悪いフォンダンになってしまうので40℃以上に加熱しないこと。

フォンダン

材料
白ざらめ 1 kg　1 kg de sucre
水あめ 250 g　250 g de glucose
水 300㎖　300 ml d'eau

煮詰めたシロップを練って、きめ細かく結晶化させ、白いペースト状にしたもの。濃く煮詰まったシロップが冷めると、砂糖が過飽和になり、撹拌のショックで白く結晶化する。クリーム状でとろけるような舌ざわりがあり、菓子の表面をおおう糖衣として使う。洋酒、コーヒーエッセンス、カカオマスなどで風味をつけたり、着色したりすることもできる。
自家製もできるが、工業製品は添加物が添加されて安定しているので、保存性がよい。保存するときは、ラップで包むか、容器に入れて表面にシロップをはるなどして、乾燥しないようにする。

①鍋に水、白ざらめ、水あめを入れて116〜118℃（プティ・ブーレ→p.61）まで煮詰める。
＊バニラのさやを加えてもよい。ただし、仕上りにバニラの黒い種子が残る。
＊白ざらめはグラニュー糖より少し結晶が大きく、精製度は同じくらい高い。甘さにくせがなく、溶かして煮詰めても濁らないのでフォンダンやあめをつくる場合によく用いる。
②大理石の作業台に、サラダ油を塗った鉄芯barre（→p.334）で枠をつくり、①のシロップを流す。
③シロップの表面に軽く霧を吹き、粗熱がとれるまでしばらく置いておく。
＊霧を吹くことで表面の結晶化を防ぐ。
④粗熱がとれたら鉄芯をはずし、水あめのような状態に固まったシロップを木杓子ですり混ぜる。
⑤全体が白っぽくなり、しっとりした蝋のような状態になるまで勢いよく練る。蝋状に固まったら小さな固まりに分けて熱をとる。
⑥ブロワイユーズに通してさらにきめを細かくし、密閉容器に入れて保存する。

ブロワイユーズ broyeuse
粉砕機。櫛状のカッターと2本のローラーで、アーモンドなどを粉砕し、細かく挽く機械。タン・プール・タンやプラリネをつくる際にも用いる。ローラーの間隔を調節することで、粉末の細かさを変えたり、ペースト状に挽きつぶすことができる。

水あめ
でんぷんからつくる粘液状のあめ。でんぷんを酸で分解する酸糖化飴（晒し水あめ）とでんぷん分解酵素を利用した酵素糖化飴がある。ブドウ糖（グルコース）や麦芽糖（マルトース）とデキストリン、そのほかのオリゴ糖が混合状態になったもので、分解の方法や程度によって特性や甘さなどが異なるが、一般的に甘さは砂糖（ショ糖）の半分程度。粘ちょう性、非晶質性（結晶を析出させない特性）、保湿性があり、あめをつくるときに、シロップに粘りをつけて割れにくくしたり、あめやフォンダンの再結晶化や糖化（なき、しゃり）を防ぐ働きをする。また焼き菓子などの生地をしっとりさせるために加える。

アプリコットジャム (→p.81)
コンフィテュール・ダブリコ
confiture d'abricots

ジャムは、果物を保存しておくために考えられた保存食で、糖度60～70％以上なら、煮沸消毒した瓶に詰めて密閉すれば、常温で長期間保存できる。

材料 基本配合
アプリコット（半分に切って種をとったもの） 1kg　　1 kg d'abricots
砂糖　800g　　800 g de sucre
水　300ml　　300 ml d'eau

アプリコット
杏［あんず］。バラ科の果実。皮には細かい毛があり、果肉はオレンジ色で柔らかく、甘酸っぱい。果物の中ではカロチンが豊富。中心に1個、固い殻に包まれた核（種子）があり、その中の白い部分を杏仁と言う。アーモンドに似た香りがあり、薬用、香料に使い、アマレットなどリキュールの原料にもなる。日本では信州などで栽培されているが、生の果実はいたみやすいのであまり出回らず、缶詰やジャムなどに加工することが多い。アメリカから冷凍品が輸入されており、ジャムやシロップ煮などに利用できる。また、乾燥させたドライアプリコット（干しアンズ）abricot secは、戻してコンポートにしたり、フルーツケーキなどに使う。

1
銅製のボウルにアプリコットと砂糖を入れて混ぜ、水分が出るまで約1日置いておく。

2
水を加えて強火にかけ、木杓子spatule en boisで混ぜながら煮る。

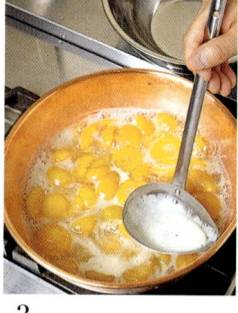

3
沸騰したら、アクをとる。
＊アプリコットは冷凍のものなら、凍ったまま使ってよい。生の場合は種をとれば皮つきのままでよい。

4
軽く煮くずれるまでしばらく煮る。
＊加熱することで果物に含まれるペクチン（→p.335）が溶け出し、その働きでジャムがゲル化する。

5
ムーリネットで漉す。
＊ムーリネットmoulinette：回転式裏漉し器

6
ボウルに戻して、104～106℃に煮詰める。
＊ナパージュ用に濃度が必要な場合は、基本配合に対してペクチンを小さじ1～2加えるとよい。

銅製のボウル bassine à blanc
フランス語は、卵白用ボウルという意味で、卵白の泡立てには銅製のボウルを使うと卵白の泡立ちがいいと言われることからそのように呼ばれている。直火にかけることもでき、熱伝導がよいため高温のシロップをつくるとき、ジャムを煮詰めるとき、プラリーヌをつくるときなどにも用いる。銅鍋は底の角の部分を焦げつかせてしまいやすいが、このボウルは底が丸いので、中身を混ぜやすい。

紙のコルネのつくり方

紙のコルネは、細い線や小さな点など細かい模様を描くときや、少量のものを絞り出すときに用いる。クリームやチョコレート、フォンダンなどを詰め、先端を切って絞り出す。

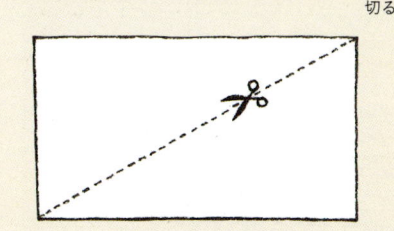

縦横の長さの比が２対３程度の長方形の紙（ハトロン紙かクッキングペーパーがよい）を用意する。対角線で切って直角三角形にする。長い辺が、口金のかわりをする先端の尖った部分になるので、まっすぐに切ること。

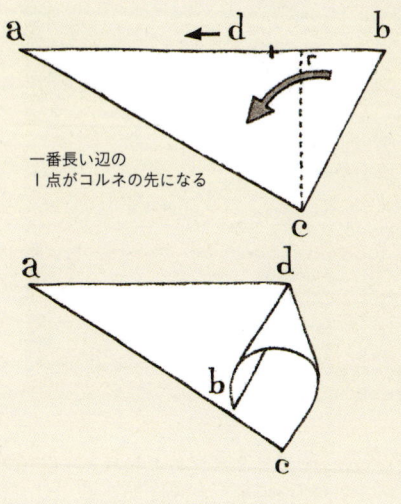

dを中心にしてbcがacに重なるように円錐形に巻いてゆく。紙が１枚の部分があるとコルネが破れるので、すべての部分で紙が二重に重なるように巻いていく。先端を針先のように細くするため、紙がずれたり動いたりしないようにしっかりとしめつける（巻き終わりは紙が３枚重なっているようにする）。

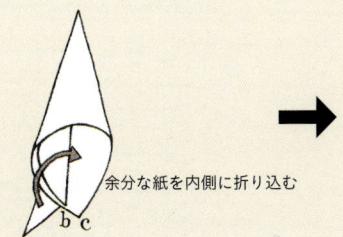

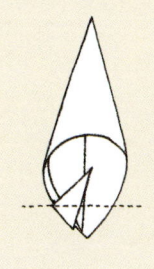

余分な紙を内側に折り込む　　点線の部分を内側に折り込む

Pithiviers
ピティヴィエ

オルレアネ地方ロワレ県の都市ピティヴィエの菓子として有名。フランス語でrosace（ロザス）（バラ模様の意）と呼ばれる表面の放射状の模様が特徴。

材料 直径20cmのもの2台分
フイユタージュ 基本配合 feuilletage
クレーム・ダマンド 基本配合×1.5 crème d'amandes (→p.109)
ドリュール（全卵を溶きほぐして漉したもの） dorure
粉砂糖 sucre glace
打ち粉（強力粉） farine

①フイユタージュを4等分して、それぞれ1辺約25cmの正方形（直径20cmのヴォロヴァン型vol-au-ventよりも一回り大きめ）にのばす（→アベセabaisser）。紙にのせてしばらく冷蔵庫で休ませる。
②水を塗ったトゥルティエールtourtièreにフイユタージュを1枚置き、中央に直径16cmのヴォロヴァン型をあてて円形の印をつける。
③円の外側に刷毛pinceauで水を薄く塗る。内側にクレーム・ダマンドを絞り出し、表面をなめらかなドーム状に整える。
④もう1枚の生地を角をずらしてのせる。
⑤空気を抜きながらクレーム・ダマンドの上にぴったりとかぶせる。
＊生地を斜めに45度ずらして重ねると、焼いたときに生地の縮む方向が平均化するので、全体が均等に丸くでき上がる。
⑥クリームの上に直径16cmのヴォロヴァン型をあて、その周りを指でしっかり押さえて上下の生地をくっつける。冷蔵庫で1時間、生地がしっかり固まるまで休ませる。
⑦直径約20cmのヴォロヴァン型を置き、周囲の余分な生地を切りとる（→エバルベébarber）。
⑧包丁の背で縁に浅く切り込みを入れる（→シクテchiqueter）。
⑨ドリュールを塗り（→ドレdorer）、表面に浅く筋模様をつける（→レイエrayer）。
＊レイエするときは、プレートを手前に回しながら、放射状の切り込みを手前から向こう側へ順に入れていく。
＊包丁を中心から外に向かい、ドームの曲線に添って動かすことで、自然に刃が傾き、深くきれいに切り込むことができる。
＊中心部は深く切り込むと模様（ロザス）がくずれるので浅く筋をつけるだけにする。縁に近づくにつれて刃先を深く入れるが、クリームまで達しないように気をつける。クリームまで切り込みが入ると、焼いたときに中のクリームが吹き出して、仕上がりがきたなくなる。
⑩筋模様に沿ってナイフの先で数カ所刺し、蒸気抜きの穴を開ける（→ピケpiquer）。
⑪200℃に温めたオーブンに入れて焼く。途中で層が浮き上がって色づいてきたら温度を180℃に下げ、40〜50分焼く。
⑫色よく焼き上がったら、いったんオーブンからとり出し、網に移して表面全体にまんべんなく粉砂糖を振る。再びプレートにのせて200℃に温めたオーブンに入れ、表面を光沢のあるキャラメル状に色づける（→カラメリゼcaraméliser）。

Puits d'amour
ピュイ・ダムール

イル゠ド゠フランス地方で18世紀からつくられていた菓子で、小型の円形のパイケースにバニラまたはプラリネ風味のクレーム・パティシエールを詰め、クリームの表面に砂糖を振ってカラメリゼしたもの。あるいはパイケースにジャムを詰めたもの。
ここで紹介するピュイ・ダムールはノルマンディー地方の製菓店Dupont(デュポン)のスペシャリテ。酪農が盛んな地方らしく発酵生クリームを使うなど、店の個性に合わせて現代風にアレンジされている。

＊puits ピュイ[m]　井戸。
＊amour アムール[m]　愛。

材料　直径6.5cmのミラソン型　24個分
フイユタージュ　基本配合　feuilletage
ドリュール（全卵を溶きほぐしたもの）　dorure
クレーム・ア・ピュイ・ダムール　crème à puit d'amour
┌クレーム・パティシエール（約620ｇ）　crème pâtissière（→p.40）
│┌牛乳　500㎖　500 ㎖ de lait
││バニラのさや　１本　1 gousse de vanille
││卵黄　80g　80 g d'jaunes d'œufs
││グラニュー糖　125 g　125 g de sucre semoule
││カスタードパウダー　40 g　40 g de poudre à crème
│└薄力粉　20 g　20 g de farine
│バニラエッセンス　extrait de vanille
│発酵生クリーム　500㎖　500 ㎖ de crème épaisse
│ムラング・イタリエンヌ　500㎖　500 ㎖ de meringue italienne（→p.183）
│┌卵白　125 g　125 g de blancs d'œufs
││水　60㎖　60 ㎖ d'eau
│└グラニュー糖　180 g　180 g de sucre semoule
ジュレ・ド・フランボワーズ　gelée de framboise
┌フランボワーズピュレ　125 g　125 g de purée de framboise
│水　50㎖　50 ㎖ d'eau
│グラニュー糖　50 g　50 g de sucre semoule
│水あめ　25 g　25 g de glucose
└ペクチン　4 g　4 g de pectine
フランボワーズ　framboise
グラニュー糖　sucre semoule

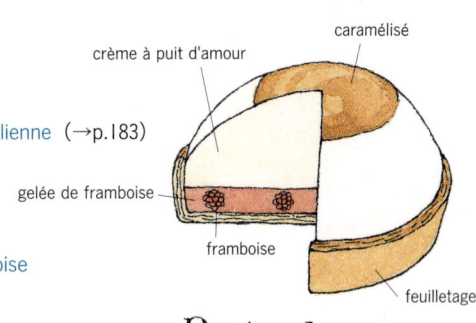

Puits d'amour

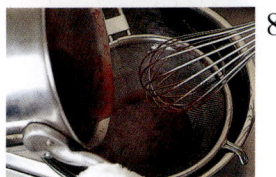

caramélisé
crème à puit d'amour
gelée de framboise
framboise
feuilletage

下準備
・ミラソン型millassonにバター（分量外）を薄く塗る。

生地を空焼きする
①フイユタージュを 5 ㎜厚さにのばして（→アベセabaisser）、ピケする（→ピケpiquer）。直径10cmの円形に抜く。
②生地を準備したミラソン型に敷く。指で軽く押さえて型に沿わせ、一度冷蔵庫で休ませる。
③周囲の余分な生地を切り落とす（→エバルベébarber）。
④紙を敷いて重しを入れ、200℃に温めたオーブンで空焼きする。
＊途中で生地がふくれ上がってきたら、網をのせる。
⑤15分ほどして生地の縁が薄く色づきはじめたら、紙と重しをはずし、内側にドリュールを塗る（→ドレdorer）。さらに10分ほど焼いて色づけ、粗熱を充分とっておく。

ジュレ・ド・フランボワーズをつくる
⑥ペクチンと同量のグラニュー糖をとり分けて混ぜ合わせる。残りのグラニュー糖の上に、水あめをのせて計量する。鍋にフランボワーズピュレと水を入れ、混ぜながら沸騰させ、グラニュー糖と水あめを入れて溶かす。
＊水あめは砂糖の上にのせて計量すると、鍋に入れるときなど扱いやすく、むだが出ない。
⑦グラニュー糖とペクチンを、⑥に加えて溶かす。
⑧火からはずして漉し、冷ます。
＊ペクチンは砂糖と合わせてから液体に入れると、混ざりやすく溶けやすい。

クレーム・ア・ピュイ・ダムールをつくって詰める

⑨パイケースにジュレ・ド・フランボワーズを入れ、フランボワーズを2〜3粒置く。
⑩ムラング・イタリエンヌをつくり、発酵生クリームを加えて製菓用ミキサーで泡立てる。
＊メレンゲと発酵生クリームは重さでなく体積ではかり、同量を合わせる。
⑪クレーム・パティシエールをつくり、バニラエッセンスと⑩を加えて混ぜ合わせ、クレーム・ア・ピュイ・ダムールをつくる。
⑫⑪のクリームを⑨の上にこんもりと絞り出し、冷やし固める。
⑬表面にグラニュー糖を振り、よく熱したカラメライザーcaraméliseurでカラメリゼする（→カラメリゼcaraméliser）。

Chausson napolitain
ショソン・ナポリタン

一般的なフランス風のショソンは、楕円形に抜いたフイユタージュに、りんごなど果物のコンポートをはさんで二つ折りにして焼くが、ナポリ風はイタリアのナポリ地方の名物菓子「スフォリアテッレ」をアレンジしたもの。ナポリではラードを使ってパイ生地をつくり、地元産のリコッタチーズに甘味をつけたものを詰めて焼き上げる。

＊chausson ショソン[m]　スリッパ。
＊napolitain ナポリタン[adj]　ナポリの。

ショソン・ナポリタン

材料　約16個分
フイユタージュ　基本配合×1/2　feuilletage
バター　90g　90 g de beurre
ガルニチュール　garniture
├ パータ・シュー　240g　240 g de pâte à choux（→p.160）
├ クレーム・パティシエール　160g　160 g de crème pâtissière（→p.40）
└ ラム酒漬けレーズン　80g　80 g de raisins secs macérés au rhum
粉砂糖　sucre glace
打ち粉（強力粉）　farine

下準備
バターは常温で柔らかくしておく。

生地にバターを塗って巻く
①フイユタージュを25×60cmの帯状にのばし（→アベセabaisser）、柔らかくしたバターを薄く、均一に塗り広げる。
＊短いほうの1辺（②で巻き終わりになるところ）は、バターを端まで塗らずに残しておく。
②手前から、空気を入れないように巻く。
③巻き終わりはバターがはみ出ないように、生地をしっかりくっつけてバターを包み込む。
④ラップで包み、冷蔵庫で充分に冷やし固める。
＊とい型gouttière（写真）などに入れると形がくずれない。

アパレイユをつくる
⑤クレーム・パティシエールを木杓子かゴムベラpalette en caoutchoucで混ぜてなめらかにし、パータ・シューを加えて混ぜる。

成形して焼く
⑥フイユタージュを1.5cm厚さの輪切りにする（16等分）。
＊ナイフに打ち粉をすると生地がくっつかず切りやすい。
⑦打ち粉をした作業台に、生地の切り口を上にして置き、麺棒で軽くたたいて円形に整える。さらに麺棒を用いて楕円形にのばす（長径16cm、短径10cm程度）。
⑧オーブンプレートに⑦を間隔をとって置き、のばした生地の半分に水を塗り、アパレイユを丸く絞り出す。ラム酒漬けレーズンを置く。
⑨生地を半分に折ってかぶせる。アパレイユの周りの生地を軽く押さえてはり合わせる。
⑩200℃に温めたオーブンで約30分焼く。焼き上がったら、網にのせて冷まし、粉砂糖を振る。

Feuilletage sucré
フユタージュ・スュクレ

左からパイエット・フランボワーズ、パピヨン、パルミエ、サクリスタン。

フイユタージュを折り込む工程で、打ち粉のかわりに砂糖を使って折り込んだ生地をフイユタージュ・シュクレという。それをいろいろな形に成形して焼いた、生地のもろさ、口溶け、おいしさを味わう菓子。

*sucré スュクレ[adj]　砂糖を加えた、甘い
*palmier パルミエ[m]　椰子（やし）
*papillon パピヨン[m]　蝶
*sacristain サクリスタン[m]　ねじりパイ（カトリックの用語で「聖具室（香部屋）の係」という意味）
*paillette パイエット[f]　スパンコール、薄片

フユタージュ・スュクレ

材料
フイユタージュ（三つ折り4回までしたもの）　feuilletage
- パルミエ　基本配合×1/2（でき上がり約35個分）
- パピヨン　基本配合×1/2（でき上がり約50個分）
- サクリスタン　基本配合×1/2（でき上がり30〜40個分）
- パイエット・フランボワーズ　基本配合×1/2（でき上がり約25個分）

グラニュー糖　sucre semoule
フランボワーズジャム　confiture de framboises

フランボワーズジャム
ラズベリージャム。普通は種が入っていて、フランボワーズの種はいちごの種より大きくて固く、口当たりのアクセントになる（→P.281）。

砂糖を折り込む

[パルミエ Palmier]

フイユタージュに砂糖を折り込む
①作業台の上にグラニュー糖を振り、三つ折り4回のフイユタージュをのばす。グラニュー糖をまぶしながら、三つ折りをあと2回行う（三つ折り計6回）。

パルミエ
①作業台にグラニュー糖を振って、準備したフイユタージュを長方形（30×40cm）にのばす（→アベセ abaisser）。両端を切り揃え、生地の表面に軽く水を塗る。
②生地の両端を1/6ずつ内側へ折って、手で軽く押さえてつける。
③さらに、もう一度中央へ向けて同じ長さだけ折り、手で押さえる。
④中央を麺棒で軽く押さえる。
⑤片側に水を塗り、半分に折り重ね、麺棒で軽く全体を押さえて密着させる。
＊生地が柔らかくなったら、冷凍庫で冷やし固める。砂糖が溶け出すと生地が柔らかくなり、うまく切ることができない。以下すべて同様。
⑥8mm幅に切り分ける。
⑦切り口を上にして、向きを交互に、オーブンプレートに間隔をあけて並べ、常温に戻るまで置く。200℃に温めたオーブンで焼き、縁が色づいたら、裏返してヘラでしっかり押さえ、さらに全体を色よく焼き上げる。
＊ハート形に大きくふくらむが、前後左右で生地の上下を互い違いに並べておくことで、くっつき合うことがない。

[パピヨン Papillon]

1
2
3
4
5
6
7

パピヨン

①作業台にグラニュー糖を振り、準備したフイユタージュを長方形（30×40cm）にのばして10cm幅に3等分する。
＊伸縮パイカッターに打ち粉（分量外）をして切るとよい。
②2枚の表面に接着用に軽く水を塗り、3枚を重ね合わせる。
③中央を細い棒で押さえてくぼみをつけ、さらに指でしっかり押さえてはり合わせ、冷凍庫で冷やし固める。
④長辺の合わせ目を切り揃える。
⑤8mm幅に切り分ける。
⑥くぼみ部分を軽く指で押さえて、1回ひねる。
⑦切り口を上にして、オーブンプレートに間隔をあけて並べ、200℃に温めたオーブンで焼く。縁が色づいたら、裏返してヘラで軽く押さえ、さらに全体を色よく焼き上げる。

伸縮パイカッター
roulette multicoupe
生地を一定の幅の帯状に、一度に数枚切り分けることができる。幅は調節できる。

[サクリスタン Sacristain]

1
2
3

サクリスタン

①作業台にグラニュー糖を振り、準備したフイユタージュを長方形（30×40cm）にのばし、1cm強の幅に切る。
＊伸縮パイカッターに打ち粉（分量外）をして切るとよい。
②両手で持って左右からねじる。
③オーブンプレートに並べ、両端をプレートにはりつけるように押さえて、200℃のオーブンで完全に焼き上げる。焼き上がったら粗熱をとり、適当な長さに切る。

[パイエット・フランブワーズ Paillette framboise]

1
2
3

パイエット・フランブワーズ

①作業台にグラニュー糖を振り、準備したフイユタージュを長方形（30×40cm）にのばす。10cm幅に3等分して、2枚の表面に軽く水を塗り、3枚を重ね合わせ、冷凍庫で冷やし固める。
②長辺を切り揃えて8cm幅の帯状に整え、8mm厚さに切り分ける。切り口を上にして、オーブンプレートに間隔をあけて並べ、200℃に温めたオーブンで焼く。
③焼き上がったら、フランブワーズジャムを塗って2枚ずつはり合わせる。

151

フイユタージュの応用
Feuilletage au chocolat
フユタージュ・オ・ショコラ

フイユタージュ・オ・ショコラ

フイユタージュにチョコレートの風味をつける場合は、バターにココアパウダーを混ぜ込み、これをデトランプに折り込む。
ココアパウダーのほかにも、粉末状の材料であれば、同様にして風味をつけることができ、コーヒー、フリーズドライにしたフルーツのパウダー、香草や香辛料などのパウダーなどが考えられる。バターと練り合わせるものをかえることで、生地そのものにバリエーションが生まれ、菓子創作の幅が広がるだろう。

材料　基本配合
デトランプ　détrempe
- 薄力粉　250 g　　250 g de farine
- 強力粉　250 g　　250 g de farine de gruau
- バター　70 g　　70 g de beurre
- 塩　10 g　　10 g de sel
- グラニュー糖　30 g　　30 g de sucre semoule
- 冷水　250㎖　　250 ㎖ d'eau froide

バター　400 g　　400 g de beurre
ココアパウダー　40g　　40 g de cacao en poudre
打ち粉（強力粉）　farine

下準備
・薄力粉と強力粉を合わせてふるう（→タミゼtamiser）。
・材料は冷やしておく。室温が高いときには、小麦粉も冷蔵庫で冷やす。

＊グラニュー糖は塩と一緒に水に溶かして加える。

1 普通のフイユタージュと同様にデトランプをつくり、冷蔵庫で休ませる（→p.129）。

2 少し固めのバター（400 g）に打ち粉をし、麺棒でたたいて中と外の固さを調節する。ココアパウダーを広げた上にバターを置き、カードを用いて、バターの中にココアパウダーを混ぜ込みながら練り合わせる。

＊柔らかくなりすぎたときは、冷蔵庫で冷やし固める。デトランプで包むときに、バターとデトランプは同じくらいの固さがよい。

3 1辺約20cmの正方形に手ばやく成形する。

＊バターをデトランプで包み込むときは、空気が入らないように注意する。

4　デトランプをバターより一回り大きい正方形にのばし、中央に3のバターを角をずらして置く。

5　デトランプの端を薄くのばしながらバターを包み込んではり合わせ、指でつまんでねじるようにしてしっかり閉じる。

6　麺棒で全体を軽くたたいて、生地とバターをなじませる。

7　普通のフィユタージュと同様に、バターがはみ出ないように、成形したバターの長さの3倍にのばし、三つ折り1回目を行う。

8　生地を90度回転させて、手前と向こう側を麺棒で押さえてくぼみをつけ、再びのばす。

9　2回目の三つ折りをする。

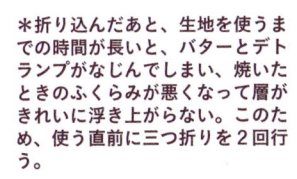

＊折り込んだあと、生地を使うまでの時間が長いと、バターとデトランプがなじんでしまい、焼いたときのふくらみが悪くなって層がきれいに浮き上がらない。このため、使う直前に三つ折りを2回行う。

10　三つ折り2回ごとに冷蔵庫で充分に休ませる。その都度、折った回数分の印を指で入れておく。使用する約1時間前に、三つ折り2回を行う。

153

Mille-feuille chocolat à la menthe
ミルフユ・ショコラ・ア・ラ・マーント

冷やし固めたあと、切り分けてココアパウダーを振り、ミントを飾って仕上げたもの。

チョコレート風味のフイユタージュにミント風味のクリームをはさんだミルフイユ。ミルフイユは、本来のフイユタージュ＋クレーム・パティシエールにいちごなど果物をはさんだり、クレーム・パティシエールにチョコレート、コーヒーなど風味をつけたり、いろいろなバリエーションが考えられる。
＊menthe マーント[f] ミント、薄荷

材料 幅9cm×長さ40cmのもの2台分
フイユタージュ・オ・ショコラ　基本分量×½　feuilletage au chocolat
クレーム・ア・ラ・マーント　crème à la menthe
- 牛乳　750㎖　750 ㎖ de lait
- ミントの葉　15g　15 g de feuilles de menthe
- 卵黄　180g　180 g de jaunes d'œufs
- グラニュー糖　225g　225 g de sucre semoule
- 薄力粉　45g　45 g de farine
- カスタードパウダー　45g　45 g de poudre à crème
- 板ゼラチン　9g　9 g de feuille de gélatine
- コワントロー　45㎖　45 ㎖ de Cointreau
- 生クリーム（乳脂肪分48％）　675㎖　675 ㎖ de crème fraîche

グラサージュ・ノワール　glaçage noir
- 生クリーム（乳脂肪分35％）　100㎖　100 ㎖ de crème fraîche
- 牛乳　125㎖　125 ㎖ de lait
- 水あめ　50g　50 g de glucose
- シロップ（水1：砂糖1）　125㎖　125 ㎖ de sirop
- パータ・グラセ　300g　300 g de pâte à glacer
- チョコレート（カカオ分66％）　100g　100 g de chocolat

アプリコットジャム　confiture d'abricots
ココアパウダー　cacao en poudre
チョコレート（飾り）　chocolat
パータ・グラセ・イヴォワール（飾り）　pâte à glacer ivoire
ミント（飾り）　menthe
※パータ・グラセ・イヴォワール　上掛け用ホワイトチョコレート

下準備
・板ゼラチンを氷水につけて戻し、湯煎（→バンマリ bain-marie）にかけて溶かす。
・クレーム・ア・ラ・マーントの薄力粉とカスタードパウダーを合わせてふるっておく（→タミゼ tamiser）。

生地を焼く
①フイユタージュ・オ・ショコラ（三つ折り6回）の半量を40×60cmのオーブンプレートより少し大きめの長方形にのばして（→アベセ abaisser）ピケする（→ピケ piquer）。水を塗ったオーブンプレートにのせ、冷蔵庫で約1時間休ませてから、はみ出た余分な生地を切り落とす（→エバルベ ébarber）。200℃に温めたオーブンで約30分焼く（途中で生地が浮き上がってきたら、網をのせて、ふくらみすぎないようにする）。こんがり焼き色がつき、中までしっかり焼けたら、網の上で冷ましておく。

クレーム・ア・ラ・マーントをつくる
②ミント風味のクレーム・パティシエールをつくる。鍋に牛乳とミントの葉を入れて中火にかける。沸騰したら火からはずし、蓋をしてしばらくそのまま置いて香りを移す（→アンフュゼ infuser）。
③卵黄を溶きほぐし、グラニュー糖を加えてすり混ぜ、白っぽくもったりするまで撹拌する（→ブランシール blanchir）。
④合わせてふるった薄力粉とカスタードパウダーを加え混ぜる。
⑤④に熱い②を加え混ぜる。
⑥漉し（→パセ passer）ながら鍋に戻す。

155

⑦中火にかけ、絶えず混ぜながら火を通す。沸騰して粘りが出てくるので、さらに混ぜながら火にかけて、さらっと流れ落ちる状態になり、つやが出るまでよく火を通す。
⑧バットに広げ、ラップを密着させておおい、氷にあてて一気に冷却する。
⑨ヘラで混ぜてなめらかなつやのある状態に戻し、コワントロー、溶かしたゼラチンを加えて混ぜる。
＊クリームを冷やしすぎて、溶かしたゼラチンを加えたときに固くしまった状態、もろついた状態になった場合は、湯煎にかけてなめらかな状態に戻す。
⑩生クリームを固くしっかり泡立て、⑨に加えて混ぜ合わせる。

組立てる
⑪フイユタージュを幅9cm、長さ40cmに切り分ける。クレーム・ア・ラ・マーントを絞り出す。
⑫フイユタージュとクリームを交互に重ねる（1台につき、フイユタージュ3枚）。
⑬3枚目のフイユタージュは平らな面を上にしてのせ、板を置いて軽く重しをし、側面を整えて、冷蔵庫で冷やし固める。
⑭上面に煮詰めた熱いアプリコットジャムを塗り、再度冷蔵庫で冷やし固める。
＊アプリコットジャムは、冷えて固まると手にくっつかない状態になるまで煮詰めて使う。

17 グラサージュをつくって仕上げる

⑮生クリーム、牛乳、水あめ、シロップを合わせ、絶えず混ぜながら火にかける。
⑯沸騰したら、刻んだパータ・グラセとチョコレートを加えて溶かす。
⑰絶えず混ぜながら、焦がさないように煮詰める。
⑱スプーンにつけて状態をみる。はじめはざらざらしてつやがない（写真18右端から）が、煮詰まるにつれ、つやのあるなめらかな状態に固まるようになる（写真18左端）。
⑲⑭に⑱の温かいグラサージュをかけ、湯煎で溶かしたパータ・グラセ・イヴォワール、チョコレート、ミントを飾る。

ミント
シソ科の香草。和名は薄荷［ハッカ］。種類が多いが、よく使うのはスペアミントとペパーミント。スペアミントは香りが比較的穏やかで、菓子やデザートの飾りによく用いる。ペパーミントは清涼感が強く、リキュール、ハーブティー、糖菓に用いる。緑の彩りを添える飾りとしては、セルフイユcerfeuil（英名チャービル）もよく用いられるようになった。セルフイユはセリ科の香草で、レースのような繊細な葉の形がきれい。風味が穏やかなので、ミントと違って口に入れても菓子の味に影響しない。

第 5 章
シュー生地の菓子
Pâte à choux

Choux à la crème
Choux en surprise
Pont-neuf
Paris-brest
Saint-honoré
Religieuse

パータ・シューについて

　パータ・シューは、焼成前に火を通す唯一の生地である。粘りのあるペースト状で、焼くとふくれ上がって中は空洞になる。これは、生地に含まれる水分が、中心部で水蒸気になって膨張して生地を押し広げ、生地に粘りがあるのでゴム風船のようにのびるためである。水蒸気が抜け切ったときには、生地もすっかり焼き固まって、中は空洞に保たれる。

　パータ・シューに糊のような粘りがあるのは、小麦粉に含まれるでんぷんが糊化（α化）しているためである。糊化とは、でんぷんが水を吸収して膨潤し、粘りのある状態になることだが、糊化するにはある一定の温度に達することが必要で（小麦粉でんぷんの場合は87℃以上）、パータ・シューを加熱してつくるのはこのためである。

　パータ・シューには二通りのつくり方がある。一つは、ソース・ベシャメルをつくる要領で、バターを加熱して溶かしたところに、小麦粉を加えて軽く炒め、水分を加えて粉を糊化させ、卵を加えるやり方だ。しかしこの方法は現在では見られなくなった。

　今では一般に、水とバターを合わせて沸騰させ、そこに小麦粉を加えて糊化させてから、卵を加えてつくられている。

　まったく甘味のない生地なので、甘いクリームを詰めて菓子にするだけでなく、小さく焼いたシューに、さまざまな料理を詰めたオードブルなどもよくつくられる。また、この生地は揚げて食べることもある。

基本の生地
Pâte à choux
パータ・シュゥ
パータ・シュー

材料 基本配合
水　200mℓ　200 mℓ d'eau
バター　90 g　90 g de beurre
塩　1つまみ（1 g）　1 pincée de sel
薄力粉　120 g　120 g de farine
卵　約200 g（約4個）　200 g d'œufs

※バターのかわりにショートニングやマーガリン、またサラダ油など液体の油でもよいが、風味の点でバターが一番優れている。

材料の役割
油脂
・生地に柔軟性を与える。
・必要以上のグルテンの形成を抑制する。
・油脂が入ることで焼成時に生地が高温になり、水分の気化が急激に起こってよくふくらむ。

小麦粉＋液体
・でんぷん＋水分→加熱→糊化したでんぷん粒
・たんぱく質＋水分→こねる→グルテン（生地に伸展性を与え、またふくらんだ形を保つ）

卵
・油脂と水分が混ざり合う生地の状態を卵黄の乳化作用で安定させる。
・グルテンの伸展性を高め、生地ののびを改善。
・生地の固さを調節する（柔らかくする）。
・熱を加えることによって凝固する。

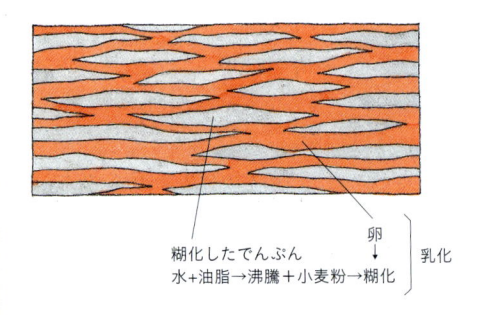

糊化したでんぷん
水＋油脂→沸騰→小麦粉→糊化
卵
乳化

下準備
・薄力粉をふるう（→タミゼtamiser）。
・バターは溶けやすいように常温に戻しておく。
・卵を常温に戻しておく。

1　鍋に水、細かく切ったバター、塩を入れて中火にかける。

＊油脂は、小麦粉のグルテンを、水や卵などほかの材料になめらかに溶け込ませる働きをして、口当たり、ふくらみ、生地ののびをよくする。そのためには次に粉を加えるときに、油脂は溶けて液体中に分散していなければならない。また、油脂が完全に溶けていない状態で粉を加えるとでんぷんの糊化が妨げられる。

2　バターが完全に溶け、液体が沸騰するまで加熱する。

3　沸騰したら火からおろし、薄力粉を一度に加えて、ダマができないように木杓子spatule en boisで全体をしっかり混ぜ合わせる。

＊粉のすべてに熱と水分を均等に伝え、含まれているでんぷんを充分に糊化する。

4　一かたまりになったら、中火にかけ、木杓子で生地を鍋肌に広げるように勢いよく混ぜながら余分な水分を飛ばし、生地によく火を通す。鍋底に生地の薄い膜がはりつくようになったら、火からはずす。

＊火にかけてしばらく混ぜ、粉に吸収されない余分な水分がなくなるように蒸発させるとともに、再加熱してでんぷんを完全に糊化する。（→デセシェdessécher）

5　生地をボウルに移し、温かいうちに溶きほぐした卵を少しずつ加え、しっかり混ぜ合わせる。

＊鍋から出したばかりの生地に卵を加えると、卵に火が通ってしまうことがあるので注意が必要だが、やや高温の状態のほうが、生地と卵のなじみがよい。
＊生地が冷めないように卵は室温にして使う。シュー生地は冷めると固くしまり、卵の入る量が少なくなってのびが悪くなる。

6　でき上がり。
できた生地はなるべく早く使う。時間がたつと糊化したでんぷんがもとの状態に戻ってしまい（老化）、ふくらみが悪くなる。焼くまで時間がかかるようなら、生地の表面に固く絞ったぬれ布巾をかぶせ、乾燥しないようにして常温に置いておく。

＊大きいシュー菓子をつくる場合は固めにし、小さい菓子ほど、加える卵の量を増やして柔らかめの生地にする。
＊低温、乾燥はでんぷんの老化を早める。

161

Choux à la crème
シュウ・ア・ラ・クレム

シュー生地は、ソース・ベシャメルなどのベースである、小麦粉をバターで炒めたルーから生まれたのではないかと考えられている。柔らかい生地を油で揚げると中が空洞になることは古くから知られており、現在シュー生地を揚げてつくられるbeignet soufflé（ベーニェ・スフレ）のようなものが、シューの先祖だったのではないだろうか。

16世紀はじめに、イタリアからフランス王に嫁いだカトリーヌ・ド・メディシスの料理人が、シュウ・ア・ラ・クレムを思わせる菓子をつくり出したとも言われるが、それは生地をオーブンで焼き、生焼けのうちにとり出して中身をくり抜き、そこにクリームを詰めたものだった。17世紀になると、生地をオーブンに入れ、中が空洞になるように焼き上げる、今のような形のシューがつくられていたことがわかっている。

＊chou シュゥ[m]　複数形 choux　キャベツ

材料

パータ・シュー　基本配合（直径6cmのもの25個分）　pâte à choux
ドリュール（全卵を溶きほぐして漉したもの）　dorure
バター（プレート用）　beurre
打ち粉（強力粉）　farine
＊シュー・ア・ラ・クレーム（20個分）　Choux à la crème
　┌ クレーム・パティシエール　基本配合　crème pâtissière（→p.40）
　└ 粉砂糖　sucre glace
＊シュー・ア・ラ・クレーム・シャンティイ（20個分）　Choux à la crème chantilly
　┌ クレーム・パティシエール　基本配合　crème pâtissière
　│ クレーム・シャンティイ　crème chantilly
　│　┌ 生クリーム　500ml　500 ml de crème fraîche
　└　└ 粉砂糖　40g　40 g de sucre glace
粉砂糖　sucre glace

下準備
- 絞り出し袋pocheを準備する（→p.45）。
- オーブンを200℃に温める。

パータ・シューを焼く
①オーブンプレートに薄く溶かしバターを塗り、強力粉を軽く振る。
＊バターは塗りすぎると焼き上がったときに底が浮いてしまう。
②直径13mmの丸口金をつけた絞り出し袋poche à douille unieにパータ・シューを入れ、直径6cmの円形になるように絞り出す。
＊パータ・シューの固さは用途によって異なるが、絞り出したときにその形を保っているくらいがよい。絞った生地が広がるようでは柔らかすぎ、よい形に焼き上がらない。また固すぎると、焼いている間の生地のふくらみが悪く、小さく固いシューになってしまう。
③絞った生地の表面に、生地の形を整えながら、ドリュールを塗り（→ドレdorer）、フォークにドリュールをつけて、生地の表面を軽く格子状に押さえて生地の形を整える。
＊プレートにドリュールが垂れると生地のふくらみが悪くなるので、生地の表面にだけ塗るように気をつける。またたくさん塗りすぎないこと。
④200℃に温めたオーブンで約35分、色よく焼き上げる。一般的には表面が色づいて充分に骨組み（組織）が形成されたら（焼きはじめて約20～25分後）、オーブンのダンパー（排気口）を開けて、さらによく焼成する。焼き上がったら網にとって冷ます。
＊オーブンの温度が低いと、充分にふくらまないので注意する。しかし温度が高すぎたり、オーブンの上火が強すぎると、ふくらむ前に生地が焼き固まり、中の水蒸気は生地のどこか弱い部分をつき破って出てしまって、形よくふくらまない。また、焼き方が足りないと、オーブンから出したあとにしぼんでしまう。
＊シューにしっかり火を通すと、組織がしっかりし、衛生上もよい。食べるときにシューはもろい食感になり、クリームと一体化しておいしい。

クリームを詰めて仕上げる
⑤シュー・ア・ラ・クレームは、焼き上がったシューに波刃の包丁couteau-scieで横から切り込みを入れる。
⑥クレーム・パティシエールを絞り入れ、粉砂糖を振る。
⑦シュー・ア・ラ・クレーム・シャンティイは、焼き上がったシューの上部を切り離し、クレーム・パティシエール、クレーム・シャンティイを順に絞り入れる。
⑧シューの上部をのせ、粉砂糖を振る。
＊クレーム・パティシエールには、好みで、グラン・マルニエやコワントローなどで、風味をつけてもよい。
＊クレーム・シャンティイは、ボウルを氷水にあて、生クリーム、粉砂糖を入れ、角が立つまで泡立てる（→フウェテfouetter）。絞り出すので、泡立て器fouetをゆっくり持ち上げたときに、クリームの先が少し曲がるぐらいの固さまで泡立てる。

＊口金は左右に動かさず、天板の1点に生地を絞り出すようにする。口金を垂直に少しずつ上へ持ち上げるようにして絞り出す。（→ドレセdresser）

生クリームの泡立て
フランス語で、泡立てた生クリームを、クレーム・フエテcrème fouettée、砂糖を加えて泡立てた生クリームは、クレーム・シャンティイcrème chantillyと言う。現在は一般的に生クリームの8％の砂糖を加える。
生クリーム中の乳脂肪は、粒子（脂肪球）の状態で水分となじんでいる。撹拌すると脂肪球同士がつながって空気をとり込み、とろみのついた状態で安定する。ただし、撹拌しすぎると、脂肪球の凝集が進んで水分と分離し、なめらかな状態は失われ、ぼそぼそになる。
生クリームはよく冷やしておき、泡立てている間も温度が上がらないように、必ず冷やしながら行う。常温の生クリームを泡立てると、乳脂肪が凝集しやすいので、分離しやすくなる（→p.24：生クリーム）。

Choux en surprise
シュウ・アン・スュルプリーズ

中身と違うもので外側をおおうなど、見た目からは想像がつかないような味や香りなどが楽しめる、意外性のある菓子や料理にスュルプリーズという名前がつけられる。いわゆる「パイシュー」で、フイユタージュでシュー生地を包んで焼いたもの。

＊surpriseスュルプリーズ [f]　驚き。
＊enアン　～の状態で、～でできた（材料）、～の形をした（形状）などの意味を表す前置詞。

材料　直径6cmのもの約20個分
フイユタージュ　基本配合×$\frac{1}{2}$　feuilletage（→p.128）
パータ・シュー　基本配合　pâte à choux
ドリュール（全卵を溶きほぐして漉したもの）　dorure
クレーム・ディプロマット　crème diplomate
[クレーム・パティシエール　基本配合　crème pâtissière（→p.40）
　生クリーム　500㎖　500 ㎖ de crème fraîche
アプリコットジャム　confiture d'abricots
フォンダン　fondant
シロップ（砂糖1：水1）　sirop
ピスタチオ（飾り）　pistaches

生地を焼く

①フイユタージュを2㎜厚さにのばし（→アベセ abaisser）、1辺9cmの正方形に切り分けて、オーブンプレートに並べる。直径13㎜の丸口金をつけた絞り出し袋にパータ・シューを入れ、フイユタージュの中央に直径5cmの円形に丸くこんもりと絞り出す（→ドレセ dresser）。
②ドリュールを塗る（→ドレ dorer）。
③パータ・シューを包むようにフイユタージュの四隅を合わせ、フイユタージュをパータ・シューにしっかりとくっつける。
④200℃に温めたオーブンで40〜45分、きれいに色づくまで焼く。焼き上がったら網にとって冷ます。

クリームをつくって詰める

⑤クレーム・パティシエールをなめらかでつやのある状態に戻し、固くしっかり泡立てた生クリーム crème fouettéeを加えてさっくりと混ぜ合わせる。
⑥クレーム・ディプロマットのでき上がり。
⑦④のシューの側面など、なるべく目立たない位置に穴をあける。
＊コルネ型cornetや箸などを利用して穴をあけるとよい。
⑧クレーム・ディプロマットを絞り入れる。
⑨煮詰めた熱いアプリコットジャムを塗り、そのまま室温で固める。
＊アプリコットジャムは、少量をステンレスの台などに落としてみて、冷えて固まると手にくっつかない状態になるまで煮詰め直して使う。
⑩フォンダンにシロップを加えて流れ落ちる固さに調節し、湯煎で人肌程度に温めて⑨に塗る。フォンダンが固まらないうちに、刻んだピスタチオを散らす。
＊シュルプリーズにかけるフォンダンは、薄くすき通った状態に仕上げたいので、ごく柔らかく流れ落ちる状態に調節する。

Pont-neuf
ポンヌフ

ポンヌフとはフランス語で「新橋」の意。パリのポンヌフは、セーヌ川に浮かぶシテ島を横切ってかけられている。表面にパイ生地を十文字にかけたところを、この橋とシテ島に見立て、名づけられたと言われる。

＊pont ポン［m］　橋。
＊neuf ヌフ［adj］　新しい。

材料 直径5cmのタルトレット型24個分
フイユタージュ（基本配合でつくったもの） ½量　feuilletage（→p.128）
ガルニチュール　garniture
　┌ パータ・シュー（基本配合でつくったもの）300g　300g de pâte à choux
　└ クレーム・パティシエール（基本配合でつくったもの）200g　200g de crème pâtissière（→p.40）
粉砂糖　sucre glace
ナパージュ・ルージュ　nappage rouge
打ち粉（強力粉）　farine

※ナパージュ・ルージュ　赤いナパージュ。グロゼイユ（赤すぐり→p.281）などからつくる。

1
2
3
4
5

6　**下準備**
・型に刷毛で水を塗っておく。

フイユタージュを型に敷き込む（→フォンセfoncer）
①フイユタージュを60×40cmぐらいにのばして（→アベabaisser）ピケする（→ピケpiquer）。
②麺棒に巻きとって、並べたタルトレット型moule à tarteletteの上に置く。
③軽く打ち粉をしてブラシで軽く押さえ、さらに丸めた生地で押さえて型に沿わせる。
＊型に押しつけるための生地は、切れ端を集めてまとめ直した二番生地rognure（分量外）を使う。
④麺棒2本を転がして余分な生地を切り（→エバルベébarber）、冷蔵庫でよくねかせる。

7　＊麺棒1本だと、型がひっくり返って、生地がきれいに切れない。

ガルニチュールをつくって詰める
⑤クレーム・パティシエールをなめらかに戻し、パータ・シューを加え混ぜ、型に絞り入れる（→ドレdresser）。
⑥フイユタージュの残りを5〜6mm幅に切って（→p.168）⑤の表面に十字にはりつける。200℃に温めたオーブンで約20分しっかり焼き、粗熱をとっておく。
⑦対角の面にナパージュ・ルージュを塗る。

8　＊ナパージュ・ルージュの色が薄ければ、グロゼイユまたはフランボワーズの生（または冷凍）のピューレを加えて色を調整する。
⑧ナパージュを塗った表面に型紙（→下図）をあてて、粉砂糖を振る。

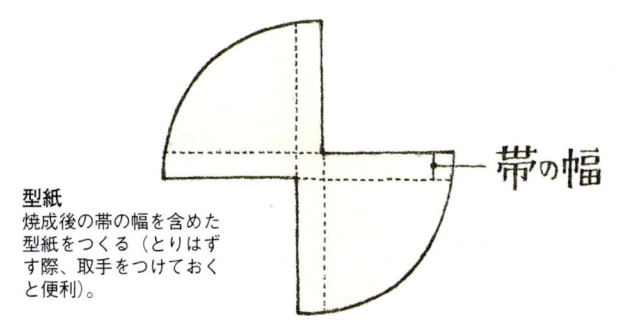

帯の幅

型紙
焼成後の帯の幅を含めた型紙をつくる（とりはずす際、取手をつけておくと便利）。

ポンヌフの帯のつくり方

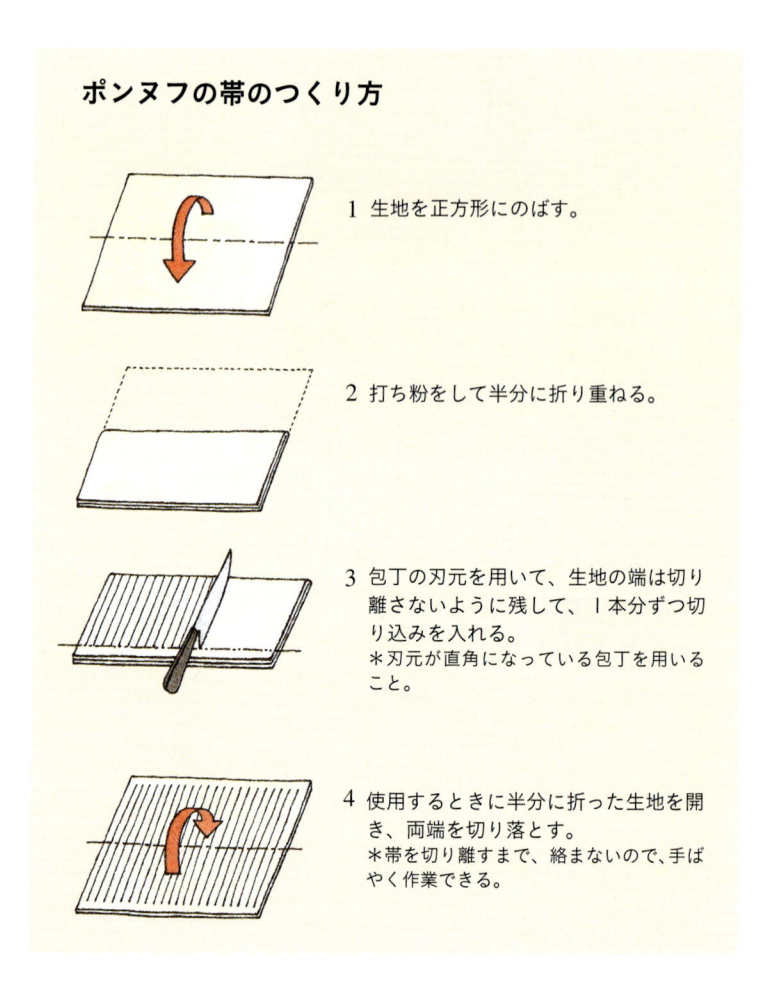

1 生地を正方形にのばす。

2 打ち粉をして半分に折り重ねる。

3 包丁の刃元を用いて、生地の端は切り離さないように残して、1本分ずつ切り込みを入れる。
＊刃元が直角になっている包丁を用いること。

4 使用するときに半分に折った生地を開き、両端を切り落とす。
＊帯を切り離すまで、絡まないので、手ばやく作業できる。

Paris-brest
パリブレスト

パータ・シューは、生地の固さを調節することや、いろいろな形に絞り出して焼き、組合わせることによって大きな製品に生まれかわる。パリブレストは、パータ・シューを大きな輪に絞り出して焼き、プラリネ入りのクリームをはさんだ菓子。フランスのパリと、ブルターニュ半島先端の港町Brest（ブレスト）の間で1891年に開催された自転車レースにちなみ、自転車の車輪に見立ててつくられたと言う。

パリブレスト

材料　直径21cmのもの2台分
パータ・シュー　基本配合　pâte à choux
ドリュール（全卵を溶きほぐして漉したもの）　dorure
アーモンドスライス　amandes effilées
クレーム・ムスリンヌ・オ・プラリネ　crème mousseline au praliné
┌ クレーム・パティシエール　基本配合×½　crème pâtissière（→p.40）
│ プラリネ　40 g　40 g de praliné
│ キルシュ　30㎖　30 ㎖ de kirsch
│ クレーム・オ・ブール　600 g　600 g de crème au beurre（→p.60）
│ ┌ バター　450 g　450 g de beurre
│ │ 卵白　120 g　120 g de blancs d'œufs
│ │ 水　70㎖　70 ㎖ d'eau
└ └ グラニュー糖　200 g　200 g de sucre semoule
粉砂糖　sucre glace
バター（プレート用）　beurre
打ち粉（強力粉）　farine

パータ・シューを焼く

①トゥルティエールtourtièreにバターを薄く塗り、直径21cmのヴォロヴァン型vol-au-ventの縁に強力粉をつけてあてがい、印をつける。
②印に沿って、パータ・シューをリング状に絞り出す（→ドレdresser）（直径20㎜の丸口金douille unie使用）。別のトゥルティエールに、同様にしてパータ・シューを一回り小さいリング状に絞る（中に詰めるシュー）。
＊形がくずれずきれいにふくらむように、絞り出したパータ・シューより一回り大きいセルクルcercle à entremetsを置いて焼いてもよい。セルクルには薄くバターを塗っておく。
③ドリュールを塗る（→ドレdorer）。
④表面にアーモンドスライスをのせ、180℃に温めたオーブンで約35分焼く。
＊きれいに色づき、側面を押しても固くしっかりしている状態に焼き上げる。小さいリング状のシューも同じオーブンで焼き上げる。

クレーム・ムスリンヌ・オ・プラリネをつくって詰める

⑤クレーム・パティシエールにプラリネを加えて混ぜる。
＊プラリネは大理石の台の上ですり混ぜてなめらかにしておく。市販されているプラリネは保存しているうちに表面に油分が浮いてくるので全体をよく混ぜ合わせてから使う。
⑥キルシュを加えて混ぜる。
⑦クレーム・オ・ブールをつくり、⑥に加える。
⑧焼き上がった大きいリング状のシューを横半分に切る。
⑨下のシューにクリームを星型の口金douille cannelée（10切れ・直径11㎜）で少量絞り出す。その上に一回り小さなリング状のシューを置き、シューが見えないように再度クリームをたっぷりと絞り出す。
⑩上のシューを重ね、粉砂糖を振る。

Saint-honoré
サントノレ

クレーム・ア・サントノレを絞り出した上に、クレーム・シャンティイをサントノレ用口金douille à saint-honoréを使って、花びらのような形に絞り出したもの。

菓子職人やパン職人の守護聖人、聖オノレに捧げた菓子だからこの名がついたとも、パリのサントノレ通りに菓子屋を開いていたシブースト（→p.14）の店で生まれたからとも言われる。クレーム・パティシエールにメレンゲを合わせて軽さを出したクレーム・ア・サントノレ（別名クレーム・シブースト）を使う。19世紀にこのクリームや菓子を実際に創作したのは、オーギュスト・ジュリアンであるともされている。

＊Saint-Honoréサントノレ　聖オノレ。6世紀のアミアンの司教。5月16日が祝祭日。（菓子名の場合小文字で表記する）

クレーム・ア・サントノレだけで仕上げたもの。

サントノレ

材料　直径21cmのもの2台分
パータ・フォンセ　基本配合　pâte à foncer（→p.90）
パータ・シュー　基本配合×1.5　pâte à choux
ドリュール（全卵を溶きほぐして漉したもの）　dorure
カラメル　caramel
- グラニュー糖　500g　500 g de sucre semoule
- 水あめ　100g　100 g de glucose
- 水　150mℓ　150 mℓ d'eau

クレーム・ア・サントノレ（クレーム・シブースト）　crème à saint-honoré（crème Chiboust）
- クレーム・パティシエール　crème pâtissière（→p.40）
  - 牛乳　250mℓ　250 mℓ de lait
  - バニラのさや　1本　1 gousse de vanille
  - 卵黄　120g　120 g de jaunes d'œufs
  - グラニュー糖　50g　50 g de sucre semoule
  - 薄力粉　25g　25 g de farine
- 板ゼラチン　10g　10 g de feuilles de gélatine
- キルシュ　50mℓ　50 mℓ de kirsch
- ムラング・イタリエンヌ　meringue italienne（→p.183）
  - 卵白　200g　200 g de blancs d'œuf
  - グラニュー糖　300g　300 g de sucre semoule
  - 水　100mℓ　100 mℓ d'eau

クレーム・シャンティイ　crème chantilly（→p.163）
- 生クリーム　300mℓ　300 mℓ de crème fraîche
- 粉砂糖　30g　30 g de sucre glace
- バニラシュガー　大さじ2　2 cuillerées à potage de sucre vanillé

ピスタチオ（薄切り、飾り）　pistaches
バター（プレート用）　beurre
打ち粉（強力粉）　farine

下準備
・板ゼラチンを氷水につけて柔らかく戻す。
・トゥルティエールtourtièreにバターを薄く塗る。
・オーブンプレートにバターを薄く塗り、強力粉を軽く振る。

パータ・シューを焼いて組立てる
①パータ・フォンセを2mm厚さにのばして（→アベセabaisser）ピケする（→ピケpiquer）。
②トゥルティエールにのせ、ヴォロヴァン型をあてて直径21cmに抜き、冷蔵庫でしばらく休ませる。
③ドリュールを全面に塗る（→ドレdorer）。
＊パータ・フォンセのかわりに、フイユタージュ（→p.128）の二番生地rognureを使ってもよい。パート・シュクレ、パート・サブレはもろいので、パータ・シューがふくらむときにパイ生地の表面が割れたり、裂けたりするので使わない。
④パータ・シューを直径9mmの丸口金をつけた絞り出し袋に入れ、パータ・フォンセの縁から5mm内側にリング状に絞り出す。
＊少し高い位置から生地を垂らすようにして、口金から出た生地の形がそのままきれいに出るように絞る。
⑤パータ・シューを中心から外側に向って渦巻き状に絞り出す。口金がパータ・フォンセに触れるくらい低く保ち、パータ・シューを押さえつけるように薄く絞る。200℃に温めたオーブンで45分焼く。
＊中央に絞るパータ・シューは、焼き上がったケースにクリームを詰めすぎないようにするため。
⑥オーブンプレートにパータ・シューを直径2cmの円形に絞り出す（→ドレセdresser）。

⑦パータ・シューの表面にドリュールを塗り（→ドレ dorer）、200℃に温めたオーブンで30分焼く。
⑧生地が焼き上がったら網の上に移して冷ましておく。その間に、カラメルをつくる。鍋に水を入れて火にかけ、水あめとグラニュー糖を加え、ブロンド色になるまで煮詰める。鍋を冷水につけて冷やし、カラメルの色と固さを調節する。
⑨オーブンプレートにピスタチオの薄切りを間隔を充分にあけて並べる。小さいシューの上部にカラメルをつけ、カラメルをつけた面を下にしてピスタチオの上におき、固まるまで置いておく。
⑩次に、シューの底にカラメルをつけて、⑤のリング状のシューに間隔をとりながらはりつける。

クレーム・ア・サントノレをつくる

⑪クレーム・パティシエールをつくり、火からおろしてすぐに、戻したゼラチンの水気を絞って加え、手早く混ぜて溶かす。キルシュを加えて混ぜる。クレーム・パティシエールと平行して、ムラング・イタリエンヌをつくる。ゼラチンを加えたクリームが熱いうちに、でき上がった温かいメレンゲの一部を加えてなじませる。
⑫それを残りのメレンゲに加えてざっくりと混ぜ合わせる。
＊ゼラチンを加えたクリームは冷めると固まり、ムラング・イタリエンヌと合わせると気泡がつぶれてしまう。クリームが熱く柔らかいうちに気泡をつぶさないようにきれいに混ぜる。
⑬⑩に⑫のクレーム・ア・サントノレを表面が平らになるように絞り入れ、冷やし固める。直径14mm程度の丸口金にV字の切り込み（およそ幅が円周の$\frac{1}{4}$、深さは口金の高さの$\frac{1}{2}$）があるサントノレ用口金でクレーム・シャンティイを絞り出す。
⑭さらにクレーム・シャンティイを星形の口金で絞り出して飾る。

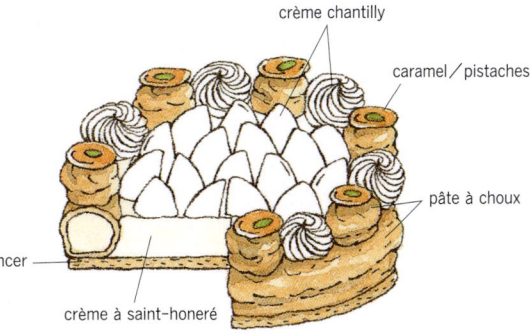

crème chantilly
caramel / pistaches
pâte à choux
pâte à foncer
crème à saint-honoré

Saint-honoré

バニラシュガー

バニラの香りをつけた砂糖。バニラのさやを粉砕したものをグラニュー糖と合わせたものと、バニラ香料で香りをつけたものがある。クレーム・パティシエールなどに使ったバニラのさやを乾かし、グラニュー糖の中に埋めておくか、またはフードプロセッサーで細かい粉末にしてグラニュー糖と混ぜ、バニラシュガーをつくることができる。香りづけには、バニラそのものを使うと自然な香りが得られて一番よいが、液体で抽出しなければならない。またバニラエッセンスは香りが強すぎたり、後味が残ることがある。その点、バニラシュガーをつくっておくと手軽に自然なバニラの香りが得られる。

Religieuse
ルリジューズ

ルリジューズは、チョコレート風味の黒いフォンダンをかけた大きいシューの上に小さいシューをのせたもので、その形と色合いが、修道女の姿を思わせることから名前がついた。中にはチョコレートかコーヒー風味のクレーム・パティシエールを詰める。本来の形は、このようにリング形とéclair(エクレール)のような形のシューを組立てたpièce montée(ピエス・モンテ)であったらしい。

*religieuse ルリジューズ[f] 修道女。
*éclair エクレール[m] エクレア。細長い棒状のシュウ・ア・ラ・クレムで、表面にチョコレートかコーヒー風味のフォンダンをかけ、中のクリームもそのいずれかの風味にしたもの。稲妻。
*pièce montée ピエス・モンテ[m] 結婚式、記念日などのテーマに合わせて、菓子や糖菓などを装飾的に組立てた大型の作品。

材料　直径18cm、高さ25cmのもの1台分
パータ・シュー　基本配合　pâte à choux
フォンダン・カフェ　fondant café
　┌ フォンダン　200 g　200 g de fondant
　├ コーヒーエッセンス　5㎖　5 ㎖ d'extrait de café
　└ シロップ（水1：グラニュー糖1）　20㎖　20 ㎖ de sirop
フォンダン・ショコラ　fondant chocolat
　┌ フォンダン　200 g　200 g de fondant
　├ カカオマス　50 g　50 g de pâte de cacao
　└ シロップ（水1：グラニュー糖1）　30㎖　30 ㎖ de sirop
ヌガティーヌ　nougatine
　┌ グラニュー糖　500 g　500 g de sucre semoule
　├ 水あめ　50 g　50 g de glucose
　└ アーモンドダイス　250 g　250 g d'amandes hachées
カラメル　caramel
　┌ グラニュー糖　1 kg　1 kg de sucre semoule
　├ 水あめ　200 g　200 g de glucose
　└ 水　300㎖　300 ㎖ d'eau
クレーム・オ・ブール・オ・カフェ　crème au beurre au café
　┌ クレーム・オ・ブール　300 g　300 g de crème au beurre（→p.60）
　├ インスタントコーヒー　10 g　10 g de café soluble
　└ 湯　10㎖　10 ㎖ d'eau chaude
クリーム　crème
　┌ クレーム・パティシエール（約620 g）　crème pâtissière（→p.40）
　│　┌ 牛乳　500㎖　500 ㎖ de lait
　│　├ バニラのさや　1本　1 gousse de vanille
　│　├ 卵黄　60 g　60 g de jaunes d'œufs
　│　├ グラニュー糖　125 g　125 g de sucre semoule
　│　├ カスタードパウダー　40 g　40 g de poudre à crème
　│　└ 薄力粉　10 g　10 g de farine
　├ 発酵生クリーム　500㎖　500 ㎖ de crème épaisse
　└ ムラング・イタリエンヌ　500㎖　500 ㎖ de meringue italienne
　　　┌ 卵白　125 g　125 g de blancs d'œufs
　　　├ 水　80㎖　80 ㎖ d'eau
　　　├ グラニュー糖　250 g　250 g de sucre semoule
　　　└ バニラエッセンス　少量　un peu d'extrait de vanille
フランボワーズ　250 g　250 g de framboises
バター（プレート用）　beurre
打ち粉（強力粉）　farine

フォンダンを準備する（フォンダンの基本的な扱い方→p.138、139）

・フォンダン・カフェ：フォンダンにシロップを加えてごくゆっくりと流れ落ちる程度の固さに調節し、湯煎で人肌程度に温める。コーヒーエッセンスを加えて、色と風味を整える。

・フォンダン・ショコラ：フォンダンに分量のシロップから20㎖を加えて柔らかくし、湯煎で人肌に温める。湯煎で溶かしたカカオマス（50℃程度）を加えてよく混ぜ合わせる。カカオマスによってフォンダンが固くしまるので、残りのシロップ10㎖を加え、適度な固さで人肌程度の温度になるように調節する。

＊フォンダンに風味をつけるカカオマスやコーヒーエッセンス（なければインスタントコーヒーを濃いめに溶いて使う）の量は目安なので、フォンダンの色や固さを見て調節する。

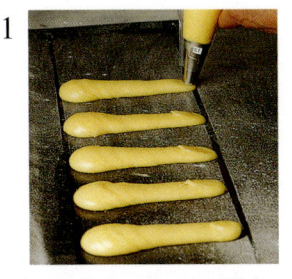

1

[生地を細長く絞り出す場合]
口金を斜めに45度程度に傾け、口金から出る生地をオーブンプレートにねかせるように絞り出す（→クシェcoucher）。
＊細長い棒状に絞り出して焼く→エクレールéclair（エクレア）

2

3

4

下準備
・フランボワーズは固く絞ったぬれ布巾で汚れを軽くぬぐう。

シューを焼いてフォンダンをつける
①オーブンプレートにバターを薄く塗って打ち粉を軽く振り、12cm幅で2本の印をつけ、パータ・シューを細長い涙形に14本絞り出す。
②別のオーブンプレートに直径13cmと9cmのリング形と、直径4cmの円形に絞り出す（→ドレセdresser）。
③200℃に温めたオーブンで約35分焼く。
＊絞り出した生地の大きさによって、焼成状態や焼き上がるまでの時間が異なるので、注意が必要。
④涙形のシュー半分と小さいリング形のシューの上面に、フォンダン・カフェをつける。残りのシューにフォンダン・ショコラをつけ、フォンダンが固まるまでそのまま置いておく。

ヌガティーヌの台をつくる

⑤銅鍋に水あめを入れて火にかけ、木杓子spatule en boisで混ぜながら溶かす。
⑥水あめが柔らかく溶けたらグラニュー糖を少しずつ加えて混ぜながら煮詰める。
⑦薄いカラメル色になったらオーブンで温めておいたアーモンドダイスを加えて混ぜる。
＊アーモンドをそのまま加えるとカラメルの温度が下がって固くなり、作業がしにくくなるので、アーモンドはあらかじめオーブンで温めておき、同時に余分な水分も飛ばす。
⑧大理石台にシルパットSilpatを敷いて⑦を広げる。
⑨固まりはじめたら三角パレットpalette triangleで全体が均一な固さになるように混ぜ合わせながら冷ます。
⑩操作しやすい固さになったら、金属製の麺棒（ヌガーローラーrouleau à nougat）で薄くのばす（→エタレétaler）。
⑪直径18cmのマンケ型manquéにはめ込んで形を整える。
⑫はみ出た部分を切りとる。
＊一連の操作のためすばやく行わないと固まってしまい失敗するので注意。
⑬冷やし固めて型からはずす。

発酵生クリーム

生クリームに乳酸菌を加えて低温で熟成させたもの。サワークリームほど発酵が進んでいないので酸味はごく穏やかだが、発酵による独特の風味を持ったこくのあるクリーム。濃度が高く半固形状になっている。加熱に強く、煮詰めて使うこともできる。牛乳を10～20％加えると泡立てやすい。乳脂肪分は製品により異なるが、日本のメーカーでは35～40％のものを製造している。フランスでは、一般的な液状の生クリームと区別してクレム・エペスcrème épaisse、クレム・ドゥーブルcrème doubleと呼ばれる。

カラメルを準備する
鍋に水、グラニュー糖、水あめを入れ、煮詰めて色づける。鍋を冷水につけて冷やし、カラメルの色と固さを調節する。

クリームを準備する
◎クレーム・オ・ブール・オ・カフェ：クレーム・オ・ブールをつくり、インスタントコーヒーを湯に溶かして加え混ぜる。

◎中央に詰めるクリーム：ムラング・イタリエンヌをつくり、発酵生クリームを加えて製菓用ミキサーmélangeurで泡立てる（→フウェテfouetter）。これとバニラエッセンスを柔らかく戻したクレーム・パティシエールに加えて混ぜ合わせる。

組立てる
⑭ヌガティーヌの中心に瓶を置く。涙形のシューの太いほうの端にカラメルをつけ、ヌガティーヌに接着しながら並べる。
⑮シューの高さを切り揃え、カラメルで固定して瓶をはずす。
⑯〜⑰クリームとフランボワーズを交互に詰める。
⑱シューの間にクレーム・オ・ブール・オ・カフェを絞り出す。
⑲リング形のシューをのせる。
⑳クレーム・オ・ブール・オ・カフェで飾る。
㉑最後に円形のシューをのせ、同様に飾って仕上げる。

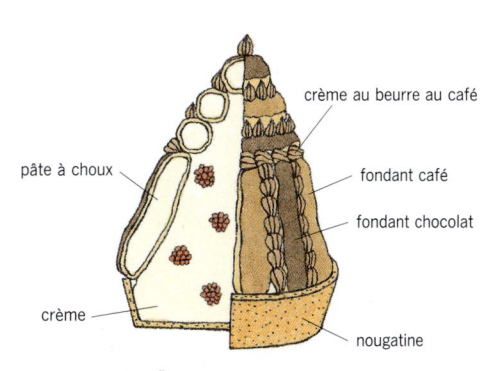

crème au beurre au café
fondant café
fondant chocolat
pâte à choux
crème
nougatine

Religieuse

第6章
メレンゲの菓子
Meringue

Meringue française
Meringue suisse
Meringue italienne
Mont-blanc
Sévigné
Bitter
Succès praliné
Macaron aux framboises
Tarte aux marrons et poires
Gâteau Marjolaine

メレンゲについて

メレンゲは、卵白に砂糖を加えて泡立てたもので、生地の状態でも、乾燥焼きしたものも、通常メレンゲと呼ぶ。卵白は、水よりも表面張力が弱いため撹拌するとよく空気を含み、また空気に触れると卵白の主成分であるたんぱく質が変性して分子がつながって膜状になり、気泡を抱き込み、泡立った状態が保たれる（→p.20：卵白の起泡性）。

卵白は粘りが少ないほど泡立ちやすいが、粗い気泡ができる。反対に、こしと粘りがあるほど泡立ちにくいが、きめ細かく安定した泡ができる。

砂糖は、卵白の水分を吸収して気泡を安定させる働きがある。砂糖を加えることで粘りが出て、卵白は泡立ちにくくなるが、きめ細かく、安定のよい気泡になる。

メレンゲは、卵や周囲の温度、泡立て方（機械を使うかどうかなど）、砂糖を加える量とタイミングによって、泡のきめ、つや、こし、弾力がどう変化するかをよく観察しながら求める質感を得る。一般に、砂糖を早い段階で多く加えると、気泡が細かく、安定して弾力のあるメレンゲになり、焼くと粘りがあり、外はかりっと、中はしっとりという差が出やすい。砂糖の量を減らしたり、あるいはできるだけあとから加えると、気泡が粗く、やや不安定だが、焼いたときに粘りが出にくく、もろく口溶けのよいものになる。

	泡立ちにくい	泡立ちやすい
粘り	強い	弱い
温度	低い（冷蔵）	高い（常温）
鮮度	新しい	古い
砂糖	砂糖をはじめから加える 多量に加える	砂糖の量を減らす なるべく後から加える

＊温度：温度が高くなると表面張力が弱くなる＝こしが抜ける。
＊鮮度：新しい卵ほど濃厚卵白（粘りが強い）が多く、鮮度が落ちるにつれて水様卵白（さらっとしている）が多くなる（→p.20）。
＊砂糖：砂糖は卵白の粘度を増し、たんぱく質の変性を抑える。

卵白を泡立てるときの注意

・油脂は卵白の泡立ちを妨げるので、ボウルや泡立て器は油気が残らないようにきれいに洗って、完全に乾燥させたものを用いる。
・卵白と卵黄を分けるとき、卵白には卵黄が混ざらないように注意する（卵黄は油脂を含むため、泡立ちを悪くする）。
・製菓用ミキサーmélangeurを使う場合、泡立てる力が強いので、最初から砂糖を加えて泡立ちを抑え、きめ細かく安定した気泡をつくる。
・手で泡立てる場合、最初から砂糖を加えると泡立ちにくいので、まず砂糖を加えずに泡立て、少しずつ加えていく。

Meringue française (meringue ordinaire)
ムラング・フランセーズ（ムラング・オルディネール）

フレンチメレンゲ。卵白に砂糖を加えて泡立てる基本的な製法のメレンゲ。砂糖の割合が高いが、卵白にほぼ同量の砂糖を加えて泡立て、しっかり泡立ってからさらに砂糖をあとから切り混ぜることで、粘りが強くならず、軽くもろい状態に焼き上がる。ややきめが粗く、口当たりや口溶けが一番よい。
乾燥焼きしてクリームやアイスクリームと組合わせ、冷菓、氷菓の土台としてよく用いられる。
＊français フランセ（女性形françaiseフランセーズ）［adj］ フランス風の。
＊ordinaire オルディネール［adj］ 普通の。

材料　基本配合
卵白　　　　180 g　　180 g de blancs d'œufs
グラニュー糖　180 g　　180 g de sucre semoule
グラニュー糖　180 g　　180 g de sucre semoule

1　きれいに洗い、水気や油気のついていないボウルに卵白とグラニュー糖の一部を入れてほぐし、泡立てる（→フウェテfouetter）。

＊卵黄が入らないように注意する。卵黄には油脂が含まれるので、卵白を泡立てる妨げになる。
＊メレンゲの粘りや気泡の状態（きめ）が問題でなければ最初に卵白と同量のグラニュー糖を全て加えて泡立てることも可能。

2　残りのグラニュー糖を180 gまで（卵白と同量まで）加えて泡立てる。

3　しっかりと角が立つ状態になったら、泡立器fouetで全体を力強くすり混ぜ、きめを細かく揃え、こしがあり、光沢のある状態に仕上げる（→セレserrer）。

4　さらにグラニュー糖180 gを加え、ゴムベラpalette en caoutchoucでさっくりと切り混ぜる。口金をつけた絞り出し袋poche à douilleに詰めて好みの形に絞り、低温（90〜120℃）のオーブンで乾燥焼きする。

＊残りの砂糖を加えると光沢は悪くなり、ざらついた感じになる。

Meringue suisse (meringue sur le feu)
ムラング・スイス（ムラング・シュール・ル・フ）

スイスメレンゲ。卵白に砂糖を加え、卵白にほぼ倍量の砂糖を加えて、湯煎で温めてから泡立てる製法のメレンゲ。粘り、こしが一番強く、乾燥焼きすると、きめ細かくつやがあり、形がくずれない。固くかりかりした歯ごたえがあり、ムラング・フランセーズのようにもろくない。ケーキの土台にも適している。また、着色して人形などいろいろな形をつくり、乾燥焼きして装飾に用いる。

＊suisse スュイス[adj]　スイス風の。
＊sur le feu スュール・ル・フ　火の上、火にかけた。

材料　基本配合
卵白　180 g　　180 g de blancs d'œufs
グラニュー糖　360 g　　360 g de sucre semoule

1. きれいに洗い、水気や油気のついていないボウルに卵白を割り入れて軽くほぐし、グラニュー糖を加え混ぜる。

2. 湯煎にかけ、泡立器で混ぜながら、40～50℃に温める。はじめはすくうと泡立器に膜がはるが（写真）、温めるとこしが抜けてさらさらした状態になる。

＊ここではあまりほぐさない。泡立器に膜がやっとはるくらいの粘りになるまで温める。

3. 泡立器に膜がはらなくなればよい。（人肌程度に温まった状態）

4. グラニュー糖が溶けて卵白となじんだら湯煎からはずし、粗熱がとれるまで力強く泡立てる（→フウェテfouetter）。

5. セレして（→セレserrer）固くきめ細かい状態に仕上げる。口金をつけた絞り出し袋に詰めて好みの形に絞り、低温（90～120℃）のオーブンで乾燥焼きする。

＊光沢があり、しっかり角ができる。
＊すでに卵白にしっかりしたこしができているので、はじめから高速で泡立ててよい（卵白と砂糖が完全になじんだ状態になっているため、たんぱく質の変性を妨げる）。

Meringue italienne
ムラング・イタリエンヌ

イタリアンメレンゲ。卵白の倍量に近い砂糖に水を加えて煮詰め、シロップ（約120℃）にする。卵白を泡立てながらその熱いシロップを加える製法のメレンゲ。高温のシロップを加えるため、雑菌を殺すことになり、衛生面でも安全。
クレーム・オ・ブールやムース、ソルベのベースに使われ、口当たりを軽くし、甘みを調節する。そのため基本配合は目安であり、組合わせるものによって配合をかえてつくられる。またケーキの表面に塗ったり、絞り出して表面を焼いて仕上げる場合に用いるが、このメレンゲだけを乾燥焼きして菓子に使うことはほとんどない。
＊italienイタリアン（女性形italienne　イタリエンヌ）[adj]　イタリア風の。

材料　基本配合
卵白　180 g　　180 g de blancs d'œufs
グラニュー糖　30 g　　30 g de sucre semoule
シロップ　sirop
┌ 水　100mℓ　　100 mℓ d'eau
└ グラニュー糖　330 g　　330 g de sucre semoule

＊卵白は、泡立てすぎると離水する（卵白に含まれていた水分が外に流れ出すこと。気泡の膜が乾燥してもろくなり、弾性を失って気泡が壊れやすくなる）。また泡立てて放置しておくと気泡はつぶれていく。そのため、シロップが煮詰まるタイミングに合わせて卵白を泡立てていく。

1 きれいに洗い、水気や油気のついていないボウルに卵白を割り入れてほぐし、軽く泡立てる（→フウェテfouetter）。

＊卵白の量が少ない場合、シロップがなじまないことがあるのでシロップを煮詰める温度を低めにする。またシロップの量に対して大きすぎる鍋を使うと、シロップが鍋肌にこびりついて固まってしまう。卵白の量が多い場合は、シロップの温度が下がって泡立ちが悪くなったりするので、シロップを煮詰める温度は高めにする。

2 鍋に水とグラニュー糖を入れ、火にかけて110〜120℃に煮詰める（煮詰める温度は、つくる量や使用する器具の大きさによって調節する）。シロップが沸騰すると鍋肌にとんで焦げることがあるので、水で濡らした刷毛pinceauを用意しておき、鍋肌を洗い流せるようにしておく。

＊ボウルや卵白が冷たいと、シロップが冷えて固まってしまう場合があるので、冷蔵庫に入れてあった卵やボウルは使わないほうがよい。

3 軽く泡立った1の卵白に、2の熱いシロップを少しずつボウルの内側をつたうように加えながら泡立てる。

＊シロップを加えたあとは、メレンゲの状態を見ながらよい状態に泡立てること（製菓用ミキサーの高速で撹拌し続けないほうがよい）。泡立ちすぎるとこしがなくなり、もろついたボリュームのない状態になってしまう。逆に泡立てが弱すぎると、粘ったボリュームのないメレンゲになり、場合によっては液状に戻ってしまう。

4 粗熱がとれるまでよく泡立て、セレする（→セレserrer）。きめ細かく光沢があり、適度な粘りと弾力があるメレンゲができる。

183

Mont-blanc
モンブラン

メレンゲを台にして、クレーム・シャンティイと茶色いクレーム・オ・マロンをこんもり盛り上げたもの。フランスでは、デザート（冷菓）に分類されることもある。アルプス山脈をはさんで、フランスのサヴォワ地方とイタリアのピエモンテ州などで、甘い栗のペーストに泡立てた生クリームを添えて食べていたものが、洗練されて現在パリの菓子店で見られるモンブランができたのではないかと思われる。1903年創業のパリの菓子店Angelina（アンジェリーナ）では創業当時からモンブランがつくられていたと言う。日本では、昭和のはじめに、クレーム・パティシエールなどを詰めたカップケーキを土台に、栗の甘露煮でつくった黄色いクリームで仕上げたモンブランが同名を冠した菓子店で売り出され、日本独自の形で広まった。

＊mont-blanc モンブラン［m］　菓子の名前。直訳すると白い山の意。アルプス山脈の最高峰モンブランle mont Blancにちなむとも言う。

材料　直径8cmのもの　約25個分
ビスキュイ・ジョコンド（5mm厚さに焼いたもの）　biscuit Joconde（→p.69）
ムラング・フランセーズ（約60個分）　meringue française
- 卵白　250g　　250 g de blancs d'œufs
- グラニュー糖　200g　　200 g de sucre semoule
- コーンスターチ　30g　　30 g de fécule de maïs
- グラニュー糖　260g　　260 g de sucre semoule

クレーム・シャンティイ　crème chantilly（→p.163）
- 生クリーム（乳脂肪分48％）500mℓ　500 mℓ de crème fraîche
- 粉砂糖　50g　　50 g de sucre glace

クレーム・オ・マロン　crème au marron
- パート・ド・マロン　1kg　　1 kg de pâte de marron
- ラム酒　125mℓ　　125 mℓ de rhum
- バター　375g　　375 g de beurre

パータ・グラセ　pâte à glacer
粉砂糖　sucre glace
木の葉形に焼いたパータ・シュー（飾り）　pâte à choux
栗の形のパート・ド・マロン（飾り）　pâte de marron

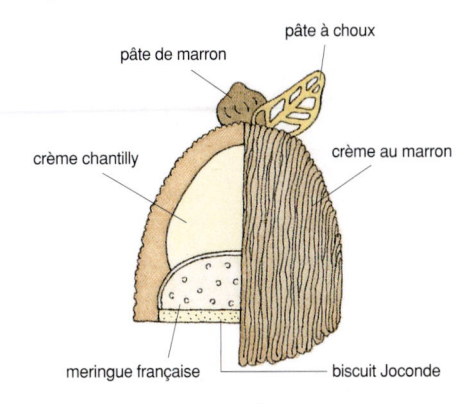

Mont-blanc

下準備
・バターはクリーム状に柔らかくしておく。

ムラング・フランセーズをつくる
①コーンスターチ30gとグラニュー糖260gを混ぜ合わせてふるう（→タミゼtamiser）。
②卵白にまずグラニュー糖200gのうち1/3を加えほぐし、泡立てる（→フウェテfouetter）。残りのグラニュー糖は泡立てる過程の早い段階で加え、つやのあるメレンゲをつくる。
＊つやがあるほど、焼き上がりの乾燥メレンゲは固くしっかりできる。
③ふるったコーンスターチとグラニュー糖を加え、泡をつぶさないようにヘラで切るように混ぜる。
＊コーンスターチが入っているので、よりしっかりしたメレンゲに焼き上がる。
オーブンプレートに紙を敷き、直径15mmの丸口金douille unieで直径6cmのドーム状に絞り出す（→ドレセdresser）。
＊平らに円盤形に絞ってもよいが、その場合、クリームの量が上記より多く必要になる。
④120℃のオーブンで2～3時間、少し色づくまで焼く。完全に乾燥し、メレンゲが焼き上がったら冷まし、乾燥剤を入れた密閉容器で保存する。
＊下火の熱が伝わりやすいので、均等に熱が加わるようにプレートを2～3枚重ねて焼く。
＊100℃のオーブンに入れて熱源を落とし、一晩置いてもよい。

組立てる
⑤ビスキュイ・ジョコンドは④のメレンゲより一回り小さく抜いておく。乾燥メレンゲに、パータ・グラセをかけてビスキュイ・ジョコンドの上に置く。
＊クリームの水分でメレンゲが溶けるのを防ぐため、パータ・グラセでコーティングする。

クレーム・シャンティイを絞る
⑥生クリームに粉砂糖を加え、ボウルに氷をあてて冷やしながら固くしっかり泡立てる。⑤のパータ・グラセが固まったら、クレーム・シャンティイを直径20mmの口金を使ってこんもりと絞り出す。

クレーム・オ・マロンを絞り出す

⑦パート・ド・マロンにラム酒を加え、柔らかくしたバターを加え、製菓用ミキサーmélangeurで撹拌してなめらかにする。
⑧クレーム・オ・マロンのでき上がり。
⑨クレーム・オ・マロンをモンブラン用の口金をつけた絞り出し袋に詰め、細く絞り出してクレーム・シャンティイをおおう。
⑩⑨を冷蔵庫で冷やし固める。表面に粉砂糖を振りかけ、抜き型emport-pièceでまわりにはみ出した余分なクリームの部分を切り落とし、ケースにとって飾りをのせる。パート・ド・マロンで形づくった栗は下部にパータ・グラセを少量つけて安定させる。

栗

ブナ科。フランス語でマロンmarronまたはシャテーニュchâtaigne。栗の木はシャテニエchâtaignierと言う。マロンは、とくに一つのいがの中に実が1個しか入っていなくて形のよい高級品種を指す場合もあり、これはマロン・グラッセに使われる。ヨーロッパで栽培されているのはヨーロッパグリで、ニホングリより総じて小粒で、果肉が割れにくく、渋皮が離れやすく、手できれいにむくことができる。

かつて栗は、小麦粉が充分につくれない山岳地などでは、主要な食糧になっていたこともあり、現在でもコルス（コルシカ）や中央山塊地方には、栗のスープや粉にして粥状に煮た料理、栗の粉を使ったパンや菓子が残っている。フランスでは、アルデーシュ県、ロゼール県、ドルドーニュ県、コルス（コルシカ）が主産地。

マロン・グラッセ（栗の砂糖漬け）
質のよい大粒の栗（マロン）の鬼皮、渋皮をとり除いて柔らかくゆで、はじめは薄いシロップに漬け、栗をいったんとり出してシロップだけを少し煮詰め、栗を戻してまた漬けておくという操作をくり返し、徐々にシロップの濃度を高めながら栗にしみこませる。でき上がるまで最低でも5日〜1週間かかる。最後に濃い糖液をかけて乾かすので、表面に砂糖が白く固まっているのが特徴。

マロン・オ・シロ（栗のシロップ漬け）
栗のシロップ漬け缶詰。栗の缶詰には、ほかに水煮缶詰（マロン・オ・ナチュレルmarron au naturel）もある。日本の甘露煮のように着色していないので、茶色い。

ピュレ・ド・マロン（栗のピューレ）
無糖の栗のピューレ。栗を蒸して渋皮ごと果肉をつぶしたもの。開封後は日持ちがしない。

クレーム・ド・マロン（マロンクリーム）
栗のピューレに砂糖、バニラを加えて、柔らかくなめらかなペースト状にしたもの。糖度が高い（40〜45％）。そのままでも食べられる。

パート・ド・マロン（栗のペースト）
栗のペースト。蒸すなどの方法で加熱した果肉をつぶして砂糖を加え、バニラの風味をつけたもの。シロップ漬けにした栗をつぶした製品もある。クレーム・ド・マロンより固めで甘さ、香りも控えめなので生クリームなどと合わせるときに用いる。

モンブラン用の口金
(douille à nid, douille à vermicelle)

マロン・オ・シロ
栗のシロップ漬け缶詰。栗の缶詰には、ほかに水煮缶詰（マロン・オ・ナチュレル）もある。

写真左からクレーム・ド・マロン、パート・ド・マロン、ピュレ・ド・マロン

Sévigné
セヴィニェ

ムラング・フランセーズを応用したこの菓子独特の生地を用いてつくる。名前は、17世紀のフランス宮廷文化の花形の一人であったセヴィニェ夫人にちなんでいる。

＊Sévigné セヴィニェ［人名］　Madame de SévignéまたはMarquise de Sévigné（1626〜1696）。17世紀フランスの貴族。当時、女主人の部屋、サロン salonに貴族や文化人が集い、自由な交流が行われた。そうしたサロンを主催する女性の一人で、娘へ宛てた書簡で有名。当時のパリの様子を書き送った手紙には、シャンティイ城でコンデ公が催した宴会の費用や、そのときの料理人ヴァテールの死のいきさつについても書かれている。

セヴィニェ

材料　直径5cmのもの25個分
パータ・セヴィニェ　pâte à sévigné
┌ ムラング・フランセーズ　meringue française
│ ┌ 卵白　250g　250g de blancs d'œufs
│ │ グラニュー糖　90g　90g de sucre semoule
│ └ グラニュー糖　160g　160g de sucre semoule
│ タン・プール・タン・ブリュット（少し粗めのもの）200g　200g de T.P.T. brut
└ 牛乳　50mℓ　50mℓ de lait
クレーム・オ・ブール・オ・プラリネ　crème au beurre au praliné
┌ パータ・ボンブ　pâte à bombe
│ ┌ 卵黄　120g　120g de jaunes d'œufs
│ │ グラニュー糖　200g　200g de sucre semoule
│ └ 水　70mℓ　70mℓ d'eau
│ バター　450g　450g de beurre
└ プラリネ　100g　100g de praliné
粉砂糖　sucre glace

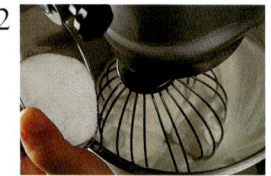

下準備
・バターは室温で柔らかくしておく。

ムラング・フランセーズをつくる
①きれいに洗い、水気や油気のついていないボウルに卵白を入れ、グラニュー糖90gの一部を加える。溶きほぐして泡立てる（→フウェテfouetter）。
＊卵黄が入らないように注意する。卵黄には油脂が含まれるので、卵白を泡立てる妨げになる。
②①で使った残りのグラニュー糖を加えて、しっかりと角が立つ状態まで泡立てる。
③仕上げに泡立て器で全体を力強くすり混ぜ、きめを細かく揃え、こしがあり、光沢のある状態にする（→セレserrer）。
④さらにグラニュー糖160gを加え、ゴムベラでさっくりと切り混ぜる。

パータ・セヴィニェをつくって焼く
⑤ボウルにタン・プール・タン・ブリュットを入れ、牛乳を表面全体に振りかける。
⑥メレンゲの一部を加えて全体になじませる。
⑦なじんだら残りのメレンゲを加えて混ぜる。
⑧⑦を直径16mmの丸口金をつけた絞り出し袋poche à douille unieで直径5cmの円形にこんもりと50個絞り出す（→ドレセdresser）。
⑨表面に粉砂糖を振りかける。
⑩130℃に温めたオーブンで約2時間、パータ・セヴィニェの中心までしっかりと乾燥焼きする。焼き上がったら冷まし、乾燥剤を入れて密閉しておく。
＊外側はすぐに焼き固まるが、中の生地が焼けていないと冷めたときに沈んでしまうので中までしっかり乾燥させる。
＊粘りの強いメレンゲをつくると、乾燥焼きしたあと、空洞ができてしまう場合がある（下の写真右側）。

クレーム・オ・ブール・オ・プラリネをつくる

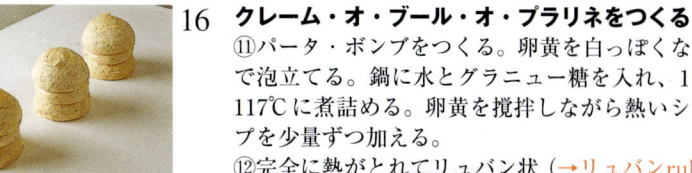

⑪パータ・ボンブをつくる。卵黄を白っぽくなるまで泡立てる。鍋に水とグラニュー糖を入れ、115～117℃に煮詰める。卵黄を撹拌しながら熱いシロップを少量ずつ加える。

⑫完全に熱がとれてリュバン状（→リュバンruban）になるまでしっかり泡立てる。パータ・ボンブのでき上がり。

⑬バターをクリーム状に柔らかくし、⑫に少しずつ加えて混ぜ合わせ、クレーム・オ・ブールをつくる。

⑭柔らかく練ったプラリネをクレーム・オ・ブールに加えて混ぜ合わせる。

⑮クレーム・オ・ブール・オ・プラリネのでき上がり。

組立てる

⑯クレーム・オ・ブール・オ・プラリネを直径13mmの丸口金を使って、⑩の上に絞り出す。その上にもう一つ⑩をのせる。

⑰側面にパレットナイフpaletteでクレーム・オ・ブール・オ・プラリネを塗る。
＊2個ずつ重ねた隙間を埋めるように塗る。上面には塗らない。

⑱側面に焼いたパータ・セヴィニエのくずをつける。
＊⑩のうち形の悪いものや余ったものを細かく刻んで使用する。

⑲上面に粉砂糖を振る。

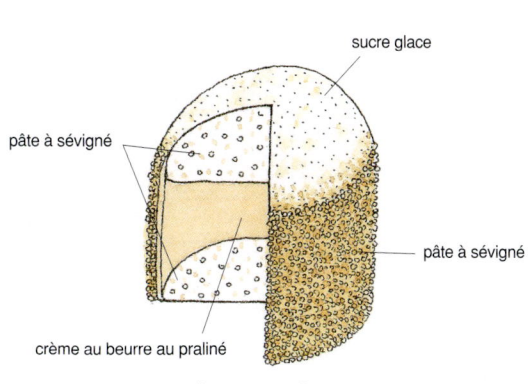

Sévigné

Bitter
ビテール

ムラング・スイスの応用で、ココアパウダーを加えたチョコレート風味のメレンゲ、ムラング・オ・ショコラをつくる。メレンゲとムースがなじんで一体化した食感が特徴。ムースに苦味の強いチョコレートを使い、全体にほろ苦さを生かした。フランス語で苦いはamer(アメール)だが、菓子名として外来語のbitterを「苦い」という意味で用い、特徴を表している。

＊bitterビテール[m] 苦味酒、ビターズ（カンパリ、アンゴスチュラビターズなどの苦味の強いリキュールの総称）。

材料　直径21cmの円形2台分
ムラング・オ・ショコラ　meringue au chocolat
├ムラング・スイス　meringue suisse
│├卵白　400g　400g de blancs d'œufs
│└グラニュー糖　750g　750g de sucre semoule
├グラニュー糖　100g　100g de sucre semoule
└ココアパウダー　90g　90g de cacao en poudre
ムース・オ・ショコラ　mousse au chocolat
├パータ・ボンブ　pâte à bombe
│├卵黄　95g　95g de jaunes d'œufs
│├シロップ（ボーメ30度）155g　155g de sirop à 30°B
│└ビターチョコレート（カカオ分61%）300g　300g de chocolat amer
└生クリーム（乳脂肪分38%）600㎖　600㎖ de crème fraîche
ココアパウダー　cacao en poudre
チョコレートのメダル（飾り）　médaillon de chocolat

※ボーメ30度　水500㎖に砂糖630gを加えて沸騰させて冷やしたシロップ。水1に対して砂糖1で
つくったシロップを使用することもできる（→p.275：糖度の測り方）。

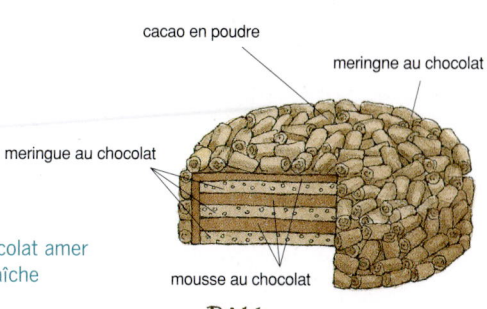

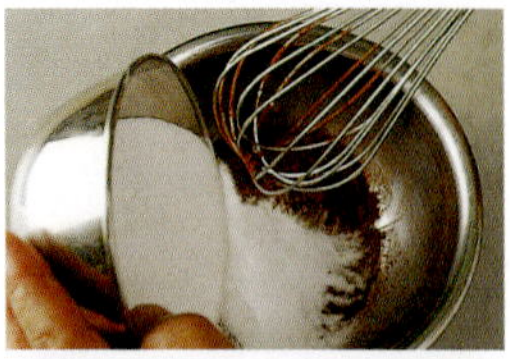

Bitter
- cacao en poudre
- meringne au chocolat
- meringue au chocolat
- mousse au chocolat

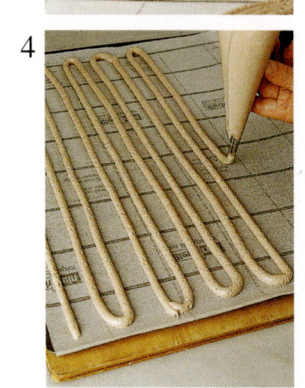

ムラング・オ・ショコラをつくる

①グラニュー糖とココアパウダー90gを泡立器で混ぜ合わせる。
②ムラング・スイスに、グラニュー糖とココアパウダーを振り入れ、ヘラで底からすくい上げるように混ぜ、充分になじませる。
③オーブンプレートに紙を敷き、直径7㎜の丸口金をつけた絞り出し袋に入れ、渦巻き状に絞り出して（→ドレセdresser）直径20㎝の円形を6枚つくる。
④残りの生地は棒状に絞り出す。
⑤いずれも100℃に温めたオーブンで最低3時間、できれば4〜5時間焼く。そのまま冷まし、冷めてから紙をはずす。熱がとれたメレンゲは乾燥剤を入れて密閉容器で保存する。
＊100℃のオーブンに入れて熱源を落とし、一晩おいてもよい。

ムース・オ・ショコラをつくる

⑥パータ・ボンブをつくる。卵黄にシロップを加え、混ぜながら湯煎で83℃まで温める。漉して常温に冷めるまでしっかり泡立てる。
＊パータ・ボンブは、卵黄とシロップを合わせて撹拌したもの。クリーム、氷菓のベースに使う。他に高温（115〜117℃）のシロップを加えながら撹拌するつくり方（→p.72）と、卵黄と砂糖をブランシールし、沸騰した牛乳を加えて撹拌し、弱火で煮詰めるつくり方がある。
⑦⑥のパータ・ボンブに、湯煎で溶かしたビターチョコレートを加え混ぜる。
＊ビターチョコレートを加えてから混ぜすぎると固くしまってしまうため、軽く混ぜ合わせる。
⑧生クリームを泡立器にやっとひっかかる程度に泡立てる（→フウェテfouetter）。
＊生クリームは持ち上げるとすぐ流れ落ちるが、少し跡が残るくらいまで泡立てる。
⑨⑦を加えて混ぜ合わせる。

組立てる

⑩直径21cmのセルクルcercleの内側にムース・オ・ショコラを塗る。

⑪円形に焼いたムラング・オ・ショコラを紙がついていたほうを下にして1枚入れる。

＊**ムラング・オ・ショコラは、**直径20cmのヴォロヴァン型vol-au-ventをあてて余分なメレンゲを削り落して形を整えておく。

⑫直径9mmの丸口金でムースを絞り出してもう1枚のメレンゲを同じ向きにのせる。

⑬ムースを絞り出し、残り1枚のメレンゲを紙がついていた平らな面を上にしてのせる。

⑭表面をしっかり押さえ、さらにムースを塗って整える。冷蔵庫でムースが完全に固まるまで冷やす。

⑮ムースが固まったら、バーナーでセルクルを温めてはずし、表面を整える。棒状に焼いたメレンゲを2～3cm長さに切り、表面全体につける。

⑯ココアパウダーを振り、チョコレートのメダルを飾る。

Succès praliné
スュクセ・プラリネ

スュクセは、メレンゲにアーモンドなどのナッツ類の粉を加えて円形に焼き、クレーム・オ・ブール・オ・プラリネをはさんだ菓子。パータ・シュクセは、香ばしい風味で、表面はかりっとしているが、中身がふんわりと柔らかいのが特徴。好みの形や大きさに絞り出し、ほかのクリームやムースと組合わせることもできる。小麦粉をまったく加えない配合もある。

＊succès スュクセ[m]　成功、ヒット作。
＊praliné プラリネ[adj]　プラリネ風味の、プラリネを加えた。

スュクセ・プラリネ

材料　直径18cmのもの3台分
パータ・シュクセ pâte à succès
├ 卵白　250 g　250 g de blancs d'œufs
├ グラニュー糖　60 g　60 g de sucre semoule
├ アーモンドパウダー　200 g　200 g d'amandes en poudre
├ 粉砂糖　140 g　140 g de sucre glace
└ 薄力粉　10 g　10 g de farine
クレーム・オ・ブール・オ・プラリネ　crème au beurre au praliné（→p.60）
├ ムラング・イタリエンヌ　meringue italienne
│├ 卵白　120 g　120 g de blancs d'œufs
│├ グラニュー糖　120 g　120 g de sucre semoule
│└ 水　70㎖　70 ㎖ d'eau
├ バター　450 g　450 g de beurre
└ プラリネ　120 g　120 g de praliné
粉砂糖　sucre glace
バター（プレート用）　beurre
マジパンのバラ（飾り）　pâte d'amandes

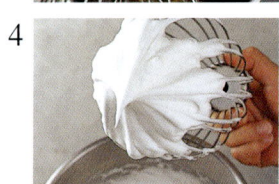

下準備
・オーブンプレートにバターを塗り、紙を敷く。

パータ・シュクセをつくって焼く
①アーモンドパウダー、薄力粉、粉砂糖を混ぜ合わせる。
②ザルでふるう。
③卵白をほぐし、さらっとした状態になったらグラニュー糖の一部を加えて製菓用ミキサーmélangeurで泡立てる（→フュエテfouetter）。ある程度泡立ったら残りのグラニュー糖を加えてさらに泡立てる。
＊こしや粘りを出さずに歯切れのよいメレンゲにしたいのでグラニュー糖は最初からあまり加えず、大部分はあとから加える。
④泡立て器ですくうと角が立つ状態まで泡立ったら、全体を力強くすり混ぜて、きめ細かくなるように気泡をひきしめる（→セレserrer）。
⑤①の粉類を少しずつ加え、ボウルを回しながら、泡をつぶさないようにヘラでさっくりと混ぜ合わせる。
⑥パータ・シュクセのでき上り。
⑦直径9㎜の丸口金をつけた絞り出し袋で直径18cmの円形になるように渦巻状に絞り出す（4枚とれる）（→ドレセdresser）。
⑧200℃に温めたオーブンで15分焼く。
⑨焼き上がったら直径18cmのヴォロヴァン型vol-au-ventをあてて縁の余分を切り落とす（→エバルベébarber）。

194

＊**クレーム・オ・ブール・オ・プラリネをつくる**
ムラング・イタリエンヌとバターでクレーム・オ・ブールをつくり、なめらかに練ったプラリネを加える。

組立てる

⑩シュクセをオーブンプレートに接していた平らな面を下にして置く。星形の口金douille cannelée（11切れ、直径10㎜）をつけた絞り出し袋でクレーム・オ・ブール・オ・プラリネを絞り出す。
⑪シュクセの切れ端をクリームの上に散らし、もう1枚のシュクセをプレートに接していた面を上にしてのせ、冷蔵庫でクリームをしめる。
⑫上面に薄くクリームを塗って表面を整える。
⑬粉糖を振って、充分に熱した金串で焦がしてアクセントをつける。
⑭マジパン細工のバラ（→p.55）を飾る。

Macaron aux framboises
マカロン・オ・フランブワーズ

マカロンは、歴史の古い菓子で16世紀にイタリアから伝わったという説もあるが、8世紀にはすでにトゥレーヌ地方のCormery(コルムリ)(アンドル＝エ＝ロワール県)の修道院でつくられていたとも言う。主材料は卵白、砂糖、アーモンドパウダーで、フランス各地に形、質感の異なるマカロンがある。一般的には直径3～5cm程度の大きさだが、ここではマカロンの生地を大きく焼いて、クリームとフランボワーズをはさみ、アントルメに仕上げている。

マカロンについて
大きく分けて平たい円盤形と、こんもり丸い形でクリームやジャムをはさんで2枚はり合わせたものがある。生地のベースはメレンゲで、メレンゲのつくり方、ほかの材料との合わせ方がマカロンの焼き上がりを左右する。本書では、小型の菓子なのでプティ・フールとして、伝統的なマカロンを紹介している（マカロン・ド・ナンスィ→p.312、マカロン・ムゥ→p.314）。

材料 直径15cmのもの2台分

パータ・マカロン　pâte à macarons
- 卵白　200 g　200 g de blancs d'œufs
- グラニュー糖　50 g　50 g de sucre glace
- タン・プール・タン　500 g　500 g de T.P.T.
- 粉砂糖　200 g　200 g de sucre glace

クレーム・ア・ラニ　crème à l'anis
- クレーム・パティシエール　250 g　250 g de crème pâtissière（→p.40）
  - 牛乳　500㎖　500 ㎖ de lait
  - グラニュー糖　125 g　125 g de sucre glace
  - 薄力粉　20 g　20 g de farine
  - コーンスターチ　20 g　20 g de fécule de maïs
  - 卵黄　120 g　120 g de jaunes d'œufs
  - バニラのさや　１本　1 gousse de vanille
- 生クリーム　90㎖　90 ㎖ de crème fraîche
- ペルノー　25㎖　25 ㎖ de Pernod

フランボワーズ　約60個　60 framboises
粉砂糖　sucre glace
スターアニス（八角）（飾り）　anis étoilé
バニラのさや（飾り）　gousse de vanille

※crème à l'anisクレム・ア・ラニ　アニス風味のクリーム
※anisアニ[m]　アニス、アニスシード

マカロンをつくる

①タン・プール・タンと粉砂糖を泡立器で混ぜ合わせる。

②合わせたらザルでふるう。

③卵白をほぐし、さらっとした状態になったらグラニュー糖の一部を加えて製菓用ミキサーで泡立てる（→フウェテfouetter）。ある程度泡立ったら残りのグラニュー糖を加えてさらに泡立てる。泡立器ですくうと角が立ち、やや立ちすぎるくらいまで固く泡立ったらセレする（→セレserrer）。

＊こしや粘りを出さずに歯切れのよいメレンゲにしたいのでグラニュー糖は最初からあまり加えず、大部分はあとから加える。

④ふるった粉類を少しずつ加え、ボウルを回しながら、ヘラで混ぜ合わせる。はじめは写真のようにぼそぼそした状態。

⑤泡をつぶして、つやが出てぽたぽたと落ちるくらいになるまで混ぜ、生地の固さを調節する（→マカロネmacaronner）。

＊こしの強いメレンゲをつくってしまうと、ここで固さの調節がうまくできず、きれいなマカロンができない。

⑥直径15mmの丸口金をつけた絞り出し袋に入れ、シルパットSilpatの上に直径15cmの円形になるよう渦巻状に絞り出す（4枚分の配合）。

＊紙だと生地の底がこびりついてはがれにくいのでシルパットを用いるとよい。焼き上がったらマカロンが完全に冷めるまではがさないこと。熱いうちにはがそうとすると、底がシルパットにくっついてとれてしまい、平らにならない。

⑦上火200℃、下火140℃のオーブンでオーブンプレートを2枚重ねてピエが出るまで焼く。ピエが出たら160℃に温めたオーブンに移して中までしっかり焼き、そのまま冷ます。

＊ピエpied：マカロンの表面に、生地の糖分が糖化して薄い膜ができ、プレートに接している生地の側面から中の生地が噴き出てくる。これをピエ（足の意）と呼び、マカロン・ムゥ（柔らかいマカロン）の特徴になっている。

＊冷めるとシルパットからきれいにはずせる。

クレーム・ア・ラニをつくる
⑧クレーム・パティシエールをつくる。ヘラで混ぜて柔らかく戻し、ペルノーを加える。そこにしっかり固く泡立てた生クリームを入れて合わせる。
＊ペルノーは好みでクリームが少し緑色になるくらい多めに加えてもよい。

組立てる
⑨1枚のマカロンを平らな面を上にして置き、クレーム・ア・ラニを直径13mmの丸口金で、マカロンより一回り小さく絞り出し、縁にフランボワーズを並べる。
⑩もう1枚のマカロンではさむ。粉砂糖を薄く振り、フランボワーズ、スターアニス、バニラのさやを飾る。

アニス系のリキュール
パスティスは、リコリス（甘草^{かんぞう}）と、アニス、フェンネルなどで香りづけしたリキュールでアルコール度40以上のもの。さわやかな風味と清涼感がある。中性アルコールとアニスのエッセンス（アネトール）を混ぜた液体にリコリスなどを1～2日漬けて濾過、砂糖を加えてつくる。水で割ると乳白色に濁り、食前酒として飲む。リカール、パスティス51などが有名。
アニス酒は、アニス、八角、フェンネルを使い、アルコール度40以上のもの。ペルノーなど。
アニゼットは、アニス風味の甘口リキュール。アルコール度はペルノーやパスティスより低く、25～40度。透明で、水で割ると乳白色に濁る。

アニス
セリ科の香草。若葉、種子を利用する。リコリスに似た甘い風味があり、種子や種子をパウダーにしたものが菓子やパンの生地にも用いられる。スターアニスとは種類の違う植物だが、香りの成分であるアネトールが共通している。

スターアニス（八角）
シキミ科の高木の果実。香辛料として中国、東南アジアで料理に用いられている。16世紀にヨーロッパへ伝わり、アニスの代用品として使われた。

リコリス（甘草）
マメ科の多年草。根にグリチルリチンという砂糖の数十倍の甘さの物質を含み、抽出液や乾燥粉が甘味料として用いられる。

（写真左から）
ベルジェ・ブラン Berger Blanc
南フランスのベルジェ社のアニス酒。リコリス（甘草）を使用していないのでパスティスには属さない。

パスティス51 Pastis 51
スイスのペルノー社製のパスティス。1951年に誕生。リコリス、八角、フェンネルを使用。

ペルノー Pernod
スイスのペルノー社のアニス酒。水を加えると緑色を帯びた黄色にかわる。
1797年ペルノー氏がアブサンabsinteというニガヨモギなど10数種類の香草、香辛料を配合したリキュールをつくり、フランスを中心に愛飲されていたが、神経を冒す毒性があることから1915年に製造禁止になった。そのアブサンの代替品として、第一次大戦後に発売されたのが、ペルノーで、アニスのほかに八角、コリアンダーなど15種類の香草、香辛料を配合している。

Tarte aux marrons et poires
タルト・オ・マロン・エ・プワール

メレンゲをベースにした生地は、絞り出してさまざまな形にすることができる。ダクワーズ（ダコワーズ）の生地でタルトケースをつくり、栗と洋梨のタルトにした。

ダクワーズは、メレンゲにアーモンドパウダーを加えたシュクセに似た生地を円形に焼き、クレーム・オ・ブールをはさんで重ねた菓子。フランス南西部に起源をもち、ダクワという名前は、ランド県のDax（ダクス）のもの、という意味。日本では小判型に焼いてプラリネ風味のクリームをはさんだ形で知られている。

タルト・オ・マロン・エ・プワール

材料　直径21cmのもの2台分
パータ・ダクワーズ　pâte à dacquoise
　┌卵白　300g　300g de blancs d'œufs
　│グラニュー糖　15g　15g de sucre semoule
　│粉砂糖　210g　210g de sucre glace
　└アーモンドパウダー　210g　210g de amandes en poudre
粉砂糖　sucre glace
ムスリンヌ・オ・マロン（4台分）　mousseline au marron
　┌クレーム・パティシエール　crème pâtissière（→p.40）
　│　┌牛乳　250mℓ　250mℓ de lait
　│　│バニラのさや　1本　1 gousse de vanille
　│　│卵黄　100g　100g de jaunes d'œufs
　│　│グラニュー糖　30g　30g de sucre semoule
　│　└カスタードパウダー　30g　30g de crème en poudre
　│パート・ド・マロン　250g　250g de pâte de marron
　│バター　400g　400g de beurre
　└生クリーム　300mℓ　300mℓ de crème fraîche
マロン・オ・シロ　120g　120g de marrons au sirop
洋梨のシロップ煮　12片　12 demi-poires au sirop
ナパージュ　nappage
ピスタチオ（飾り）　pistaches
マジパンの葉（飾り）　pâte d'amandes
マロン・オ・シロ（飾り）　marron au sirop

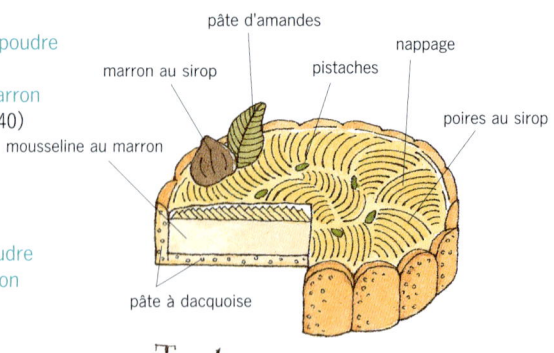

Tarte aux marrons et aux poires

下準備
・アーモンドパウダーをザルでふるう。粉砂糖と合わせる。
・バターをクリーム状に柔らかくする。
・直径21cm、高さ4.5cmのセルクルに紙底をつくる（→p.59：アントルメ用セルクルに紙を敷く方法）。

パータ・ダクワーズをつくる
①卵白をほぐし、さらっとした状態になったらグラニュー糖を全量加えて製菓用ミキサーで泡立てる（→フウェテfouetter）。泡立器ですくうと角が立つ状態まで泡立ったら、全体を力強くすり混ぜて、きめ細かくなるように気泡をひきしめる（→セレserrer）。
＊グラニュー糖の分量が少ないので、すぐにぼそぼそになりやすい。泡立てすぎないように注意する。
＊卵白は使用するまで冷蔵庫で冷やしておくと、きめ細かく安定した気泡ができる。
②アーモンドパウダーと粉砂糖を少しずつ加えながらボウルを回し、ヘラで大きく混ぜ合わせる。
③泡をつぶさないようにさっくりと混ぜる。混ぜすぎると生地がだらけるのでぼそぼそした状態でよい。

パータ・ダクワーズでタルトのケースをつくる
④直径15mmの口金をつけた絞り出し袋でセルクルの縁に高さ3cm程度に絞る（→ドレセdresser）。
＊セルクルにはバターを塗らず、焼いたときに生地がはりつくようにする。
⑤底の面は同じ口金を押さえ気味にして渦巻状に絞り出す。
⑥粉砂糖を振り、溶けたらもう一度振って180℃のオーブンで30分焼く。
⑦うっすらと色がつくまでしっかり焼き、表面をかりっと仕上げる。底の生地が薄いので、冷めてからそっと紙をはずし、側面はナイフを入れてはずす。

ムスリンヌ・オ・マロンをつくる

⑧クレーム・パティシエールをヘラで混ぜてなめらかに戻す。
⑨製菓用ミキサーにパート・ド・マロンを入れ、パレット（→p.28）で撹拌する。柔らかくしたバターを加えてよくなじませる。
⑩なめらかに戻したクレーム・パティシエールを加えてさらに撹拌する。
⑪生クリームをゆるく泡立てる。
⑫生クリームを⑩に加えてさっくりと混ぜ合わせる。
＊生クリームの泡立ては、先がだらりと垂れるくらい。

組立てる

⑬ムスリンヌ・オ・マロンを直径16mmの丸口金をつけた絞り出し袋に入れ、ダクワーズのケースの半分まで、絞り入れる。マロン・オ・シロを４等分程度に切ってムスリンヌの上に散らし、さらにムスリンヌをケースいっぱいまで絞り出して、冷蔵庫で冷やし固める。
⑭薄切りにした洋梨のシロップ煮に、バーナーで焦げ目をつける。
⑮⑬の上に洋梨を並べる。
⑯ナパージュを塗り、ピスタチオを散らし、マロン・オ・シロとマジパンでつくった葉（緑色と黄色の食用色素で着色する）、バニラのさやを飾る。

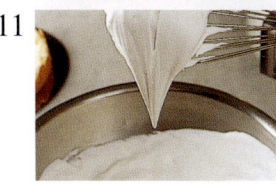

Gâteau Marjolaine
ガト・マルジョレンヌ

20世紀前半に活躍した偉大な料理人フェルナン・ポワンのレストランPyramide(ピラミッド)のデザート菓子で、gâteau succès(ガト・スュクセ)とも呼ばれた（マルジョレンヌの由来は不明）。「ピラミッド」は、1933年から半世紀以上にわたり、フランスのレストランガイド『ミシュラン』で3つ星（最高位）の評価を受け続けた店であり、またボキューズ、トロワグロなど現在3つ星をとる名レストランのシェフが修業した店でもある。レストランのあるVienne(ヴィエンヌ)（ローヌ＝アルプ地方、イゼール県）は、ローマ時代の遺跡が多いところで、そのうちの一つであるピラミッドが店のすぐ側にある。菓子の表面の模様は、店の名前にもなっているその遺跡を形どっている。
シンプルな外見だが、独特の食感を持った生地と3種類のクリームのバランスが絶妙。薄めに、2cmくらいの幅で切り分けて供する。

材料　9cm×55cmのもの1台分
フォン・ド・マルジョレンヌ　fond de Marjolaine
├ アーモンド　200g　200g d'amandes
│ ヘーゼルナッツ　150g　150g de noisettes
│ グラニュー糖　220g　220g de sucre semoule
│ 薄力粉　25g　25g de farine
│ メレンゲ　meringue
│├ 卵白　240g　240g de blancs d'œufs
└└ グラニュー糖　70g　70g de sucre semoule
ガナシュ　ganache（→p.65）
├ チョコレート（カカオ分56％）　165g　165g de chocolat
└ 生クリーム（乳脂肪分35％）　150㎖　150㎖ de crème fraîche
クレーム・シャンティイ　crème chantilly（→p.163）
├ 生クリーム（乳脂肪分48％）　500㎖　500㎖ de crème fraîche
│ 粉砂糖　50g　50g de sucre glace
└ バター　40g　40g de beurre
クレーム・シャンティイ・オ・プラリネ　crème chantilly au praliné
├ 生クリーム（乳脂肪分48％）　500㎖　500㎖ de crème fraîche
│ 粉砂糖　25g　25g de sucre glace
│ プラリネ　100g　100g de praliné
└ バター　40g　40g de beurre
パイユテ・ショコラ（飾り）　pailleté chocolat
粉砂糖　sucre glace
バター（プレート用）　beurre

下準備
・オーブンプレートにバターを塗る。冷蔵庫に入れて固め、もう1度塗る。
＊しっかりバターを塗っておかないとくっつきやすい。
・アーモンドとヘーゼルナッツをそれぞれオーブンで焼く。ヘーゼルナッツは、焼けたらふるいにかけ、薄皮をとる。
・上記のアーモンドとヘーゼルナッツを混ぜ合わせ、グラニュー糖220gを加え、ブロワイユーズbroyeuse（粉砕機）で細かく挽く。薄力粉を加えて混ぜ合わせる。

フォン・ド・マルジョレンヌをつくる
①メレンゲをつくる。卵白をほぐし、グラニュー糖の一部を加えて軽く混ぜる。
②製菓用ミキサーで泡立て（→フウェテfouetter）ながら残りのグラニュー糖を加えていく。
＊最初にグラニュー糖を加えると粘ったこしのあるメレンゲができ、製品の歯切れは悪くなる。
③固くしっかり泡立て、完全に泡立ったメレンゲをつくる。
＊やや過剰なくらい泡立てる。泡立て足りないと気泡が安定していて次に粉類を加えたときにつぶれにくく、薄い板状にならない。
④準備した粉類を振り入れながらメレンゲをつぶすように混ぜ合わせる。
⑤すくいあげると流れ落ちる状態になるまで混ぜ合わせる。
＊気泡をつぶすことによって薄く生地を塗りのばすことができる。こわれても小さくなった気泡が生地に残っているので焼き上がりはもろい。
⑥バターを塗ったオーブンプレート（60×40cm）2枚半に薄くのばす。
＊ごく薄くのばす。細かく挽いたナッツの粉を一粒ずつ並べるような感じにのばす。

⑦⑥の生地を220℃のオーブンで7分焼いてきれいに色づける。熱いうちに9×60cmの板を利用し、帯状に切り分ける。
⑧切り分けたらすぐに網の上に移して粗熱をとる。
＊プレート1枚分で4枚とれる（2枚半で計10枚）。1台に5枚使用する。
＊ナッツが入っているため包丁では切りにくい。パイカッターを使うときれいに切れる。
＊熱いフォンは柔らかいが、すぐに固くなって割れるので、熱いうちに網に移して粗熱をとる。
⑨組立てる前日に両面にたっぷりの霧を吹いてそのまま何もかぶせずに冷蔵庫に一晩入れ、柔らかく曲がるように戻す。
＊フランスではワイン庫などで数日放置しておくことによって自然に柔らかく戻していた。

ガナッシュをフォン・ド・マルジョレンヌに塗る
⑩フォン2枚にガナッシュを薄く塗る。
⑪それぞれに新たにフォンを重ね、板で軽く押さえて厚さを整える。

クレーム・シャンティイをつくる
⑫生クリームに粉砂糖を加え、なめらかな状態にしっかり泡立てる。
⑬熱い溶かしバターを一気に加え、手ばやく全体に混ぜ合わせる。
⑭ぼそぼそした状態にでき上がる。
＊これはバターが凝固するためで生クリームが分離しているのではない。
⑮⑪の一組に⑭のクリームをたっぷりのせて表面を平らに整える。
⑯残り1枚のフォンをのせ、表面を平らに整える。

クレーム・シャンティイ・オ・プラリネをつくる
⑰生クリームに粉砂糖を加えて泡立てる。プラリネを台に出して三角パレットpalette triangleでよく練って均質なペースト状にし、泡立てた生クリームを一部加えてなめらかな状態になじませる。
⑱これを残りの生クリームに入れる。さらに熱い溶かしバターを加えて一気に全体を混ぜ合わせる。
⑲クレーム・シャンティイと同様のぼそぼそした状態になる。

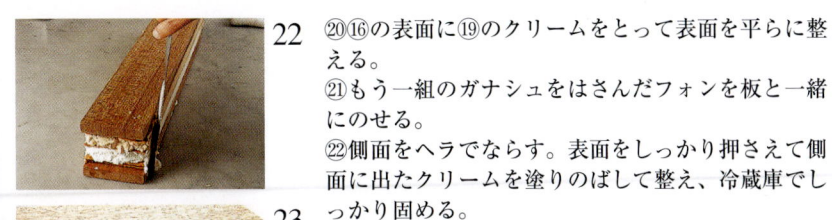

⑳⑯の表面に⑲のクリームをとって表面を平らに整える。
㉑もう一組のガナシュをはさんだフォンを板と一緒にのせる。
㉒側面をヘラでならす。表面をしっかり押さえて側面に出たクリームを塗りのばして整え、冷蔵庫でしっかり固める。
㉓側面にパイユテ・ショコラをまぶしつける。
㉔上面の板をとり除き、ピラミッドの形を切り抜いた紙を置き、粉砂糖を振って模様をつける。

パイユテ・ショコラ
フレーク状のチョコレート。デコレーション用。

第7章

発酵生地の菓子
Pâte levée

Kouglof
Savarin
Brioche aux fruits confits
Kouign-amann

パート・ルヴェ(発酵生地)について

　小麦粉と水を練ったこね生地にイースト(酵母菌)を加えると、イーストは生地中のでんぷんを糖に分解して吸収し、増殖するエネルギーを得る。そのときに排出される炭酸ガスが生地の中にとどまり、生地に軽さと弾力性を与える。このイーストの働きを発酵と言い、イーストを加えて発酵させた生地をパート・ルヴェ(発酵生地)と呼ぶ。

　炭酸ガスが発生して生地をふくらませるという点では、ベーキングパウダーと共通しているが、イーストは炭酸ガスだけでなく、エチルアルコールなどの香りや風味を生じる成分を同時につくり出すため、イーストで発酵させた生地は化学的膨張剤を使ったものとは違った独特な風味がある。

　基本的に、製法はパンと同じだが、砂糖、バター、卵、乳製品の配合が多いものを菓子として紹介する。直ごね法(ストレート法)でつくるクグロフ、溶かしバターを大量に加えてつくるサヴァラン、発酵種法でつくるブリヨシュ、そして油脂を折り込んでつくるパート・ルヴェ・フイユテ pâte levée feuilletée を使ったクイーニャマンで、こうした製品をフランスでは、ヴィエノワズリー viennoiserie と呼ぶ。

イースト

生イースト(写真下)
培養液から分離したイースト(酵母菌)を圧縮して粘土状の塊にしたもの。1gあたり約100億個の生きた酵母菌が含まれ、保存期間は冷蔵で約2週間が目安。すぐに溶けるので、配合する水の一部に溶かして加える。

ドライイースト(写真左上)
生の酵母を低温乾燥させた粒状のもの。発酵力は生イーストの約2倍あり、使用量が半分でよい。長期間保存でき、発酵したときの香りがよい。ショ糖の分解酵素が少ないので、砂糖を多く加えた生地には適さない。休眠状態なので、イースト活性のもっともよい40℃くらいの温水で予備発酵させる必要がある。

インスタントイースト(写真右上)
予備発酵の必要がなく、また溶けやすいように加工された細かい顆粒状のドライイースト。粉に混ぜるだけで使えるが、こねる時間が短い生地の場合は、水に溶かして加えるほうがよい。ドライイーストより香りはおとるが、さらに発酵力が強い(ドライイーストの8割、生イーストの4割の量で同じ発酵力が得られる)。

※使用量の目安は、生イーストを10とすると、ドライイースト5、インスタントイースト4の割合でよい(10：5：4)。
例えば、材料表に生イースト20gとあれば、ドライイーストなら10g、インスタントイーストなら8gでよい。

イーストの発酵力を確かめる
水を加えて砂糖を振りかけて置いておく。かさが増え、表面全体に泡が出てくるようならイーストは生きていて、発酵している。現在は品質が安定しているのでほとんど必要ないが、家庭で使い残したイーストを用いる場合などは生地に加える前に発酵するかどうか確認したほうがよい。

生地の組織図

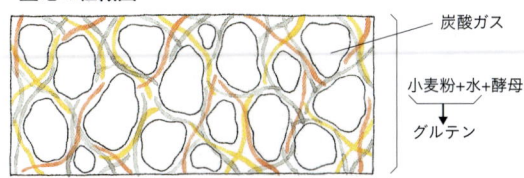

- 炭酸ガス
- 小麦粉+水+酵母 → グルテン

※こねた生地に含まれている酵母菌が小麦粉のでんぷんを炭酸ガスとアルコールに分解する。この際に生じた炭酸ガスは小麦粉と水で形成されたグルテン(編目状組織)に包まれて逃げ出せず、生地の中に止まり、ソフトな組織を形成する。

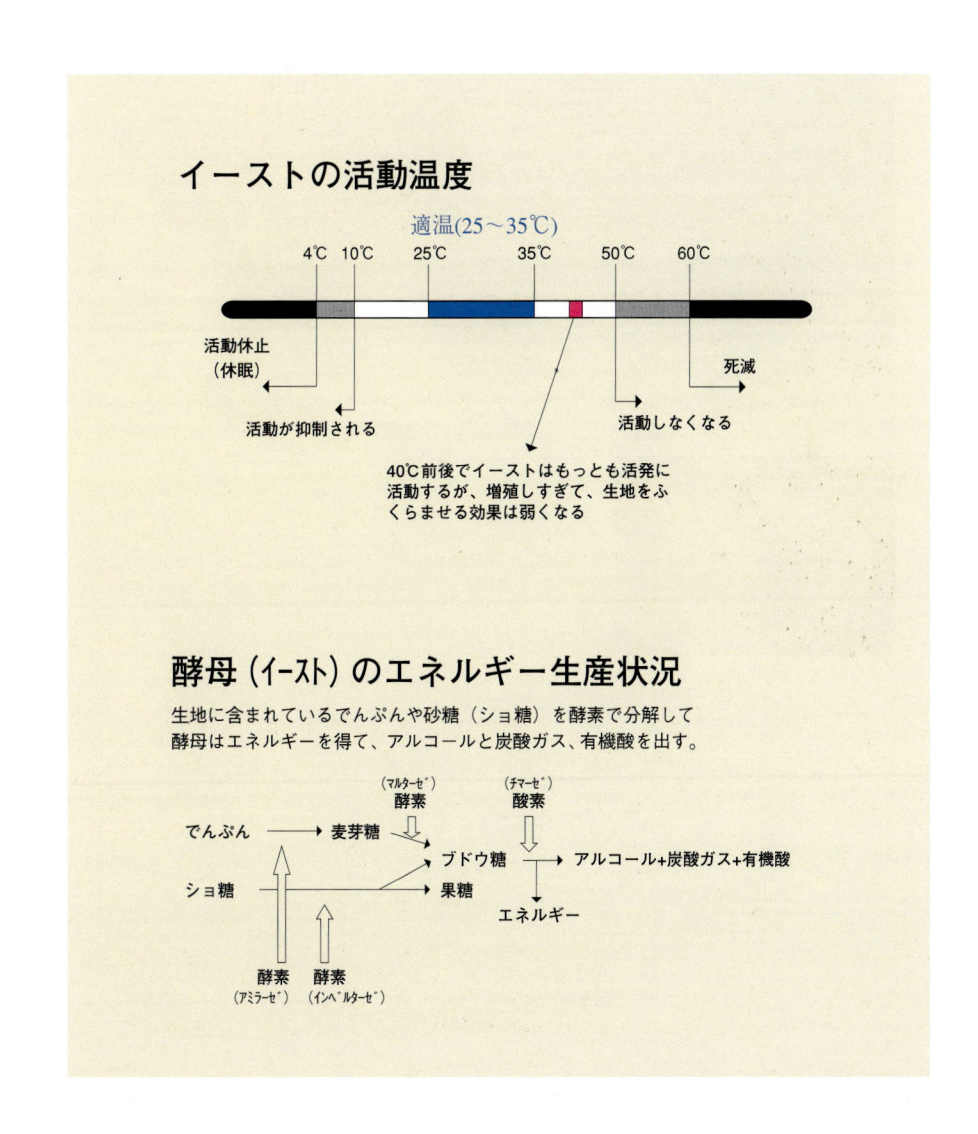

イーストの活動温度

適温(25〜35℃)

4℃ 10℃ 25℃ 35℃ 50℃ 60℃

- 活動休止(休眠)
- 活動が抑制される
- 40℃前後でイーストはもっとも活発に活動するが、増殖しすぎて、生地をふくらませる効果は弱くなる
- 活動しなくなる
- 死滅

酵母(イースト)のエネルギー生産状況

生地に含まれているでんぷんや砂糖(ショ糖)を酵素で分解して酵母はエネルギーを得て、アルコールと炭酸ガス、有機酸を出す。

でんぷん → 麦芽糖 —酵素(マルターゼ)→ ブドウ糖 —酵素(チマーゼ)→ アルコール+炭酸ガス+有機酸
ショ糖 → 果糖 → エネルギー

酵素(アミラーゼ) 酵素(インベルターゼ)

Kouglof
クグロフ

　アルザス地方の菓子。ブリオシュの一種で、生地にレーズンを加え、この菓子を特徴づけるクグロフ型で焼く。東方の3博士がキリストの生誕を祝いにエルサレムに行く途中で、アルザス地方の村Ribeauvillé(リボーヴィレ)の陶器職人に一夜の宿を借り、そのお礼としてつくったのが、クグロフのはじまりという伝説がある。実際には、17世紀頃からつくられはじめた。

＊kouglofクグロフ[m]　クグロフ型で焼いたレーズン入りブリオシュ。クゲロフkougelhofとも言う。ドイツ、ウィーンでも同様の型で菓子を焼き、グーゲルフップフGugelhupfと言う。ウィーンでは、カトルカールのようなバター生地でつくられる。

直ごね法（ストレート法、直接法）
配合された材料を一度にすべてこね合わせる方法。油脂を多く加える場合、油脂だけはある程度こねてから加える。

材料 直径18cmのクグロフ型2台分
パータ・クグロフ　pâte à kouglof
- 生イースト　15 g　15 g de levure de boulanger
- 牛乳　80㎖　80 ㎖ de lait
- 小麦粉（フランスパン用粉）250 g　250 g de farine
- グラニュー糖　45 g　45 g de sucre semoule
- 塩　5 g　5 g de sel
- 卵　50 g　50 g d'œuf
- 卵黄　20 g　20 g d'jaune d'œuf
- ブランデー　15㎖　15 ㎖ d'eau-de-vie
- グラン・マルニエ　15㎖　15 ㎖ de Grand Marnier
- バター　85 g　85 g de beurre

レーズン　50 g　50 g de raisins secs
アーモンドスライス　amandes effilées
粉砂糖　sucre glace
バター（型、発酵ボウル用）　beurre
打ち粉　farine

※フランスパン用粉　たんぱく質量は、ほぼ強力粉に相当する。鳥越製粉「フランス」（昭和35年に日本で最も早く開発された本格フランスパン用粉。灰分0.43％、粗タンパク12.0％）などの製品がある。強力粉9に対して薄力粉1の割合で合わせて使ってもよい。
※レーズンが固い場合は熱湯にさっとくぐらせて戻す。ラム酒漬けでもよい。

下準備
- 小麦粉をふるう（→タミゼtamiser）。
- バターを常温で柔らかくする。

生地をこねる（直ごね法）
① 生イーストをほぐす。
＊品質、保存状態のよいイーストは、香りは甘酸っぱくさわやかか、色は乳白色で、ほぐすときにべとつかず、きれいに割れる。
② 温めた牛乳を加え、泡立て器fouetでよく混ぜてイーストを完全に溶かす。
＊冬期は人肌程度に温めた牛乳を使用し、③で加える卵も湯煎で少し温める。気温が高ければ温めなくてもよい。
③～④ 製菓用ミキサーmélangeurのボウルにふるった小麦粉を入れて中央をくぼませる（→フォンテーヌfontaine）。くぼみにグラニュー糖、塩を入れ、溶きほぐした卵と卵黄を入れ、②を加える。
⑤ ブランデー、グラン・マルニエも加え、全体をヘラで軽く混ぜ合わせる。
⑥ 製菓用ミキサーのフック（→p.28）を使用してこねる。
⑦～⑧ ある程度まとまったら、柔らかくしたバターを少しずつ加えてなじませる。
＊発酵生地をつくる場合、バターはグルテンをばらばらにする働きがあるため、最初から加えてしまうと生地がまとまらない。ある程度こねてから加えるが、口溶けのよい、こしの弱いクグロフをつくるため、まだ生地にそれほどグルテンが出ていない状態でバターを加えはじめる。
⑨ ミキサーのボウルに生地がくっつかなくなって一つにまとまってくる。
⑩ 打ち粉をした作業台に出し、たたきつけてきれいにまとめる。

⑪レーズンを生地にのせ、生地をくり返し作業台に軽くたたきつけてレーズンを混ぜ込む。

発酵させる
⑫生地の表面を下へひっぱるようにして、表面をきれいに丸める。とじ目を下にして薄くバターを塗ったボウルに入れる。
⑬湿度75％、温度30℃のホイロ（パン生地の発酵に適正な温度と湿度を保つ仕組みを備えた装置または部屋）に入れて、生地が2倍にふくらむまで発酵させる（約70分）。（発酵状態の確かめ方→P.219）
＊生地を発酵させるときにホイロを使用しない場合は、暖かいところに置き、乾燥しないように、ビニールの表面にバターを塗ってかぶせる。発酵してふくらむので生地がくっつかないようにビニールにはバターを塗り、また充分余裕を持たせてかぶせること。

型に入れる
⑭クグロフ型に柔らかなクリーム状のバターを塗り、アーモンドスライスをまぶす。
＊アーモンドスライスをはりつけるかわりに、粒のアーモンドを型の底のくぼみの一つひとつにはりつけておいて焼いてもよい。
⑮発酵した生地を打ち粉をした作業台に出し、手のひらで平らに押さえてガスを軽く抜く。2等分して一つずつ丸め直す。
⑯とじ目を下にして作業台に置き、麺棒で生地の中心に穴をあける。
⑰両手で生地を持ち、型の中央の筒が通るように穴を広げてドーナツ形にする。
⑱準備した型にとじ目を上にして入れる。

最終発酵させる
⑲湿度75％、温度30℃で、ほぼ型いっぱいにふくらむまで発酵させる（約40分）。

焼く
⑳乾燥を防ぐため生地の表面に霧を吹き、200℃に温めておいたオーブンで、約35分焼く。焼き上がったら網にとって粗熱をとり、表面に粉砂糖を振って仕上げる。
＊型が深く、下からの熱が伝わりにくいので、可能なら下火を強くする。
＊砂糖の配合が多くて焼き色がつきやすいので、ドリュールは塗らない。

ブランデー
果物（本来はぶどう）を発酵させ、さらに蒸留してつくるアルコール度数の高い酒。ブランデーbrandyは英語で、フランス語ではオ・ド・ヴィeau-de-vieという。フランスのコニャック cognacとアルマニャックarmagnacがぶどうを原料としたブランデーとして名高い。ほかにりんごからつくるカルヴァドスcalvadosや洋梨、さくらんぼ、アプリコットなどを原料としたさまざまなフルーツブランデー（オ・ド・ヴィ・ド・フリュイeau-de-vie de fruit）がある。樽熟成させたものは琥珀色でまろやか、芳醇な風味を持つ。樽熟成させないものは無色透明で原料となった果物の風味が感じられる。菓子の香りづけに用いるほか、ラム酒同様にフルーツの漬けこみに使ってもよい。

クグロフ型 moule à kouglof
陶製のものが伝統的だが、金属製もある。いずれも厚手で深みがあり、斜めに筋模様が入っている。火が通りやすいように中央部に空洞がある。

Savarin
サヴァラン

18世紀中頃に、ナンシーに宮廷を構えていたロレーヌ公スタニスワフ一世（→p.13）の料理人が、クグロフにラム酒をかけたデザートをつくり、ロレーヌ公が愛読書『千夜一夜物語』の主人公にちなんで、アリババと名づけたと言われる。
19世紀はじめに、パリの菓子店Stohrer（ストレール）でババ・オ・ロム（ラム酒風味のババ）の名前で売り出されて広まり、さらにその店で修業した菓子職人、オーギュスト・ジュリアンが形をかえ、美食家のブリヤ・サヴァランの名をとって、サヴァランと名づけた。一般にババの生地には、レーズンを加え、ダリヨル型で焼くのに対して、サヴァランはレーズンを入れずにサヴァラン型で焼く。また、伝統的にババのシロップにはラム酒を使い、サヴァラン用には、好みに応じていろいろな酒を使う。

サヴァラン

材料 直径15cmのサヴァラン型1台、直径5cmのサヴァラン型15個分
パータ・サヴァラン　pâte à savarin
- 生イースト　25g　25 g de levure de boulanger
- 水　250㎖　250 ㎖ d'eau
- 小麦粉（フランスパン用粉）500g　500 g de farine
- グラニュー糖　50g　50 g de sucre semoule
- 塩　10g　10 g de sel
- 卵　250g　250 g d'œufs
- バター　125g　125 g de beurre

トランペ用シロップ　sirop à tremper
- 水　1ℓ　1 litre d'eau
- グラニュー糖　400g　400 g de sucre semoule

ラム酒　rhum
ナパージュ　nappage
クレーム・シャンティイ（飾り）　crème chantilly（→p.163）
- 生クリーム（乳脂肪分48％）200㎖　200 ㎖ de crème fraîche
- 粉砂糖　20g　20 g de sucre glace

フルーツ（飾り：りんご、いちご、キウィ、フランボワーズ、ブルーベリー）　fruits
ミント（飾り）　menthe
バター（型用、発酵ボウル用）　beurre

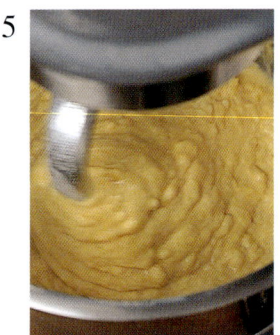

下準備
・小麦粉はふるっておく（→タミゼtamiser）。
・バターは溶かして粗熱をとる。
・型に柔らかいクリーム状のバターを塗る。

生地をこねる
①生イーストをほぐし、水を加えて泡立器でよく混ぜ、イーストを完全に溶かす。
＊水は夏期は常温でよく、次に加える卵も冷蔵庫から出してすぐに使ってよい。冬期はぬるま湯（人肌程度）を使用し、卵も湯煎で少し温める。
②製菓用ミキサーのボウルに、ふるった小麦粉を入れ、泉状にする（→フォンテーヌfontaine）。中央のくぼみにグラニュー糖、塩を入れる。
③①と溶きほぐした卵を加える。
④ヘラで全体を軽く混ぜる。
⑤〜⑥製菓用ミキサーのフックを使用して全体が均一に混ざるまでこねる。
＊この配合では、生地はかなり柔らかい状態でよい。バターが混ざりにくくなるのでグルテンのこしを出さないように、こねすぎない。
⑦溶かしたバターを加えてさらにこねる。
⑧ゆっくりと流れ落ちるくらいに、なめらかにのびるようになったらこね上がり。

発酵させる
⑨薄くバターを塗ったボウルに移す。
⑩湿度75％、温度30℃で、生地が2倍にふくらむまで発酵させる（約30分）。

型に詰める
⑪発酵が終わったらカードcorneでたたくようにして底から混ぜ、生地のガスを抜き、直径15mmの丸口金をつけた絞り出し袋poche à douille unieに詰める。
⑫バターを塗った型の六分目くらいまで生地を絞り入れる。
⑬指で押さえて型の縁で生地を切るようにして、空気が入らないようにしっかり底まで詰める。

最終発酵させる
⑭型をオーブンプレートに並べる。
⑮湿度75％、温度30℃、生地が型の八分目まで盛り上がるように発酵させる（大は約15分、小は約10分）。
＊小さいサヴァラン型に入れた生地は型いっぱいに盛り上がるまで発酵させる。

焼く
⑯200℃に温めておいたオーブンで約30分、全体がきれいに色づくまで焼き上げる（大は約30分、小は約25分）。
⑰型からはずして網の上で冷ます。
＊焼き上がりは色よく、表面は固く、内部はぱさぱさした乾燥状態になるまで充分焼いておく。焼いてから少なくとも1日置いてから仕上げる。

サヴァラン型（大・小）
moule à savarin
大型のものはリング状、小型のものも中央に突起がある。

ダリヨル型 dariole
ババ型ともいう。やや口が広がった深みのある形。

シロップをしみこませる（→**トランペtremper**）

⑱鍋にトランペ用シロップの水とグラニュー糖を入れて火にかける。沸騰したらアクをとり、火を弱めてことことと軽く沸く状態に保つ。
＊シロップは糖度計（比重計）で計って、温かい状態で14°Bになるように調節する。
＊°B：ボーメ度（degré Baumé）の略。比重単位。ここでは糖液の濃度を表す（→P.275：糖度の測り方）。

⑲⑱のシロップにサヴァランをくぼんだほうを下に向けて入れ、穴杓子écumoireなどでときどき軽く押さえたり、上下を返しながら、シロップを中心まで充分にしみこませる。
＊型に接していたくぼんだ面は、柔らかくてシロップがしみこみやすいので、短時間でよいが、焼いているとき上になっていた部分は、固くてしみこみにくいので、時間をかける。

⑳指で押さえ、柔らかくなって芯が残っていないことを確かめる。
＊シロップを強く沸騰させると煮くずれてしまうので注意する。この生地はシロップを吸収しやすいので、浸けるだけでも比較的早くしみこむ。グルテンを形成させたこしのある生地の場合、シロップがしみこみにくいので、時間をかけて煮るようにトランペする。

㉑〜㉒大型のもの（鍋が小さくてひっくり返せない場合）は、網にのせてシロップに浸けて、レードルloucheでシロップをすくってかけながらしみこませる。

㉓バットをあてた網の上で余分なシロップを切り、ラム酒を振りかける（→**アロゼarroser**）。
＊バットにたまったシロップやラム酒は鍋に戻して再度使用できる。再度使用する場合、シロップが煮詰まって糖度が濃くなっていることもあるので、水を加えて14°Bに調節する。

㉔サヴァランの熱がとれたら煮詰めた熱いナパージュを塗り、クレーム・シャンティイ、ミント、フルーツなどで飾る。

Brioche aux fruits confits
ブリヨシュ・オ・フリュイ・コンフィ

ブリオシュは、バター、卵を加えた、風味豊かなパンの代表格。おもに少し贅沢な朝食として、日曜の朝などに食べるが、菓子として扱うこともある。フランス各地で、パータ・ブリオシュを使った伝統的な菓子が見られる。ここで紹介した形のものは、brioche chinois(ブリヨシュ・シヌワ)またはbrioche suisse(ブリヨシュ・スュイス)とも呼ぶ。

> **発酵種法**
> 小麦粉の一部をとり分け、イーストと水を加えて発酵させて発酵種をつくっておき、残りの材料と混ぜ合わせて生地をつくる方法。砂糖が多い配合でも安定した発酵が得られ、ボリュームのある柔らかい焼き上がりになる。

ブリヨシュ・オ・フリュイ・コンフィ

材料 直径24cmのマンケ型1台分
パータ・ブリオシュ　pâte à brioche
― 発酵種　levain
　― 生イースト　20g　20 g de levure de boulanger
　　水　100mℓ　100 mℓ d'eau
　― 小麦粉（フランスパン用粉）100g　100 g de farine
　小麦粉（フランスパン用粉）400g　400 g de farine
　グラニュー糖　40g　40 g de sucre semoule
　塩　5g　5 g de sel
　卵　250g　250 g d'œufs
― バター　200g　200 g de beurre
フランジパーヌ　frangipane
　― クレーム・パティシエール　75g　75 g de crème pâtissière（→p.40）
　― クレーム・ダマンド　150g　150 g de crème d'amandes（→p.109）
フルーツのラム酒漬け　fruits confits macérés au rhum
　― ドレンチェリー　100g　100 g de bigarreaux confits
　　オレンジピール　100g　100 g d'écorces d'orange confites
　　アンゼリカ　50g　50 g d'angéliques cofites
　　くるみ　50g　50 g de noix
　　レーズン　50g　50 g de raisins secs
― ラム酒　rhum
ドリュール　dorure
アプリコットジャム　confiture d'abricots
バター（型、発酵ボウル用）　beurre
打ち粉　farine

下準備
・フルーツとくるみはレーズンと同じくらいの大きさに切り、レーズンと合わせてラム酒に最低1週間漬けておく。
・小麦粉はふるう（→タミゼtamiser）。
・型に柔らかいクリーム状のバターを塗る。
・生地用のバターを室温で柔らかくする。

発酵種をつくる
①生イーストをほぐし、水を加えて泡立器でよく混ぜ、イーストを完全に溶かす。
＊水は夏期は常温でよく、次に加える卵も冷蔵庫から出してすぐに使ってよい。冬期はぬるま湯（人肌程度）を使用し、卵も湯煎で少し温める。
②ボウルにふるった小麦粉を入れ、①を少しずつ加えて手で混ぜてなじませる。
③全体が均一になったら一つにまとめる。
④湿度75％、温度30℃で2倍にふくらむまで発酵させる（約25分）。

本ごねをする
⑤製菓用ミキサーのボウルに、ふるった小麦粉入れて泉状にする（→フォンテンヌfontaine）。中央のくぼみに、グラニュー糖、塩、溶きほぐした卵を入れ、発酵種を加える。
⑥～⑧充分にこしが出てなめらかになるまで製菓用ミキサーのフックを使用してこねる。
＊生地がボウルから完全に離れ、フックの回転によって、ボウルにたたきつけられて、ぺたぺたという音がするようになればよい。

⑨バターを少しずつ加えながらさらにこねる。
＊本ごねのときに、バターを最初から加えると、グルテンの形成を妨げるので、バターは生地にこしが出てから小分けにして加える。
⑩いったん生地のつながりが切れるが、バターがなじんで生地がボウルにくっつかなくなり、一つにまとまるまでこねる。

発酵させる
⑪打ち粉をした作業台に出し、生地を下へひっぱるようにして、表面の生地をきれいに丸める。
⑫とじ目を下にして薄くバターを塗ったボウルに入れる。
⑬湿度75％、温度30℃で、生地が２倍にふくらむまで発酵させる（約40分）。

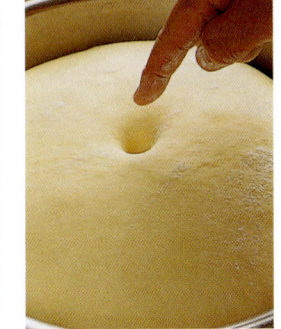

フィンガーテストをする（発酵状態を確かめる）
⑭指を刺してみて、跡がきれいに残る状態になればよい。指の跡がすぐに閉じてしまう場合は、まだ発酵が足りず、生地に弾力がある。指を刺すと生地全体がしぼんでしまう場合は、発酵しすぎている。

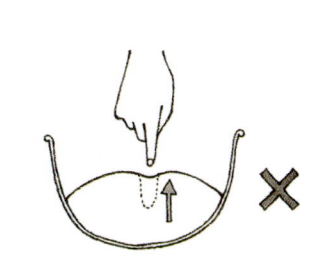

発酵不足
指の跡が戻る

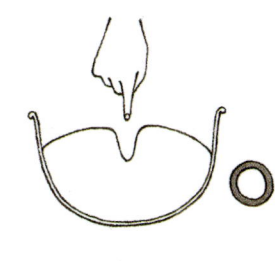

適正発酵
指の跡が
そのまま残る

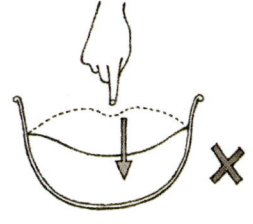

発酵過剰
生地全体がしぼむ

パンチをする（ガスを抜く）

⑮発酵させた生地を打ち粉をした作業台に出し、手で軽く押さえて平たくし、折り返してガスを抜く。
⑯ビニールを敷いたバットにのせ、ビニールをかぶせて冷蔵庫で休ませる。
＊バターを多く含む生地なので、成形しやすくするために冷蔵庫で生地を冷やし固める。冷蔵庫内ではイーストの活動は鈍り、ほとんど発酵は進まない。前日に生地をつくり、1日冷蔵庫に入れておいてもよい。
＊冷蔵庫に入れている間に1～2回軽くガス抜きをして、生地の内側もしっかり冷やしておく。

フランジパーヌをつくる
クレーム・パティシエールをなめらかに戻し、クレーム・ダマンドに加えて混ぜ合わせる。

成形する
⑰打ち粉をした作業台に生地を出し、1/4量を切りとる。
⑱直径40cmの円形にのばす。
⑲四つに折ってバターを塗ったマンケ型manquéの上にのせ、生地を広げる。
⑳乾いた布巾を丸めたもので生地を押さえて、型にぴったりと敷き込む（→フォンセfoncer）。冷蔵庫で休ませて、生地を冷やし固める。
㉑残りの生地を、布の上で約30×30cmの四角形にのばす。
㉒フランジパーヌを平口金douille plateをつけた絞り出し袋に入れ、生地の上に平らに絞り出す。
㉓フランジパーヌの表面をパレットナイフpaletteでならして汁気を切ったフルーツのラム酒漬けを均等に散らし、布を使って巻く。
㉔巻いた生地を4cm幅に切り分ける（7～8切れとれる）。
㉕⑳の型のまわりの余分な生地を切り落とす（→エバルベébarber）。
㉖6切れの㉔を平均に詰める。

最終発酵させる
㉗湿度75％、温度30℃で、型いっぱいにふくらむまで発酵させる（約45分）。生地が充分ふくらんだら表面にドリュールを塗る（→ドレdorer）。
＊適正な発酵をしていると発酵臭（さわやかな香り）がするが、発酵過剰になると、アルコール臭が残る。発酵不足だとイースト自体の臭いが残る。

焼く
㉘180℃に温めておいたオーブンに入れ、全面がこんがり色づくまで焼く（約45分）。焼き上がったら型からはずす。粗熱をとって表面にアプリコットジャムを塗って仕上げる。
＊アプリコットジャムは煮詰め直し、冷めると固まって手につかなくなる状態にする。柔らかく調節したフォンダンをジャムの上から塗ってもよい（→p.165の⑩）。

Kouign-amann
クイーニャマン

ブルターニュ地方のDouarnenez(ドゥアルヌネ)一帯でつくられている焼き菓子。ブルトン語でKouignは「菓子」、amannは「バター」の意。パート・ルヴェに有塩バターとグラニュー糖を折り込んで焼いたもの。もともとは大きな平たい円形につくっていたと言われるが、現在はつくり手によって形や大きさはさまざまである。温かさの残るうちに食べてもよい。

クイーニャマン

材料 直径8cmのセルクル24個分
デトランプ　détrempe
- 生イースト　20g　20 g de levure de boulanger
- 水　300mℓ　300 mℓ d'eau
- 小麦粉（フランスパン用粉）500g　500 g de farine
- グラニュー糖　50g　50 g de sucre semoule
- 塩　15g　15 g de sel
- ラム酒　30mℓ　30 mℓ de rhum

折り込み用バター　300g　300 g de beurre
グラニュー糖　sucre semoule
バター（発酵ボウル用）　beurre
打ち粉　farine

下準備
・小麦粉をふるう（→タミゼtamiser）。

デトランプをつくる
①製菓用ミキサーのボウルに、ふるった小麦粉を入れて泉状にする（→フォンテンヌfontaine）。中央のくぼみにグラニュー糖、塩を入れる。
②ほぐして分量の水に溶かしたイーストとラム酒を加える。
③全体をヘラで軽く混ぜ合わせる。
④〜⑤製菓用ミキサーのフックを使用しておおよそ一つにまとまるまでこねる。
＊生地にこしを出す必要はないので、こねすぎない。こしが強すぎると、あとでバターが包みにくくなる。

デトランプを発酵させる
⑥打ち粉した作業台に⑤を出し、表面の生地がはるようにきれいに丸める。
⑦とじ目を下にして薄くバターを塗ったボウルに入れる。
⑧湿度75%。温度30℃で、生地が2倍にふくらむまで発酵させる（約90分）。
＊発酵状態の確かめ方（→p.219）

パンチをする（ガスを抜く）
⑨発酵したデトランプを打ち粉をした作業台に出す。
⑩手や麺棒で軽く押えてガスを抜きながら平たくする。
⑪ビニールで包んで冷蔵庫に入れ、バターを包んでも溶けないようになるまで生地を冷やす。
＊冷蔵庫内ではイーストの活動は鈍り、ほとんど発酵は進まない。前日に生地をつくり、一晩冷蔵庫に入れておいてもよい。
＊冷蔵庫に入れている間に1〜2回ガス抜きをして、生地の内側もしっかり冷やしておく。

バターを折り込む

⑫バターに打ち粉をしながら麺棒でたたいて、生地と同じくらいの固さに調節し、30×20cmに成形する。
⑬冷蔵庫からとり出した生地。
⑭冷やした生地を30cm角にのばす。
⑮生地の手前に⑫のバターをのせる。
⑯バターがのっていない向こう側1/3の生地をバターの上に折り返して重ねる。
⑰⑯を半分に折る。
⑱生地の向きを90度かえて横30cm、縦90cmにのばす。
⑲三つ折りにし、ビニールで包み、冷蔵庫で40分休ませる。
⑳グラニュー糖をたっぷり振りかけながら、縦を横の長さの3倍にのばす。
㉑三つ折りを1回行う。

＊折り込み回数を増やせば増やすほど層は薄くなるが、パンのボリュームがなくなり、目が詰まった固くもっちりした食感になる。

成形する

㉒半量の生地を40×30cmにのばし、クッキングペーパーpapier cuissonの上にのせる。
㉓10cm角に切り分ける。伸縮パイカッターroulette multicoupeを使うとよい。
＊生地がべたついていたら、切り分ける前に冷凍する。冷蔵では砂糖が溶け出してさらにべたつく。
㉔四隅を中心に合わせて折る。
㉕角を中心に向かって押し込み、中心を指でしっかり押さえてくっつける。

①四隅を折る

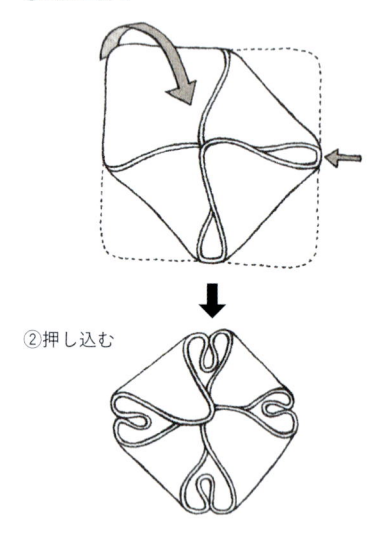

②押し込む

最終発酵させる

㉖クッキングペーパーを敷いたオーブンプレートにセルクルcercleを並べる。㉕の生地の底にグラニュー糖をまぶしつける。
㉗セルクルに入れる。冷えて固まった生地がゆるみ、表面が柔らかくなるまで常温で休ませる（約1時間）。
㉘休ませて少しだけ発酵した状態。
＊折り込んだバターが溶けてしまうと層状に焼き上がらないので、あまり温度の高いところで発酵させない。

焼く

㉙180℃に温めておいたオーブンで、表面がかりっとしたカラメル状になるまで焼く（約35分）。
＊途中で表面が不揃いにふくれ上がってきたら、プレートをかぶせて平らになるようにして焼く。

第 8 章
デザート
Desserts

entremets chauds
Crêpes normandes
Far breton
Beignets aux pommes
Bugnes
Soufflé à la vanille
Soufflé aux pommes
Gaufres
entremets froids
Bavarois
Blanc-manger
Gelée de pamplemousse
Crème renversée au caramel
Mousse au chocolat
Mousse au citron
Sabayon
Œufs à la neige
Compote de pruneaux

デザートについて

　日本でデザートと言えば、食後に食べる甘いものをいうが、フランス語のdessert（デセール）は、「供したものを下げる」という意味のdesservir（デセルヴィール）という動詞から生まれた言葉で、広い意味では甘い菓子類だけでなく、チーズや果物なども含めて、料理のあとで食べるもの全てを言う。これに対して、entremets（アントルメ）※1は、デザートとして供する甘い菓子のことのみを指す。
　製菓店pâtisserie（パティスリ）でつくる菓子類全般をアントルメと言うことができる※2が、それ以外に、製菓店では扱われないアントルメがある。主にレストランの調理場で料理人がつくることから、entremets de cuisine（アントルメ・ド・キュイズィンヌ）と言われる。
　entremets de cuisine（アントルメ・ド・キュイズィンヌ）は、さらにentremets chauds（アントルメ・ショ）（温かいデザート）とentremets froids（アントルメ・フルワ）（冷たいデザート＝冷菓）に分けられる。

※1　「料理mets[メ]」と料理の「間entre[アーントル]」を意味し、12世紀頃に、大宴会の途中で催される音楽やダンス、手品などの余興のことを指した言葉。やがて、肉や魚料理を補う野菜料理や甘いものを指すようになり、現在では甘い菓子類のことのみを言うようになった。
※2　製菓店つくるアントルメは、entremets de cuisine[アントルメ・ド・キュイズィンヌ]に対して、entremets de pâtisserie[アントルメ・ド・パティスリ]とも言う。

Pâte à entremets
（パータ・アントルメ）
アントルメ用生地

　entremets de cuisine（アントルメ・ド・キュイズィンヌ）の代表的なものに、クレープ、ワッフル、ベーニェ、スフレがあげられる。これらの温かいアントルメ用の生地は、歴史、いわれを秘めた伝統的な生地でもあり、地方の風土や宗教的な行事や祭りと関わりが深い。
　これらの生地は、ほとんどがオール・イン・ワン法という、材料を一度に混ぜ合わせる方法でつくる。しかし、全ての材料をただ混ぜればよいのではない。ダマができたり、生地に弾力や粘りが生じると理想的な生地にはならないため、混ぜ方、加える順番について基本的な知識をよく知っておかなければつくれない。
　固いものに柔らかいものを少しずつ加えるのが基本で、粉に液体を加えて粉をまとめて生地をつくり、あるいは固い生地に液体を加えて溶きのばしていく。反対に、液体に粉を一度に加えるとダマができ、なめらかな生地はできない。
　和菓子では、生地の液体の量が多く、生地にグルテン（麩質）を出さないために、液体に粉を一度に加えることがあるが、洋菓子の場合は、ダマができやすいので、めったに行われることはない。生地に粘りやこしが出てしまったとしても、充分にねかせることで、弾力が弱まり、口溶けのよいなめらかな生地にすることができるからである。また、ダマになりやすい粉類、例えばペクチンのような粒子の細かい粉末は、砂糖のような粒子が粗く水に溶けやすいものとよく混ぜ合わせて使用すると分散しやすいことも覚えておきたい。

Crêpes normandes
クレップ・ノルマーンド

クレープと言えば、まずブルターニュ地方を思い浮かべるかもしれないが、隣接するノルマンディーの名物でもある。また、ノルマンディー地方はりんごの産地としてとくに名高く、酒もぶどうからつくるワインより、りんごでつくるシードルのほうが親しまれている。菓子のクレープは女性名詞だが、同じ綴りで男性名詞「織物のちぢみ、ちりめん」という意味がある。

クレップ・ノルマーンド

材料 直径20cmのもの12枚分
パータ・クレープ　pâte à crêpes
　薄力粉　75g　75 g de farine
　グラニュー糖　35g　35 g de sucre semoule
　塩　少量　un peu de sel
　卵　100g　100 g d'œufs
　牛乳　250㎖　250 ㎖ de lait
　バター　15g　15 g de beurre
ポム・ノルマーンド　pommes normandes
　りんご　400g　400 g de pommes
　カルヴァドス　50㎖　50 ㎖ de calvados
　グラニュー糖　40g　40 g de sucre semoule
　バター　40g　40 g de beurre
ポム・セシェ（飾り）　※別記参照　pommes séchées
グラス・ア・ラ・ヴァニーユ　glace à la vanille　（→p.276）
バニラのさや（飾り）　gousse de vanille
バター　beurre

クレープパン poêle à crêpes
クレープ専用のフライパン。鉄製のものが多い。一般のフライパンより厚みがあり、糖分を多く含む生地でも焦げにくい。また、縁が浅くて広がっているため、薄く焼いても、パレットナイフなどを差し込んで裏返すのが容易で、焼いたあとも形をくずさずに皿に移しやすい。使い終わったあとは、油をなじませて使いよくするため、洗わずに布巾できれいに拭く。

飾り用のポム・セシェのつくり方
1．りんごをごく薄く切り、シロップ（水1：砂糖1）を沸かして入れ、果肉がすき通るまで弱火で煮る。
2．とり出してシルパットSilpatに並べ、80～100℃に温めたオーブンに約2時間入れて乾燥させる（→セシェsécher）。
3．固く乾燥したら熱をとり、密閉容器に乾燥剤と共に入れ、保存する。

下準備
・薄力粉はふるう（→タミゼtamiser）。
・牛乳は常温にしておく。

パータ・クレープをつくる
①ボウルに薄力粉、グラニュー糖、塩を入れて泡立て器fouetで混ぜ合わせる。
＊グルテンをできるだけつくらないように、小麦粉に液体を加える前に、砂糖と混ぜ合わせておく。
②粉類を泉状に広げ（→フォンテンヌfontaine）、中央のくぼみに卵を入れ、牛乳の一部（約$\frac{1}{4}$量）を少しずつ加えながら、ダマにならないようなめらかに溶きのばす。
＊少量の液体で先に生地をまとめておく。これで、次に加える溶かしたバターが表面に浮き上がらず、生地になじみやすくなる。
③ブール・ノワゼットbeurre noisetteをつくる。クレープパンにバターを入れて中火にかける。大きな泡が出てきて次第に消え、音が静かになるぐらいまで火にかけ、焦がす。
＊ブール・ノワゼットは少し焦げて薄茶色（ノワゼット＝はしばみ色）になったバターのこと。
＊バターを焦がすことによって、特有の芳香を出す。
④②に③のブール・ノワゼットを少しずつ加えて混ぜ合わせる。
＊基本的には牛乳を加える前にバターを合わせる。先に多量の水分が入ると、油脂が浮いてしまう。
⑤残りの牛乳を少しずつ、溶きのばすように加えながら、よく混ぜ合わせる。
＊牛乳が冷たいと、バターが固まってダマになるので、常温の牛乳がよい。
⑥漉して（→パセpasser）、ダマのないなめらかな状態にする。レードルloucheの背ですくうと表面が薄く均一におおわれ、指でなぞるとその跡が残るくらいの固さがよい。
＊できた生地はグルテンが形成されているので、できれば、1時間ほど置いて生地を休ませ、こしを弱める。

生地を焼く

⑦油のよくなじんだクレープパンを中火弱の火にかけ、薄煙が出てきたら、火からはずし、生地をレードル八分目（約40ml）流し入れる。クレープパンを回しながら生地を全体に広げる。

＊クレープパンは、火にかけたあと、頬から10cmほど離してかざし、熱気を感じるぐらいになっていれば、生地を入れる適温である。
＊生地にバターを含んでいるので、クレープパンに油はひかなくてもよい。もし使うなら、バターだけだと焦げやすいので、溶かしバターとサラダ油を同量混ぜ合わせるとよい。
＊生地を流し入れる前に、必要なら、クレープパンをぬれ布巾の上に置いて熱さを調節する。熱すぎると生地が沸騰し、表面に気泡の跡が残ってきたなくなる。
＊生地を薄く均一に流し広げるために、たくさんの量を入れすぎない。

⑧再びフライパンを中火にかける。

⑨生地の表面が乾いて、周囲が色づいてきたら、火からはずして、パレットナイフpaletteかテーブルナイフを使って裏返す。

⑩さっと反対側を焼いて、平らなところにとり出して冷ます。

ポム・ノルマンドをつくる

⑪りんごは4つに切って、皮や芯をとり除き、薄く切る。フライパンを強火にかけてバターを溶かし、りんごを入れる。

＊りんごは水にさらさない（水っぽくなる）。酸化して色が変わっても、このあと炒めるので気にしなくてよい。

⑫炒めて、りんごの表面が少し透き通ってしんなりしたら、グラニュー糖を3回ぐらいに分けて振り入れる。軽く混ぜながら色づけて火を通す。

＊りんごの表面についた砂糖が溶けたら、次の砂糖を加える。砂糖を一度に入れるとりんごの水分が出やすく、カラメル状になりにくい。

⑬グラニュー糖がカラメル状になってきたら火からはずし、カルヴァドスを加え、再び火にかけ、アルコール分に火を入れて飛ばす（→フランベflamber）。

＊火にかけたままアルコールを加えると、加えている途中でアルコールに火がついて火傷することがある。いったん火からはずしてアルコールを加え、再び火にかけてフライパンの中に火を入れ、アルコール分を燃やして飛ばす。

盛り付ける

クレープで温かいポム・ノルマンドを包んで器に盛り、グラス・ア・ラ・ヴァニーユ、ポム・セシェ、バニラのさやを置く。

カルヴァドス
りんごが原料の蒸留酒（ブランデー）で、フランスのノルマンディー地方特産。りんごをまず自然発酵させてシードルというりんご酒をつくり、これをさらに蒸留してつくる。製品によって、蒸留の方法、熟成期間などが厳密に決められており、とくにペイ・ドージュ地区の名前がつくものは、最高級品として知られている。

Far breton
ファール・ブルトン

ブルターニュ地方の郷土菓子。干しプラムやレーズンなどを入れてつくる。もともとファールは、小麦、また小麦やそば粉の粥を指していた。最近では、型にパイ生地を敷いて(空焼きしておく)焼いた、フランのようなファールも見られる。

材料　直径21cmの陶製フラン型2台分
アパレイユ　　appareil
- 薄力粉　130g　130 g de farine
- グラニュー糖　100g　100 g de sucre semoule
- 塩　ひとつまみ　1 pincée de sel
- 卵　130g　130 g d'œufs
- 牛乳　330㎖　330 ㎖ de lait
- 生クリーム（乳脂肪分47％）　330㎖　330 ㎖ crème fraîche
- ラム酒　20㎖　20 ㎖ de rhum

干しプラム　24個　24 pruneaux
バター（型用）　beurre

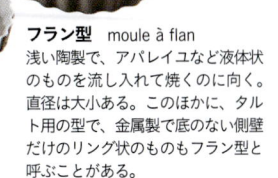

フラン型　moule à flan
浅い陶製で、アパレイユなど液体状のものを流し入れて焼くのに向く。直径は大小ある。このほかに、タルト用の型で、金属製で底のない側壁だけのリング状のものもフラン型と呼ぶことがある。

下準備
・薄力粉はふるう（→タミゼtamiser）。
・フラン型にバターを薄く塗る。

①干しプラムの種をとる。
②準備したフラン型に並べる。
＊しっかり乾燥していて独特の臭いが気になるときには、温めたシロップ（グラニュー糖250ｇ、水335ｇ、ラム酒25㎖）に漬けて柔らかくしてから使うとよい。ただし長時間漬けるとうまみも逃げるので注意する。
③ボウルにふるった薄力粉、グラニュー糖、塩を入れて混ぜ合わせる。
＊液体を入れる前に、小麦粉と砂糖を混ぜておくと、グルテンができにくくなる。
④③を泉状に広げ（→フォンテンヌfontaine）、中央のくぼみに卵を入れ、牛乳を少しずつ加えながら混ぜ合わせる。
⑤生クリームを加えて混ぜ合わせ、漉して（→パセpasser）ダマのないなめらかな状態にする。20〜30分休ませてこしを弱める。
＊生クリームが泡立たないように、溶きのばすような感じで合わせる。
⑥⑤にラム酒を加えて混ぜ合わせ、②の型に流し入れる。200℃に温めておいたオーブンで30〜40分色よく焼く。好みで粉砂糖を振って仕上げてもよい。

プラムprune［プリュンヌ］
バラ科で桃と近い種類の果物。古代ギリシアで栽培がはじまり、12世紀に、十字軍がシリアのダマスカスからヨーロッパに持ち帰って広まった（セイヨウスモモ）。日本では、日本の在来種（ニホンスモモ）をアメリカで改良した大石早生、サンタローザ、ソルダムなど甘くて多汁、果肉が柔らかくて生食向きのもの主に栽培されている。品種によって桃を小さくした、あるいはさくらんぼを大きくしたような形か、卵形で、果皮、果肉の色も変化に富んでいる。

セイヨウスモモ（大半が8〜9月に出回る）
・レーヌ＝クロードreine-claude：主にフランスの南西部で栽培されている。皮が赤紫系の品種と黄緑系の品種が含まれており、果肉は緑色がかった黄色。甘くて香りがよく、多汁。
・ミラベルmirabelle：フランス東部で主に栽培される。小型で丸く、果皮はオレンジ色がかった黄色。果肉も黄色い。柔らかくて甘い。

クェッチquetsche　主にフランス東部で栽培。皮はやや黒っぽい赤紫色で果肉は黄色。酸味があり、生食もするが、ジャムにしたり、フルーツブランデーの原料にもなる。

干しプラム
バラ科の落葉樹ヨーロッパスモモの果実プラムを乾燥させたもの。プルーンとも言う。プラムには黄、緑、赤、紫色があり、いずれも生食するが、このうち赤や紫のものを干しプラムにする。もともとは天日乾燥を行っていたが、現在ではオーブンを利用して製造する。また、高温の糖液に入れて脱水する方法もある。カリウム、鉄などのミネラル分が豊富。日本で栽培されているスモモは乾燥には向かず、アメリカなどからの輸入品が出回る。フランスではギュイエンヌ地方アジャン産（写真）やトゥーレーヌ地方のものが有名。アジャンで栽培されている代表的なプラムは、卵形で濃い赤紫色の果皮に白く粉をふいたようになっているのが特徴。プリュンヌ・ダントprune d'ente※と呼ばれる。大粒で柔らかく風味のよい干しプラムになる（プリュノー・ダジャンpruneaux d'Agen）。
※ ente［アント］接木用の台木

Beignets aux pommes
ベーニェ・オ・ポム

ベーニェは衣揚げ、または生地だけを揚げた料理や菓子のこと。りんご以外の果物でも、パイナップルやバナナなど、加熱してもくずれず、酸味を強く感じないものが合う。

材料　基本分量

パータ・ベーニェ　pâte à beignets
- 薄力粉　125g　125 g de farine
- 塩　ひとつまみ　1 pincée de sel
- 卵　50g　50 g d'œuf
- サラダ油　25㎖　25 ㎖ d'huile
- ビール　100㎖　100 ㎖ de bière
- メレンゲ　meringue
  - 卵白　60g　60 g de blancs d'œufs
  - グラニュー糖　30g　30 g de sucre semoule

りんご　3個　3 pommes
グラニュー糖　sucre semoule
キルシュ（またはカルヴァドスなど）　kirsch（ou calvados）
シナモンシュガー　sucre à la cannelle
シナモン風味のアイスクリーム　glace à la cannelle
シュー生地（飾り）　pâte à choux
ミント（飾り）　menthe
揚げ油　friture

※シナモンシュガーは、粉糖とシナモンパウダーを5対1の割合で混ぜ合わせる。
※シナモン風味のアイスクリームは、グラス・ア・ラ・ヴァニーユ（→p.276）のバニラのさやをシナモンスティックにかえてつくる。

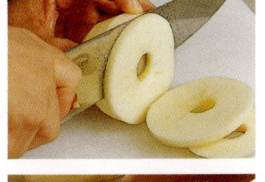

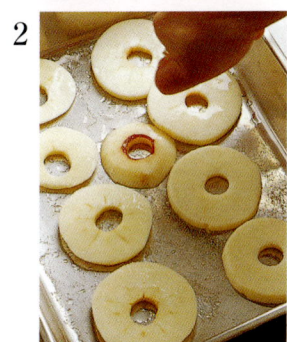

下準備
・薄力粉はふるう（→タミゼtamiser）。

りんごを準備する
① りんごは皮をむき、芯をくり抜く。5㎜厚さの輪切りにしてバットに並べる。
＊芯抜き器vide-pommeを上下から刺し込んでくり抜く。片側からだけ押し込んでとろうとすると、りんごが割れてしまう。
② グラニュー糖とキルシュ酒を両面に振り、しばらくおいてなじませる。

パータ・ベーニェをつくる
③ ボウルに薄力粉と塩を入れる。
④ 泉状に広げ（→フォンテンヌfontaine）て中央のくぼみに卵を入れ、サラダ油、ビールを順に少しずつ加えながら混ぜる。
⑤ さらにまわりの薄力粉と混ぜ合わせてなめらかな生地をつくる。20〜30分休ませてこしを弱める。
⑥ メレンゲをつくる。ボウルに卵白を入れてほぐし、グラニュー糖を加え、きめ細かくなるまで泡立てる（→フウェテfouetter）。
⑦ ⑤にメレンゲを加え、気泡をつぶさないようにさっくり混ぜ合わせる。

10 **りんごにパータ・ベーニェをつけて揚げる**
⑧②のりんごの汁気をふきとってパータ・ベーニェに入れ、全体に生地をつける。
＊竹串を使うとよい。
⑨余分な生地を落として180℃の揚げ油に入れて揚げる（→フリールfrire）。互いにくっつかないように、油の中には一度にたくさん入れすぎない。
＊油の温度が低いと、揚げている間にりんごから水分が抜けてりんごがやせてしまう。
⑩生地が全体にふくらんでくる。ときどきひっくり返しながら、全体にきれいなきつね色に揚げて、油を切る。
＊りんごは生でも食べられるので、生地に火が通ればよい。

盛り付け
器に盛り、シナモン風味のアイスクリームを添え、シナモンシュガーを振る。揚げたシュー生地の飾りやミントを飾る。

シナモン
スリランカ原産のクスノキ科の常緑樹シナモン（別名セイロンニッケイ）の樹皮をはいで乾燥させたスパイス。独特の上品な甘い香りがあり、清涼感のあるほのかな辛みを感じる。とくにりんごとよく合う。スティック状と粉末状のものがあり、菓子だけでなく、料理にも幅広く使われる。この木はスリランカやインド南部に分布するが、近縁植物のカシア（中国南部やインドシナ半島に分布）や、ニッケイ（日本）も同様のスパイスとして、シナモンの名で出回ることがある。ただし、風味は劣る。

Bugnes
ビューニュ

リヨン名物の揚げ菓子で、カーニバル（謝肉祭）のときにつくられる。Bugnesは中世フランス語のbuignet（こぶ）が転じた言葉。発酵生地を用い、形は好みでいろいろある。

ビューニュ

材料　基本分量
生イースト　20g　20 g de levure de boulanger
牛乳　120mℓ　120 mℓ de lait
強力粉　300g　300 g de farine de gruau
グラニュー糖　30g　30 g de sucre semoule
塩　3g　3 g de sel
卵黄　60g　60 g de jaunes d'œufs
コニャック　50mℓ　50 mℓ de cognac
オレンジの花水　5mℓ　5 mℓ d'eau de fleur d'oranger
バター　60g　60 g de beurre
粉砂糖　sucre glace
バター（ボウル用）　beurre
打ち粉（強力粉）　farine
揚げ油　friture

下準備
・強力粉はふるう（→タミゼtamiser）。
・卵と牛乳は常温に置いておく（冬期は人肌程度に温める）。
・バターは湯煎（→バンマリbain-marie）にかけて溶かす。

①生イーストを手でほぐし、牛乳を加え、泡立器でよく混ぜてイーストを完全に溶かす。
②ボウルに強力粉、グラニュー糖、塩を入れて泡立器で混ぜ合わせ、泉状に広げる（→フォンテンヌfontaine）。
③中央のくぼみに卵黄を入れ、①を加えながら混ぜる。
④〜⑤コニャック、オレンジの花水（写真4）、溶かしバター（写真5）を順に入れながらさらに混ぜ合わせる。
⑥さらに手でまわりの粉と混ぜ合わせ、一つにまとめる。
打ち粉をした作業台にとり出し、生地の表面がなめらかになるまでたたきつけながら、全体をよく混ぜ合わせる。
⑦生地の表面がなめらかになってきたら、丸めてバターを塗ったボウルにとじ目を下にして入れる。
⑧冷蔵庫で2倍にふくらむまで発酵させる。発酵したらパンチ（ガス抜き）し、バットに広げて冷蔵庫で休ませ、生地を冷やしておく。
⑨作業台に布を敷いて打ち粉をし、この上に生地をとり出す。麺棒を押しあててガスを軽く抜きながら、2〜3mm厚さにのばし、再度冷蔵庫で冷やし固める。
＊次に型抜きしやすいように、厚地の布に置いて作業するとよい。

⑩木の葉形の抜き型（アンポルトピエス・カヌレ・オヴァルemporte-pièce cannelé ovale）で抜く。
＊長さ13cm、幅8cmの抜き型を使用（約25枚とれる）。
⑪切り込みを3本ずつ入れる。
⑫切り込みを広げるような感じに軽く手でひっぱってのばし、160℃の揚げ油で揚げる（→フリールfrire）。
⑬色よく揚がったら油を切る。粗熱がとれたら、粉砂糖を振る。

コニャック

フランス西部シャラント県の都市コニャックを中心にした地域で生産されるぶどうのブランデー。特定品種のぶどうからつくる白ワインを単式蒸留器で2回蒸留したあと、オーク樽で熟成させる。熟成年数によって決められた名称（VSOP、XOなど）があり、また熟成の古いものと若いものがブレンドされることも多い。コニャック地方は、グランド・シャンパーニュ地区やプティット・シャンパーニュ地区など法律で6つの区域に分けられ、それぞれ質の異なるコニャックを産する。また、前記2区でつくられるコニャックをブレンドしたもの（グランド・シャンパーニュ地区産50％以上）は「フィーヌ・シャンパーニュ」と呼ばれる。

オレンジの花水

ビターオレンジの花のつぼみを水に浸し、蒸留して得た抽出物から精油（ネロリ油）を分離して採取したもの。果物のオレンジとは違う香りで、生地やクリーム、糖菓の香りづけに利用する。

Soufflé à la vanille
スフレ・ア・ラ・ヴァニーユ

スフレとは、ふくらんだものという意味。スフレはメレンゲに含まれる空気が加熱されて膨張することによってふくらむ。型は側面が広がっていなくて垂直のものを使い、オーブンから出したら、しぼまないうちにすぐにサービスすること。

デザートのスフレは、牛乳入りの生地でつくるものと果物ベースのものがある。前者のタイプは、ブール・マニエ（あるいはルー）を牛乳で溶きのばしたアパレイユ、またはクレーム・パティシエールを卵黄でつないでつくる。

材料　直径8cmのココット型 12個分
アパレイユ　appareil
├ ブール・マニエ　beurre manié
│├ バター　100g　100 g de beurre
│└ 薄力粉　100g　100 g de farine
├ 牛乳　500ml　500 ml de lait
├ バニラのさや　1本　1 gousse de vanille
├ 卵白　60g　60 g de blancs d'œufs
├ 卵黄　160g　160 g de jaunes d'œufs
├ バニラエッセンス　extrait de vanille
├ メレンゲ　meringue
│├ 卵白　240g　240 g de blancs d'œufs
│└ グラニュー糖　140g　140 g de sucre semoule
粉砂糖　sucre glace
バター（型用）　beurre
グラニュー糖（型用）　sucre semoule
※ブール・マニエはバターと小麦粉を同量練り混ぜたもの。

型の準備
・バターは室温に置いてポマード状に柔らかくする。
・型の内側にクリーム状のバターを塗り（写真a）、グラニュー糖をたっぷり入れて型を回しながら全体にまぶしつけ（写真b）、余分はあける。

アパレイユをつくる
①バニラのさやを縦半分に裂いて牛乳に入れ、火にかけて沸騰直前まで温める。
②バターと薄力粉を練り合わせて、ブール・マニエをつくる。
③①の牛乳を②のブール・マニエに加えて溶きのばす。
④③を漉して（→パセpasser）鍋に戻す。
＊火が通って漉しにくくなるので注意。バニラのさやをとり除いた牛乳にブール・マニエを加えてもよい。
⑤なめらかな状態になるまで泡立器で混ぜながら煮る。クリームのこしが抜けて流れ落ちる状態になればよい。
⑥卵白と卵黄を合わせて溶きほぐし、⑤を火からはずして、手ばやく混ぜながら加える。ボウルに移し、ヘラで混ぜて粗熱をとり、バニラエッセンスを加え混ぜる。
＊すばやく混ぜ合わせないと、卵が固まってしまう。
⑦メレンゲをつくる。卵白をほぐし、グラニュー糖を2〜3回に分けて加えながら泡立てる（→フウェテfouetter）。
⑧セレして（→セレserrer）、きめ細かくて光沢のある、しっかりしたメレンゲをつくる。
⑨メレンゲをなめらかに戻した⑥に加え、気泡をつぶさないように全体にさっくり混ぜ合わせる。
＊⑥は粗熱がとれていること。熱いと、ここでメレンゲに火が通ってしまい、焼いたときにふくらまなくなる。

12 型に入れて焼き上げる

⑩準備した型にアパレイユを型いっぱいまで絞り入れる（口金なしの絞り出し袋poche使用）。
⑪表面をパレットナイフでならす。
⑫縁は指できれいにとる。
200℃に温めたオーブンで10〜15分焼き、焼き上がったら、表面に粉砂糖を振ってすぐに供する。
＊すぐにしぼんで表面にしわが寄ってくるので、すばやく供する。

ココット型 cocotte
側面が垂直になっている陶製の型。スフレをつくるのに向き、スフレ型とも言う。生地を入れて焼き、そのまますばやくサービスできるように見た目もよい。また熱が均一に伝わるので、きれいにふくらむ。

Soufflé aux pommes
スフレ・オ・ポム

果物の風味を生かした温かいデザートで、ピューレをベースにしてつくるスフレ。

スフレ・オ・ポム

材料　直径7.5cm、高さ3.5cmの耐熱容器8個分
アパレイユ　appareil
　りんご　7個（1個200g）　7 pommes
　バター　25g　25 g de beurre
　白ワイン　50mℓ　50 mℓ de vin blanc
　バニラのさや　1/2本　1/2 gousse de vanille
　グラニュー糖　200g　200 g de sucre semoule
　カルヴァドス　30mℓ　30 mℓ de calvados
　レモン汁　1/4個分　jus de 1/4 de citron
　メレンゲ　meringue
　　卵白　150g　150 g de blancs d'œufs
　　粉砂糖　25g　25 g de sucre glace
ソース・オ・ミエル　sauce au miel
　グラニュー糖　50g　50 g de sucre semoule
　水　50mℓ　50 mℓ d'eau
　はちみつ　50g　50 g de miel
りんご（飾り）　pomme
ピスタチオ（飾り）　pistaches
粉砂糖　sucre glace
バター（型用）　beurre
グラニュー糖（型用）　sucre semoule

※飾り用りんごは、薄切りにしてグラニュー糖を振り、バターをのせてオーブンで焼いたもの。下にパイ生地を敷いて焼いてもよい。

型の準備
・器の内側にクリーム状のバターを塗り（写真a）、グラニュー糖をたっぷり入れて器を回しながら全体にまぶしつけ、余分はあける（写真b）。

アパレイユをつくって焼く
①鍋にバター、バニラのさやを入れて火にかける。りんごを4つに切って皮や芯をとり除き、鍋に入れて炒める。
②りんごの表面が透き通ってきたら、白ワインを加え、蓋をして、180℃に温めたオーブンに入れる。
③りんごに火が通ったら（串がすっと通るようになる）、汁気を切って裏漉し（→タミゼtamiser）、なめらかなピューレにする（正味500g）。
④③にグラニュー糖を加えて混ぜる。
⑤火にかけて104℃まで煮詰める（ジャムくらいの固さ）。粗熱をとり、カルヴァドス、レモン汁を加え混ぜる。
⑥メレンゲをつくる。卵白をほぐし、グラニュー糖を2～3回に分けて加えながら泡立て（→フウェテfouetter）、きめ細かくて光沢のある、しっかりしたメレンゲをつくる。

⑦メレンゲを⑤に加え、気泡をつぶさないように全体にさっくり混ぜ合わせる。
＊⑤は粗熱がとれていること。熱いと、ここでメレンゲに火が通ってしまう。
⑧⑦のアパレイユを準備した容器いっぱいに絞り入れる（口金なしの絞り出し袋使用）。
⑨表面をパレットナイフでならし、縁も指できれいにぬぐいとる。
⑩湯煎（→バンマリ bain-marie）にして、200℃に温めたオーブンで10〜15分焼く。
＊湯煎で火を通すと、しっとりした状態に仕上がる。もし、スフレ・ア・ラ・ヴァニーユのように表面をしっかりした状態に仕上げたい場合は、湯煎にせずにオーブンで焼くとよい。

ソース・オ・ミエルをつくる
⑪グラニュー糖を鍋に入れて火にかけ、木杓子 spatule en bois で混ぜて、色づけながら溶かす。
⑫火を止め、水を加えて混ぜる。再び火にかけてカラメルを煮溶かす。
⑬はちみつに熱い⑫を少しずつ加えて混ぜ合わせる。

盛り付ける
皿に飾り用りんご（焼きたての熱いもの）を置き、焼き上がったスフレをひっくり返し、器をはずして盛り付け、ピスタチオを飾ってソース・オ・ミエルをかける。

243

Gaufres
ゴーフル

起源は、古代ギリシャでつくられていた「オベリオス」にさかのぼる。フランスではoubris(ウブリ)（→p.12）と呼ばれ、熱した鉄板の間に生地を流して薄く焼いた菓子だった。13世紀頃にくぼみをつけた型が考案され、これを用いると蜂の巣を思わせる形になったことから、ゴーフル（蜜蜂の巣という意味がある）と呼ばれるようになった。英語ではwaffle(ワッフル)で、日本ではワッフルと呼ばれることが多い。

材料　10cm角12枚分
パータ・ゴーフル　pâte à gaufres
- 薄力粉　125g　125 g de farine
- ベーキングパウダー　10g　10 g de levure chimique
- グラニュー糖　25g　25 g de sucre semoule
- 塩　2g　2 g de sel
- 卵黄　40g　40 g de jaunes d'œufs
- 牛乳　175mℓ　175 mℓ de lait
- バター　40g　40 g de beurre
- 卵白　60g　60 g de blancs d'œufs

クレーム・シャンティイ　crème chantilly(→p.163)
粉砂糖　sucre glace
はちみつ　miel
フランボワーズ（飾り）　framboise
ミント（飾り）　menthe
バター（型用）　beurre
サラダ油（型用）　huile

下準備
・薄力粉はふるう（→タミゼtamiser）。
・バターは湯煎（→バンマリbain-marie）にかけて溶かす。
・型用のバターは溶かし、同量のサラダ油と混ぜ合わせる。

パータ・ゴーフルをつくる
①ふるった薄力粉、ベーキングパウダー、グラニュー糖、塩を泡立器で混ぜ合わせる。
②粉類を泉状に広げ（→フォンテーヌfontaine）、中央のくぼみに卵黄を入れ、牛乳を少しずつ加えながら混ぜ合わせる。
③溶かしバターを少しずつ加えながら混ぜ合わせる。10分ほど休ませてこしを弱める。
④卵白をきめ細かくふんわりと泡立てる（→フウェテfouetter）。
⑤④を③に加えてさっくり混ぜ合わせる。

焼き上げる
⑥ゴーフル型を温めて準備した型用のバターとサラダ油を薄く塗り、生地を流し入れる。
⑦蓋をして焼く。
＊直火にかけて焼く型の場合は、両面を色よく焼き上げるために、適度に裏返して焼く。
⑧きれいな焼き色がついて焼き上がったら、網の上にとって粗熱をとる。クレーム・シャンティイ、フランボワーズを飾り、粉砂糖、はちみつ、ミントで飾る。

ゴーフル型(ワッフルメーカー)
gaufrier
ゴーフル（ワッフル）を焼く専用の機械。格子状の模様のついた2枚の鉄板の間に生地を流し、はさんで焼く。電気式のもの（写真奥）と直火にかけるタイプ（写真手前）がある。テフロン加工されているものが扱いやすい。

冷たいデザートについて

クリームや果物をベースにした菓子で、冷やすことでよりおいしく提供できるものを冷菓(entremets froids アントルメ・フルワ)と呼ぶ。凝固剤(ゼラチン、ペクチン、寒天など)を用いて冷蔵庫で冷やし固めた菓子、プディングのように卵の熱凝固を利用して固め、よりおいしく味わうために冷たく冷やして提供する菓子、バターやチョコレートに含まれている脂肪分によって、冷やし固めてつくるムース類、また季節のフルーツをシロップやワインなどで柔らかく煮込み、冷たく冷やすことで果物の風味をひきたたせ、食欲を増進させるフルーツのコンポートを紹介する。

凝固剤(ゲル化剤)について

液体をゲル状(弾力や柔らかさのある状態)に固める添加物。

	ゼラチン(→P.48)	寒天	ペクチン(→P.335)	カラギーナン(→P.255)
原料	牛骨、牛皮、豚皮	紅藻類(オゴノリなど)	柑橘類の皮、りんご	紅藻類(ツノマタ、スギノリ)
主成分	コラーゲン(たんぱく質)	多糖類(食物繊維)	多糖類(食物繊維)	多糖類(食物繊維)
状態	粉末、板状	粉末、棒状、糸状	粉末	粉末
溶かす温度と条件	50〜60℃。水で戻して加える。長く加熱するとゲル化力が弱まる。	90〜100℃。水で戻し、沸騰させて溶かす。	90〜100℃。砂糖と混ぜて液体に加え、煮溶かす。沸騰させてもよい。	50℃以上。砂糖と混ぜて液体に加え、80℃以上で煮溶かす。
ゲル化温度	15〜20℃。20℃以下(冷蔵庫内など)で冷やす。	30〜40℃。常温で固まる。	常温で固まる。HMペクチン:60〜80℃ LMペクチン:30〜40℃	30〜75℃。常温で固まる。ゲル化速度が早い。
条件	酸にやや弱い(PH3.5以上ならゲル化)。たんぱく質分解酵素を含む果物(パパイヤ、キウィ、パイナップルなど)はゲル化できない。	酸に弱い。PH4.5以上。	酸に強い。HMペクチン:PHが低く(酸性)、糖度が高いほど早く強くゲル化する(PH2.7〜3.5、糖度55〜80%)。LMペクチン:酸性〜中性(PH3.2〜6.8)で、カルシウム、マグネシウムなどのミネラルに反応してゲル化。	PH3.5以上ならゲル化。たんぱく質(とくにミルクカゼイン)、カルシウムがあると急速に、強くゲル化する。ローカストビーンガムと併用すると弾力が出る。
ゲルの特徴	柔らかく弾力、粘りがある。口溶けがよい。	弾力、粘りがなく、もろい口当たり。喉越しがよい。	強い弾力がある。LMペクチンはやや柔らかい。	柔らかく、適度に弾力がある。製品によって異なる。
溶ける温度	25〜30℃。夏季など室温に放置すると溶ける。一度溶けたものを再びゲル化すると強度が弱る。	70℃。室温で安定。いったん溶かして再び固めても同じように固まる。	90〜100℃。室温で安定。一度溶けたものを再びゲル化すると強度が弱る。	ゲル化する温度より5〜10℃高い温度になると溶ける。室温で安定。溶かして再び固めると元通りになる。
保水性	溶けない温度を保てばほとんど離水しない。	離水しやすい。砂糖を多く加えて保水性を高めるとよい。	最適な条件からはずれると離水する。	離水しやすい。
冷凍耐性	冷凍不可	冷凍不可	冷凍可能	冷凍可能
栄養価	消化吸収される。338kcal/100g。	消化されないので0kcal。	消化されないので0kcal。	消化されないので0kcal。

Bavarois
バヴァルワ

バヴァルワ（ババロワ）という名は、ドイツのバイエルン（ババリア）地方（フランス語でBavière）に由来するが、起源はおそらくフランスで、アントナン・カレームの時代にはすでに、ゼラチンで固めるフロマージュ・バヴァルワという冷菓がつくられていた（フロマージュはチーズ状に固めたもの、という意味）。現在は、一般的にクレーム・アングレーズまたは果物のピューレにゼラチンを加え、泡立てた生クリームと合わせて固めたものをバヴァルワと定義している。

バヴァルワ

材料 直径21cmのトロワフレール型約1台分
バヴァルワ　bavarois
　クレーム・アングレーズ　crème anglaise
　　牛乳　750㎖　750 ㎖ de lait
　　バニラのさや　1本　1 gousse de vanille
　　卵黄　180g　180 g de jaunes d'œufs
　　グラニュー糖　180g　180 g de sucre semoule
　板ゼラチン　15g　15 g de feuille de gélatine
　バニラエッセンス　少量　un peu d'extrait de vanille
　生クリーム（乳脂肪分45％）　150㎖　150 ㎖ de crème fraîche
クレーム・シャンティイ　crème chantilly（→p.163）
　生クリーム（乳脂肪分45％）　200㎖　200 ㎖ de crème fraîche
　粉砂糖　16g　16 g de sucre glace
フルーツ各種　fruits
ミント（飾り）　menthe

下準備
・板ゼラチンは冷水につけて戻す。

型の準備
・型を氷水につけておく。

クレーム・アングレーズをつくる
①卵黄をほぐし、混ぜながらグラニュー糖を少しずつ加える。
②白っぽくふんわりとするまで撹拌する（→ブランシールblanchir）。
③バニラのさやを縦に裂いて種をこそげ、牛乳に加える。さやも入れて沸騰直前まで温め、②に加えて混ぜる。
④漉しながら鍋に戻す。中火にかけ、木杓子で鍋底をこするようにして混ぜながら煮詰める。
＊はじめは木杓子ですくってもさらっと流れ落ちる状態。
⑤液体が絶えず動いているように鍋底からしっかり混ぜ続け、とろみがつくまで煮詰める。
＊木杓子ですくうと、表面を薄くおおうくらいに濃度がついたらでき上がり。約82〜84℃になっている（ナップ状à la nappe）。
⑥戻したゼラチン（柔らかく戻ったら余分な水気を絞っておく）を加えて溶かす。
⑦漉して（→パセpasser）ボウルに移す。ボウルを氷水にあて、ゴムベラpalette en caoutchoucで絶えず混ぜながら冷やし、熱がとれたらバニラエッセンスを加える。
＊冷やしすぎると固まってしまう。ラップをして、ボウルを水道水につけて、ときどきかき混ぜるようにすれば、常温になるまで置いておけるので、生クリームと混ぜ合わせる直前に、とろみがつくまで冷やせばよい。

10 **バヴァルワをつくる**

⑧生クリームをとろみがつき、泡立て器にひっかかる程度に泡立てる（→フウェテfouetter）。クレーム・アングレーズを泡立てた生クリームに加える。
＊同じくらいの固さにするか、柔らかいほうを固いものへなじませるように加える。
⑨型に流し入れ、氷水にあてるか冷蔵庫に入れて冷やし固める。
⑩型を湯にさっとつけ、皿をのせてひっくり返し、型から抜く。
＊盛り皿に軽く水を塗っておくと、バヴァルワを盛り付けたときに中心がずれても、動かすことができる。
⑪中央に果物を入れ、ミントを飾る。
⑫クレーム・シャンティイをバヴァルワの周囲に絞る。

トロワフレール型 trois-frères
トロワフレールは3人の兄弟という意味。19世紀のパリの有名な菓子職人ジュリアン3兄弟（→p.14）が考案した焼き菓子用の型。大きくて浅いリング状で、クグロフ型のように斜めにねじれた渦巻き模様になっている。アルミ、ステンレスなどの金属製の焼き菓子用の型は、熱伝導がよく、冷菓に使うことができる。

Blanc-manger
ブランマンジェ

白い食べものという意味で、最も古くからつくられていた冷菓と言われる。本来はアーモンドの実をすりつぶし、絞って得られるアーモンドミルクのみでつくるものだったが、現在ではほとんどが牛乳に香りをつけてゼラチンで固めてつくる。イギリスでは、牛乳にコーンスターチを加えて煮て、冷やし固めたデザートをブランマンジェと呼ぶ。

材料　直径6cmのプリン型約15個分
アパレイユ　appareil
- 牛乳　400㎖　400 ㎖ de lait
- アーモンド　100g　100 g d'amandes
- グラニュー糖　100g　100 g de sucre semoule
- 板ゼラチン　12g　12 g de feuille de gélatine
- アマレット　60㎖　60 ㎖ d'amaretto
- 生クリーム（乳脂肪分45％）　360㎖　360 ㎖ de crème fraîche

クレーム・アングレーズ　crème anglaise（→p.277）
- 牛乳　500㎖　500 ㎖ de lait
- バニラのさや　1/2本　1/2 gousse de vanille
- 卵黄　120g　120 g de jaunes d'œufs
- グラニュー糖　120g　120 g de sucre glace

フルーツ各種　fruits
ミント（飾り）　menthe

※香りのよいアーモンドを使う。ヨーロッパ産のビターアーモンドとの交配種などがよい。

下準備
・板ゼラチンは柔らかくなるまで冷水につけておく。
・アーモンドは湯むきする。

①牛乳とアーモンドをミキサーmixeurにかけ、アーモンドを細かく粉砕する。
②鍋に移し、グラニュー糖を加えて火にかける。
③混ぜながら煮て砂糖を溶かし、アーモンドの香りをひき出す。
④沸騰直前になったら火を止め、蓋をして20分ほど蒸らす。
⑤きめの細かい布をザルに敷き、ボウルで受けて漉す（→パセpasser）。
⑥布を両手でひねって液体をしっかりと絞りとり、計量する（約400㎖）。
＊ゼラチンに対する液体の量によってでき上がりの固さがかわってしまうのでここで必ず計量すること。足りなければ牛乳を足す。
⑦戻したゼラチンを湯煎で溶かして加え混ぜる。
⑧アマレットで風味をつける。

⑨生クリームをとろみがつくまで泡立てる。
⑩⑧をかき混ぜながら氷で冷やし、⑨の生クリームと同じくらいにとろみが出てきたら⑨を加えて混ぜ合わせる。
⑪容器に流し入れ、冷蔵庫で冷やし固める。
⑫フルーツ（洋梨のシロップ煮、キウイ、いちご、ブルーベリー）を、マセドワーヌmacédoine（4～5mm角のさいの目切り）に切る。
⑬⑪の上にクレーム・アングレーズを流し、フルーツとミントの葉を飾る。
＊フルーツは好みの酒で和えておいてもよい。

Gelée de pamplemousse
ジュレ・ド・パンプルムゥス

ジュレという言葉は、ピューレ状のジャムを指す場合もあるが、ここではゼラチンもしくは寒天など凝固剤を使って冷やし固めたゼリーのこと。皮を利用して、panier（籠）のように仕立てている。

ジュレ・ド・パンプルムゥス

材料 グレープフルーツのケース4～5個分
グレープフルーツ 4～5個 4 à 5 pamplemousses
ジュレ・ド・パンプルムース gelée de pamplemousse
  ┌ グレープフルーツの果汁 430㎖ 430 ㎖ de jus de pamplemousse
  │ 水 300㎖ 300 ㎖ d'eau
  │ グラニュー糖 110g 110 g de sucre semoule
  │ パールアガー8（カラギーナン製剤） 15g 15 g de carraghénane
  │ キルシュ 30㎖ 30 ㎖ de kirsch
  └ レモン汁 30㎖ 30 ㎖ de jus de citron
アーモンドスライス（飾り） amandes effilées
クレーム・シャンティイ（飾り） crème chantilly（→p.163）

①グレープフルーツは上部1/3を水平に切りとる。切り口から5mm厚さで両端から切り込みを入れる。

②中央は切り離さないようにつなげておく（でき上がったときに、写真のように起して中央でリボンで結ぶと籠の持ち手のようになる）。
③果肉と皮の間にナイフを入れて切り離す。
④切り口にスプーンを徐々に入れて果肉をくり抜き、果汁を絞る。
⑤パールアガー8とグラニュー糖を混ぜ合わせる。
＊カラギーナン製剤は砂糖と合わせておくと、ダマになりにくく、溶けやすい。
⑥鍋に水を入れて火にかけ、鍋の縁に細かい泡が出てくるくらいに沸かし、火からはずして泡立器で混ぜながら⑤を少しずつ振り入れて溶かす。
⑦再び火にかけて沸騰させる。

グレープフルーツ
ミカン科の柑橘類。19世紀にアメリカでブンタンとオレンジを交配してつくられた。果実がぶどうのように房状に実ることからグレープフルーツと呼ばれる。果汁が多く、オレンジより糖分が少なくて、果物の中では低カロリーである。果肉が黄色い品種と、果肉が赤い品種（ルビー）がある。

⑧ボウルにグレープフルーツの果汁を入れ、泡立器で混ぜながら⑦を加える。
⑨さらにキルシュ、レモン汁を加える。
⑩④の皮をセルクルcercleの上に水平に置き安定させ、⑨をすばやく流し入れ、冷蔵庫で冷やし固める。
＊オレンジやレモンの場合、安定をよくするために底を水平に少し切ることがあるが、グレープフルーツは皮が薄く、底が抜けることがあるので切らないほうがよい。
⑪ゼリーの上にクレーム・シャンティィを絞り、アーモンドスライスを飾る。
⑫切り込みを入れた皮を持ち上げ、リボンを結ぶ。

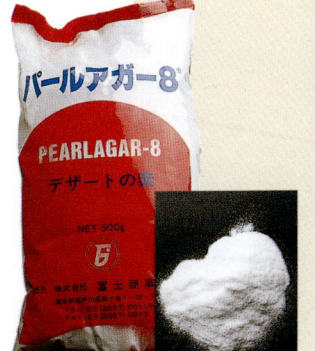

カラギーナン
紅藻類（スギノリ、ツノマタなど）の抽出物で多糖類（食物繊維）の一種。ゲル化、増粘の働きがあり、食品添加物として認可されている。精製されたカラギーナンには三つのタイプがあってそれぞれ性質が違い、それらの組合わせや、ほかの増粘剤（ガム類）との組合わせで、さまざまなゲル化特性（弾力、口当たりなど）や便利な性質（冷凍耐性など）を併せ持ったカラギーナン製剤がつくられている。一般的に、ミネラル（カルシウムなど）やたんぱく質（ミルクカゼインなど）によってゲル化力が増す、70～80℃で溶け、室温で固まることが大きな特徴（冷水や冷たいミルクに溶ける製品もある）。

＊本書で使用したカラギーナン製剤・・・パールアガー8（富士商事）

Crème renversée au caramel
クレム・ランヴェルセ・オ・カラメル

ランヴェルセは、ひっくり返したという意味。凝固剤を使わず、卵の熱凝固性を利用してつくる冷菓。ひっくり返さずに型のまま供するものはflan(フラン)、petit pot de crème(プティ・ポ・ド・クレム)などの名で呼ばれる。卵、牛乳、砂糖を混ぜたものを英語でカスタード、フランス語ではcrème d'entremets(クレム・ダントルメ)といい、蒸し焼きにして固めるとプディング類になり、とろみがつくまで煮詰めた液状のものは、冷菓やクリームのベースに、またデザートソースとして用いる（→p.248クレーム・アングレーズ）。

材料　直径21cmのマンケ型1台分
アパレイユ　appareil
- 牛乳　750ml　750 ml de lait
- バニラのさや　1本　1 gousse de vanille
- 卵　250g　250 g d'œufs
- グラニュー糖　150g　150 g de sucre semoule
- バニラエッセンス　少量　un peu d'extrait de vanille

カラメル　caramel
- グラニュー糖　150 g　150 g de sucre semoule
- 水　150ml　150 ml d'eau

生クリーム(乳脂肪分45%)　300ml　300 ml de crème fraîche

カラメルをつくり、型に流す
①銅鍋にグラニュー糖と水を入れ、火にかける。
②周りに飛び散ったシロップは、水でぬらした刷毛pinceauで洗い落す。
③鍋の縁から薄茶色になってくる。
＊120℃を越えるともうシロップがはねなくなるので水刷毛は不要。
④全体が薄茶色になってきたら、火を止めて、鍋の余熱で色づくのを待つ。
＊カラメルの色加減は、鍋の中の色で見ると濃く見えるので、木杓子ですくって落ちるカラメルの色を見て判断するとよい。
⑤カラメル色になってくると、泡が盛り上がってくるので、泡が落ちつくのを待つ。
⑥ちょうどよい色になったら鍋を水につけて冷やし、それ以上色づくのを止める。
⑦すぐに型に流して底一面に広げ、固まるまで置いておく。
＊残ったカラメルは、紙（シリコン樹脂加工紙）の上に少しずつ落として固め、保存しておく。次にプディングをつくるときに、そのまま型に入れて使える。また牛乳など液体に加え、温めて溶かすことにより、カラメル風味の液体になり、カラメル風味のクリームや生地づくりに用いることができる。

アパレイユをつくる
⑧卵をほぐし、グラニュー糖を加えて混ぜる。
＊こしをよく切ると口溶けのよいものができる。軽く混ぜるだけにして、こしのある仕上がりにしてもよい。
⑨バニラのさやを裂いて種をこそげて牛乳に加え、さやも入れて人肌程度に温め、⑧に加える。
＊バニラの種はアパレイユの底に沈み、でき上がってひっくり返したときに、表面に黒い粒が集まってしまう。それを避けたいなら、バニラは裂かずに入れる。
＊牛乳を温めて加えると、卵に少し火が通って、こしの弱いプディングになる。牛乳を温めずに加えてもよい。
⑩漉して（→パセpasser）バニラエッセンスを加える。
⑪浮いている泡はすくいとる。

型に流して焼く

⑫アパレイユをカラメルを入れた型に流し入れる。
＊このとき、表面にアルコールをスプレーすると簡単に泡を消すことができる。

⑬バットに紙タオルを敷いて⑫を置き、型の高さの半分まで熱湯を入れ、湯煎（→バンマリbain-marie）にした状態で160℃に温めたオーブンで35分焼く。
＊表面に膜がはり、口溶けが悪くなるので、プディングの表面が固まったらアルミフォイルなどをかぶせておくとよい。

盛り付ける

⑭焼き上がったら常温に置き、熱がとれたら冷蔵庫で冷やしてしっかり固める。型から抜くときは、まず型に沿って周囲を指で軽く押さえ、必要ならさらに型の内側にナイフを入れ、型の内側についたプディングをはずす。

⑮水でぬらした皿をあててひっくり返す。
＊皿をぬらしておくと、移したプディングの位置がずれていても移動できる。

⑯型を静かにはずす。
＊残ったカラメルに、水を加えて溶かし、柔らかくしたものをソースとして添えるとよい。
＊好みでクレーム・フェテを添える

Mousse au chocolat
ムゥス・オ・ショコラ

ムースは泡という意味で、溶かしたチョコレートや果物のピューレに泡立てた生クリームやメレンゲなどを加えてふんわりとした口当たりに固めたものを指す。ムースだけを冷菓として供するほか、スポンジ生地と組合わせてさまざまなアントルメをつくることができる。バヴァルワとムースの区別は曖昧になっているが、より気泡を多く含んで軽いものをムースとすることが多い。

ムゥス・オ・ショコラ

材料 直径7cmの半球形の型6個分
ムース・オ・ショコラ　mousse au chocolat
├ クーヴェルチュール（カカオ分56％）125g　125 g de couverture
├ パータ・ボンブ　pâte à bombe
│├ 卵黄　80g　80 g de jaunes d'œufs
│└ シロップ（30°B）　125㎖　125 ㎖ de sirop
└ 生クリーム（乳脂肪分38％）250㎖　250 ㎖ de crème fraîche
洋梨のシロップ煮　poire au sirop（→p.49）
バター（型用）　beurre
ジェノワーズ（またはビスキュイ）直径7cm、厚さ5mmのもの6枚　génoise（→p.50）
アンビバージュ　imbibage
├ グラン・マルニエ　Grand Marnier
└ シロップ（水2：グラニュー糖1）　sirop
ナパージュ・ヌートル　nappage neutre
ミント（飾り）　menthe
チョコレートのシガレット（飾り）　cigarette de chocolat
クーリ・ドランジュ　coulis d'orange
├ オレンジ　2個　2 oranges
├ グラニュー糖　sucre semoule
└ コーンスターチ　fécule de maïs

1
2
3
4
5
6
7

①〜③洋梨のシロップ煮を縦半分に切って芯をとり、薄切りにする。
④半球形の型にバターを薄く塗り、洋梨をはりつけて（→シュミゼchemiser）冷蔵庫で休ませる。型からはみ出した洋梨はそのままにしておく。

パータ・ボンブをつくる
⑤卵黄を溶きほぐし、常温のシロップを少しずつ加えながら混ぜる。
＊沸騰させたシロップを加えてもよい。
⑥湯煎（→バンマリbain-marie）にして静かに混ぜながら卵黄に火を通す。
⑦とろみがつき、全体がクリーム状になったら漉して（→パセpasser）別のボウルに移す。

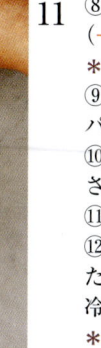

⑧熱がとれ、白っぽくふんわりするまで泡立てる（→フウェτεfouetter）。
＊ハンドミキサーでしっかり泡立ててもよい。
⑨クーヴェルチュールを細かく刻んで湯煎で溶かし、パータ・ボンブに加えて泡立器で撹拌する。
⑩生クリームを泡立器にやっとひっかかる程度の固さまで泡立て、⑨に加えてゴムベラで混ぜ合わせる。
⑪⑩を④の型に絞り入れる。
⑫ジェノワーズで蓋をし、グラン・マルニエを加えたシロップをしみこませる（→アンビベimbiber）。冷凍庫で冷やし固める。
＊アンビバージュはシロップとグラン・マルニエを2対1で合わせて使う。
⑬はみ出している洋梨を切り落して整える。
⑭型を湯につけて少し温め、皿の上にふせて型をはずす。表面にナパージュ・ヌートルを塗り、ミントの葉とチョコレートのシガレットを飾り、皿にクーリ・ドランジュ（オレンジの果汁、グラニュー糖、コーンスターチを混ぜ合わせて沸騰させ、熱を取る）を流す。

ナパージュ・ヌートル
neutre［ヌートル］は、「中間の」という意味で、ナパージュ・ヌートルはペクチンと砂糖などでつくられた無色透明のナパージュ（p.48）。煮溶かさずにそのまま塗ることもでき、熱を加えると溶けてしまうムースなどの表面に塗る場合に用いることが多い。表面につやを与え、乾燥しないように保護する働きをする。

Mousse au citron
ムゥス・オ・スィトロン

チョコレートのムースはチョコレートに含まれる油脂が冷えることで固まるが、レモンのムースは、油脂分が少ないため、ゼラチンを補って形を与える。

材料 レモンのケース約20個分
ムース・オ・シトロン　mousse au citron
- 卵　200g　200 g de jaunes d'œufs
- グラニュー糖　120g　120 g de sucre semoule
- レモン汁　165㎖　165 ㎖ de jus de citron
- バター　85g　85 g de beurre
- 板ゼラチン　8g　8 g de feuilles de gélatine
- 生クリーム（乳脂肪分45％）500㎖　500 ㎖ de crème fraîche
- 粉砂糖　165g　165 g de sucre glace

ガルニチュール　garniture
- 冷凍フランボワーズ　250g　250 g de framboises surgelées
- グラニュー糖　60g　60 g de sucre semoule
- 板ゼラチン　8g　8 g de feuilles de gélatine

ジェノワーズ（またはビスキュイ）8㎜厚さ　génoise（→p.50）
ミント（飾り）　menthe
フランボワーズ（飾り）　framboise
レモンの皮のシロップ漬け（飾り）　zeste de citron confit
- レモンの皮　zeste de citron
- シロップ（水1：グラニュー糖1）sirop

下準備
・板ゼラチンは冷水につけて柔らかく戻す。
・レモンの表皮（黄色い部分だけ）をせん切りjulienneにし、熱湯でゆで、シロップで軽く煮ておく。
・レモンの皮でケースをつくる。レモンは横にして上部1/3を切りとり、果肉をくり抜く（→p.254③〜④）。底になる側の皮を水平に少し切って安定をよくする。
・とり出した果肉を絞ってレモン汁を165㎖用意する。

ムースのベースをつくる
①鍋に溶きほぐした卵を入れ、グラニュー糖を加える。グラニュー糖がなじんだらレモン汁、バター（固いまま小さく切る）を入れて火にかける。
②泡立て器で軽く混ぜながら沸騰直前まで熱する。
＊レモンの酸で金気が出やすいので、鍋は銅鍋（できれば錫メッキしていないもの）を用い、泡立て器を鍋に強くあてたり、こすったりしない。
③とろみがついたら火からはずし、戻した板ゼラチンを加える。ボウルに移して粗熱をとる。

ガルニチュールをつくる
④冷凍のフランボワーズの一部を凍ったまま鍋に入れて火にかけ、木杓子で押しつぶしながら火を通す。ある程度溶けてつぶれたら、グラニュー糖を加える。
⑤さらにつぶしながら煮て、完全に溶けたら火からおろし、板ゼラチンを加えて溶かす。
⑥残りのフランボワーズを凍ったまま加えて全体をなじませる。
⑦ボウルに移してそのまま置いておく。
＊残しておいた冷凍のフランボワーズを加えるので、すぐに熱がとれて固まる。

仕上げる

⑧果肉をくり抜いたレモンの皮にジェノワーズを敷く。

⑨生クリームに粉砂糖を加え、角が立つまでしっかり泡立てる（→フウェテfouetter）。③の1/3量を泡立てた生クリームに加えてなじませ、残りを加えて泡をつぶさないようにさっくりと混ぜ合わせる。

⑩⑨を直径13mmの丸口金をつけた絞り出し袋poche à douille unieに入れ、⑧の深さの半分くらいまで絞り入れる。⑦のガルニチュールをほぐして小さじ1ずつ入れる。

⑪残りの⑨を渦巻き状に絞り出して（→ドレdresser）冷蔵庫で冷やし固める。

＊基本的にはバターで固めるムースで、ゼラチンはそれを補う役割をする。

⑫レモンの皮のシロップ漬けと生のフランボワーズ、ミントを飾る。

Sabayon
サバヨン

サバヨンに生クリームとゼラチンを加えて冷菓に仕立てたもの。サバイヨンは、イタリアのzabaione（ザバイオーネ）が起源のデザート。ワイン、砂糖、卵黄をベースにしたcrème d'entremets（クレム・ダントルメ）の一種で、一般的に温かいうちに食べる。

サバヨン

材料　でき上がり500mℓ分
卵黄　　80g　80 g de jaunes d'œufs
グラニュー糖　100g　100 g de sucre semoule
白ワイン（甘口）120mℓ　120 mℓ de vin blanc
生クリーム（乳脂肪分45％）250mℓ　250 mℓ de crème fraîche
板ゼラチン　6g　6 g de feuilles de gélatine
チョコレートの円形プレート（飾り）　plaquette de chocolat
クレーム・シャンティイ（飾り）　crème chantilly (→p.163)

※白ワインのかわりにシャンパンでつくってもよい。

下準備
・板ゼラチンは冷水で戻しておく。

①卵黄をほぐし、グラニュー糖を加えて混ぜ合わせ、白っぽくなるまで泡立器でしっかり撹拌する（→ブランシールblanchir）。
②白ワインを少しずつ加えながら、混ぜる。
③熱い湯煎（→バンマリbain-marie）にかけて力強く撹拌する。
④ふんわりとしたきめ細かいクリーム状になるまで泡立器でかき立てながら卵に火を通す。
＊通常のサバイヨンの場合、この工程ででき上がりになる。
⑤火からおろし、湯煎で溶かした板ゼラチンを加える。さらにきめの細かいクリーム状になるまで充分に泡立て（→フウェテfouetter）、常温になるまで混ぜながら粗熱をとる。
⑥生クリームを氷水にあてながら、泡立てる。泡立て器に少しひっかかってとろりと流れ落ちるくらいの状態でよい。
⑦⑥の生クリームに⑤を加えてさっくりと混ぜ合わせる。
＊生クリームのほうがやや固めなので、生クリームにサバイヨンを加え混ぜる。
⑧泡立器ですくうと、ゆっくり流れ落ち、跡が残るくらいの固さになる。
⑨クープcoupeに流し入れ、表面を平らに整えて、冷蔵庫で冷やし固める。
⑩クレーム・シャンティイを絞って、チョコレートを飾り、ビスキュイ・ド・ラーンスを添える。

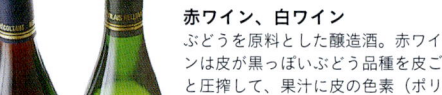

赤ワイン、白ワイン
ぶどうを原料とした醸造酒。赤ワインは皮が黒っぽいぶどう品種を皮ごと圧搾して、果汁に皮の色素（ポリフェノール）を移してから発酵させてつくる。渋味があるもの、こくが強いものがある。白ワインは、白ぶどうだけでなく黒ぶどうからもつくるが、その場合でも色がつかないように果汁を絞る。フルーティーで酸味が感じられるものなどがある。いずれも辛口、甘口がある。

ビスキュイ・ド・ラーンス（約50本分）
Biscuit de Reims

ランスはシャンパーニュ（シャンパン）を産するシャンパーニュ地方の中心都市であり、ビスキュイ・ド・ラーンスは、およそ300年前にこの町でシャンパーニュの「つまみ」として生まれた。薄いピンク色で、砂糖をまぶして焼いた表面と、中心までさくさくと軽い口当たりが特徴。シャンパーニュに浸して食べる。

生地 pâte
- グラニュー糖　140g　140 g de sucre semoule
- バニラシュガー　20g　20 g de sucre vanillé
- 卵黄　60g　60 g de jaunes d'œufs
- 卵白　90g　90 g de blancs d'œufs
- 薄力粉　125g　125 g de farine
- 食用色素（赤）　少量　un peu de colorant rouge

グラニュー糖　sucre semoule

①卵黄をほぐし、グラニュー糖とバニラシュガーを加えて混ぜ合わせ、湯煎にかけて（→バンマリ bain-marie）リュバン状（→リュバン ruban）になるまで撹拌する。火からはずし、粗熱がとれるまでさらに撹拌する。食用色素を水で溶かして加え混ぜる。
②卵白を固くしっかり泡立て、①にさっくりと加え混ぜる。
③ふるった薄力粉を振り入れる。
④直径13mmの丸口金をつけた絞り出し袋に生地を入れ、紙を敷いたオーブンプレートに長さ6cmに絞り出す。
⑤グラニュー糖を振りかけたのち、余分なグラニュー糖をとり除き、180℃に温めたオーブンで約15分、生地の中心までしっかり焼く。

Œufs à la neige
ウ・ア・ラ・ネージュ

ア・ラ・ネージュは淡雪風という意味で、雪のように泡立てた卵白をゆでて固めたデザート。
クレーム・アングレーズに浮かべて供することから、イル・フロタント île flottante（浮島の意）とも呼ばれる。

＊neige ネージュ［f］　雪。

材料 直径8cmのもの 5〜6個分
メレンゲ　meringue
├ 卵白　250g（約8個分）　250 g de blancs d'œufs
├ グラニュー糖　125g　125 g de sucre semoule
└ 塩　ひとつまみ　1 pincée de sel
水　eau
レモン汁　jus de citron
レモンの表皮　zeste de citron
アーモンドスライス　amandes effilées
カラメル　caramel
　グラニュー糖　250g　250 g de sucre semoule
クレーム・アングレーズ　crème anglaise（→p.277）
├ 牛乳　500mℓ　500 mℓ de lait
├ バニラのさや　1本　1 gousse de vanille
├ 卵黄　80g　80 g de jaunes d'œufs
└ グラニュー糖　125g　125 g de sucre semoule

下準備
・アーモンドスライスはローストする。

①メレンゲをつくる。卵白に塩とグラニュー糖の1/3を加えて溶きほぐす。
②泡立てながら（→フウェテfouetter）、残りのグラニュー糖を2〜3回に分けて加え、固くしっかりしたメレンゲをつくる。
③メレンゲのでき上がり。メレンゲがしっかり立っていないと、火通りが悪く、マシュマロのような状態に仕上がらない。
④口の広い鍋に水、レモン汁、レモンの表皮を入れて火にかける。鍋底に小さな気泡ができて浮いてくる程度に沸いたら、くっつかないよう油を塗ったレードル（容量180mℓ）に③のメレンゲをこんもり球形に盛る。
⑤丸く形を整え、レードルからゴムベラでメレンゲをえぐり出すようにして湯に入れる。
＊湯が熱すぎるとメレンゲの表面が固くかたまり、中心まで火が通りにくくなる。また、表面の口溶けも悪くなってしまうので、湯は小さな気泡が浮いてくる状態に保つ（80℃）。
⑥ときどきひっくり返しながらメレンゲの中心まで平均に火が通るように約10分ゆでる。

⑦火の通り具合は、押さえてみてメレンゲの弾力で判断する。はじめは手で触ると、手にメレンゲがつく。また中まで火が通らないうちは、押さえると弾力がなくメレンゲが割れそうになる。火が通るにしたがって弾力が出て、少々力を加えて湯に押し込んでも割れない。
⑧火が通ったら固く絞ったぬれ布巾の上にとって水気を切る。粗熱がとれたら冷蔵庫で充分冷やす。
＊中まで火が通っていないと冷めたときにしぼんでしまう。

> **クレーム・アングレーズをつくる**
> メレンゲを冷やしている間にクレーム・アングレーズをつくる。

⑨表面を加工した紙（クッキングペーパーなど）にメレンゲを置き、アーモンドスライスをのせる。
⑩分量の砂糖をすべて溶かして煮詰め、木杓子でくってたらしてみたときに、ほどよいカラメル色に色づいたら⑨の表面にすばやくかけていく。しばらく置いて表面のカラメルを冷やし固める。
＊カラメルをつくるときに水を使わないため、鍋に砂糖を少しずつ溶かしながら加えてカラメル状に煮詰める。焦げすぎて苦くならないように注意すること。
⑪余分なカラメルを切り落し、器によく冷やしたクレーム・アングレーズを流して⑩のメレンゲを浮かべる。

Compote de pruneaux
コンポット・ド・プリュノ

コンポートは、砂糖で柔らかく煮た果物のこと。ジャム状になるまで煮たもののことも指すが、スパイスやワインで風味をつけ、果物の形が残るように仕上げたものは、デザートとして供する。

コンポット・ド・プリュノ

材料
干しプラム　20個　20 pruneaux
赤ワイン　750mℓ　750 mℓ de vin rouge
グラニュー糖　250g　250 g de sucre semoule
レモン（輪切り）　3枚　3 rondelles de citron
シナモンスティック　1本　1 bâton de cannelle
クローブ　clou de girofle
ミント（飾り）　menthe

①鍋に赤ワイン、グラニュー糖、シナモン、クローブを入れる。赤ワインのかわりに白ワインでつくってもよい。こしょうなどを入れてもよい。
②レモンは皮を筋状にむいてから輪切りにして①に加え、沸騰させる。
＊レモンは飾り切りしておき、盛り付けに使う。レモンのかわりにオレンジを使ってもよい。
③ワインにスパイスなどの風味が充分移ったら、干しプラムを加え、再び沸騰させる。
④沸騰したら火を止め、硫酸紙で落し蓋をし、完全に熱をとり、冷蔵庫で一昼夜漬けこむ。盛り分けてミントを飾る。
＊煮汁は冷蔵庫で保存し、糖度を調節してグラニテ（→p.282）に利用できる。

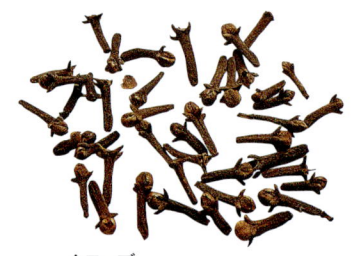

クローブ
和名は丁子（ちょうじ）。フトモモ科の高木のつぼみを乾燥させたもの。釘のような形をしている。強い芳香と舌がしびれるような刺激性を持ち、防腐効果がある。

第 9 章
氷菓
Glace

Glace à la vanille
Sorbets
Granité aux pêches
Parfait
Soufflé glacé au Grand Marnier
Nougat glacé

氷菓について

　氷菓は、一般的にはアイスクリーム(glace)やシャーベット（sorbet)と呼ばれ、材料をクリーム（crème anglaise）や果汁に加工し、冷凍凝固させた菓子を言う。

　氷菓のおいしさは、水相、油相、気相からなる複雑なエマルジョン（乳化）によって生まれる。水を凍らせると固い氷になるが、乳化している材料（たんぱく質、でんぷん、脂肪など）、あるいは凍らせ方（空気の含有量）によって舌触りや軽さは変化する。

　氷菓の歴史は古く、古代アラビア人や中国人は自然につもった雪や氷を氷室や深い井戸に保存しておき、王侯貴族が夏の暑い最中に果汁や蜂蜜をかけて食べていたと言われている。天然の雪や氷を原料にせずに、氷菓をつくることができるようになったのは、16世紀初頭に発見された冷却技術[※1]による。さらに現在では、冷凍技術の進歩によって四季を問わずにおいしい氷菓が楽しめる。

　氷菓の製造販売に関しては、卵や乳製品など細菌に汚染されやすい材料を使用することから、衛生上の安全のためもあり、法的な規格が整っている[※2]。

　また氷菓の保存はマイナス20℃以下が望ましい。保存温度が高く、溶けかけたり固まったりすることをくり返すと、結晶が大きくなって舌触りがざらざらしたり、油っぽくなったりして、風味がおちてしまう。

※1　16世紀に、イタリアのパドヴァ大学教授、マルク・アントニウス・ジマラが、水に硝石を入れると、硝石が溶解する際の吸熱作用で水が冷却されることを発見した。
※2　アイスクリーム類の定義（アイスクリームは乳製品であるため、乳等省令による）
[アイスクリーム類]　生乳、牛乳又は特別牛乳又はこれらを原料として製造した食品を加工し、又は主要原料としたものを凍結させたものであって、乳固形分3.0％以上を含むもの（はっ酵乳を除く）。
・アイスクリーム：乳固形分15.0％以上（乳脂肪分8.0％以上）、細菌数10万以下（Slg当り：S＝標準平板培養法）、大腸菌群陰性
・アイスミルク：10.0％以上（3.0％以上）、5万以下（Slg当り）、大腸菌群陰性
・ラクトアイス：3.0％以上、5万以下（Slg当り）、大腸菌群陰性
※法律上の氷菓は、アイスクリーム類以外の、乳製品でない氷菓を指す。
（本書では容器などに入れての販売は目的としていないのでこの規格には準じない）

糖度の測り方

糖度を表すには、比重計を使って測るボーメ度と、屈折糖度計を使って測定するブリックス度がある。比重計が、液体にしか使えないのに対し、屈折糖度計は、ピューレやジャムのように固形分を多く含んだ濃度のあるものでも簡単に測定することができる。
水1000mlに砂糖1000gを加えたシロップ（1対1のシロップ）は、糖度50％、ブリックス度50％で、ボーメでは27.3度。

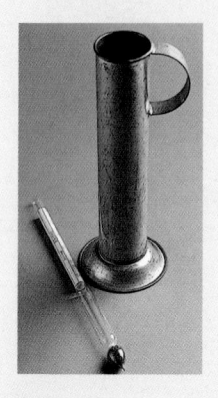

■ボーメ度
ボーメの浮き秤（比重計）によって液体の濃度を表示した度数。比重の単位。Bと略す。浮き秤比重計den-simètreを発明したフランスの化学者ボーメBeaumé（1728～1804）にちなんで名づけられた。

■ブリックス度
糖度の単位の一つで、19世紀のドイツの発明家ブリックスA.F.W.Brix（1798～1890）にちなむ。17.5℃で液体や果実などに含まれる「ショ糖」の重量を百分率（％）で表す。
ブリックス計（屈折糖度計、屈折計）réfractomètreで、液体を通過する光の屈折率を測定し、ブリックス度に換算する（1％を1ブリックス度とする）

安定剤

■安定剤
アイスクリームやシャーベットで、粗い氷の結晶ができるのを防いできめ細かく仕上げ、また離水を防いでなめらかな口当たりを保つ働きをする食品添加物。ゲル化剤が主成分で、食品の粘性を高めて成分を安定させる。アラビアガム、キサンタンガム、ローカストビーンガム、グアーガムなど植物性ガム質、カラギーナンなどの海草抽出物、ゼラチンなどが使われる。市販のアイスクリームやシャーベットには、使用目的により、増粘剤、安定剤または糊料のうちから、適切な用途名が記載されている。またホイップクリームの保形性をよくするためにも使われる。
氷菓に必ず使わなければならないことはないが、添加しない場合、できたてを提供するのではなく、ある程度冷凍庫で保存した際に、結晶が粗い状態になりやすい。

（氷菓用安定剤の例）
ヴィドフィックスVidofix：グアーガム製剤（グアーガム40％、ブドウ糖60％）。グアーガムは、インドなどで栽培されているマメ科のグアーという植物の種子から抽出した多糖類。冷水に入れると粘りが出る。増粘、保水の効果がある。

Glace à la vanille
グラス・ア・ラ・ヴァニーユ

バニラ風味のアイスクリームのこと。氷菓は、はじめはシャーベット状のものばかりだったが、17〜18世紀になると乳製品や卵の脂肪分と空気が溶け合ったクリーム状の氷菓がつくられるようになった。基本のグラス・ア・ラ・ヴァニーユは、卵黄と牛乳でつくるクレーム・アングレーズをベースに、生クリームを加えてつくる。また、撹拌して細かい気泡を送りこみながら凍結させるので、なめらかで口溶けがよいのが特徴。

材料

クレーム・アングレーズ crème anglaise
- 牛乳　500㎖　500 ml de lait
- バニラのさや　1本　1 gousse de vanille
- 卵黄　120g　120 g de jaunes d'œufs
- グラニュー糖　110g　110 g de sucre semoule

生クリーム　150㎖　150 ml de crème fraîche
バニラエッセンス　extrait de vanille

クレーム・アングレーズをつくる

①バニラのさやは縦に切り込みを入れ、ナイフの刃先でしごいて種をとり出す。鍋に牛乳を入れ、バニラの種とさやを加えて火にかけ、沸騰させる。
②ボウルに卵黄を入れて泡立器fouetでほぐし、グラニュー糖を加えて白っぽくなるまでしっかり撹拌する（→ブランシールblanchir）。
③牛乳を少しずつ加えながらなめらかに溶きのばす。
④鍋に戻して再び火にかけ、木杓子spatule en boisで混ぜながら83℃まで煮詰める。
⑤木杓子ですくうと、表面を薄くおおうくらいにとろみがついたら煮詰まっている（→ナップnappe）。
⑥ボウルに漉し（→パセpasser）入れる。氷水にあて、混ぜながらすばやく冷やす。

グラス・ア・ラ・ヴァニーユを仕上げる

⑦⑥に生クリーム、バニラエッセンスを加えて混ぜる。
⑧ソルベティエールにかけて、凍らせる。
⑨でき上がり。盛り付けてシガレットを添える。

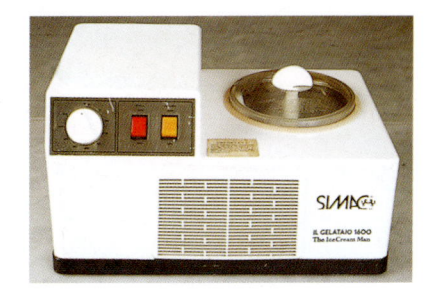

ソルベティエール sorbétière, sorbetière
アイスクリームフリーザーのこと。アイスクリーム、シャーベットの製造に必要な機械。ヘラ状の羽が回転し、材料を撹拌して気泡を含ませると同時に、周囲から冷却、凍結させる。大型の据置き式、卓上型があり、一度にできる量やかかる時間は製品によって違う。家庭向けには、容器を冷凍庫で冷却しておいて、材料を入れて回転羽をセットし、電動で撹拌しながら凍結させる方式のものもある。

Sorbets
ソルベ

シャーベットのこと。基本的に乳製品や卵は使わず、果汁やピューレにシロップなどを加えて糖度を高め、撹拌して空気を含ませながら、凍らせたもの。アイスクリームよりはきめが粗いが、グラニテよりはなめらかに仕上がる。

Sorbet au citron

ソルベ・オ・スィトロン

材料
水　250㎖　　250 ㎖ d'eau
グラニュー糖　120g　120 g de sucre semoule
水あめ　30g　30 g de glucose
レモン汁　300㎖　300 ㎖ de jus de citron
安定剤　5g　5 g de stabilisateur
グラニュー糖　5g　5 g de sucre semoule

① レモン汁の糖度を測る。ブリックス計のガラス面にレモン汁を均等に薄く塗り広げる。
② 蓋をして、明るいほうへ向けて目盛りを読みとる。
＊レモンの糖度は、およそ8％くらい。
③ 水にグラニュー糖120gを煮溶かし、シロップをつくり、20℃まで冷ます（糖度およそ58％）。レモン汁にシロップ、水あめを加え混ぜる。
＊シロップの量を加減して、でき上がりの糖度が26～28％になるように調節する。必要なシロップの量の目安は、ピアソンのスクエア法参照。
④ 安定剤とグラニュー糖5gを混ぜ合わせ、③に振り入れ、溶かす。
＊ここで1日置くととろみが出て、味の角がとれる。
⑤ ソルベティエールにかけて、凍らせる。
⑥ でき上がり。パータ・シガレットでつくったコルネに盛り付ける。

ピアソンのスクエア法

糖度の調節をするときに便利な計算方法。乳脂肪やアルコール濃度の調節にも使う。

糖度A％とB％のものを混ぜ合わせ、C％にしたい場合、Cの数値を対角線の交点にして四角形を下記のように書く。DとEには、対角線に並んだ％の数値の大きいほうから小さいほうをひいた数字を書き込む。
この図をもとにして、以下の公式から、A％の液体の量（㎖）に対して、B％の液体が何㎖必要かを計算することができる（求めるB％の液体の量をxとする）。

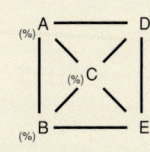

（AとC、BとDは、大きい数値から小さい数値を引く）
$A - C = E$
$C - B = D$
$x \text{(㎖)} = A\text{％の液体の量(㎖)} \times \dfrac{E}{D}$

例）糖度10％のオレンジ果汁600㎖に、糖度60％のシロップを加えて、糖度30％にするには、シロップを何㎖加えればよいか。

オレンジ果汁の糖度をA、シロップの糖度をBとすると
$E = C - A = 30 - 10 = 20$
$D = B - C = 60 - 30 = 30$
$x = 600 \times 20 \div 30 = 400$
シロップを400㎖加えればよい

Sorbet à la framboise
ソルベ・ア・ラ・フランブワーズ

材料
フランボワーズのピューレ　500g　500 g de purée de framboise
シロップ（ブリックス度30％）　250g　250 g de sirop
レモン汁　20mℓ　20 mℓ de jus de citron
安定剤　3g　3 g de stabilisateur
グラニュー糖　3g　3 g de sucre semoule

フランボワーズ
英名ラズベリー。バラ科の低木キイチゴ類の果実で黒や紫のものもあるが、主に赤いものを指す。小さい粒状の果実が集まってできた直径2cmほどの集合果で、熟すと中は空洞になっている。甘酸っぱく、新鮮なものは香りがよい。果肉が柔らかく保存がきかないため、冷凍あるいはピューレにしてから冷凍したものがよく利用される。ジャムにして利用されることも多い。またフランボワーズからつくられたブランデー、リキュールもある。

①フランボワーズのピューレ、シロップ、レモン汁を混ぜ合わせる。
＊ピューレは、生または冷凍のフランボワーズをミキサーにかけて漉す。または市販のピューレ（→P.334）を使用。
②安定剤とグラニュー糖を混ぜ合わせる。
③①に②を振り入れ、溶かす。
④ソルベティエールにかけて凍らせる。

Sorbet à la mangue
ソルベ・ア・ラ・マーング

材料
マンゴー　4個　4 mangues
レモン汁　jus de citron
シロップ（ブリックス度30％）　約350mℓ　350 mℓ de sirop
安定剤　5g　5 g de stabilisateur
グラニュー糖　5g　5 g de sucre semoule

マンゴー
ウルシ科の高木の果実。果肉はねっとりと柔らかく、強い甘味と濃厚な香りがある。日本に輸入されているのは、メキシコ産のアップルマンゴー（写真左）と、フィリピン産のペリカンマンゴー（カラバオ種）（写真右）が中心。アップルマンゴーは丸く、熟すと皮が赤く、果肉はオレンジ色になる。ペリカンマンゴーは平たく、皮、果肉とも黄色。中心に平たく大きな種があるので、魚を3枚卸しにする要領で、種の上下で切り離し、果肉をとる。

①マンゴーは果肉をミキサーに入れ、レモン汁を振って、ピューレにする。
②ボウルにとり出し、シロップを加え、レモン汁で味を調える。
③安定剤とグラニュー糖を混ぜ合わせる。
④②に③を振り入れ、溶かす。
⑤ソルベティエールにかけて凍らせる。

Sorbet à l'orange
ソルベ・ア・ロラーンジュ

材料
オレンジ果汁（ブリックス度10％）　1ℓ　1 litre de jus d'orange
グラニュー糖　200g　200 g de sucre semoule
レモン汁　40mℓ　40 mℓ de jus de citron
安定剤　20g　20 g de stabilisateur
グラニュー糖　20g　20 g de sucre semoule

オレンジ
ミカン科の柑橘類。バレンシアオレンジと、臍みかんともいわれるネーブルオレンジ系が代表的な品種。ほかに、イタリア、スペインなどでは果肉が赤いブラッドオレンジ（血みかん）が多く栽培されている。オレンジは15世紀になってジェノバやスペインの商人によって、アラブ諸国からヨーロッパにもたらされたが、近世までは贅沢な果物として食卓の装飾や贈答品として使われていた。

①オレンジ果汁にグラニュー糖200g、レモン汁を加える。
②安定剤とグラニュー糖20gを混ぜ合わせて、①に振り入れ、溶かす。
③ソルベティエールにかけて、凍らせる。

ベリーについて

ベリーは、果汁の多い果実類（漿果）のうち、とくに小粒のものを指す。山野に自生するものを利用していたが、現在では多くが栽培されている。生食するほか、タルト、コンポート、ジャム、パート・ド・フリュイなどに使われ、リキュールやブランデーの原料にもなる。色がきれいで形がかわいらしいので菓子の飾りとしても効果的。

いちご、フランボワーズ、グロゼイユ、エレルといった赤いベリー類（ミュール、カシスなど厳密には赤くないベリーを含めることもある）とさくらんぼを合わせて、フリュイ・ルージュ fruits rouges（赤い果実）と呼ぶ。

[ ]内は英語名／フランス語名の順

バラ科

<いちご（苺）>
[ストロベリー strawberry／フレーズ fraise]
p.39参照

<野いちご（エゾヘビイチゴ、ヨーロッパクサイチゴ）>
[ワイルドストロベリー wildstrawberry／フレーズ・デ・ボワ fraise des bois]
果実は小さいが芳香がある。乾燥させた葉をハーブティーに用いる。本来は野生のいちごのことだが、現在は栽培されている。

<木いちご>
[ラズベリー raspberry／フランボワーズ framboise]
キイチゴ属の中で、果実が熟すと花托から離れ、中が中空になるもの。

[ブラックベリー blackberry／ミュール mûre（ミュール・ソヴァージュ mûre sauvage）]
キイチゴ属の中で、ラズベリーと異なり、果肉が花托ごと茎からはずれるもの。はじめは赤いが黒く熟し、果肉が比較的しっかりしている。

[デューベリー dewberry]
ブラックベリーの中で、背が低く茎が這うもの。ブラックベリーより一回り大きい。

＊ラズベリーとブラックベリーをかけ合わせてアメリカで栽培されている品種に、ローガンベリー loganberry、ボイセンベリー boysenberry、テイベリー tayberry などがある。

クワ科

<桑の実>
[マルベリー mulberry／ミュール mûre]
ブラックベリーに似た形の黒紫色の実。酸味が少なく甘味がある。

ツツジ科

<こけもも（苔桃）>
[ブルーベリー blueberry, ビルベリー bilberry／ミルティーユ myrtille, エレル・ミルティーユ airelle myrtille]
フランス語のミルティーユは、ブルーベリーとその仲間のビルベリーを指す。ツツジ科コケモモ属の小低木で、グリンピース大の果実は青紫色で酸味が強い。生食したり、ジャム、タルトなどに使う。ヨーロッパでは、ビルベリー（ミルティーユ・デ・ボワともいう）、アメリカ北部ではローブッシュブルーベリーとハイブッシュブルーベリーの2種類が自生する。ハイブッシュ系が主に品種改良され、大粒のブルーベリーが栽培されている。フランス産の冷凍品は小粒で中が赤い。

<つるこけもも（蔓苔桃）>
[クランベリー cranberry／カンヌベルジュ canneberge]
アメリカ北部の湿地帯が原産。鮮やかな赤色の卵型の果実で、酸味が強いので、生食はほとんどせず、ジャムやジュースなどに加工する。料理にも使われ、とくに感謝祭やクリスマスの七面鳥のローストにはクランベリーソースが欠かせない。

[カウベリー cowberry, マウンテンクランベリー mountain cranberry／エレル・ルージュ airelle rouge]
フランス北東部、ドイツ、北欧などに自生するクランベリーの近縁種。ジャムにすることが多い。

スグリ科

＊植物学の分類法によってはユキノシタ科に含まれる。

<ふさすぐり（房酸塊）>
[赤ふさすぐり　レッドカラント redcurrant／グロゼイユ groseille]
カラントという英語名は、房状についた実がぶどう（カラントレーズン）に似ていることに由来する。直径数ミリの丸い赤い実が7から10粒集まって房状になる。果汁が多い。生でも食べるが、クエン酸を多く含み、酸味が強く、ペクチンも豊富なのでジャムに加工されることが多い。ジュースやリキュールなどもつくられる。赤ふさすぐりの仲間で、実が白色の白ふさすぐりもあり、赤すぐりより甘味がある。

[黒ふさすぐり　ブラックカラント blackcurrant／カシス cassis（グロゼイユ・ノワール groseille noire）]
黒い小さな果実が房状になり、果汁が多く、香りがよい。フランスではブルゴーニュ地方が主産地。菓子、ジャムに使われる。またカシスのリキュール（クレーム・ド・カシス crème de cassis）も生産量が多く、クレーム・ド・カシスを白ワインで割ったカクテル「キール」（ディジョンの市長の名前にちなむ）も食前酒として有名。

<すぐり（酸塊）>
[グーズベリー gooseberry／グロゼイユ・ア・マクロー groseille à maquereau]
果実はふさすぐりより大粒で、紫色がかったものと、緑色がかった白っぽい種類がある。フランスではロレーヌ地方などで主に栽培しているが、オランダやイギリスで大量に栽培されている。鯖（マクロー maquereau）の料理に添える甘酸っぱいソースに使われることから、フランスではグロゼイユ・ア・マクローという名前がついた。

Granité aux pêches
グラニテ・オ・ペシュ

シャーベットの一種で、果汁、コーヒー、酒類などで風味をつけた糖度の低いシロップ（ブリックス25％　ボーメ14度以下）を冷凍庫で凍らせたもの。凍らせる途中で何度かフォークなどでほぐし、ざらめのような粒状に凍らせる。

グラニテとは、フランス語で御影石（花崗岩）のような「粒々のある状態」を意味する言葉で、この氷菓の質感を表している。

材料
桃　5個　5 pêches
赤ワイン　500㎖　500 ㎖ de vin rouge
水　500㎖　500 ㎖ d'eau
グラニュー糖　400g　400 g de sucre semoule
バニラのさや　1本　1 gousse de vanille
レモン汁　20㎖　20 ㎖ de jus de citron
ミント（飾り）　menthe

下準備
・桃の皮を湯むきする（→エモンデémonder）。桃は皮に十字の切り込みを入れ、熱湯にさっと通して氷水につけ、皮をむく。

桃のコンポートをつくる
①銅鍋に水、赤ワイン、グラニュー糖、レモン汁、バニラのさやを入れて沸騰させる。
②湯むきした桃を入れる。
③紙蓋（中心に穴をあけたもの）をして弱火で煮て桃に火を通す。煮汁に漬けて紙蓋をしたまま冷ます。
＊串を刺してみて、すっと軽く通れば火が通っている。
④一昼夜浸けておき、桃をとり出す。

グラニテをつくる
⑤桃の煮汁をバットに薄く流し入れる。
＊煮汁は水（ミネラルウォーターがよい）を加えてブリックス度25％に調節する。糖度が足りない場合は、シロップまたは砂糖を加える。
⑥冷凍庫に入れ、固まったらフォークでかき混ぜる。
⑦再び冷凍庫に入れ、また固まってきたらフォークでかき混ぜる。くり返すほど細かいグラニテになる。
⑧みぞれ状に凍らせる。でき上がり。グラスに盛り桃のコンポートをのせてミントで飾る。

Parfait
パルフェ

アイスクリームより以前からつくられていた氷菓に、ボンブ生地（pâte à bombe）をベースに、泡立てたクリームなどを加え混ぜて凍結させたものがあり、パルフェもその一つである。また、パルフェなどの氷菓の生地にさまざまな風味をつけ、またメレンゲやスポンジ生地と組合わせるなどして、型に入れて冷凍庫で固めたものを、entremets glacésと呼ぶ。
パルフェは生クリームの割合が高く、またソルベティエールを使わずにつくるので、アイスクリームより目が詰まっていて固く、きれいに切り分けることができるので、アントルメ・グラセによく用いられる。

材料 直径16cmのパルフェ型1台分
パータ・ボンブ　pâte à bombe
- 卵黄　120g　120 g de jaunes d'œufs
- グラニュー糖　90g　90 g de sucre glace
- 水　30㎖　30 ml d'eau

生クリーム（乳脂肪分45％）400㎖　400 ml de crème fraîche
バニラのさや　1本　1 gousse de vanille
クレーム・シャンティイ　crème chantilly（→p.163）
- 生クリーム（乳脂肪分45％）200㎖　200 ml de crème fraîche
- グラニュー糖　20g　20 g de sucre semoule

ミント（飾り）　menthe
メレンゲの花（ムラング・スイス、飾り）　fleur de meringue（meringue suisse）（→p.182）
ビスキュイ・ジョコンド（直径16cm1枚）　biscuit Joconde（→p.69）

パータ・ボンブをつくる
①グラニュー糖と水を鍋に入れて火にかけ、115℃まで煮詰める。煮詰めている間に、バニラのさやを縦に裂き、種をしごいてとり出し、卵黄に加え、撹拌する。
②卵黄が白っぽくふんわりとして、シロップが煮詰まったら、熱いシロップを卵黄に少しずつ加え、完全に冷めるまで撹拌する。
③でき上がったパータ・ボンブ。

パータ・ボンブと生クリームを合わせる
④生クリームをパータ・ボンブと同じくらいの固さに泡立てる。
＊角が立つが、先が柔らかく曲がるくらい。
⑤生クリームにパータ・ボンブを加えて混ぜ合わせる。

組立てる
⑥型に流し入れ、上面にビスキュイ・ジョコンドをのせてラップでおおい、冷凍庫で冷やし固める。
＊パルフェ用の半球形の型（ボンブ型）を用いる。

仕上げ
型に流水をあてて、パルフェがはずれたことを確認したら皿をかぶせてひっくり返し、パルフェを皿に抜く。クレーム・シャンティイを絞り、ミント、バニラのさや、ムラング・スイスでつくった花を飾る（メレンゲを着色し、花の形に絞り出して乾燥焼きする）。
＊型から抜くときに、湯につけたりすると、パルフェが溶け出し、型とパルフェの間に空気が入りにくくなるので、型がはずれなくなる。

Soufflé glacé au Grand Marnier
スフレ・グラセ・オ・グラン・マルニエ

温かいデザートであるスフレの形をまねて、スフレ型の縁より高くなるように生地を詰め、冷凍庫で冷やし固めたアントルメ・グラセ。パータ・ボンブに泡立てた生クリームを加えてつくるが、きめの細かさや軽い口当たりもスフレをイメージしている。

材料　直径15cm、高さ8cmのスフレ型1台分
パータ・ボンブ　pâte à bombe
- 卵黄　80g　80 g de jaunes d'œufs
- 水　50㎖　50 ㎖ d'eau
- グラニュー糖　50g　50 g de sucre semoule

グラン・マルニエ風味のクレーム・フエテ　crème fouetée au Grand Marnier
- 生クリーム（乳脂肪分47％）　500㎖　500 ㎖ de crème fraîche
- グラン・マルニエ　50㎖　50 ㎖ de Grand Marnier

ムラング・イタリエンヌ　meringue italienne
- 卵白　120g　120 g de blancs d'œufs
- 水　50㎖　50 ㎖ d'eau
- グラニュー糖　150g　150 g de sucre semoule

チョコレート（飾り）　chocolat

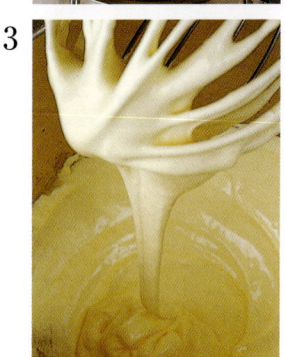

型の準備
ココット型の高さより数cm幅の広いムースフィルムを型に巻きつける。

パータ・ボンブをつくる
①水にグラニュー糖を加えて沸騰させ、シロップをつくる。卵黄をボウルに入れ、シロップを加えて沸騰直前の湯煎にかける。まわりから凝固してくるので、ときどきかき混ぜて均一にしながら83℃まで温める。
＊水とグラニュー糖の割合が1対1のシロップは、アンビバージュなどによく用いるので製菓店では常備されている。それを用いる場合は温めて使う。
②漉して（→パセpasser）、製菓用ミキサーmélangeurで泡立てる。
③白っぽくもったりとした状態になり、常温に戻るまで撹拌する。

ムラング・イタリエンヌをつくる
④卵白に117℃に煮詰めたシロップを少量ずつ加えながら泡立てる。

スフレ・グラセのアパレイユを仕上げる
⑤グラン・マルニエ風味のクレーム・フエテをつくる。生クリームをゆるく泡立て（→フウェテfouetter）、グラン・マルニエを加え混ぜる。
⑥パータ・ボンブに⑤を加え混ぜる。
⑦⑥にムラング・イタリエンヌを加えてなじませアパレイユをつくる。
⑧型に流し入れて表面を整え、冷凍庫で冷やし固める。
＊凍らせると中央が沈むことがある。その場合は残っているアパレイユを足して冷やし固めればよい。
＊ここではチョコレートでつくったリボンを飾っている。

Nougat glacé
ヌガ・グラセ

糖菓のヌガーに見た目や風味を似せたアントルメ・グラセ。
はちみつ風味のメレンゲと生クリームを合わせ、ドライフ
ルーツやナッツをたっぷりと加え、凍らせてつくる。

材料　20×8cm、高さ6cmの型 2台分
卵白　120g　120 g de blancs d'œufs
はちみつ　200g　200 g de miel
生クリーム（乳脂肪分47%）　700ml　700 ml de crème fraîche
ドレンチェリー　50g　50 g de bigarreaux confits
レーズン　50g　50 g de raisins secs
オレンジピール　50g　50 g d'écorce d'orange confite
キルシュ　100ml　100 ml de kirsch
ピスタチオ　25g　25 g de pistaches
アーモンドのカラメリゼ　amandes caramélisées
  ┌アーモンド　100g　100 g d'amandes
  │水　25ml　25 ml d'eau
  │グラニュー糖　75g　75 g de sucre semoule
  └バター　10g　10 g de beurre
ビスキュイ・ジョコンド　biscuit Joconde（→p.69）
ピスタチオ風味のクレーム・アングレーズ　crème anglaise à la pistache
  ┌牛乳　250ml　250 ml de lait
  │卵黄　60g　60 g de jaunes d'œufs
  └ピスタチオペースト　80g　80 g de pâte de pistache
ミント（飾り）　menthe
チョコレート（飾り）　chocolat

下準備
・ドレンチェリー、レーズン、オレンジピールは大きさをそろえて刻み、キルシュに漬ける。
・ピスタチオは皮を湯むきして、同様に刻む。
・アーモンドのカラメリゼも同様に刻む。

①鍋にはちみつを入れて130℃まで煮詰める。
②ボウルに卵白を入れて軽く泡立てる（→**フウェテ fouetter**）。①のはちみつを少しずつ加えながら泡立てる。
③冷めるまで撹拌し続け、固くしっかりとしたメレンゲをつくる。
④生クリームを軽く泡立てる。
⑤③のメレンゲに④の生クリームを少しずつ加えてなじませる。
⑥刻んだドレンチェリー、レーズン、オレンジピール、ピスタチオ、アーモンドのカラメリゼを加え、さっくり混ぜる。

アントルメ・グラセ用の長方形の型。
両面が蓋になっている。

⑦型にビスキュイ・ジョコンドを敷く。
⑧⑥を入れて表面をならす。ラップをして冷凍庫で冷やし固める。
＊最低一晩寝かせる。

仕上げ
型から抜いて皿に盛り、ミントとチョコレートの飾りをのせる。ピスタチオ風味のクレーム・アングレーズを添える。
＊熱湯につけて固く絞ったぬれ布巾を型の周囲に軽くあてて下から押し上げるようにしながら型を抜く。底が固定されている型の場合は、型の底に流水をあて、内側のヌガー・グラセを少し溶かしてはずす。ヌガー・グラセやパルフェのように生クリームを多く含む氷菓は、型を湯煎につけて温めてしまうと、クリームが溶け出して型との間に空気の入る隙間がなくなり、抜きにくくなる。

[アーモンドのカラメリゼのつくり方]
①銅製のボウルに水とグラニュー糖を入れる。
②オーブンで軽く焼いたアーモンドを加える。
③弱火でゆっくり煮詰める。
④シロップが粘りのある状態（117℃）に煮詰まったら火を止めて混ぜ続ける。
⑤混ぜているうちに、アーモンドのまわりにシロップが糖化する（砂糖の結晶ができて白くなる）。
⑥再び火にかけ、糖化した砂糖を溶かしてカラメル状にし、アーモンドにからませる。
⑦火からはずしてバターをからめる。
⑧オーブンプレートに広げて一粒ずつばらし、冷ます。冷めたら、ピスタチオと同様に刻んでおく。

[ピスタチオ風味のクレーム・アングレーズのつくり方]
卵黄とピスタチオペーストを合わせてほぐし、沸騰した牛乳を少しずつ加えて溶きのばす。火にかけて83℃まで煮詰め、氷水をあてたボウルに漉し入れて冷ます。

ピスタチオペースト
ピスタチオを挽いてペースト状にしたもの。ローストしてから挽いたもの、砂糖や油脂、着色料を添加したものなど製品によって風味や色が異なる。

第10章
プティ・フール
Petits fours

Petits fours frais
Tuiles aux amandes
Tuiles dentelles
Galettes bretonnes
Cigarettes
Palets aux raisins
Bâtons Maréchaux
Rochers aux noix de coco
Macarons de Nancy
Macarons mous

プティ・フールについて

　一口大の大きさに仕上げたお菓子の総称をプティ・フールという。アントナン・カレーム（1783〜1833年。フランスの料理人、菓子職人）によれば、大型のアントルメを焼いたのち、オーブンの残り火を使って焼くところから、プティ・フール（petit小さい、fourかまど）という名称がついたという。
　プティ・フールには、大きく分けて、プティ・フール・セックpetits fours secs（sec：乾いた）と、プティ・フール・フレpetits fours frais（frais：生の）がある。
　生地をオーブンで一口大に焼いたテュイル、マカロン、クッキーなどをプティ・フール・セックという。
　プティ・フール・フレには、エクレアなどの菓子を一口大に縮小してつくったものや、タルトケースやスポンジにクリームをはさんだり、絞ったりして一口大に成形し、表面をフォンダンで仕上げたプティ・フール・グラセpetits fours glacésがある。
　ほかに、砂糖漬けの果物やマジパンを用いたフリュイ・デギゼfruits déguisésや、マジパンを成形して焼いたプティ・フール・ダマンドpetits fours d'amandesと言われるものもあるが、一般にこれらは糖菓（コンフィズリ）に分類されることが多い。
　プティ・フールは、コース料理を食べおえ、デザートを供されたあと、コーヒーと一緒に自由につまめるように食卓に出される。

Petits fours frais
プティ・フール・フレ

プティ・フールの中で、生ケーキに相当する日持ちのしないものが、プティ・フール・フレ。ここでは、練り込みパイ生地でタルトレットより小さい、一口で食べられる大きさのケースをつくり、クリームを詰め、フォンダンなどでおおって仕上げるプティ・フール・グラッセなどプティ・フール・フレのバリエーションを紹介する。

＊frais フレ[adj]　生の
＊glacé グラセ[adj]　糖衣をかけた

Bateaux chocolat
バト・ショコラ

＊bateauバト[m]　舟

材料
パート・シュクレ　pâte sucrée（→p.104）
クレーム・ダマンド　crème d'amandes（→p.109）
ガナシュ　ganache（→p.65）
フォンダン・ショコラ　fondant chocolat（→p.175）
金箔（飾り）　feuille d'or

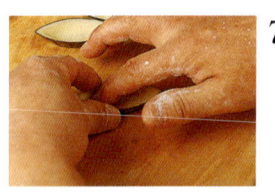

①冷蔵庫から出したパート・シュクレ（基本分量の1/2）を麺棒でたたいて固さを調節する。
②軽く練って四角形にまとめ直す。
③打ち粉をしながら麺棒でおよそ40×40cm、約2mm厚さにのばす（→アベセabaisser）。
④プティ・フール型（バルケット：舟形）を少しずつ間隔を開けて並べ、その上に生地を麺棒に巻きとってかぶせる（約17個分）。
⑤生地の表面に打ち粉をして、ブラシで軽く押さえて生地を型の中に入れる。端生地を丸めたものに打ち粉をつけ、型に生地をなじませる。
⑥麺棒を2本転がして余分な生地を型の縁で切り落とす（→エバルベébarber）。
⑦指で押さえて生地を型にぴったりとなじませる（→フォンセfoncer）。
⑧クレーム・ダマンドを絞り入れる。
＊たくさん詰めるとふくらんであふれてしまうので、少なめに入れる。
⑨180℃のオーブンで焼く。焼き上がったらプレートの上でひっくり返し、表面を平らにする。型からはずして、網の上で冷ましておく。
⑩表面にガナシュを直径9mmの丸口金douille unieで4つの山形に絞り出す。冷蔵庫で一晩冷やし固める。
⑪底にナイフを刺し、表面を固さと温度を調節したフォンダン・ショコラに山形に絞ったガナシュの部分を浸け、上下させながらゆっくりひき上げて余分なフォンダンを落とす。
⑫金箔を飾り、固まるまで置いておく。

プティ・フール型 moule à petits fours
タルトレット型をさらに小さく縮小した型。円形、四角、舟形、ひし形などさまざまな形がある。ある程度数を揃えておくと使いやすい。

Barquettes aux marrons
バルケット・オ・マロン

＊barquette バルケット[f]　小舟

材料
パート・シュクレ　pâte sucrée
クレーム・ダマンド　crème d'amandes
クレーム・オ・マロン　crème au marron（→p.186）
　┌パート・ド・マロン　225g　225 g de pâte de marron
　│バター　60g　60 g de beurre
　└ラム酒　15mℓ　15 mℓ de rhum
フォンダン　fondant
フォンダン・ショコラ（飾り）　fondant chocolat
チョコレートの薄い板（飾り）　plaquette de chocolat

①プティ・フール型（バルケット）にパート・シュクレを敷き込み（→フォンセfoncer）、クレーム・ダマンドを詰めて焼く。
②熱がとれたら、クレーム・オ・マロンをこんもりと山形にのせる。冷蔵庫で一晩冷やし固める。
＊ケースの縁に沿って同じ角度でパレットナイフをあててならす。
③表面を固さと温度を調節した白いフォンダンでおおう。中央にフォンダン・ショコラで線を入れ、チョコレートの薄い板を飾る。

Marrons
マロン

＊marron マロン[m]　栗

材料
パート・シュクレ　pâte sucrée
クレーム・ダマンド　crème d'amandes
クレーム・オ・マロン　crème au marron
グロゼイユジャム　confiture de groseille

①プティ・フール型（タルトレット）にパート・シュクレを敷き込み（→フォンセfoncer）、クレーム・ダマンドを詰めて焼く。
②熱がとれたら、クレーム・オ・マロンを星形の口金douille canneléeをつけた絞り出し袋pocheでリング状に絞り出す（→ドレdresser）。
③クレーム・オ・マロンの中に、グロゼイユ（レッドカラント）のジャムを絞り入れる。

Mokas
モカ

＊moka モカ[m]　コーヒー豆の品種名。深煎りの豆で入れた濃いコーヒー。コーヒー風味のケーキ。アラビア半島イエメン共和国の港町モカMokaに由来する。

材料
パート・シュクレ　pâte sucrée
クレーム・ダマンド　crème d'amandes
クレーム・オ・ブール　crème au beurre（→p.60）
フォンダン・カフェ　fondant café（→p.175）
コーヒービーンズチョコレート（飾り）　grain de café

①プティ・フール型（正方形）にパート・シュクレを敷き込み（→フォンセfoncer）、クレーム・ダマンドを詰めて焼く。
②熱がとれたら、クレーム・オ・ブールをピラミッド型に盛る。冷蔵庫で一晩冷やし固める。
＊パレットナイフを同じ角度であて、切るようにして形を整える。
③表面を固さと温度を調節したフォンダン・カフェでおおい、コーヒービーンズチョコレートを飾る。

Hérissons
エリソン

＊hérissonエリソン[m]　針ねずみ

材料
パート・シュクレ　pâte sucrée（→p.104）
クレーム・ダマンド　crème d'amandes（→p.109）
ガナシュ　ganache（→p.65）
ココアパウダー　cacao en poudre
金箔（飾り）　feuille d'or

①プティ・フール型（タルトレット）にパート・シュクレを敷き込み（→フォンセfoncer）、クレーム・ダマンドを詰めて焼く。
②熱がとれたら、ガナシュを盛り、パレットナイフで角を立てる。冷蔵庫で冷やし固める。
③ココアパウダーを振りかけ、金箔を散らす。

Fraises
フレーズ

＊fraiseフレーズ[f]　いちご

材料
パート・シュクレ　pâte sucrée
クレーム・ダマンド　crème d'amandes
クレーム・パティシエール　crème pâtissière（→p.40）
グラン・マルニエ　Grande Marnier
フランボワーズのジュレ　gelée de framboise
いちご　fraise
ピスタチオ（飾り）　pistaches

①プティ・フール型（円形）にパート・シュクレを敷き込み（→フォンセfoncer）、クレーム・ダマンドを詰めて焼く。
②熱がとれたら、表面の中央にクレーム・パティシエール（グラン・マルニエを加えて風味をつける）を絞り、いちごをのせる。
③いちごにフランボワーズのジュレ（固形分の含まれていないゼリー状のジャム）を塗り、ピスタチオを飾る。

Confits
コンフィ

＊confitコンフィ[m]　砂糖漬け

材料
パート・シュクレ　pâte sucrée
クレーム・ダマンド　crème d'amandes
フルーツの砂糖漬け　fruits confits
フォンダン　fondant
ピスタチオ（飾り）　pistaches

①プティ・フール型（楕円形）にパート・シュクレを敷き込み（→フォンセfoncer）、クレーム・ダマンドを詰めて焼く。
②熱がとれたら、細かく刻んだフルーツの砂糖漬けをのせ、固さと温度を調節し、ピンク色に着色したフォンダンでおおってピスタチオを飾る。

petits fours frais

Tuiles aux amandes
テュイル・オ・ザマーンド

プティ・フール・セックの一つ。これだけでも食べるが、アイスクリームやシャーベットなどに添えることも多い。飾りとしてだけでなく、冷たさを和らげ、口当たりに変化を与える役割をする。

＊tuile テュイル[f] 瓦、瓦形のクッキー。

材料　直径5〜6cmのもの　約40枚分
薄力粉　30g　30 g de farine
グラニュー糖　75g　75 g de sucre semoule
塩　1g　1 g de sel
卵白　60g　60 g de blancs d'œufs
バター　25g　25 g de beurre
バニラエッセンス　extrait de vanille
アーモンドスライス　75g　75 g d'amandes effilées
バター（プレート用）　beurre

下準備
・オーブンを200℃に温める。
・オーブンプレートにバターを塗る。
・バター25gは湯煎（→バンマリ bain-marie）で溶かす。
・薄力粉はふるう（→タミゼ tamiser）。

①薄力粉、グラニュー糖、塩を合わせて混ぜ、よくほぐした卵白を加えてなじませる。
②溶かしバターを加えて、なめらかになるまで混ぜ合わせ、バニラエッセンスを加える。
③アーモンドスライスを混ぜ、常温でしばらく休ませる。
④生地をスプーンですくい、バターを塗ったオーブンプレートに大さじ1ずつ落とす。
⑤フォークを水でぬらして直径6cm程度にのばす。
＊オーブンプレートが透けて見えるくらい薄くのばす。隙間ができてもいい。
⑥200℃のオーブンで全体に色づくまで焼く。焼き上がったものから三角パレット palette triangle でプレートからはずし、熱くて柔らかいうちに、プレートに接していた面を上にしてテュイル型に入れて形づけ、そのまま冷ます。

テュイル型 plaque à tuile
（とい型）
雨どいのような半円形の溝が並んでいる型。

Tuiles dentelles
テュイル・ダンテル

細かい穴がたくさん開き、名前の通りレースのように繊細なプティ・フール・セック。

＊dentelle ダンテル［f］　レース、レース状のもの。

材料 直径5〜6cmのもの 約20枚分
グラニュー糖　25g　25 g de sucre semoule
ブラウンシュガー25g　25 g de sucre brun
水　25mℓ　25 mℓ d'eau
薄力粉　25g　25 g de farine
バター　25g　25 g de beurre
アーモンドダイス25g　25 g d'amandes hachées
バター（プレート用）　beurre

下準備
・薄力粉はふるう（→タミゼtamiser）。
・バター25gは湯煎（→バンマリbain-marie）で溶かす。
・オーブンを200℃に温める。
・オーブンプレートにバターを塗る。

①グラニュー糖、ブラウンシュガーを混ぜ合わせ、水を加えて溶かす。
②薄力粉を加えてなめらかになるまで混ぜる。
③溶かしバターを加え混ぜる。
④アーモンドダイスを混ぜたのち、冷蔵庫で生地をしめる。
⑤絞り出せる固さになったら直径12mmの口金をつけた絞り出し袋に入れ、オーブンプレートに充分に間隔をあけて絞り出し（→ドレセdresser）、プレートを軽く台の上にたたきつけて広げる。
⑥200℃のオーブンで約15分焼く。薄く広がって焼き色がついたら、オーブンからとり出す。
⑦2〜3分たって少し固まりかけてきたら、三角パレットでプレートからはずし、プレートに接していた面を上にしてテュイル型に置いて形づけ、そのまま冷ます。
＊薄くてもろく、また熱いと柔らかく、変形したりヘラで破れたりするので少し冷めて固まりかけてきてから、テュイル型に移す。

Galettes bretonnes
ガレット・ブルトンヌ

ブルターニュ地方の伝統的な菓子。サブレに似たもろい口当たりで、この地方独特の有塩バターの風味が豊かに感じられる。

＊galette ガレット［f］　平たく丸い菓子。
＊breton ブルトン［adj］　女性形bretonneブルトンヌ。ブルターニュ地方の。

材料 直径6cmのもの 25個分
有塩バター 250g　250 g de beurre demi-sel
グラニュー糖 110g　110 g de sucre semoule
塩 5g　5 g de sel
卵黄 40g　40 g de jaunes d'œufs
ラム酒 15mℓ　15 mℓ de rhum
薄力粉 220g　220 g de farine
ベーキングパウダー 2g　2 g de levure chimique
アーモンドパウダー 150g　150 g d'amandes en poudre
ドリュール（卵黄、カラメル）　dorure(jaune d'œuf, caramel)
バター（プレート用）　beurre
打ち粉（強力粉）　farine

下準備
・薄力粉、ベーキングパウダー、アーモンドパウダーは合わせてザルでふるう。
・材料はすべて冷蔵庫で冷やしておく。
＊バターは指で押しても跡がほとんどつかないくらい固いものを用いる。
・ドリュールは材料を混ぜ合わせて漉す（→パセpasser）。
・オーブンを180℃に温める。
・オーブンプレートにバターを塗る。

①バターと粉類をフードプロセッサーcutterにかける。
②さらさらとした細かいそぼろ状にする（→サブラージュsablage）。
③グラニュー糖を加えてさらに撹拌する。
④塩、卵黄、ラム酒を混ぜ合わせ、③に加える。
⑤さらに撹拌して再びそぼろ状になったら台に出す。
⑥そぼろ状の生地をカードcorneで折り重ねて押さえるようにして一つにまとめていく。なめらかにまとまったら冷蔵庫で扱いやすい固さになるまで充分に冷やし固める。
⑦1cm厚さにのばし（→アベセabaisser）、再び冷蔵庫で冷やし固める。
＊1cm角の棒を生地の両端に置いてのばすと均一な厚さにのばせる。
⑧ドリュールを塗り（→ドレdorer）、直径5cmのセルクルcercle（内側に薄くバターを塗る）で抜く。
⑨型をはめたままオーブンプレートに並べ、フォークで筋模様をつける。
⑩180℃のオーブンで15～20分しっかり色づくまで焼く。
＊ベーキングパウダーが入っていて生地がダレやすいので、焼き上がるまで型をはめておく。焼き上がったら型をはずして冷ます。

Cigarettes
スィガレット

プティ・フール・セックの一つ。シガレットの生地は、焼き上がりの熱いうちにアルミカップなどに入れて形づけ、氷菓の器としても使うことができる。

＊cigarette スィガレット [f]　たばこ、シガレット。

材料　長さ5cmのもの約40本分
パータ・シガレット　pâte à cigarettes
- バター　70g　70 g de beurre
- 粉砂糖　70g　70 g de sucre glace
- 卵白　70g　70 g de blancs d'œufs
- 薄力粉　70g　70 g de farine
- バニラエッセンス　extrait de vanille

ジャンデュジャ　gianduja
クーヴェルチュール　couverture
バター（プレート用）　beurre

下準備
- 薄力粉はふるう（→タミゼtamiser）。
- バターは室温に置いて柔らかくする。
- オーブンを200℃に温める。
- オーブンプレートにバターを塗る。
- クーヴェルチュールはテンパリング（→p.356）する。

①ボウルにバターを入れて泡立て器fouetで混ぜ、柔らかいクリーム状にし、粉砂糖を少しずつ加えてすり混ぜ、なじませる。
②よくほぐした卵白を少量ずつ加えて混ぜる。
＊バターがしまらないように卵白は常温にしておく。分離しそうになったら薄力粉を少量加えるとよい。
③〜④バニラエッセンスを加え混ぜ、薄力粉を加えてなめらかになるまで混ぜる。
⑤1.5mm厚さのアクリル板を直径8cmの円形に抜いた型をバターを塗ったオーブンプレートに置き、円の中に生地をカードですりこむ。
⑥200℃に温めたオーブンで5〜10分焼く。
⑦生地がほぼ中心まで色づいたら、色づいたものから随時オーブンからとり出す。
⑧熱いうちにすぐに細い棒に巻きつけて形を整え、巻き終わりを下にしてしっかり押さえる。すぐに棒を抜く。
⑨熱がとれたら、湯煎で溶かしたジャンデュジャを両端から絞り入れて固める。
⑩テンパリングしたクーヴェルチュールを、両端につけ、シガレットの巻き終わりが下になるようにセロハンに置いて固める。クーヴェルチュールにピスタチオなどを振りかけてもよい。

ジャンデュジャ
細かくすりつぶしたヘーゼルナッツを加えたクーヴェルチュール。カカオ分32％、無脂カカオ分8％以上、ヘーゼルナッツ20〜40％。ミルククーヴェルチュールをベースにしたものもある（ヴァローナ社のジャンデュジャは全脂粉乳が26％含まれる）。

Palets aux raisins
パレ・オ・レザン

langue-de-chat(ラングドシャ)とよく似た生地でつくったプティ・フール・セック。

＊palet パレ [m]　的に投げて遊ぶ平たい丸い石。

材料　直径4cmのもの 50枚分
生地　pâte
- バター　75g　75 g de beurre
- グラニュー糖　75g　75 g de sucre semoule
- 塩　少量　un peu de sel
- 卵　50g　50 g d'œuf
- ラム酒　rhum
- 薄力粉　90g　90 g de farine

ラム酒漬けレーズン　raisins secs macérés au rhum
- レーズン　1枚につき3粒　raisins secs
- ラム酒　rhum

アプリコットジャム　confiture d'abricot

ラム酒風味のグラス・ア・ロー　glace à l'eau au rhum
- 粉砂糖　100g　100 g de sucre glace
- 水　約15㎖　15 ㎖ d'eau
- ラム酒　約15㎖　15 ㎖ de rhum

バター（プレート用）　beurre

下準備
- レーズンをラム酒に漬けておく（最低2～3日）。
- 薄力粉はふるう（→タミゼ tamiser）。
- バターは室温に置いて柔らかくする。
- オーブンを180℃に温める。

①ボウルにバターを入れ、泡立て器で混ぜてさらに柔らかくし、グラニュー糖、塩を加えてすり混ぜ、なじませる。
②卵にラム酒を少量加えて溶きほぐし、①に加えてすり混ぜる。
③薄力粉を加えて混ぜ合わせる。
④オーブンプレートに紙（普通紙）を敷き、間隔をあけて直径3cmくらいにこんもりと絞り出す（直径9㎜の丸口金使用）。
⑤ラム酒につけたレーズンの汁気を切って3粒ずつのせ、180℃のオーブンで約15分焼く。
⑥焼き上がったら熱いうちに、煮詰めたアプリコットジャムを塗る。

ラム酒風味のグラス・ア・ローをつくる
⑦粉砂糖にラム酒を加えて泡立て器で混ぜ合わせる。
⑧さらに水を加えて粉砂糖を溶かし、なめらかに流れる状態に調節する。
⑨⑥のジャムが固まったら、準備したグラス・ア・ローを薄く塗る。
⑩紙をはがし、網の上に並べて乾かす。

＊グラス・ア・ローが固まる前に紙をはがしておかないと、グラス・ア・ローに亀裂が入る。

Bâtons maréchaux
バトン・マレショ

元帥杖というユニークな名前のプティ・フール・セック。

＊bâton バトン[m]　棒、杖。
＊maréchal マレシャル[m]　複数形maréchauxマレショ　元帥。
＊bâtons maréchaux バトン・マレショ[m]　元帥杖。

材料　長さ5cmのもの100本分
生地　pâte
- アーモンドパウダー　125g　125 g d'amandes en poudre
- 薄力粉　30g　30 g de farine
- グラニュー糖　90g　90 g de sucre semoule
- メレンゲ　meringue
  - 卵白　150g　150 g de blancs d'œufs
  - グラニュー糖　60g　60 g de sucre semoule
- アーモンドダイス　amandes hachées
- クーヴェルチュール　couverture
- バター（プレート用）　beurre

下準備
- 薄力粉とアーモンドパウダーは合わせてふるう。
- オーブンを180℃に温める。
- オーブンプレートにバターを塗る。
- クーヴェルチュールはテンパリング（→p.356）する。

①ふるったアーモンドパウダーと薄力粉にグラニュー糖を加えて混ぜ合わせる。
②卵白をほぐし、グラニュー糖60gを2～3回に分けて加えながら泡立てる（→フウェテfouetter）。
③角がぴんと立つまで泡立て、最後にセレする（→セレserrer）。
④～⑤③のメレンゲに①の粉類を振り入れながら、ヘラでさっくりと混ぜ合わせる。
⑥オーブンプレートに間隔をあけて5cm長さに絞り出す（直径9mmの丸口金使用）(→ドレセdresser）。
⑦端の一列にアーモンドダイスをたっぷり振りかける。
⑧プレートを傾けて手前にアーモンドを振り上げるようにして生地の表面にアーモンドをつける。反対側からも同様にして全体にまぶし、余分なアーモンドダイスは紙の上にあける。
⑨180℃のオーブンで15分焼く。焼き上がったら網の上で冷まし、熱がとれたらアーモンドがついていない面にテンパリングしたクーヴェルチュールをつける。
＊クーヴェルチュールまたはアプリコットジャムなどをつけて2枚はり合わせて仕上げる場合もある。

Rochers aux noix de coco
ロシェ・オ・ヌワ・ド・ココ

ココナッツ入りのメレンゲを乾燥焼きしたもの。シンプルな乾燥メレンゲも、プティ・フール・セックとすることができる。
＊rocher ロシェ［m］ 岩山。

材料　約25個分
生地　pâte
- 卵白　80g　80 g de blancs d'œufs
- グラニュー糖　200g　200 g de sucre semoule
- ココナッツ（おろしたもの）　150g　150 g de noix de coco râpées

クーヴェルテュール　couverture

※noix de coco ヌワ・ド・ココ[f]　ココナッツ。ココヤシの実。またはその胚乳を乾燥させたもの。細長いせん切り状になったもの、フレーク、粉末などがある。ほのかな甘味があり、油脂を多く含む。酸化しやすいので、密閉して保存する。

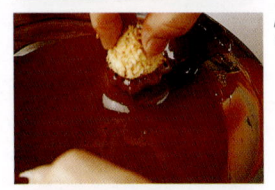

下準備
- オーブンを170℃に温める。
- クーヴェルテュールはテンパリング（→p.356）する。

①卵白はこしが抜けるまでよくほぐし、グラニュー糖を加える。
②泡立器の針金の部分を持ってボウルをこするように混ぜる。
＊泡立器で持ち上げると、ゆっくり流れ落ちる状態になればよい。
③ココナッツを加え混ぜる。ココナッツが卵白の水分を吸ってなじむまで常温で2〜3時間休ませる。
＊卵白とココナッツを混ぜてすぐに焼くと、卵白が下に沈んでしまう。
④一口大にまとめ、指先で三角錐に形を整える。
⑤フッ素樹脂加工したオーブンプレートに間隔をあけて並べていく。
＊普通のオーブンプレートを使う場合は、バターを塗っておく。
⑥170℃のオーブンで30分焼き、全体が色よく焼き上がったら、網にとって冷ます。
＊表面が色づいてかりっとすればよい。
⑦テンパリングしたクーヴェルテュールをロシェの底につける。
⑧表面を加工した紙（硫酸紙、シリコン樹脂加工のクッキングペーパーなど）の上に並べて固まるまで置いておく。

Macarons de Nancy
マカロン・ド・ナンスィ

17世紀から、ナンシーのカルメル会の修道院でつくられていたマカロン。秘伝のレシピであったが、フランス革命のときに修道会が解散させられ、街に逃れた二人の修道女が、かくまってくれたお礼にとこのマカロンをつくって以来、そのおいしさが有名になった。平たく、表面がひびわれているのが特徴。

＊Nancy ナンスィ　ナンシー。ロレーヌ地方の都市。

材料 直径5cmのもの23個分
アーモンドパウダー 125g　125 g d'amandes en poudre
粉砂糖 200g　200 g de sucre glace
薄力粉 20g　20 g de farine
卵白 100g　100 g de blancs d'œufs
シロップ　sirop
　┌グラニュー糖 100g　100 g de sucre semoule
　└水 40mℓ　40 mℓ d'eau

下準備
・薄力粉、粉砂糖はそれぞれふるっておく（→タミゼ tamiser）。
・オーブンプレートに紙（普通紙）を敷く。
・オーブンを180℃に温める。

①卵白をほぐしてこしを切り、粉砂糖を加えて混ぜる。
②アーモンドパウダーを加え、泡立器でしっかり混ぜてなじませる。
③薄力粉を加えてなめらかになるまで混ぜ合わせる。
④グラニュー糖と水を合わせて煮詰め、107℃まで煮詰めてシロップをつくる。少し冷まして③に加える。泡立器ですくうとゆっくり流れ落ち、しばらく跡が残るくらいになったら、ラップをして絞り出せる固さになるまで常温で休ませておく。
⑤直径14mmの丸口金をつけた絞り出し袋に生地を入れ、紙を敷いたオーブンプレートに間隔をあけて直径5cmくらいに絞り出す。
⑥布巾を湿らせて軽く絞り、生地を軽くたたくように押さえて表面をなめらかにし、形を整えながら厚さを均一にする。
⑦180℃のオーブンで、約20分焼く。途中、5分ほどして表面が割れてきたらダンパーを開けて蒸気を抜く。焼き上がったらオーブンプレートと紙の間に水を流してマカロンの底をむらし、紙からはずす。

Macarons mous
マカロン・ムゥ

表面がなめらかで、中がしっとりと柔らかいマカロン。macaron lisse、macaron parisienとも言う。焼いている途中で、中から柔らかい生地が噴き出し、マカロンの縁にフリルのようについた「ピエ」も特徴になっている。

＊mouムゥ[adj]　柔らかい。

材料　約60個分
生地　pâte
├─ アーモンドパウダー　125g　125 g de d'amandes en poudre
├─ 粉砂糖　225g　225 g de sucre glace
├─ メレンゲ　meringue
│ ├─ 卵白　110g　110 g de blancs d'œufs
│ └─ 粉砂糖　30g　30 g de sucre glace
アプリコットジャム　confiture d'abricot

下準備
・オーブン2台をそれぞれ200℃と170℃に温める。
・オーブンプレートに紙を敷く。

①アーモンドパウダーと粉砂糖を合わせてザルでふるう。
②卵白をほぐし、分量の粉砂糖を全て加えて泡立てる(→フウェテfouetter)。
③しっかりと角が立つメレンゲをつくる。
＊色や香りをつける場合は、メレンゲに食用色素、香料を加える。
④メレンゲにふるった粉類を振り入れながら、ヘラでさっくりと混ぜ合わせる。
＊ココアパウダーで色と風味をつける場合は、粉類と合わせてふるっておいて加える。
⑤粉が見えなくなるまでていねいに混ぜ、混ぜてメレンゲの泡をある程度つぶすことで生地の固さを調節する。(→マカロネmacaronner)。
＊絞ったときに生地が徐々に流れ、表面がなめらかになるが、ドーム状を保つ固さに調節する。
⑥紙を敷いたオーブンプレートに、⑤の生地を間隔をあけて直径3cmくらいにこんもりと絞り出す(直径9mmの丸口金使用)。表面がなめらかな円形になり、少し乾いた状態になるまでおく。
⑦オーブンプレートを2、3枚重ねて、200℃のオーブンに入れる。縁に生地がはみ出してきたら(この部分をピエと呼ぶ)、170℃のオーブンに移して約10分焼く。
⑧焼き上がったら、紙とプレートの間に水を流し、マカロンの底をむらす。
⑨マカロンを紙からはがし、粗熱をとる。
⑩平らな面にアプリコットジャムを塗り、2個一組にしてはり合わせる。

第11章

糖 菓
Confiserie

Pâte d'amandes crue
Pâte d'amandes fondante
Petits fours aux amandes
Fruits déguisés
Pâte de fruits
Guimauve
Nougat de Montélimar
Nougat de Provence
Caramels mous
Bonbons à la liqueur
Pralines

糖菓について

　人間にとって甘味は欲求力の高い味覚であり、気持ちを安らげ、開放的にしてくれる。古代から、人は自然に手に入るはちみつや果物で甘味を楽しんで来たが、お菓子の、とくに糖菓の歴史はそこからはじまっていると言っても過言ではない。

　アーモンドなどのナッツ類やスパイス（種子）にはちみつをからめたものが、最初の糖菓であり、砂糖が使われるようになったのは、ずっとあとになってからのことになる。

　サトウキビと甜菜（砂糖大根）が砂糖の2大原料である。そのうち、サトウキビは古代から存在は知られていたが、熱帯の植物であることから、ヨーロッパに普及したのは中世末期、十字軍の遠征があり、東方との交流が盛んになった頃だとされる。当時砂糖はたいへん貴重なもので、現在のヌガーやドラジェの原型にあたるものが、洗礼など、重要な儀式用の菓子としてつくられた。

　ヨーロッパで糖菓の発達が確固たるものになったのは、19世紀に寒冷な地方でも栽培できる甜菜から砂糖を得る方法が発見されたことによる。ナポレオン1世の時代になって、甜菜を使った砂糖の工業生産がはじまり、砂糖が大量に供給されるようになって、糖菓は大発展を遂げた。

　そして現在でも、糖菓は菓子づくりに従事する我々をひきつける菓子の一つである。糖菓の魅力は、菓子づくりに欠かせない砂糖に秘められた多くの特性にある。

　水溶性でほかの材料となじみやすい、造形性がある（糖液の煮詰め温度によって冷却時の状態がさまざまに変化する）、溶けた砂糖が再結晶化して製品に変化を与える、カラメル化して菓子の表面の組織をしっかりと形成する、たんぱく質の変性を遅らせて卵白の気泡を安定したきめ細かい状態にする、ゼリー化を促す、防腐性があるなど、砂糖のさまざまな性質をいかに上手く用いるかによって糖菓のでき上がりは一変するのである。

マジパン

フランス語ではパート・ダマンド、ドイツ語ではマルツィパン。アーモンドと砂糖をペースト状にした半製品で、菓子・糖菓の材料、デコレーションなどに使用する。フランスとドイツとでは、アーモンドと砂糖の割合や製法が異なっている。

ドイツ風マジパン

マルツィパン・ローマッセ Marzipanrohmasse

日本で通常ローマジパンと呼んでいるものはこのタイプであることが多い。アーモンドと砂糖の割合は2：1で、アーモンドの比率が高い。湿り気のあるアーモンドを、砂糖と合わせてローラーで挽き、加熱（直火あるいはスチームローストなど）して仕上げる。

◎マルツィパン・ローマッセの配合規定

砂糖／35％以下　水分／17％以下　脂肪分／28％以上

マルツィパン Marzipan

マルツィパン・ローマッセをもとに、粉砂糖を加えてつくる。粉砂糖はローマッセと同量まで加えることができ、糖分は約68％。

フランス風マジパン

パート・ダマンド・クリュ pâte d'amandes crue

アーモンドと砂糖の割合は、基本的に1：1。湯むきしたばかりの湿ったアーモンドと砂糖を混ぜ合わせてローラーで挽いてつくる。

パート・ダマンド・フォンダント pâte d'amandes fondante

湯むきして完全に乾かしたアーモンドと、水あめを加えて煮詰めたシロップを混ぜてシロップを結晶化（糖化。製菓ではシャリともいう）させ、ローラーで挽いてつくる。アーモンドと砂糖の割合は、1：2以上。

パート・ダマンド・フォンダント
アーモンドに熱いシロップを混ぜながら白く結晶化させ、冷ましてからローラーにかけてペースト状にしたもの。マジパンともいい、市販品もある。

基本の生地
Pâte d'amandes crue
パート・ダマンド・クリュ

ローマジパン。湯むきしたばかりの湿ったアーモンドを使うので、その水分で砂糖が溶けてつながり、ペースト状になるが、水分が足りない場合は卵白を加えて補う。アーモンドと砂糖の割合が、2：1など配合の異なる製品もある。加熱していないのでそのまま食べることはなく、卵白を加えて柔らかくし、絞り出して高温のオーブンで焼き、プティ・フールをつくる。またはバターケーキなどの生地に加える。

材料 でき上がり500g
アーモンド　250g　　250 g d'amandes
グラニュー糖（または白ザラメ糖）　250g　　250 g de sucre semoule
卵白　50g　　50 g de blancs d'œufs

1　アーモンドを湯むきする（→エモンデ émonder）。アーモンドをたっぷりの熱湯に入れ、渋皮がふやけるまでゆでる。渋皮がむけるようになったら、冷水にさらして粗熱をとる。

2　水気を切って1個ずつ指の腹で渋皮をむく。

3　湯むきしたアーモンドは布巾で水気をとり、ボウルに入れてグラニュー糖と混ぜ合わせる。

4　ブロワイユーズbroyeuseの刃の部分でまず粗く砕く。

5　刃の間隔を徐々に狭くしながら3回ほど挽いて細かくしていく。

＊最後は両側の刃の間隔がなくなった状態で挽く。

6

7　続いて少量ずつブロワイユーズのローラーにかけて挽く。ローラーの間隔を少しずつ狭くしながら数回かける。

8

＊ローラーにかける回数を多くし、1回ごとに狭めるローラーの幅は小さくして、徐々に細かくしていくほうがアーモンドからの油が出にくくてよい。

9　ごく細かい粉末状にする。

＊卵白の量は、全体がしっとりとしてまとまるくらい（500ｇに対して約1個分50ｇ程度）。

10　ボウルに移して少量の卵白を加え、ゴムベラpalette en caoutchoucで混ぜてまとめる。

11　さらにローラーにかけ、ペースト状になったら台に出して、手で練って耳たぶくらいの固さに仕上げる。

12　一つにまとめて、密閉できる容器に入れるかラップで包んで冷所で保存する。卵白が入っているため、衛生面に注意が必要。早めに使い切るようにする。

基本の生地

Pâte d'amandes fondante
パート・ダマーンド・フォンダーント
パート・ダマンド・フォンダント

ローマジパンに対して、単にマジパンと呼ぶ。
薄くのばしてケーキの表面をおおったり、着色して花や動物などの形をつくり、装飾にする。また、小さく形づくり、ドライフルーツなどと組合わせてあめがけし、糖菓をつくったり、酒などで風味をつけ、ボンボン・オ・ショコラのセンターにする。

材料 でき上がり約600g分
アーモンド　150g　150 g d'amandes
グラニュー糖　350g　350 g de sucre semoule
水あめ　75g　75 g de glucose
水　125mℓ　125 mℓ d'eau
キルシュ　kirsch

1　アーモンドを湯むきする（→エモンデ émonder）。アーモンドをたっぷりの熱湯に入れる。

2　渋皮がふやけて指で簡単にむけるようになるまでゆでる。

3　渋皮がむけるようになったら、冷水にさらして粗熱をとる。

＊自然乾燥でもよい。

4　水気を切って1個ずつ指の腹で中身を押し出して渋皮をとり除く。湯むきしたアーモンドはオーブンプレートに広げて低温のオーブンで完全に乾かしておく。

＊水あめは、粘りがあって扱いにくいが、分量のグラニュー糖の上にのせて計量し、そのまま一緒に加えると、容器について残ってしまうこともなく、無駄がない。

5　鍋に水、グラニュー糖、水あめを入れて火にかける。

＊鍋肌に飛んだシロップをそのままにしておくと、結晶化したり焦げついたりするので、水でぬらした刷毛で鍋肌を洗い落とす。刷毛をシロップに浸けないように注意（→p.61：糖液を煮詰めるときの注意点）。

6 135℃まで煮詰める。

7 湯むきして乾かしたアーモンドを製菓用ミキサーmélangeurのボウルに入れ、パレット（→p.28）で混ぜながら、6のシロップを少量ずつ加える。

8 シロップが白く結晶化（糖化）するまで撹拌する。

＊温かいうちにローラーにかけると、砂糖が溶けてべとついたり、アーモンドから油が出てしまう。

9 台に広げて完全に熱がとれるまで冷まし、同時に水分を飛ばす。

10 ブロワイユーズの刃の部分でまず細かく砕く。

＊アーモンドは急激に細かくすると油がにじみ出てくるので、一気に細かくせず、段階的に細かくしていくこと。アーモンドから油が出てしまうとまとまりにくく、保存性も悪くなる。

11 アーモンドが粗いみじん切りくらいの状態になったら今度はブロワイユーズのローラーにかける。

12 徐々にローラーの間隔を狭めながら何度か挽き、さらさらした細かい粉末にする。

＊耳たぶくらいの固さ。

13 細かい粉末状になったらボウルに移し、香りづけとまとまりやすくするためにキルシュを少量振りかけて手で混ぜ合わせ固さを調節する。さらにローラーにかけてペースト状にする。ボウルに戻し、手で練って固さをみて、必要ならさらにキルシュを加えてもう一度ローラーにかけてなめらかにする。台に出して粉砂糖を振り（分量外）、練ってまとめる。

14 密閉できる容器に入れるかラップで包んで冷所で保存する。

アーモンドが粉末状になるまで

a
ブロワイユーズにかける前の状態

b
刃で砕いた状態

c
ローラーで2〜3度挽いた状態

d
アーモンドとグラニュー糖が均一に細かい粉末状になったもの

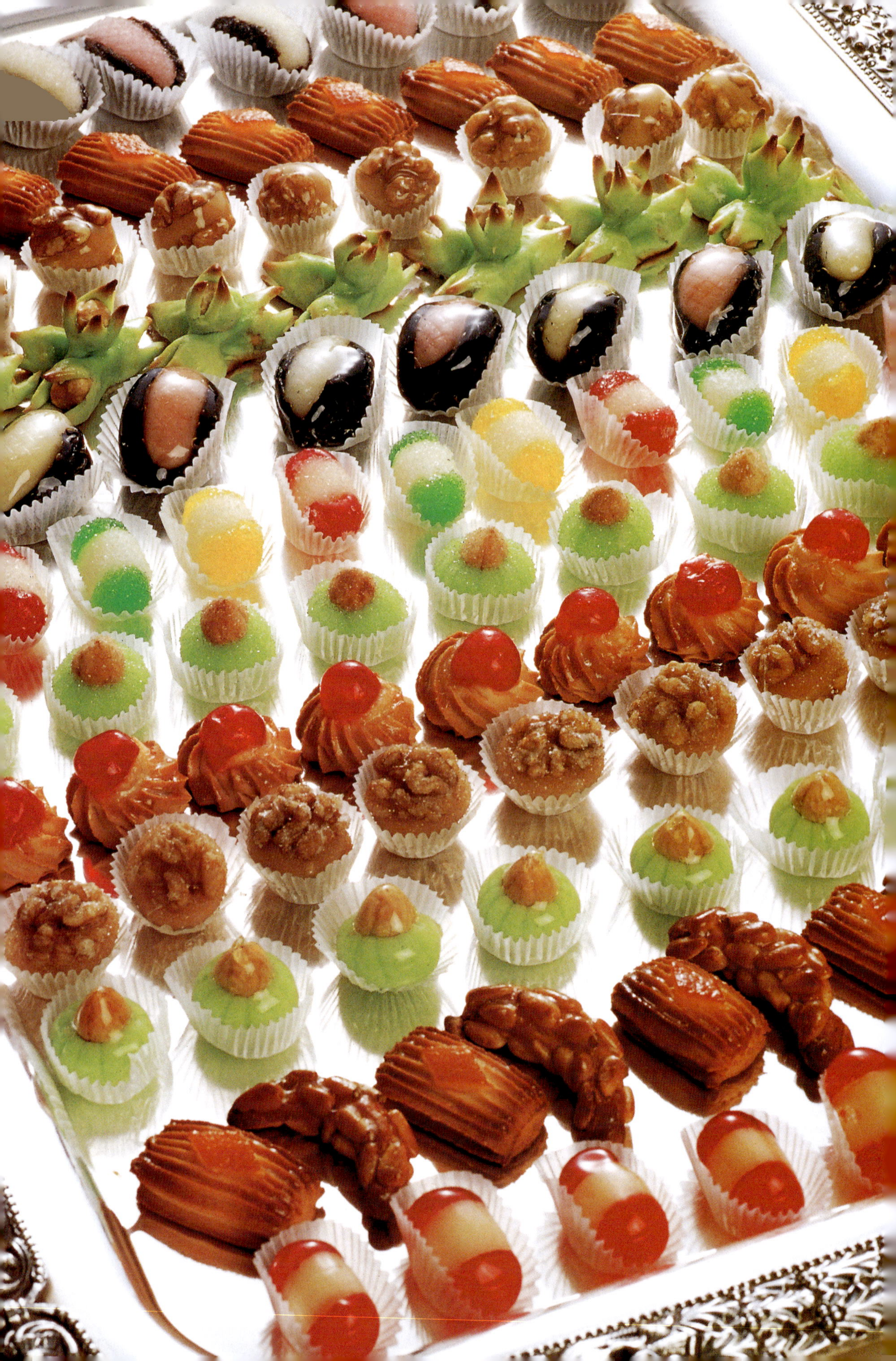

Petits fours aux amandes
プティ・フール・オ・ザマーンド

パート・ダマンド・クリュをいろいろな形にして焼いたプティ・フール。beignet(ベーニェ)と呼ばれることもある。プティ・フール（小菓子）の中では、demi-sec(ドゥミセック)（半生）に位置づけられている。

＊poche ポシュ[f]　絞り出し袋

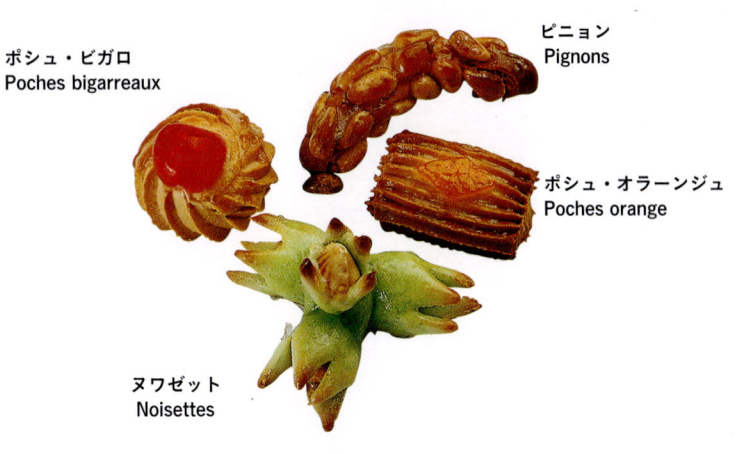

ポシュ・ビガロ
Poches bigarreaux

ピニョン
Pignons

ポシュ・オラーンジュ
Poches orange

ヌワゼット
Noisettes

ベースの生地の材料　基本分量
パート・ダマンド・クリュ　250g　250 g de pâte d'amandes crue
卵白　blanc d'œuf
粉砂糖（打ち粉用）　sucre glace
ドリュール　dorure
アラビアゴム　100g　100 g de gomme arabique
水　150mℓ　150 mℓ d'eau

副材料
＊ポシュ・ビガロ　Poches bigarreaux（基本分量で35個分）
　ドレンチェリー　35個　35 bigarreaux confits
＊ポシュ・オラーンジュ　Poches orange（基本分量で40個分）
　オレンジピール　écorce d'orange confite
＊ピニョン　Pignons（基本分量で40個分）
　松の実　pignons
＊ヌワゼット　Noisettes（基本分量で15個分）
　食用色素（緑・黄）　colorant vert, colorant jaune
　ヘーゼルナッツ　60個　60 noisettes

ベースの生地をつくる
①パート・ダマンド・クリュに卵白を加えて固さを調節する。
②カードcorneで切り混ぜ、固さを見て必要ならさらに卵白を足していく。
③台にこすりつけるようにしてなめらかにする（→フラゼ fraser、フレゼ fraiser）。

ポシュ（ビガロとオラーンジュ）：生地をオーブンプレートに絞り出して焼く

①星形の口金（直径8mm、10切れ）をつけた絞り出し袋poche à douille cannelée で丸く絞り出す。
②ドレンチェリーをのせる。
③片目の口金douille à bûche で5cm長さに2度重ねて絞り出す。
④ひし形に切ったオレンジピールを飾る。
⑤一晩乾燥させる。ドリュールを塗り（→ドレdorer）、200℃に温めたオーブンで5分焼いて、表面に焼き色をつける。
＊ポシュは高めの温度で焼いて、焼き色のついた部分と白い部分のコントラストをはっきり出す。
⑥アラビアゴムに水を加えて湯煎（→バンマリbain-marie）で温め溶かしておく。
⑦熱いうちに刷毛pinceauでアラビアゴムの溶液を塗る。

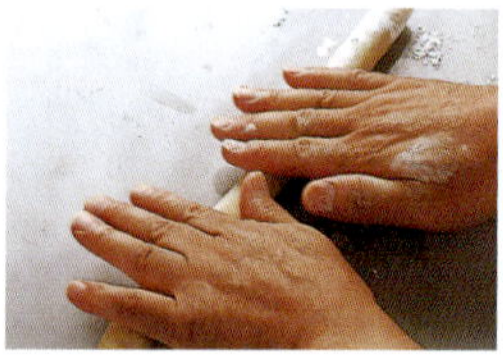

ピニョン：生地を成形して焼く

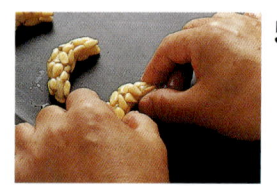

①台に粉砂糖で打ち粉をして、生地を直径約2cmの棒状にのばす。
②2cm長さに切り、細長くのばす。
③手のひらに溶きほぐした卵白をつけ、細長くのばした生地の表面全体につける。
④松の実をバットなどに入れた中に③を入れ、表面にまんべんなく松の実をつける。
⑤さらに卵白をつけてオーブンプレートに並べ、両端を曲げて三日月形に整える。
⑥一晩乾燥させる。ドリュールを塗り（→ドレdorer）、200℃に温めたオーブンで5分焼いて、表面に焼き色をつける。
＊松の実は焦げやすいので、黒くなりすぎないように注意。
⑦熱いうちに刷毛でアラビアゴムの溶液を塗る。

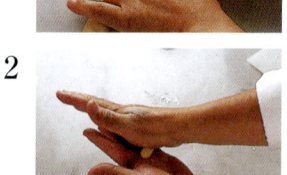

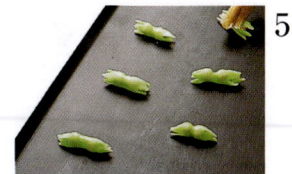

ヌワゼット：着色して生地をつくり、成形して焼く

①ベースの生地をつくる際パート・ダマンドを練るときに、食用色素で黄緑色に着色する。粉砂糖で打ち粉をしながら2mm厚さにのばす。

②4cm幅で切り口がぎざぎざになるように刃が波状になったパイカッターなどで切る。

＊写真の器具は、このプティ・フール専用につくられている。パイカッターのように刃が回転して生地を切る。

③刷毛で卵白を塗り、ヘーゼルナッツを2個のせて巻く。

④端が重なった部分で切り離す。軽く転がしてなじませる。

⑤④の半分をオーブンプレートに間隔をあけて1個ずつ並べ、その中心に卵白を塗る。

⑥残り半分を90度折り曲げて卵白を塗った上に1個ずつのせ、しっかりはりつける。

⑦一晩乾燥させる。ドリュールを塗り（→ドレdorer）、220〜230℃に温めたオーブンで5分焼いて、表面に焼き色をつける。

＊ヌワゼットはダレて形がくずれやすいので、高温のオーブンでさっと焼いて色づける。

⑧熱いうちにアラビアゴムの溶液を刷毛で塗る。

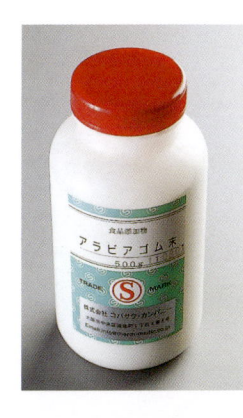

アラビアゴム

アラビアガムとも言う。アラビアゴムノキの樹皮に傷をつけて採取するゴム質（成分の80％は多糖体＝食物繊維）。西アフリカのスーダンなどで生産されている。粉末または液状に加工した製品があり、無味、無臭で、水によく溶ける（エタノールには不溶）。油脂を水分中に分散させる乳化性が強く、水溶液には粘りがある。食品に添加して乳化・安定剤、結合剤、増粘剤として用いる。糖菓の表面に塗ると、表面につやのある膜をつくり、保護する働きをする（皮膜性）。食品に使われるガム類には、ほかにマメ科の植物から抽出されるローカストビーンガム、グアーガムなどがある。

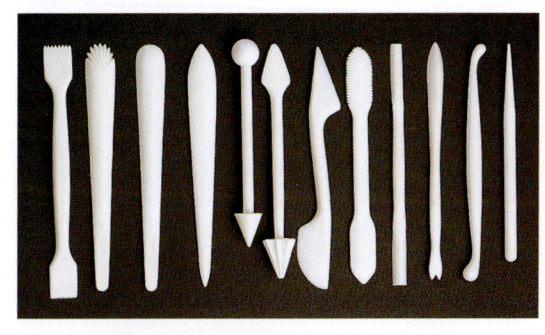

マジパン細工用ヘラ ébauchoir
マジパン細工の細かい部分の形をつくるときに用いる。粘土細工用のヘラで代用してもよい。

Fruits déguisés
フリュイ・デギゼ

ナッツや小型のフルーツを丸ごと使うプティ・フール。パート・ダマンドで補って、使った素材のもとの形を再現する。

*déguisé デギゼ　扮装させる、偽造するという意味の動詞déguiserからきた形容詞。

ヌワ
Noix

プリュノ
Pruneaux

ビガロ
Bigarreaux

ヌワゼット
Noisettes

材料
パート・ダマンド・フォンダント　pâte d'amandes fondante
干しプラム　pruneau
ドレンチェリー　bigarreau confit
くるみ　noix
ヘーゼルナッツ　noisettes
コーヒーエッセンス　extrait de café
食用色素（緑、黄、赤）　colorant（vert, jaune, rouge）
粉砂糖（打ち粉用）　sucre glace
シロップA　sirop
　┌グラニュー糖　2〜2.5kg　2 à 2,5 kg de sucre semoule
　└水　1ℓ　1 litre d'eau
シロップB　sirop
　┌グラニュー糖　500g　500 g de sucre semoule
　├水　200mℓ　200 mℓ d'eau
　└水あめ　100g　100 g de glucose

成形
ビガロ
①パート・ダマンド・フォンダントを直径2cm程度の太さの棒状にのばす。
②2cm幅の輪切りにする。
③細長い楕円形に丸める（1個10g）。
④ドレンチェリーは余分なシロップを切って2等分し、③のパート・ダマンドをはさむ。

プリュノ
①干しプラムは切り込みを入れて、種をとる。
②パート・ダマンド・フォンダントをピンク色に着色し、細長い楕円形に丸める（1個10g）。
③干しプラムに詰める。
④パート・ダマンドを目の粗い網に押しつけて斜めの格子模様をつける。

ヌワ
①パート・ダマンド・フォンダントにコーヒーエッセンスを加えて色と香りをつける。
②小さく切って丸め（1個10g）、半割りのくるみではさむ。

ヌワゼット
①黄緑色に着色して丸めたパート・ダマンド・フォンダント（1個15g）にヘーゼルナッツをのせる。
②〜③マジパン細工用ヘラで筋をつける。
＊パート・ダマンドを成形するときは、粉砂糖で適宜打ち粉をする。

仕上げ（1）
①成形したものを網の上に2〜3日置いてよく乾燥させる。
②シロップAの砂糖と水を合わせて火にかけ、砂糖を溶かしたのち、40℃まで冷ます。①をバットに入れ、浮かないように上に網をかぶせてシロップを漏斗で静かに流し入れる。
＊シロップが熱いとパート・ダマンドが溶けるので必ず冷ましてから使う。
③完全につかるようにシロップを入れ、シロップの表面が結晶化して固まらないようにラップを密着させて1〜2日置く。
＊フリュイ・デギゼの表面についた砂糖の結晶状態を確認する。
④表面にきれいな砂糖の結晶ができていればシロップを切り、網の上で1〜2日乾燥させる。

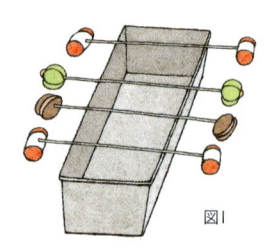

図1

仕上げ（2）
①成形したものを竹串の両端に刺し、串をパウンド型などに渡して（図1）変形しないようにして2〜3日置いてよく乾燥させる。
②シロップBの材料を合わせて150℃に煮詰める（→p.61）。
③鍋底を水につけてシロップの状態を調節する。
④〜⑤①をシロップBにくぐらせ、シロップが固まるまで置いておく。
⑥垂れた余分なシロップははさみで切る。
＊シロップBのかわりに、薄い色のカラメルをつくってかけることもある。

ドレンチェリー
種を抜いて着色、砂糖漬けにしたさくらんぼ。糖度が70％以上になるまで糖液を浸透させたあと、とり出したものをいう。

くるみ
クルミ科。ヨーロッパで栽培されているのはペルシャグルミという種類で、原産地ペルシャ（現在のイラン）から地中海沿岸諸国を経てフランスに伝わった。最も古くから利用されていたナッツと言われる。豊穣、多産のシンボルとされる。11月1日の万聖節にはくるみを食べたり、火の中に投げ入れて割れ方で運勢を占ったりする風習がある。70％が脂肪分で高カロリーだが、たんぱく質も15％含まれ、脂肪分の63％はリノール酸。ビタミンB1に富む。むき実にするとほかのナッツ類よりさらに酸化しやすいので、空気に触れないように保存し、早く使い切る。

Pâte de fruits
パート・ド・フリュイ

果物のピューレか果汁に、砂糖、水あめなどを加えて濃く煮詰め、ペクチンで固めたゼリー。

パート・ド・フリュイ

材料 2.5cm角のもの88個分
フランボワーズピューレ　250g　250 g de purée de framboise
青りんごピューレ　250g　250 g de purée de pomme verte
グラニュー糖　650g　650 g de sucre semoule
水あめ　30g　30 g de glucose
グラニュー糖　50g　50 g de sucre semoule
ペクチン（HM）　15g　15 g de pectine
クエン酸　12g　12 g d'acide citrique
水　12ml　12 ml d'eau
グラニュー糖（仕上げ用粗粒）　sucre semoule

※青りんごピューレ　りんごのピューレはペクチンの補強のために加える。アプリコットピューレを使ってもよい。色、酸味の調整の役割もする。

下準備
・ベーキングシートまたはシルパットの上に鉄芯（1辺1cm）を組み、自由に微調節できる枠をつくる（約30×25×1cm）。

①グラニュー糖50gとペクチンを混ぜ合わせる。
＊ペクチンは粒子が細かく、直接液体に加えると固まってダマができるので、砂糖と混ぜて分散をよくする。
②クエン酸に水を加えてよくかき混ぜて溶かす。
③鍋に青りんごピューレとフランボワーズピューレ、水あめとグラニュー糖650gの約半量を入れて沸騰させる。残りのグラニュー糖は紙を敷いたオーブンプレートに広げてオーブンで軽く温めておく。
④③が沸騰したら泡立て器fouetで混ぜながら①を振り入れる。
⑤1分ほど煮立てて溶かす。
⑥オーブンで温めたグラニュー糖を加えて混ぜ合わせる。
⑦再び沸騰させて109℃（ブリックス度75%）まで煮詰める（→p.275：糖度の測り方）。
⑧煮詰まったら火を止め、水で溶いたクエン酸を加え混ぜる。
⑨すぐに枠に流し入れる。
＊クエン酸を加えるとすぐに凝固するので、手ばやく作業する。

果物のピューレ(写真右:フランボワーズ、左:青りんご)
生の果物をミキサーにかけてピューレにしてもよいが、冷凍のピューレなら通年出回っており、また日本では手に入りにくいベリー類などもある。無糖のもの、10%程度加糖したものなどがあるので、製品によって使用する砂糖の量を加減する。

鉄芯 barre, règle à fondant
金属製の角棒。製菓用もあるが日曜大工用品として売っている鉄芯でよい。

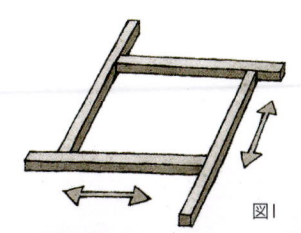

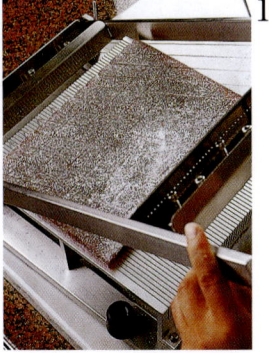

図1

⑩全量が入り、厚さ1cmになるように鉄芯を動かして大きさを微調整し(図1)、そのまま完全に固まるまで置いておく。
⑪指で触ってしっかり固まっていたら周囲の鉄芯をはずし、表面にグラニュー糖（粗粒）をまぶす。シルパットをかぶせて裏返し、同様にグラニュー糖（粗粒）をまぶす。
⑫等分カッターを用いて一口大に切り分け、切り口にもグラニュー糖をまぶす。

等分カッター guitare
細いワイヤーでチョコレートや柔らかい糖菓を一気に同じ大きさの四角形に切り分ける裁断機。通称ギッター。

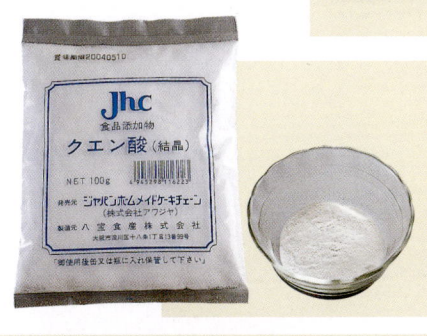

クエン酸
レモンの酸っぱさなど、果物の酸味の成分の一つで、果実（とくに柑橘類、いちごなど）などに含まれている。食品工業で、pHの安定化及び抗酸化剤の効果増強の目的で使われる。パート・ド・フリュイでは、生地を酸性に傾けて、ペクチンの凝固を助ける。果物の酸味を補い、甘さとのバランスをよくする効果も期待できる。

ペクチン（→p.246：凝固剤について）
植物の細胞壁をつくっている成分の一つで果物の果肉や皮に多く含まれる。適度な酸性の状態で多量の糖分を加えて加熱すると、常温に冷めたときに弾力のある状態に凝固（ゲル化）する性質がある。適度に熟した果実ほどペクチンの含有量が多く、ジャムに濃度がつくのは、材料の果物に含まれる天然のペクチンの作用による。
ペクチンの少ない果物をジャムにする場合などに、市販のペクチンを加えることがある。これは主にジュース製造時に出るりんごの絞り粕や柑橘類の皮から抽出し、乾燥させて細かい粉末状にしたもので、凝固剤（ゲル化剤）、安定剤として利用されている。
ペクチンは用途に応じて様々なものがつくられているが、その性質から大きく次の二つに分けられる。
・HM（高メトキシル）ペクチン：糖度、酸性度が高いほど強くゲル化。一般的にジャム用のペクチンとされるもの。あるいはゼラチンなどでは固まらない酸味の強い果物のゼリーをつくるときに用いる。
・LM（低メトキシル）ペクチン：糖度、酸度にかかわらずミネラル（カルシウムやマグネシウム）が存在すればゲル化する。特殊なジャム（低糖、無糖）や牛乳を使った冷たいデザート、ナパージュの製造などに用いる。

Guimauve
ギモーヴ

マシュマロ(英語:marshmallow)のことをフランス語でギモーヴと言う。ギモーヴとはアオイ科のウスベニタチアオイ(英語:マーシュ・マロウmarsh mallow)を指す言葉で、糖菓の名前になったのは、この植物の根から抽出した甘い粘液を加えてつくっていたからとも、その粘液でつくった咳止め薬に似ていたからとも言われる。

材料　23×30×3.5cmのバット1枚分
水　150㎖　150 ㎖ d'eau
グラニュー糖　500g　500 g de sucre semoule
水あめ　50g　50 g de glucose
卵白　120g　120 g de blancs d'œufs
ゼラチン　30g　30 g de gélatine
フルーツ香料（フランボワーズ）20㎖　20 ㎖ d'arôme de fruit
食用色素（赤）　colorant rouge
コーンスターチ　fécule de maïs
粉砂糖　sucre glace
サラダ油　huile

下準備
・ゼラチンを氷水につけて戻す。

①バットの側面にサラダ油を薄く塗る。底にも軽く油を塗り、紙を敷く。その上にコーンスターチと粉砂糖を同量ずつ混ぜ合わせたものを振る。
＊紙は剥離性のよい表面加工をしたパピエ・キュイソン（→p.27）がよい。
②鍋に水、砂糖、水あめを入れて煮る。シロップが沸騰しはじめたら、卵白を泡立て（→フウェテfouetter）はじめる。
③戻したゼラチンを軽く絞って湯煎（→バンマリbain-marie）で溶かす。
④シロップは120℃まで煮詰める（→p.61）。
＊シロップが120℃に煮詰まったらすぐにメレンゲに加えられるように、卵白が泡立つタイミングと合わせて煮詰める。
⑤卵白が泡立ったら、120℃に煮詰まった熱いシロップを少しずつ加え、さらに泡立てる。
⑥溶かしたゼラチンを温かいうちに⑤に加える。
⑦さらに香料と色素を加え、泡立て続ける。
⑧粗熱がとれるまで泡立て続け、角ができるが、柔らかく垂れる状態にする。

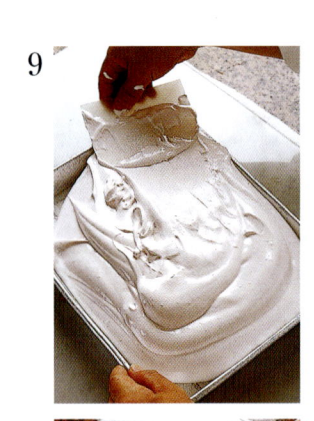

⑨準備したバットに流し入れ、表面を平らにならす。
＊絞り出して形づくる場合は、もう少し固く泡立て、コーンスターチと粉砂糖を同量ずつ混ぜ合わせた中に絞り出していく。
⑩合わせたコーンスターチと粉砂糖を振り、固まって弾力が出るまで常温で一晩置いておく。
⑪バットの周囲にナイフを入れて紙と板をあててひっくり返し、バットをはずして紙をはがす。
⑫適当な大きさに切り分け、合わせたコーンスターチと粉砂糖をまぶし、余分な粉をふるい落とす。
＊写真のように等分カッターを用いて一口大または棒状に切ってもよい。

フルーツ香料（フランボワーズ）
果物から抽出した天然香料。香りづけと同時に、着色の効果もある。

Nougat de Montélimar
ヌガ・ド・モンテリマール

　ヌガーは砂糖、はちみつ、ナッツ類を主材料とした糖菓。撹拌して空気を含ませてつくる白いヌガーnougat blanc(ヌガ・ブラン)は、柔らかく粘りのある噛みごたえが特徴である。南フランスのモンテリマール(ドローム県)はヌガーの町として有名で、17世紀に、モンテリマール周辺の地方でアーモンドの栽培が奨励されたことから、ヌガーの名産地になったという。
　ヌガ・ド・モンテリマールは、代表的な白いヌガーの一つで、ナッツ類が最終製品の30％(アーモンド28％、ピスタチオ2％)以上が含まれているものという規定がある。この規定を満たしていれば、モンテリマール以外で製造されたものでもヌガ・ド・モンテリマールと名づけることができる。

ヌガ・ド・モンテリマール

材料　32×30cm 1台分
A ┌ ラベンダーのはちみつ　150g　150 g de miel de lavende
　└ 水あめ　100g　100 g de glucose
B ┌ 卵白　90g　90 g de blancs d'œufs
　└ グラニュー糖　20g　20 g de sucre semoule
C ┌ グラニュー糖　200g　200 g de sucre semoule
　│ 水あめ　100g　100 g de glucose
　└ 水　50mℓ　50 mℓ d'eau
アーモンド　200g（皮つきで軽くローストしたもの）　200 g d' amandes
ピスタチオ（湯むきして乾燥させたもの）　75g　75 g de pistaches
ヘーゼルナッツ（軽くローストして皮を除いたもの）　75g　75 g de noisettes
ウエハース（32×30cm）　2枚　2 feuilles de pain azyme
コーンスターチ　fécule de maïs

下準備
・紙を敷いたオーブンプレートにアーモンド、ピスタチオ、ヘーゼルナッツを広げてオーブンで温めておく。

①製菓用ミキサーmélangeurにBの卵白とグラニュー糖を入れて泡立てる（→フウェテfouetter）。
②鍋にAのはちみつと水あめを入れて火にかける。
＊鍋肌に飛び散ったシロップは水でぬらした刷毛で流し落とす。
③②を125℃まで煮詰める（固めのヌガーをつくりたい場合は130℃まで煮詰める）。
④①の卵白に、熱い③を少しずつ加えながらさらに泡立てる。
⑤鍋にCのグラニュー糖、水あめ、水を入れて155℃まで煮詰める（固めのヌガーをつくりたい場合は160℃まで煮詰める）。
＊④が泡立ったらすぐに加えられるように、タイミングを合わせて煮詰める。
⑥④の製菓用ミキサーのホイッパーをパレット（→p.28）につけかえる。
＊ホイッパーで撹拌を続けると混ぜることができなくなる。

⑦⑤が煮詰まったら、パレットで撹拌しながら⑥に少しずつ加える。
⑧ボウルの周囲をバーナーで温めながらさらに撹拌する。
⑨冷水に少量落として冷やしてみて、でき上がりの固さを確かめる。
＊冷水に落とすと、しっかり固まり、手にべたつかず、適度な弾力がある状態。
⑩ちょうどよい固さになったら、オーブンで温めておいたアーモンド、ヘーゼルナッツ、ピスタチオを加え、木杓子spatule en boisでからませるように混ぜ合わせる。
⑪ウエハースの上に鉄芯を2本置き、⑩を均一な厚さに広げる。
⑫表面にコーンスターチをふってベーキングシート（→p.27）をのせ、麺棒で平らにのばす。
⑬ベーキングシートをとり除いてもう1枚ウエハースをのせ、表面を麺棒で軽く押さえてウエハースをヌガーに密着させる。
⑭紙（パピエ・キュイソンがよい→p.27）をのせ、板で重石をして固める。ヌガーが固まったら鉄芯をはずし、波刃包丁couteau-scieで適当な大きさに切り分ける。

ウエハース

ウエハースはフランス語でパン・アジームと言う。パン・アジームとは、無酵母のパンを指し、本来はカトリックのミサで聖体拝領に用いる薄いパンのこと。

Nougat de Provence
ヌガ・ド・プロヴァーンス

　空気を含ませないでつくる黒いヌガー nougat noir(ヌガ・ヌワール)。砂糖とはちみつ（甘味料のうち20%以上）を濃い色のカラメル状に煮詰め、アーモンド、ヘーゼルナッツ、コリアンダー、アニスなどを合わせて最終製品に対して30%以上を加え、オレンジの花水で香りをつける（ヌガ・オ・ミエルと名づけるには、はちみつが20%以上必要。単に「黒いヌガー」ならナッツ類は15%以上でよい）。

材料　32×22cm 1 台分
ドレンチェリー（キルシュ漬け）　250g　250 g de bigarreaux confits macérés au kirsch
アーモンド（皮つきで軽くローストしたもの）　375g　375 g d'amandes
ピスタチオ（湯むきして乾燥させたもの）　25g　25 g de pistaches
グラニュー糖　225g　225 g de sucre semoule
水　12.5mℓ　12,5 mℓ d'eau
ラベンダーのはちみつ　150g　150 g de miel de lavende
バニリン　vanilline
ウエハース（32×22cm）2枚　2 feuilles de pain azyme

下準備
・ドレンチェリーは汁気を充分に切っておく。オーブンの上などに置いて2～3日乾燥させておくとよい。
・オーブンプレートに紙を敷いてアーモンド、ピスタチオ（湯むきしたもの）を広げ、オーブンで温めておく。

①銅製の鍋に水、グラニュー糖、はちみつ、バニリンを入れて火にかける。
②木杓子で混ぜて溶かしながら、煮詰める。
③150℃まで煮詰める（→p.61）。
④火からおろし、ドレンチェリーとアーモンド、ピスタチオを加え混ぜる。
⑤ウエハースを敷いて鉄芯を2本置き、そこに④を広げる。
⑥ベーキングシートをかぶせ、麺棒を転がして表面を平らにする。
⑦ベーキングシートをはずしてもう1枚ウエハースをかぶせる。
⑧麺棒で軽くなじませる。
⑨紙（パピエ・キュイソン）をのせ、板で重石をして固まるまで置いておく。固まったら鉄芯をはずし、適当な大きさに切り分ける。

Caramels mous
カラメル・ムゥ

日本で一般的な「キャラメル」のことをフランス語ではcaramel mou（柔らか
いキャラメル）と言う。砂糖を高温に熱すると、カラメル化して茶色く色づき、
香ばしい風味になる性質を生かした糖菓。砂糖、水あめ、乳製品（生クリーム）
を煮詰めてつくる。砂糖に対する乳製品や水あめの割合を減らし、またより高
温に煮詰めると、caramel dur（固いキャラメル）ができる。

材料　15.5×21×1cmの型 1枚分
生クリーム（乳脂肪分38％）　450㎖　　450 ㎖ de crème fraîche
グラニュー糖　120g　　120 g de sucre semoule
水あめ　120g　　120 g de glucose
転化糖　30g　　30 g de sucre inverti
バニラのさや　1本　　1 gousse de vanille

①バニラのさやを裂き、ナイフの先で種をこそげとる。

②鍋に生クリームを入れ、バニラの種とさや、転化糖、水あめ、グラニュー糖を加える。
＊ふきこぼれやすいので大きい鍋を使う。カラメルなど150℃くらいに煮詰める場合は銅鍋がよいが、120〜125℃くらいならステンレスでもよい。

③火にかけて木杓子で混ぜながら120〜125℃まで煮詰めていく。沸騰したらバニラのさやをとり除く。
＊温度が1℃違うとでき上がりの固さが全く違ってくる。
＊バニラのさやを加えたまま煮詰めるとカラメルがきたなくなる。

④ある程度煮詰まったら、別に小さい鍋を温めておき、移し替える。
＊大きな鍋で煮詰め続けると、煮詰まりすぎやすく、黒く焦げてしまう。

⑤全体がまとまって、混ぜたときに鍋肌から離れるくらいの固さになるまで煮詰める（およそ125℃）。

⑥シルパットSilpatの裏を上にして置き、型をのせて⑤を流し広げる（裏を上にするのはキャラメルの表面に模様をつけるため）。

⑦作業台にたたきつけて気泡を抜きながら広げ、上にもシルパットを置いて麺棒で平らにし、そのまま置いて粗熱をとる。まだ少し熱が残っているうちに型をはずし、好みの大きさに切り分け、完全に熱がとれて固まるまで置いておく。

キャラメル型 cadre à caramel

Bonbons à la liqueur
ボンボン・ア・ラ・リクール

飽和状態の濃いシロップにアルコール度の高い蒸留酒を混ぜ、型に流して固めた糖菓（リキュールボンボン）。温度が下がると飽和した砂糖が結晶化して表面に殻ができ、中心部にアルコールが液状に残る。アルコール度が高いほうがつくりやすく、グラン・マルニエなどのリキュールも使うが、ウィスキーやキルシュ、ブランデーなどの蒸留酒がよく用いられる。

＊bonbon ボンボン[m]　一口大の糖菓、キャンディ、チョコレート。
＊liqueur リクール[m]　リキュール。

材料 約100個分
グラニュー糖　500g　500 g de sucre semoule
水　250mℓ　250 mℓ d'eau
ウィスキー（アルコール度数57度）200mℓ　200 mℓ de whiskey
浮き粉（またはコーンスターチ）fécule de blé

※ ウィスキー　手に入ればアルコール度数50度以上のものを使用（加える量→p.279：ピアソンのスクエア法）

下準備
・浮き粉（またはコーンスターチ）はよく乾燥させておく。紙を敷いたオーブンプレートに浮き粉（またはコーンスターチ）を広げ、オーブンで40℃程度に温める操作を2〜3日くり返して水分を抜く。
＊型に使うでんぷん（浮き粉）に水分が含まれていると、型に流した液体がでんぷんに含まれている水分にひきよせられて、でんぷん内に浸透してしまう。
でんぷんを乾燥させておくと、型に流した液体はでんぷんの表面にはじかれてまとまり、でんぷん内に浸透することはない。

①鍋に水、グラニュー糖を入れて火にかける。
②120℃くらいになるまでは、鍋肌にシロップが飛び散るので、水でぬらした刷毛pinceauで流し落とす。
＊放っておくと、飛び散ったシロップが糖化したり、焦げついたりしてしまう。
③125℃まで煮詰める。
④ボウルに酒を入れ、熱い③のシロップを静かに注ぎ入れる。
⑤ボウルに合わせたシロップを再度鍋に静かに移し替え、またもとのボウルに静かに戻す。
⑥これを数回くり返してシロップと酒をなじませ、最後はボウルに蓋をして粗熱がとれるまで置いておく（人肌程度）。
＊ヘラなどで混ぜたり、衝撃を与えると糖化がはじまってしまう。ボウルの内側に沿わせるようにして静かに移す。
⑦乾燥させた浮き粉を低温のオーブン（60℃）で温める。熱い浮き粉をふるいながら温めておいた木箱の縁いっぱいまで入れる。
⑧さらに泡立器で混ぜて浮き粉にたっぷり空気を含ませる。
＊粉に空気をたっぷり含ませておくことによって⑩でくぼみをつける際に型くずれがおこらない。

＊飽和と過飽和
溶液（水）に溶媒（砂糖）を加えて溶かしていくと、それ以上溶けなくなる限界の量がある。最大量の溶媒を溶かした液を飽和といい、限界を超えて溶媒を加えた場合は、過飽和という。糖液が過飽和状態になると、砂糖が再結晶化して分離する。
飽和量は、溶液の温度によって異なり、例えば濃いシロップで、熱いうちは砂糖が完全に溶けていても、温度が下がると過飽和状態になることがある。水分が蒸発したり、撹拌したり衝撃を与えたりという機械的な刺激でも起こる。再結晶化することを、製菓では「糖化」「シャる」「砂糖が戻る」と呼んでいる。
完成した製品では、のぞましくない変化だが、糖菓をつくる過程でわざと再結晶化をおこさせ、状態の変化を利用しているものもある（ボンボンア・ラ・リクール、フォンダンの製造、フリュイ・デギゼの仕上げなど）。

⑨表面に盛り上がった余分な粉を鉄芯などを用いて平らに整える。
⑩リキュールボンボン用の押し型で⑨にくぼみをつける。
⑪⑥を充填器 entonnoir à coulerに入れ、⑩のくぼみに流し入れる。
⑫上にコーンスターチを軽くふりかけ、最低半日、静かに置いておく。
＊急激に温度が下がらないように少し温かい所に置いておくと、細かい結晶ができる。
⑬半日くらいして表面に膜がはったら、木箱の大きさに合わせて曲げた針金や、フォークなどで壊さないように静かにひっくり返して上下を入れ替え、さらに丸1日、全体がしっかり固まるまで置いておく。
⑭ボンボンの表面についた粉を刷毛で払う。チョコレートでコーティングして仕上げることもある。

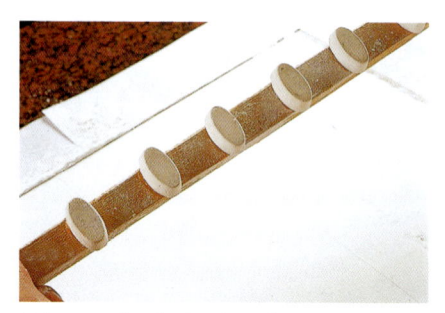

リキュールボンボン用の押し型 empreintes à liqueur

浮き粉

小麦粉のでんぷん。フランスやスイスでは、コーンスターチについでよく用いられるでんぷんで、風味はコーンスターチよりもよい。小麦粉に水を加えて粗グルテンをつくり、そこからでんぷんを洗い流して分離する製法が一般的で、グルテンという副産物を、アミノ酸やベジタリアンミート（植物たんぱく質）の製造に利用することもできる。糊化温度は高め（62〜83℃）、最高粘度は低いが、粘度変化がゆるやかで比較的安定している。リキュールボンボンの型（スターチボックス）には、浮き粉が最も適している。ほかのでんぷんと違って、細胞表面のセルロースが処理されているので、粒子がすべりにくく、型押ししたあと、くずれにくいためである。

Pralines
プラリンヌ

ロワレ県Montargis(モンタルジ)の名物で、アーモンドにカラメル状に煮詰めた砂糖を厚くからめた糖菓。17世紀、ルイ13世の時代に元帥を務めた、プレシ＝プララン Plessis-Praslin 伯爵セザール・ド・ショワズル César de Choiseul（1598－1675）の食膳頭ラサーニュLassagneが考案し、主の名前にちなんでこのような名前がついたと言われる。

プラリンヌ

材料 基本分量
アーモンド（皮つき） 500g　500 g d'amandes
白ざらめ糖 500g　500 g de sucre en grains
水 250mℓ　250 mℓ d'eau
バニラのさや 2〜3本　2 à 3 gousses de vanille

※アーモンドはローストしない。皮つきで使ってシロップにアーモンドの香り、色を移す。
※バニラのさやはクレーム・パティシエールなどに1度使用したものでよい。

①銅製のボウルに水、白ざらめ糖、縦に裂いたバニラのさやを入れて火にかけ沸騰させる。
＊水でぬらした刷毛で内側に飛び散ったシロップを洗い落とす。
＊大きい銅ボウルを用いることで、アーモンドの火通りがよくなり、砂糖のからみもよくなる。
②液体が沸騰したらアーモンドを加え、水気がなくなりシロップがアーモンドにからむまで煮詰める（117℃程度）。
＊シロップが沸騰することによってアーモンドのアクが浮いてくるが、アクはとらなくてよい。
③〜⑤火からおろし、白く糖化するまでかき混ぜる。
＊アーモンドと砂糖が完全に分かれた状態。
⑥目の粗いざるでふるって、アーモンドと砂糖の塊に分ける。
⑦アーモンドをボウルに戻し、弱火にかけて、ボウルを回しながら煎るようにしてアーモンドに火を通していく。
⑧アーモンドにからんで糖化したシロップが溶けはじめたら、⑥で分けた砂糖を少し加えてからませる。さらにアーモンドの表面のグラニュー糖が溶け出したら砂糖を少し加えて、表面に砂糖を重ねていき、砂糖の衣をつける。砂糖がすべて入って、アーモンドに火が通ったら、台の上に広げて冷ます。
＊アーモンドは半分に切ってみて、火通りを確かめる。
＊つくる量が少ない場合、アーモンドの周囲に砂糖の衣がついてもアーモンドの中まで火が通らず、こんがり色づいていない場合がある。そのため、前もってアーモンドを少し浅めにローストしておいてから用いてもよい。

第12章
チョコレート
Chocolat

Mendiants
Piémontais
Truffes
Oranges
Griottes au kirsch
Framboisines
Amandes au chocolat
Roches d'amandes
Tutti frutti

チョコレートについて

　チョコレートは、セピア色の光沢を放ち、気品高い優雅なイメージと神秘性を秘めた万人が愛するお菓子。この主材料であるカカオ豆の原産地は、アマゾン川流域及びベネズエラのオリノコ川流域で、古代メキシコでは紀元前2000年頃から栽培されていたとも言われる。

　そこでは、チョコレートはカカオ豆をすりつぶしたどろどろした「飲みもの」で、アステカ人はそれにとうもろこしの粉を加えたり、バニラやさまざまなスパイスで香りをつけて飲んでいた。これを16世紀初頭にメキシコに遠征したフェルナンド・コルテス将軍がスペインに持ち帰る。当初、チョコレートは苦くてまずい飲みものだったが、スペインでは砂糖を入れて甘くし、また温かい飲みものとして飲むようになり、貴族や僧侶たちに大いに珍重され、やがてヨーロッパの上流階級の間に広まっていった。

　その後約300年たち、19世紀にオランダ人、ヴァン・ホーテンが、カカオから油脂（カカオバター）を一部とり除くことで溶けやすくおいしいチョコレートをつくり出した。そしてその副産物であったカカオバターによって、飲みものであったチョコレートから食べるチョコレートへ変身を遂げる。

　しかし、食べるチョコレートにかわることによって大きな問題が浮上した。お土産に頂いたチョコレートの蓋を開くと、あら不思議セピア色の光沢を放っているはずのチョコレートが粉を吹いた状態で鎮座まします、という経験をしたことはないだろうか。これは、保存中に激しい温度変化を受け、いったん溶けたチョコレートが再び固まったというような場合に起こるブルームという現象で、チョコレートに含まれているカカオバターが表面に浮き上がった事が原因。食べても問題はないが、口溶けの悪いざらついたチョコレートになってしまう。

　同様に、溶かしたチョコレートをそのまま冷まして固めるだけでは、白く粉を吹いてしまい（ブルーム現象）、きれいなつやのある状態にならない。また口溶けも悪く、ざらついてしまう。そこで口溶けのよいチョコレート菓子をつくるために、調温（英語でテンパリングtempering、仏語でタンペラージュtempérage[※1]）という操作を行う。溶かしたチョコレートの温度を調節することで、溶けてばらばらになったカカオバターを、最も安定した大きさと形の結晶に揃え、その状態で固める（再結晶化する）操作で、一定の温度（31～32℃）を保って撹拌する恒温型テンパリングと、温度を変化させて調節する昇温型テンパリングがある。昇温型テンパリングにはタブラージュ[※2]（タブリール）法、水冷法、種付け法という方法がとられる。

※1 タンペラージュtempérage　温度（タンペラテュールtempérature）を調節する操作。
※2 タブラージュtablage　タンペラージュに同じ。とくに大理石などの作業台（ターブルtable）に出して温度を下げるテーブルテンパリングの方法を指す。テンパリングをすることをタブレtablerとも言う。

チョコレートの製造工程

カカオ豆 ※3　　カカオの果実（カカオポッド）を割り、白い果肉に20〜40粒入っている種子をとり出す。これを、発酵・乾燥させて種子に付着しているパルプ質をとり除き、また発芽・腐敗を止める。たんぱく質の分解、酸化がおこり、風味の基礎になる。
↓
発酵・乾燥
　↓⇦原産国から消費国へ輸送
焙煎（ロースト）　芳香と風味をひき出す
↓
分離　　　　　粗く砕き、外皮・胚芽をとり除く
↓
磨砕　　　　　細かくすりつぶす
↓
カカオマス　→　**脱脂**　カカオバターを絞りとる（通常28％くらいまで）※4
　　　　　　　　　↓
　　　　　　　乾燥・粉砕（アルカリ処理）
　　　　　　　　　↓
　　　　　　　ココアパウダー

⇦カカオバター、砂糖、乳化剤、香料、粉乳などを製品の必要に応じて加える。※5

精錬（コンチング）　50〜80℃で12〜24時間練ることで、なめらかな口当たりになる。また余分な水分や不快臭が飛ぶ。※6
↓
調温（テンパリング）
↓
成形・包装

※3　カカオ豆は、アオギリ科の高木カカオの木（テオブロマ・カカオ）の種子。大きく分けて3種類の品種があるが、特殊な場合を除いて、品種や産地の違う複数の豆をブレンドしてチョコレートをつくる。

クリオロ種　　中米原産。ベネズエラが主産地。芳香が強く、苦味が少ない。クリオロ種系の単一のカカオ豆でつくるチョコレートは、個性的な風味があり、注目されている。

フォラステロ種　西アフリカ（ガーナ、コートジボワール）、ブラジル、マレーシアなどが主産地。南米のアマゾン流域原産。苦味が強く、カカオ独特の味わいがよく出る。

トリニタリオ種　トリニダードトバコ原産。原産地のほか、ジャマイカやジャワ島などで栽培されている。味、香りともに強い。

※4　1828年にオランダ人、ヴァン・ホーテンが、カカオから油脂（カカオバター）を一部とり除くことで溶けやすくおいしいチョコレートをつくり出した。
※5　はじめて「食べる」板チョコレートが売り出されたのは1847年イギリスでのこと。1875年になって、スイスでチョコレートにミルクを入れる製造方法が発見された。
※6　1880年　ルドルフ・リンツが、石のロールを転がしながら長時間、チョコレートをすりつぶして練り合わせる機械を発明。これによって現在のようななめらかなチョコレートがつくられるようになった。

チョコレート製品

カカオマス
カカオ豆を焙煎、粉砕し、ペースト状にして練ったもの。カカオリカーとも言い、チョコレートの独特の苦味はカカオマスに含まれている。これに糖分や乳製品などを加えてチョコレートができる。カカオマスをそのまま固めたものは製菓材料として使われる。甘味がなく、苦味が強くてカカオの風味が濃いので、チョコレートと併用して香りや苦味を加えたり、甘味を増やさずにチョコレートの風味や色を濃く出したい場合に使う。

カカオバター
常温では固体の油脂。25℃くらいで柔らかくなりはじめ、融点はおよそ30℃。溶けるときには、急激に固体から液体に変化する性質があり、それがチョコレートの口溶けのよさにつながっている。

ココアパウダー
カカオマスを最高で80％脱脂（20～28％は脂肪分を残す）したあと、アルカリ処理して酸味や酸臭を中和して細かく粉砕し、溶けやすく風味のよいものにしたものがココアパウダーとして市販されている。飲用には砂糖や粉乳を加えた製品もあるが、製菓には無糖のものを使い、生地に加えたり、仕上げに振りかけたりする。17世紀から、ヨーロッパでは飲みものとしてのチョコレートが流行したが、油が浮いて苦味や渋味が強いものだった。1828年にオランダのC．J．ヴァン・ホーテンが挽いたカカオ豆から液状の脂肪分（カカオバター）を抽出する方法と、脱脂後のアルカリ処理を発明したことにより、飲みやすいココアが生まれた。

チョコレート
カカオ豆（カカオ樹の種子）を焙煎し、すりつぶしてペースト状にしたカカオマス（カカオペーストとも呼ぶ）に、砂糖、乳化剤などを合わせて練り上げ、固めたもの。練るときに粉乳を加えるとミルクチョコレートになる。ホワイトチョコレートは、カカオマスに含まれる油脂（カカオバター）と粉乳等を使ってつくる。

＊日本国内のチョコレートの規格
純チョコレート　総カカオ分35％、カカオバター18％、カカオ固形分17％以上。代用油脂不可。糖分はショ糖のみ55％以下、乳化剤0.5％以下、水分3％以下。一般に製菓材料として使われる。
チョコレート　カカオ分の規格は純チョコレートと同じでその他の制限がないため、代用油脂を含むものもあるが、総じてカカオ分が多く品質がよい。
準チョコレート　洋生用チョコレート、コーティングチョコレートのこと。総カカオ分15％、カカオバター3％、カカオ固形分12％以上。代用油脂の添加が15％以上のもの。日本独自のもので、テンパリングせずに使えるが、上がけ専用である。

クーヴェルテュール

クーヴェルテュールは、「カバー、おおうもの」という意味。国際規格では、総カカオ分（カカオバター＋カカオ固形分）35％以上で、カカオバター31％以上、カカオ固形分2.5％以上含み、カカオバター以外の代用油脂（パーム油など）は含まないチョコレートをクーヴェルテュールという。レシチン（乳化剤）と香料（バニラ）の添加は認められている。カカオ分が40〜60％くらいのものがよく用いられ、溶かすと流動性があり、のびがよく、テンパリングをするとつやよくきれいに固まる。原料のカカオ豆の種類やブレンドによって、またカカオバターやカカオ固形分の割合、砂糖の割合によって、さまざまな風味の製品がある。

クーヴェルテュール。右からスイート、ホワイト、ミルク

*クーヴェルテュールの種類
・**スイート**（クーヴェルテュールcouverture）
乳成分の入らないプレーンなもの。ブラック、ダークということもある。スイートクーヴェルテュールの中で、ビターbitter、ノワールnoireといった商品名がついたものは、甘味を抑え、カカオの風味を強く出したもの。
・**ミルク**（クーヴェルテュール・ラクテ couverture lactée　またはクーヴェルテュール・オ・レau lait）
粉乳を加えたもの。
・**ホワイト**（クーヴェルテュール・イヴォワールcouverture ivoireまたはクーヴェルテュール・ブランシュcouverture blanche）
カカオ分を含まず、カカオバターに粉乳を加えたもの。

パータ・グラセ、パータ・グラセ・イヴォワール

上がけ用のチョコレート。流動性をよくするために植物性油脂を加えたもの。テンパリングせずに使える。輸入品は、国産の一般的な洋生用チョコレートよりカカオ分が多く、風味がよいものが多い。

パータ・グラセ 　　　　パータ・グラセ・イヴォワール

調温（テンパリング）　Tempérage タンペラージュ

タブラージュ法（テーブルテンパリングまたはマーブルテンパリング）
湯煎で溶かしたチョコレートの2/3〜3/4量を大理石台の上にとり出し、混ぜながら27〜28℃に温度を下げ、もとの温かいチョコレートに戻して混ぜ合わせ、31〜32℃にする。

水冷法（ボウルテンパリング）
湯煎で溶かしたチョコレートをボウルに入れ、冷水にあてて27〜28℃に温度を下げる。このあと湯煎にかけ、適温にする。
＊ボウルにあたっている部分だけが急激に冷えて固まりはじめ、ムラになりやすい。
＊水が混ざってしまう危険が高い。
＊チョコレートの分量が多い場合には、温度が下がるのに時間がかかる。

種付け法（シードテンパリング）
いくらか高めの温度で溶かしたチョコレートに細かく刻んだチョコレートを加え、31〜32℃に温度を下げる。
＊加えたチョコレートの安定した結晶が核になり、確実な方法。
＊少量をテンパリングする場合に向く。溶かしたチョコレートの量や温度により、加えるチョコレートの量を調節する必要がある。

恒温型テンパリング
溶かしたチョコレートを一定温度に保ち、長時間撹拌して安定した結晶を得る方法。機械を使って大量に工場生産するのに向く。

テンパリングの温度帯

スイートチョコレート（クーヴェルチュール）：50〜55℃ → 28℃ → 31℃（作業温度）

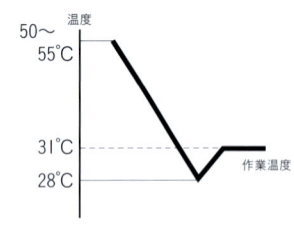

ミルクチョコレート（クーヴェルチュール・ラクテ）：45℃ → 27℃ → 30℃

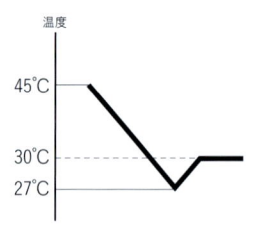

ホワイトチョコレート（クーヴェルチュール・イヴォワール）：45℃ → 26℃ → 29℃

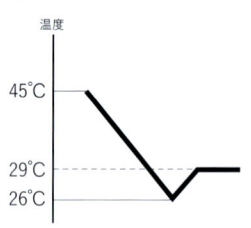

ブルーム現象

溶けたチョコレートをテンパリングせずに、そのまま冷まして固めると、ブルーム現象が生じる。ブルームとは、英語で「花」「花が咲く」「果物の表面に吹いた白い粉」のこと。

ファットブルーム
カカオバターが表面に浮いて固まったもの。カカオバターが白く固まり、白いカビのような薄い膜がはる。
（原因）
・テンパリング不良。
・テンパリング後、室温やセンターの温度が高く、固まるまで時間がかかりすぎた場合。
・保存が悪く、チョコレートの表面が溶けて、そのまま再び固まった。

シュガーブルーム
砂糖が表面に浮いて、溶けて固まったもの。小さな灰色の斑点ができる。
（原因）
・急激な温度変化（温度差10℃以上）でチョコレートの表面に水滴がつき（結露）、チョコレートに含まれる砂糖が溶け出して結晶になった。

＊温度・湿度の高い場所、直射日光のあたる場所での保存は避ける。また冷蔵庫で保存していたものを急に温度の高いところに出すと結露してシュガーブルームができてしまうので、チョコレートは18〜20℃の一定した室温で保存・作業するのが望ましい。

タブラージュ法の手順

＊直火にかけず、必ず湯煎で溶かしたり温度を上げたりする。その際にも水や水蒸気が入らないように注意する。鍋とボウルの間に隙間ができないよう、ボウルの直径は鍋と同じか少し大きめを選ぶ。
＊チョコレートを溶かす温度は、チョコレートの種類や製品によって異なるため、タイプが違うチョコレートは基本的に混ぜない。

1　クーヴェルチュールは細かく刻み、ボウルに入れる。約60℃の湯煎にかけて50〜55℃に溶かす。

2　1の2/3〜3/4量を大理石台の上にとり出す。

＊大きなチョコレートの塊をつくらない。
＊気泡を入れないようにする。

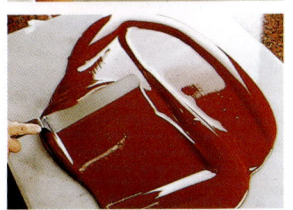

3　パレットナイフ（アングルパレット palette coudée）で薄く広げる。

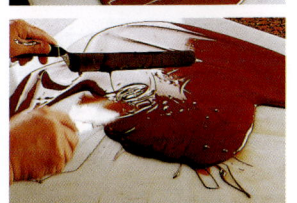

4　三角パレットとアングルパレットで寄せ集める。また広げては寄せ集め、この操作をくり返して、27〜28℃まで温度を下げる。

5　温度が下がるにつれ、粘りとつやが出てくる（まとめたチョコレートの表面にかすかに膜がはるような状態になってくる）。

＊33℃以上になると、安定した結晶が壊れるので、2から作業をやり直し、理想の温度に下げる。
＊大理石台に固まって残ったチョコレートは、ダマになるのでボウルに戻さない。

6　もとのボウルに戻して温かいクーヴェルチュールと合わせる。ゆっくり混ぜて29〜31℃にする。使用している間は、この作業温度を保ち続ける。

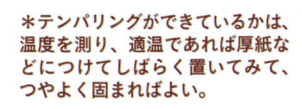

＊テンパリングができているかは、温度を測り、適温であれば厚紙などにつけてしばらく置いてみて、つやよく固まればよい。

7　テンパリングがうまくできているか、紙につけて確かめる。

テンパリングを行ったチョコレートは、つやよく固まる（写真左）。また、きれいに紙からはずれる。テンパリングを行っていないもの（45℃にチョコレートを溶かしてそのまま放置したもの。写真右）は、つやがなく、油分がにじみ出ており、小さな粒々ができて表面もざらついている。指で触るとすぐに溶け出してしまう。

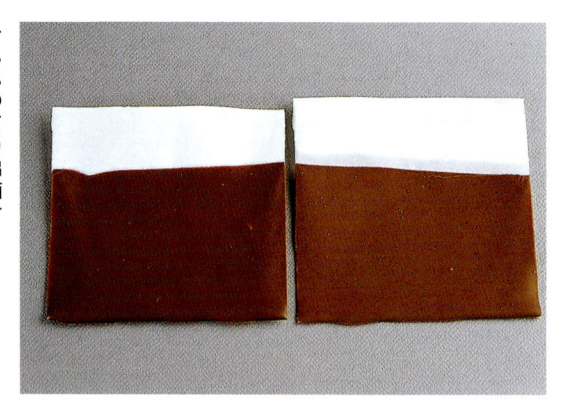

チョコレートウォーマー
tempéreuse électrique
チョコレートを入れる容器の下が水槽になっており、ここに入れた水を電気で温める。上の容器が水槽を完全におおう状態になるので、チョコレートに蒸気が入る危険がない。

三角パレット
palette triangle
作業台などについたものをこそげとる金属製のヘラ。弾力性はほとんどなく、力を入れて使うことができる。

Bouchées au chocolat
ブシェ・オ・ショコラ

　　　　　　bonbon au chocolatとも呼ぶ。チョコレートを主材料にした一口大の
　　　　菓子で、糖菓の一種としても扱われる。
　　　　　ガナシュ（チョコレートと生クリームでつくるクリーム）、プラリネ、
　　　　フォンダン、ナッツ類などのセンター（ボンボンの中身）をチョコレー
　　　　トでコーティング（被覆）したもの、あるいは、チョコレートを型
　　　　に薄く流して固め、ガナシュやフルーツピューレなどを詰めたものな
　　　　ど、種類が豊富。
　　　　　製菓の中でもこうしたチョコレートを中心に扱う部門は、小麦粉を使
　　　　った生地を主体とするpâtisserieとは独立していて、chocolatを扱う専
　　　　門店やチョコレート製造業を、chocolaterieと呼ぶ。

Mendiants
マンディヤン

　4つの托鉢修道会ordres mendiants(オルドル・マンディヤン)の服の色（ドミニコ会の白色、フランシスコ会の灰色、カルメル会の茶褐色、アウグスチノ会の濃紫色）にちなみ、アーモンド、干しいちじく、ヘーゼルナッツ、レーズンの4種を飾ったチョコレート。実際にはこの4種のほかに、いろいろな乾燥フルーツやナッツを彩りよく使う。

＊mendiantマンディヤン[m]　托鉢修道士。4種のドライフルーツ・ナッツを用いた菓子。

材料　1枚約4g
クーヴェルチュール（ヴァローナ社カラク：カカオ分56％）couverture
アーモンド　amandes
くるみ　noix
ピスタチオ　pistaches
レーズン　raisins secs
ドライアプリコット　abricots secs

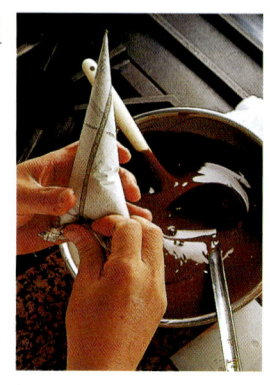

下準備
・クーヴェルチュールはテンパリングする。
・アーモンドは170℃のオーブンでローストして粗熱をとっておく。
・くるみは半割りにする。油がまわっている場合は軽くローストする。
・ピスタチオは皮を湯むきし、水分を充分切る。
・レーズンは一粒ずつほぐしておく。
・ドライアプリコットはピスタチオと同じくらいの大きさに切る。

①テンパリングしたクーヴェルチュールを紙のコルネ（→p.141）に詰める。
②木製の板に紙を敷き、①のテンパリングしたクーヴェルチュールを直径約2cm大に絞り出す
＊板は木製のものを使う。鉄板、大理石は、チョコレートの温度がすぐに下がってナッツ類を置く前に固まってしまうので使わない。紙は剥離性のよい表面加工をしたパピエ・キュイソン（→p.27）がよい。
③板ごと軽く台にたたきつけ、直径約4cmに薄く広げる。
④ナッツとドライフルーツをのせ、固まるまで置いておく。固まったら、紙からはずす。

Piémontais
ピエモンテ

＊piémontaisピエモンテ　イタリアのピエモンテ州の、という形容詞。ピエモンテ州はフランス語では、ピエモンPiémont。

材料　1個約10g
クーヴェルチュール（ヴァローナ社カラク：カカオ分56％）　couverture
ジャンデュジャ　gianduja
ヘーゼルナッツ　noisettes

下準備
・クーヴェルチュールはテンパリングする。
・ヘーゼルナッツはローストして粗熱をとる。

①アルミケースの内側全体にクーヴェルチュールを指で塗りつけて固めておく。
②ジャンデュジャを60℃の湯煎にかけ、40℃程度に溶かす。水にあてて、全体を混ぜながら徐々に冷まし、絞り出せる適度の固さにする。
＊水は水道水の温度で。冷やしすぎると、ぐっとしまってきて固まるので注意する。
③①のケースにジャンデュジャを星形の口金douille cannelée（8切れ、直径8mm）で絞り出す。
④ヘーゼルナッツを1個ずつ飾って固める。

Truffes
トリュフ

＊truffeトリュフ[f]　西洋松露。香りの強い球形のきのこ。

材料　約50個分
ガナッシュ ganache
- 生クリーム（乳脂肪分38％）250ml　250 ml de crème fraîche
- クーヴェルチュール（ヴァローナ社カラク：カカオ分56％）300g　300 g de couverture
- グラン・マルニエ　50ml　50 ml de Grand Marnier

クーヴェルチュール（ヴァローナ社カラク：カカオ分56％）　couverture
ココアパウダー　cacao en poudre

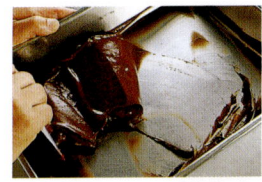

4　下準備
・ガナッシュ用のクーヴェルチュールは細かく刻む。
・仕上げ用のクーヴェルチュールはテンパリングする。

ガナッシュをつくる
①生クリームを沸騰させ、刻んだクーヴェルチュールに加えて静かに混ぜ、溶かす。
＊生クリームの脂肪分が高いとクリームの表面に油分が浮いてしまうため、乳脂肪分が低めの生クリームを用いる。チョコレートの脂肪分もあまり高すぎると油が浮く。その場合は生クリームの温度を少し下げてから加えるとよい。
②グラン・マルニエを加え混ぜる。
＊ガナッシュがしまってくるとうまく混ざらないので、温かいうちに加える。
③漉して（→パセpasser）バットに流し入れ、ラップをかけて冷蔵庫で絞り出せる固さになるまで冷やす。

成形する
④絞り出しやすい固さになったら、空気を入れないようにカードcorneでまとめる。
⑤丸口金（直径15mm）をつけた絞り出し袋poche à douille unieに入れ、紙（パピエ・キュイソン→p.27がよい）に棒状に絞り出す。切り分けて丸められる固さになるまで冷蔵庫に入れておく。
＊球状に絞り出してもよい。棒状に絞り出すとでき上がりの大きさを揃えやすい。
⑥ココアパウダーを全体に軽く振り、2.5cm長さに切り分ける。
⑦手にココアパウダーをつけて1個ずつ丸め、再び冷蔵庫でしっかりと固める。
⑧クーヴェルチュールを手のひらに適量とり、⑦を転がして表面にクーヴェルチュールの薄い膜をつくる。
＊柔らかくて溶けやすいガナッシュに、クーヴェルチュールで薄い膜をつくることにより、次にコーティングしたときにガナッシュがクーヴェルチュールの中に溶けこまない。この操作をプレコートという。

⑨紙の上に並べ、固まるまで常温で置いておく。
⑩⑨をテンパリングしたクーヴェルチュールに浸し（→トランペtremper）、チョコレートフォーク（リング形）にとる。余分なクーヴェルチュールはゴムベラpalette en caoutchoucなどで落とす。
⑪バットに入れたココアパウダーの上にとる。
⑫表面のクーヴェルチュールが固まりはじめたら、チョコレートフォークで筋模様がつくように転がしてココアパウダーを全面にまぶす。
＊表面のチョコレートが固まっていないときにココアパウダーの中で混ぜると、チョコレートとココアが混ざって、チョコレートの塊ができてしまう。
＊使用するまで、ココアパウダーの中に埋めて冷所に置く。ココアパウダーから出しておくと、センターのガナシュが溶け出てトリュフの表面に出てくることがある。

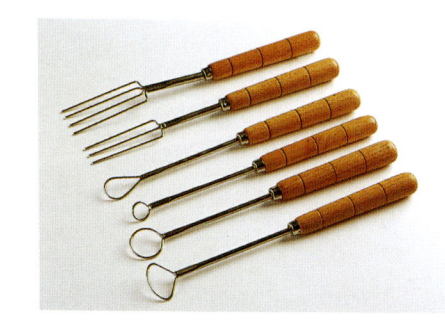

チョコレートフォーク
fourchette à tremper
フォーク状のものやリング状のものがある。チョコレート菓子をつくるときに、センターになるものをのせたり刺したりして、クーヴェルチュールにくぐらせる。センターの大きさに合ったものを使う。

Oranges
オラーンジュ

＊orangeオラーンジュ[f]　オレンジ。

オラーンジュ

材料 約50個分
ガナシュ　ganache
  ┌ 角砂糖　1個　　1 morceau de sucre
  │ オレンジの皮　　zeste d'orange
  │ 生クリーム（乳脂肪分38％）　200㎖　　200㎖ de crème fraîche
  │ クーヴェルテュール（ホワイト）　350g　　350 g de couverture ivoire
  │ バター　30g　　30 g de beurre
  └ コワントロー　20㎖　　20㎖ de Cointreau
クーヴェルテュール（ホワイト）　couverture ivoire
ピスタチオ（飾り）　pistaches
クーヴェルテュール（ホワイト）のケース（既製品）　coques en chocolat ivoire

下準備

下準備
・ガナシュ用のクーヴェルテュールは細かく刻む。
・仕上げ用のクーヴェルテュールはテンパリングする。
・ピスタチオは刻む。
・オレンジの表面を角砂糖でこすり、角砂糖に色と香りをつける（写真）。

ガナシュをつくる
①生クリームを鍋に入れ、オレンジの風味をつけた角砂糖を加え、火にかけて溶かす。
②泡立て器fouetで混ぜながら沸騰させる。
③刻んだクーヴェルテュールに②を加え、静かに混ぜて溶かす。
④バターを加え混ぜ、溶かす。
⑤常温にまで冷めたら、コワントローを加える。
⑥漉して（→パセpasser）バットに流し入れ、ラップをかけて冷蔵庫で柔らかいクリーム状になるまで冷やす。

コワントロー
フランス製のオレンジリキュールの商品名。オレンジの皮や花などで香りをつけたリキュールで、オレンジを材料に含む生地やクリーム、シロップの香りづけに使う。オレンジリキュールは、キュラソーcuraçao、トリプル・セックtriple secとも呼ばれ、グラン・マルニエ（→p.54）のような琥珀色のものと、コワントローのように無色透明なホワイト・キュラソー、無色透明なものに着色したブルー・キュラソーなどがある。

成形する

⑦ガナシュが絞り出しやすい固さになったら、空気を入れないようにカードでまとめる。
⑧丸口金(直径7mm)をつけた絞り出し袋に入れ、ケースの中に九分目まで絞り入れる。
＊ケースを使わない場合は、トリュフ同様ガナッシュを手で丸めてつくるが、この配合では柔らかすぎる。
⑨テンパリングしたクーヴェルテュールを紙のコルネ(→p.141)に入れ、⑧のケースにいっぱいまで絞り入れて蓋をして、冷やし固める。
＊ケースの中に空気が入るとカビが生えるので注意する。ただし、⑧でガナシュを入れすぎると、蓋からはみ出して蓋ができなくなる。
⑩チョコレートフォーク(リング形)にのせ、テンパリングしたクーヴェルテュールに浸す(→トランペtremper)。余分なクーヴェルテュールはゴムベラなどで落とし、紙(パピエ・キュイソン→p.27がよい)の上に置く。
＊蓋の部分を下にして紙の上に置くとよい。
⑪テンパリングしたクーヴェルテュールを紙のコルネで細く絞り出し、ピスタチオを表面に散らして飾って固める。

クーヴェルテュールのケース
中に柔らかいガナシュなどを詰めて、簡単にブーシェ・オ・ショコラがつくれる半製品。トリュフボールともいう球形のもの。(商品名ではヴァローナ社クーゲル、スシャール社クーゲルン[いずれもドイツ語で球の意味]など)。ほかに、カップ形などもある。

Griottes au kirsch
グリヨット・オ・キルシュ

＊griotte グリヨット[f]　さくらんぼ、サワーチェリー。

材料 基本分量
グリヨット（キルシュ漬け）　griotte au kirsch
フォンダン　fondant
キルシュ　kirsch
粉砂糖　sucre glace
クーヴェルテュール（ヴァローナ社カラク：カカオ分56％）　couverture
パイユテ・ショコラ（飾り）　pailleté chocolat

※グリヨット　フレッシュを、シロップ漬けにせずに、キルシュで漬けたもの。
※パイユテ・ショコラ　細かいフレーク状のデコレーション用チョコレート。

図1 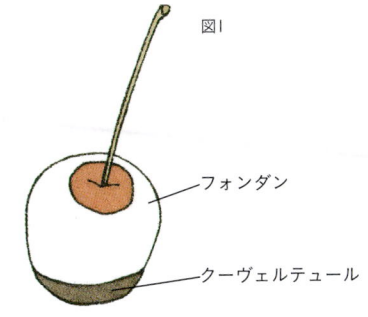
フォンダン
クーヴェルテュール

下準備
・クーヴェルテュールはテンパリングする。

① グリヨットの水気をふきとり、網の上に丸一日置いて表面を乾かす。
＊水気があるとフォンダンがかかりにくいので乾かしておく。
② フォンダンを練り、風味づけにキルシュを加え混ぜて固さを調節する。
＊市販されている固いフォンダンを練ってキルシュで柔らかくする。シロップを加えて固さを調節しない。
③ 弱火にかけ、柔らかくなるまで熱する。
＊④で使いやすい固さになればよい。直火にかけるので、冷えて固まるとつやがなく、きめは粗いがしっかり固いフォンダンになる。残ったフォンダンは、ほかの製品には使えない。
④ グリヨットを③につける。フォンダンは軸近くまでつけるが、軸にはつけないようにする。
＊軸の周りにはフォンダンをつけない（図1）。これはチョコレートがけをしたあとで、フォンダンが溶けてできるシロップが噴き出さないようにするため。
＊作業の途中でもフォンダンが固くなったら温め、それでも固ければキルシュを加えて温める。
⑤ 粉砂糖の上にとり、フォンダンを固める。テンパリングしたクーヴェルテュールをグリヨットの底の部分にだけつけ、紙の上に置いて固める。
＊フォンダンが溶け出ないように、底部を補強する（図1）。
⑥ 底が固まったらさらにクーヴェルテュールにグリヨット全体を沈め、軸にかかるまでつける（→トランペtremper）。ゆっくりグリヨットを上下させながらひき上げ、クーヴェルテュール自体の重みで余分は落とす。
＊さらに余分なクーヴェルテュールは、ゴムベラなどで落とす。
⑦ パイユテ・ショコラの上に置き、そのまま4〜5日置く。
＊時間が経つと、グリヨットに含まれている酒（キルシュ）が周りのフォンダンにしみこみ、フォンダンがシロップ状に溶け、リキュールボンボンのように、中に液体ができる。フォンダンが溶けるまで1週間ほどかかることもある（シロップ漬けのグリヨットを使うと甘くなってしまい、また浸透圧が同じなのでフォンダンも溶けにくく、リキュールボンボンのようにはならない）。

グリヨットのアルコール漬け
果肉が酸っぱくて生食に向かない酸味種のさくらんぼ（サワーチェリー）を加工したもの。キルシュ、ブランデー、コワントローに漬けて瓶詰めにした製品がある。

Framboisines
フランブワズィンヌ

＊framboisine フランブワズィンヌ　フランボワーズからの造語。

材料 約50個分
ガナシュ・ア・ラ・フランボワーズ　ganache à la framboise
- フランボワーズのピューレ　125g　125 g de purée de framboise
- 転化糖　60g　60 g de sucre inverti
- 生クリーム（乳脂肪分38％）　75mℓ　75 mℓ de crème fraîche
- 水あめ　15g　15 g de glucose
- クーヴェルチュール（ヴァローナ社カラク：カカオ分56％）　200g　200 g de couverture
- アンフュージョン・ド・フランボワーズ　20mℓ　20 mℓ d'infusion de framboise
- フルーツ香料（フランボワーズ）　1mℓ　1 mℓ d'arôme de framboise
- バター　30g　30 g de beurre

クーヴェルチュール（ヴァローナ社カラク：カカオ分56％）　couverture

下準備
・ガナシュ用のクーヴェルチュールは細かく刻む。
・残りのクーヴェルチュールはテンパリングする。

ガナシュをつくる
①鍋に生クリーム、フランボワーズのピューレ、転化糖、水あめを入れて火にかけ、泡立器で混ぜ、沸騰直前まで温める。
＊クーヴェルチュールが溶ける温度になれば、沸騰しなくてよい。
②刻んだクーヴェルチュールに①を加え、静かに混ぜてチョコレートを溶かす。
③バターを加え混ぜ、溶かす。
④アンフュージョン・ド・フランボワーズ、香料を加えて混ぜ合わせる。
⑤漉して（→パセpasser）バットに流し入れ、ラップをかけて冷蔵庫でしばらく冷やす。

型の準備をする
⑥型にテンパリングしたクーヴェルチュールを流す。三角パレットで余分は落とす。
⑦台に軽く打ちつけて細かい振動を与え、クーヴェルチュールの中の気泡を抜く。
⑧型を裏返してたたきながら、余分なクーヴェルチュールを落とす。
⑨表面についた余分なクーヴェルチュールを三角パレットでとり除く。鉄芯barreを並べ、その上に型を伏せて、クーヴェルチュールが固まるまで置いておく。

12 **成形する**

⑩ ⑤のガナッシュが絞り出しやすい固さになったら、空気を入れないようにカードでまとめる。丸口金をつけた絞り出し袋に入れ、⑨の型に八分目程度絞り入れる。
⑪ 布巾の上に軽く型をたたきつけて空気を抜き、隙間なくガナッシュが詰まっているようにする。
⑫ テンパリングしたクーヴェルチュールをたっぷりとかけ、空気が入らないようにガナッシュの表面全体にクーヴェルチュールを広げ、余分は三角パレットで落とす。固まるまで置く。
⑬ ⑫のチョコレートが完全に固まったら布巾などの上で型を裏返して軽く打ちつけ、中身をとり出す。
＊クーヴェルチュールがきちんとテンパリングされていれば、固まるとしまって型より少し縮むので、型から抜きやすくなる。

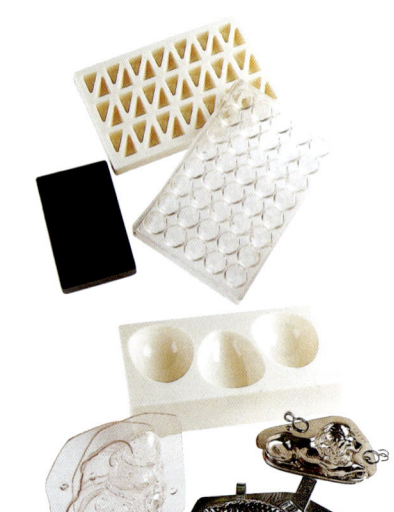

チョコレート用の型
チョコレートを固める型。合成樹脂やステンレス製など。卵の形など大型のものは2枚一組になっていて、内側に刷毛でチョコレートを塗って固め、固まったら型からはずしてはり合わせる。

アンフュージョン・ド・フランボワーズ
甘さの少ないリキュールの一種。リキュールと同様に、フルーツをアルコールに漬けこんで、そのアルコールをろ過したもの。フルーツの香りがある。アンフュージョンは砂糖を添加しないので、甘味が少ない。リキュールではアルコール20％前後、エキス分が20％以上のものが多いが、アンフュージョンは、アルコール25％、エキス分5～8％くらいが一般的。フランボワーズのほか、カシス、いちごなどを原料にしたものがある。

Amandes au chocolat
アマーンド・オ・ショコラ

アマーンド・オ・ショコラ

材料

アーモンドのカラメリゼ　amandes caramélisées
- アーモンド　250g　250 g d'amandes
- グラニュー糖　50g　50 g de sucre semoule
- 水　20mℓ　20 mℓ d'eau
- バター　12.5g　12,5 g de beurre

クーヴェルテュール（ヴァローナ社カラク：カカオ分56％）couverture
ココアパウダー　cacao en poudre

下準備
・アーモンドは170℃のオーブンで軽くローストする。
・クーヴェルテュールはテンパリングする。

アーモンドをカラメリゼする（→カラメリゼ caraméliser）

①銅製のボウルに水とグラニュー糖を入れて火にかけて溶かす。
②溶けたらすぐにアーモンドを加える。
＊水の分量が少ないので、煮詰まらないうちに最初からアーモンドを加える。また、火にかける時間も短く、生のアーモンドを入れると中まで火が通りきらないので、あらかじめローストしておく。
③シロップが沸騰して、アーモンドにからんでほとんど煮詰まった状態（117℃）になったら、火からはずし、木杓子 spatule en bois を使ってシロップを白く糖化（結晶化）するまでしっかり混ぜる。
④全体が糖化したら、再び弱火にかけ、ボウルを回しながら煎る。砂糖の結晶が溶けてカラメル状になり、アーモンドにからみ、煙が立ってきたら火を止める。
⑤バターを加えて、アーモンドの表面にからめ、くっつくのを防ぐ。
⑥プレートなどの上に広げ、一粒ずつ離して冷ます。

クーヴェルテュールでコーティングする（→アンロベ enrober）

⑦アーモンドが完全に冷めたらボウルに入れ、テンパリングしたクーヴェルテュールを少し加え混ぜ、全体にからめる。
⑧クーヴェルテュールが固まり、アーモンドが一粒ずつ分かれたらさらにクーヴェルテュールを加える。
＊この操作をくり返し、アーモンドの表面に好みの厚さのチョコレートの層をかぶせる。
⑨最後にクーヴェルテュールを少量加えて混ぜ、ココアパウダーをふるい入れる。
＊ココアパウダーをきれいにつけるために、クーヴェルテュールを少し加えて表面にからませて固まる前にココアパウダーを加える。あるいはクーヴェルテュールを加えずにココアパウダーを加えてもよい。
⑩ザルに上げ、余分なココアパウダーをふるい落とす。

Roches d'amandes
ロシュ・ダマーンド

＊roche ロシュ[f]　岩石。

ロシュ・ダマーンド

材料
アーモンドスライスのカラメリゼ　amandes au sucre
- グラニュー糖　165g　165 g de sucre semoule
- 水　200mℓ　200 mℓ d'eau
- 水あめ　少量　un peu de glucose
- はちみつ　少量　un peu de miel
- アーモンドスライス　200g　200 g de amandes effilées

クーヴェルチュール（ヴェローナ社カラク：カカオ分56％）　couverture

下準備
・クーヴェルチュールはテンパリングしておく。

アーモンドスライスのカラメリゼ（アマーンド・オ・スュクル）をつくる
① 鍋に水、水あめ、はちみつ、グラニュー糖を入れて火にかける。
② 沸騰したらアーモンドスライスを入れる。
③ 再び沸騰させる。
＊シロップは何度でも使える。量が減ったら、ババのシロップなどに加えて用いてもよい。
④ ザルに上げてシロップを切る。
⑤ シルパットSilpatを敷いたオーブンプレートにできるだけ重ならないように広げ、180℃のオーブンに入れる。
⑥ 色づいてきたらオーブンを開け、木杓子でよく混ぜ合わせる。
⑦ まんべんなく色づくように何度も混ぜ合わせながら焼いて、アーモンドに火を通し、からめたシロップをカラメル化する。
⑧ 色よく焼き上がったら粗熱をとり、密閉できる容器に入れて保存する。

クーヴェルテュールで固める
⑨⑧のアーモンドをボウルにとり、テンパリングしたクーヴェルテュール適量を入れて混ぜる。
⑩スプーン2本で丸くまとめて紙の上に置き、固める。
＊アルミケースや型に詰めて固めてもよい。

Tutti frutti
テュッティ・フルッティ

＊tutti frutti テュッティ・フルッティ[adj]　数種類の果物・果物の砂糖漬け入りのアイスクリーム、菓子。もとはイタリア語で「全ての果物」という意味。

材料 約20×18×1.5cmのもの1台分
ジャンデュジャ　500g　500 g de gianduja
フリュイ・コンフィ　fruits confits
　オレンジピール1個分　1 pièce d'écorse d'orange confite
　干しプラム4個　4 pruneaux
　ドレンチェリー16個（赤、緑各8個）　16 bigarreaux confits
クーヴェルチュール（ヴァローナ社カラク：カカオ分56％）　couvertur

※フリュイ・コンフィは洋梨の砂糖漬けなどもよい。砂糖漬け、乾燥ともに、柔らかいものがよい。

下準備
・フリュイ・コンフィは表面のシロップをとり除き、場合によっては平たくのばし、適当な大きさに切る。
・ジャンデュジャは湯煎にかけて40℃ぐらいに溶かす。水にあて、混ぜながら25〜26℃ぐらいまで冷まし、適度な固さにする。

①紙（パピエ・キュイソン→p.27がよい）の上に鉄芯barreを置いて四角形の枠をつくり、ジャンデュジャの半量を平たく広げる。
②フリュイ・コンフィをジャンデュジャの中に埋め込むように散らす。
③残りのジャンデュジャで全体をおおう。
④パレットナイフpaletteで表面を平らにならす。固まるまで置いておく。
⑤枠にそってナイフを入れ、枠をはずす。テンパリングしたクーヴェルチュールを表面に薄く塗って固める。
⑥紙をのせ、板などをあてて裏返し、紙をはずす。
⑦⑥の表面にクーヴェルチュールを塗り、固める。
⑧さらにクーヴェルチュールを塗り、溝つきの三角カードpeigne à décorを用いて表面に波模様をつけて固める。
⑨ナイフ（刃の薄いものがよい）を湯でよく温めて、適当な大きさに切り分ける。

第13章

フランス菓子の周辺知識
Compléments

Emballage et décoration
Café
Thé
Lexique de la pâtisserie
Index

菓子の演出―ラッピング

　包装（ラッピング）は、商品の保護、保存、運搬の利便のためという実用性にとどまらず、菓子に付加価値をつける技術として注目されている。実用性は踏まえた上で、見た目に驚きと感動を与え、贈物として喜ばれ、季節感なども印象づけるような演出が求められるようになった。まずは包む方法、リボンのかけ方などの基本を身につけたい。そこから経験を積むことによって、目的に適った演出が自在にできるようになるだろう。

Printemps
プランタン

春をイメージし、イースター（復活祭→p.411）をテーマにして、チョコレートの卵（イースターエッグ）や雌鶏を飾ったディスプレイ。イースターは、寒い冬が終わり、命の活動に満ちた季節が戻ってくることを喜ぶ祭りに、キリストの復活を結びつけて祝われるようになったもの。そこから連想される、希望、芽生え、誕生といったイメージを、淡い色合いと類似色を使ったコントラストの穏やかな組合わせで表現している。

Été
エテ

空や海の色である青系統のグラデーションで、夏の海辺を連想させ、寒色と銀色のリボンや包装紙が涼しげな印象を演出している。菓子は、雰囲気に合わせた色に着色したパート・ド・フリュイを使用。

＊この章で紹介する基本的な技術があれば、色彩の調和あるいは対比、形、包装材料の質感、商品（菓子）の特性を組合わせ、このように四季のイメージを表現することができる。

Automne
オトンヌ

実りの秋をイメージ。ナッツを使ったタルトやケックなど、外観も味覚も秋を連想させる菓子を中心に据え、松笠などの自然の素材を装飾に使っている。包装紙やリボンも、菓子がひき立つ同系色でトーンを揃えている。

Hiver
イヴェール

ドイツの伝統的なクリスマス菓子、シュトレンを使ったディスプレイ。シュトレンはフルーツの砂糖漬けとスパイス入りの発酵生地でつくり、表面にたっぷりとまぶすバニラシュガーが雪を連想させる。クリスマスツリーをイメージした三角形の箱を背景にして、クリスマスカラーの赤と緑、そして金色でまとめ、4本の赤い蝋燭が待降節（→p.412）の4週間を表している。

四角い箱(直方体)を包む

*合わせ包み（キャラメル包み）

直方体の箱であれば、箱を回転させずに、大小を問わず幅広く包むことができる。包装紙の使用量が少なく、シンプルな包み方なので技術的にやさしく仕上がりが安定している。箱をひっくり返して包装することができない菓子の場合、紙の合わせ目を上にして包むとよい。合わせ目にシールなどをはるか、リボンをかけて仕上げる。

紙の大きさ ＝ ア×イ
ア：箱の高さ（天＋地）と箱の縦の長さを足す
イ：箱の周囲の長さに、合わせ目で紙を重ねる分として2〜3cm足す

ア＝b+c×2
イ＝(a×2+c×2)+2〜3cm

紙の採寸（図）

紙の大きさは、縦は箱の高さ※の天と地の分を足したものに、箱の縦の長さを加える（ア）。横は箱の周囲の長さに、合わせ目で紙を重ねる分として2〜3cm足す（イ）。

*なるべく無駄がでないように、適した大きさに切る
*計ったら、折り線をしっかりとつけて切る

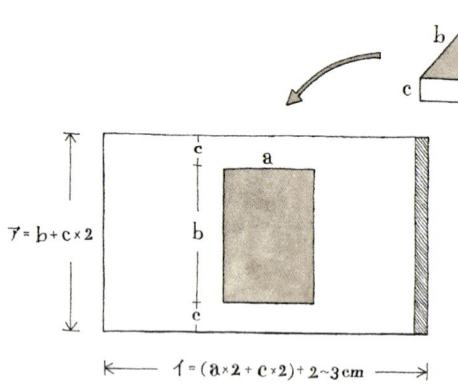

※箱の高さ
箱の高さ（c）の採寸方法は、実際の箱の高さではなく、箱の高さの程度によって変化する

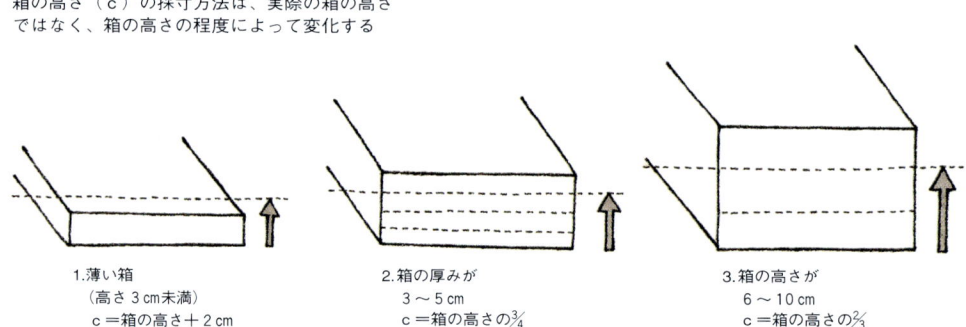

1. 薄い箱
（高さ3cm未満）
c＝箱の高さ＋2cm

2. 箱の厚みが
3〜5cm
c＝箱の高さの$\frac{3}{4}$

3. 箱の高さが
6〜10cm
c＝箱の高さの$\frac{2}{3}$

*包み方のポイント
・紙は箱にぴったり沿わせる。
・角は鋭角につける。
・合わせ目を上面にする（箱をひっくり返さない）。

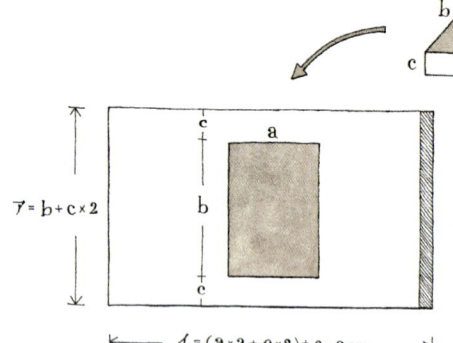

包み方

①採寸した紙の右端を内側に約1cm折り返しておく。
＊仕上がりは右が上にくるので、紙の端が曲がったり破れたりするのを防ぐために、折り込んでおく。

②紙の中心に箱を置き、紙の大きさが間違いなく測れているか確かめる。箱の中心に向かって右側の紙を折りたたみ、位置を決めて箱の形に沿ってきっちりと折り目をつけたらいったんもとに戻す。左の紙を箱の中心に向かって折り、箱の形をつける。その上に端を折った右の紙を重ねる。
＊合わせ目を両面テープでとめてもよいが、開けやすさを考えると、テープはなるべく使わないほうがよい。

③〜④箱の上下の紙を、上面、左側（写真）、右側、下の順に折りたたむ。

⑤下側の紙は、側面の三角形の折り山に合わせて端を折り込み、キャラメル包みに整える。反対側も同様にする。
＊箱の厚みが3cm以上ある場合は、写真のように厚みの中心に合わせ目がくるように整える。厚みが薄い箱の場合は、上面と下面の余っている紙を、箱の高さに合わせて折り込んで整える。

リボンの結び方

＊十文字がけ（蝶結び）

①リボンの端で蝶結びの片側分の輪と垂れの長さを決める。
②①で決めた長さ分を左下に残しておき、中心から左右、天地にリボンをかける
③中心で交差させ、交差した部分に左のリボンの端をくぐらせる。
＊リボンが裏返しにならないよう、同じ面を上にして交差させる。
④上下にひっぱってしっかりとしめる。
⑤左下のリボンで輪とたれをつくる（図①）。
⑥右上のリボンを⑤に回しかけて輪をつくる（図②）。
⑦右手のリボンを輪にして⑥に通す（図③）。
⑧左右の輪をひっぱりながら結ぶ（図④）。

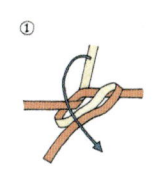

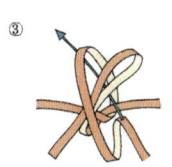

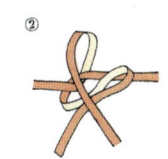

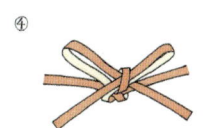

色の違うリボンで変化をつける

1
2
3

①色(または質)の違うリボンを十文字がけした⑧の結び目の下に通す。
②一度しっかりと結ぶ。
③十文字がけの①〜⑧と同様にして蝶結びにする。

松笠
松笠の隙間に針金を通し、根元をねじってとめる。この針金で、リボンの結び目などにとめつけて飾りにすることができる。

1
2
3

包装紙を切る道具
はさみでもカッターでもよいが、紙を切る作業専用にする。「アピールカッター」と呼ばれるナイフがあると便利。アピールカッターは、本来はシールやセロハンテープを、はった紙を傷つけずにはがす道具。レターオープナーとして使われる。シールはがし、ペーパーナイフという名前でも売られている。薄いステンレス製の両刃のナイフで、紙の切れ味がカッターほど鋭くないので、二つに折った紙を折り目で切るときに刃がすべらず、まっすぐ切ることができる。

丸い箱（円筒形）を包む

包装紙にタック（襞）をとりながら曲面の形に沿わせて包む方法。円筒形の平たいものから茶筒のように細長いもの、楕円形の箱、籐の籠なども包むことができる。タックを寄せた中心にシールをはったり、リボンを結んで目的に合わせて仕上げる。

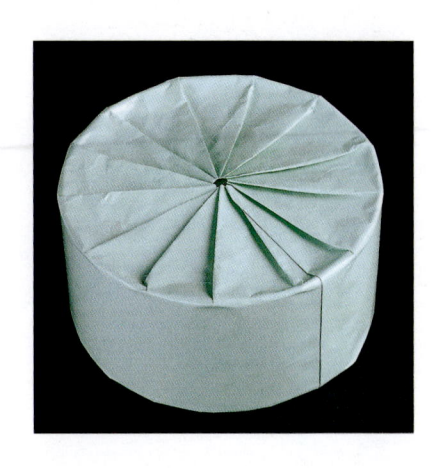

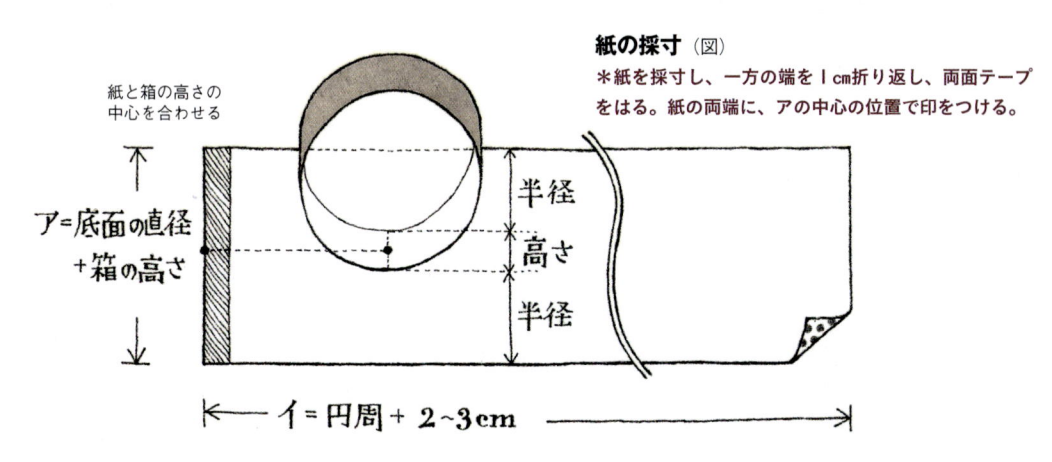

紙の採寸（図）
＊紙を採寸し、一方の端を1cm折り返し、両面テープをはる。紙の両端に、アの中心の位置で印をつける。

紙と箱の高さの中心を合わせる

ア＝底面の直径＋箱の高さ

半径
高さ
半径

イ＝円周＋2〜3cm

包み方

①円周に合わせて紙を箱に巻き、アの中心を合わせて、折り返したほうを上にかぶせて両面テープではり合わせる。
＊両面テープの保護紙をはずすときは、まず中心部をはがして、それから左右にひっぱってはがしながら、包装紙をはり合わせていくとゆがみが出ない。
円筒形の下（底）のほうから、等間隔にタックを寄せて折りたたみ、上面も同様にタックを寄せてたたむ。タックをとるときはまず中心を合わせて紙の長さを決める（写真）。
②まず円の中心に向かって真っ直ぐに折り、タックをとって折る。中心が1点にまとまるようにくり返す。最後のタックは最初のタックを起して下にはさみ込む。
③最後に近づいてくるとタックをとりにくくなるので、いったん折ったタックを起し、最後まで折り目をつけて、再び戻して端を整える。

三角形の箱を包む

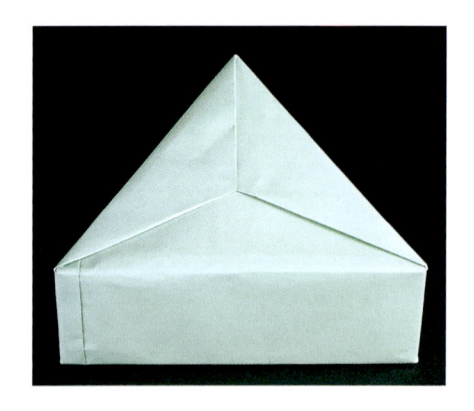

紙の採寸：（ア＝箱の高さ＋三角形の高さ）×（イ＝三角形の辺の長さの合計＋2〜3cm）

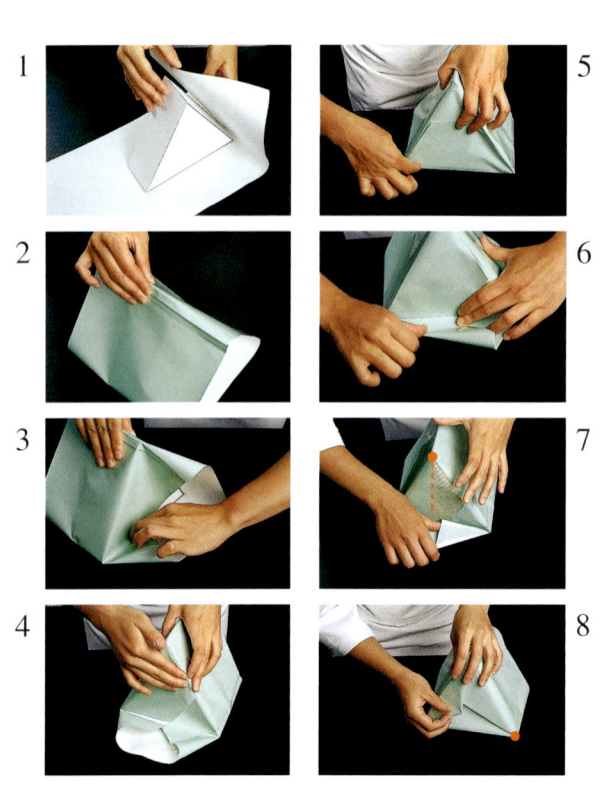

包み方
①紙の長辺イの端を1cm程度折り返し、折り返した面に両面テープをはる。紙の短辺アの中心と箱の高さの中心を合わせて置き、箱の側面に沿わせて紙を折る。
②三角形の頂点で①のテープをとめる。
③〜⑤三角形の辺に沿わせて紙を折り込む。
⑥〜⑦3辺のそれぞれの紙を、三角形になるように形を整えて折る。
＊⑦では点線で内側に折り、斜線の部分を内側にたたみ込む。
⑧三角形に折った頂点が合うように、中心に向かって折る（写真は箱を回転させ、底辺であった部分を折っているところ）。反対側も同様に折る。

六角形の箱を包む

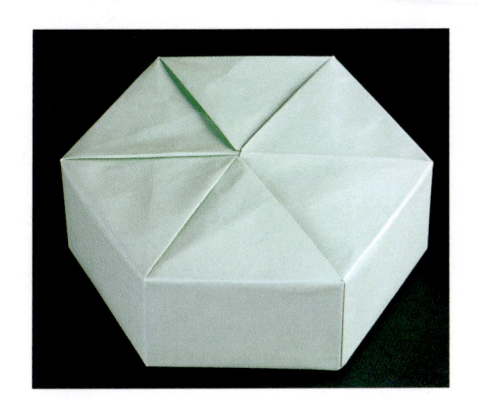

紙の採寸：（ア＝箱の高さ＋六角形の対角線の長さ）×（イ＝六角形の辺の長さの合計＋2～3cm）

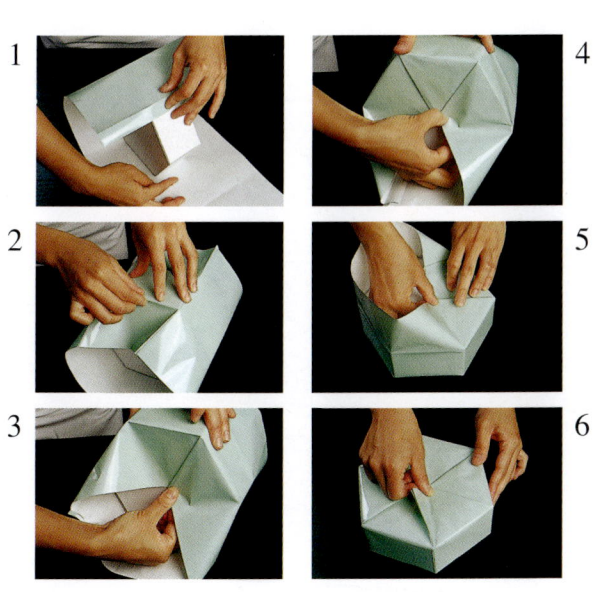

包み方
①紙の長辺イの端を1cm程度折り返し、折り返した面に両面テープをはる。紙の短辺アの中心と箱の高さの中心を合わせて置き、箱の側面に沿わせて紙を折り、角のところでテープをはり合わせる。
②六角形のそれぞれの辺に合わせて紙に折り目をつける。
③～④中心に向かって、三角形ができるように紙を折り込んでいく。
⑤～⑥反対側も同様にする。

コーヒーについて

コーヒーはアカネ科の常緑樹の種子を焙煎して挽き、抽出したもの。コーヒーの木は白い花が咲き、1〜2cmの楕円体の緑色の実をつける。熟して赤くなった実を収穫し、皮や果肉をとり除いて中の種子（2個入っている）を乾燥させたものがコーヒー豆（生豆）になる。

コーヒーができるまで

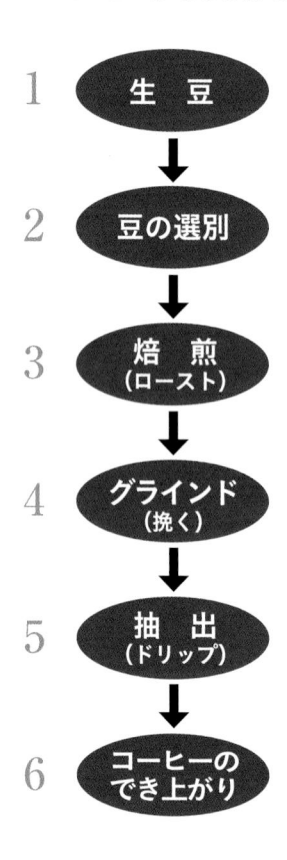

1. 生豆
2. 豆の選別
3. 焙煎（ロースト）
4. グラインド（挽く）
5. 抽出（ドリップ）
6. コーヒーのでき上がり

＊よいコーヒーをいれるためには、2〜5の基本的な条件を充たす必要がある。

コーヒーの3原種

コーヒー豆には、およそ40の品種があると言われているが、これらは次の三つの原種から派生したものである。

アラビカ種（エチオピア原産）
＊最も多く栽培され、利用も多い。主にレギュラーコーヒー用。
ロブスタ種（コンゴ原産）
＊インスタントコーヒーやリキッドコーヒー（缶やペットボトル等）の原料にすることが多い。
リベリカ種（リベリア原産）
＊現在ほとんど栽培されていない。品種改良のための交配用。

コーヒーの産地

コーヒーの栽培に適した気候の地域はほぼ北回帰線から南回帰線の間に位置し、コーヒーベルトと呼ぶ。

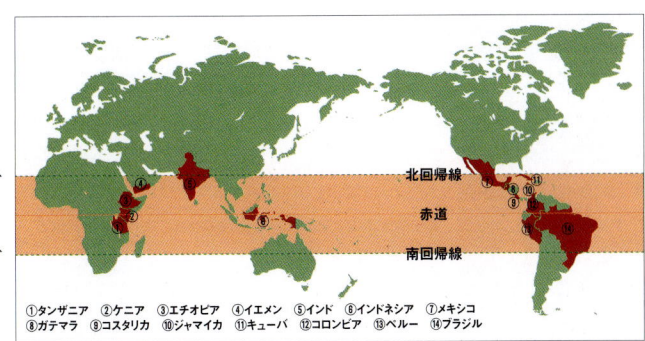

北回帰線北緯23度27分　　　北回帰線
　　　　　　　　　　　　　赤道
南回帰線南緯23度27分　　　南回帰線

①タンザニア　②ケニア　③エチオピア　④イエメン　⑤インド　⑥インドネシア　⑦メキシコ
⑧ガテマラ　⑨コスタリカ　⑩ジャマイカ　⑪キューバ　⑫コロンビア　⑬ペルー　⑭ブラジル

アジア　マンデリン（インドネシア）
生豆の茶色がかった色が特徴。深煎りにするとおいしい。

中南米　ブルーマウンテン（ジャマイカ）
甘味と適度な酸味がありおいしい。高級品として有名。
ブラジル
世界第1位の生産量。ブレンドのベースに使われる。
コロンビア
酸味、苦味のバランスがよくブレンドのベースに適する。

アフリカ　キリマンジャロ（タンザニア）
酸味が強く、野生的な風味。

コーヒー豆の選別（ハンドピック）

正常豆

コーヒー豆の良し悪しは一概には言えないが、栽培・精製・保存の間に、さまざまな原因で以下のような欠点が豆に生じ、そうした欠点豆が混入するとコーヒーの味は確実に悪くなる。大手の業者では電子選別機で欠点豆を除去しているが完璧ではない。おいしいコーヒーをいれるためには、まず生豆の段階でハンドピックという作業を行い、正常な豆だけを選別する。写真は、ハンドピックにより欠点豆を除去したもの。本来こうした生豆を使用し、コーヒーを焙煎していかなければならない。

欠点豆

発酵豆
生成過程で内部に発酵が及び異臭の原因になる。外見上は見つけにくく、ハンドピックでは細心の注意が必要。

黒豆
発酵が進み最終段階になると、このように黒ずんでしまう。コーヒー液そのものにも腐敗臭が及ぶ。濁りも増す。

死豆
正常に結実しなかった豆。焙煎しても色づきが遅く、見分けやすい。風味そのものが希薄で、有害無益。異臭のもとにもなる。

貝殻豆
乾燥不良、あるいは異常交配でこの豆が発生する。煎りムラの原因になる。

割れ豆
乾燥ムラがあったり、移送中に衝撃が加わり割れてしまった豆。煎りムラの原因になる。また、深煎りにすると、火がついて燃え上がることも。

虫喰い豆
ブロッカという蛾の幼虫が入り込んだもの。味が悪くなり、汚れ、濁りの原因になる。異臭を出す場合もある。

未成熟豆
赤く成熟する前の緑色の未成熟豆。味も青臭く、吐気を催すほど嫌な味。舌を刺すような味もある。

コーヒー豆の焙煎（ロースト）

焙煎のポイントは、焙煎後にコーヒー豆の水分が抜けているかどうかによる。浅煎りでは、豆の水分が残留するため、抽出したときに味に悪影響を与えやすい。おおよその目安として8段階に分けるが、産地別に豆の性格に合わせてより細やかに焙煎の度合いを決めることが必要である。

浅煎り	中煎り	中深煎り	深煎り
1. ライト・ロースト	3. ミディアム・ロースト	5. シティー・ロースト	7. フレンチ・ロースト
2. シナモン・ロースト	4. ハイ・ロースト	6. フルシティー・ロースト	8. イタリアン・ロースト

焙煎度合い

1. ライト・ロースト
甘い香りはするが、抽出しても苦味、甘味、こくはほとんど感じられない。
2. シナモン・ロースト
優れた酸味を持つ豆で、その酸味を優先させたいのであればベストポイント。シナモン(肉桂)に似た色合いなのでこう呼ぶ。
3. ミディアム・ロースト
アメリカン・ローストとも呼び、酸味が最優先であればベストポイント。
4. ハイ・ロースト
この辺から酸味がやわらぎ、苦味、甘味が前面に出てくるポピュラーな焙煎度合い。
(ブルーマウンテン、モカ、ハイチ、キューバ、ドミニカ、ブラジルなど)
5. シティー・ロースト
ジャーマン・ローストともいい、バランスのとれた力強さが感じられるようになる。
(コロンビア、グァテマラ、メキシコ、ハワイ・コナ、マンデリンなど)
6. フルシティー・ロースト
酸味がだいぶやわらぎ、苦味とこくがおいしさのピークになる。
(シティー・ローストと同様の豆に適する)
7. フレンチ・ロースト
苦味、こくともに強調され、ミルクやクリームを加えて飲むヨーロッパスタイルに向いている。
(ケニア、ペルー、インド、エチオピア・シダモなど)
8. イタリアン・ロースト
エスプレッソコーヒーなどに。苦味とこくが強調される。豆によってはフラットな味になったり、焦げ臭が出てしまう。
(フレンチ・ローストと同様の豆に適する)

コーヒー豆のグラインド（メッシュ）

コーヒーは鮮度が大切。焙煎後も鮮度は落ち、挽くとより酸化しやすくなる。挽いてから時間の経った豆では、よいコーヒーは望めない。

1.細挽き
抽出速度が遅くなる。エスプレッソやカリタ式ペーパードリップでアイスコーヒー用に濃く抽出するのに適している。

2.中挽き
抽出速度は中位。
カリタ式ペーパードリップ、コーヒーメーカーに適している。

3.粗挽き
抽出速度が速くなる。ネルドリップに適している。

コーヒーの抽出（ドリップ）
カリタ式ドリッパーを使用して

① 注湯用ポット
② サーバー
③ ドリッパー
④ 計量スプーン
⑤ マドラー
⑥ 温度計
⑦ ペーパーフィルター

ペーパーフィルターの折り方

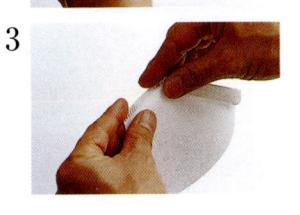

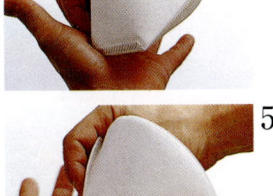

① まず両面を確認し、破れなどがないか確認する。
② 一側面の接着部分を5㎜程余計に折る。
＊5㎜程余計に折るのは、ドリッパーよりもフィルターのほうが大きいため。
③ 裏返して底面も側面と同じように接着部分を5㎜程余計に折る。
④ 折ったものを4〜5枚重ねて、まず1辺の側面の折り目を親指と人差し指で押さえてのばす。
⑤ もう1辺の側面も同じようにして押さえてのばす。
⑥ 底の部分も指3本を入れて両方から押さえ、さらに角の部分も2カ所指で押さえる。
＊指で押さえることによって、ドリッパーの形状と同じになるので、ドリッパーにセットしたときに浮いたりしない。

コーヒーの抽出

＊分量が増えるごとにろ過層が厚くなり抽出液の濃度が濃くなるので1杯増えるごとにコーヒー豆は10〜15％ほど減らす。

1　中挽きの粉を1杯分10g入れる。2杯分なら18g入れる。

＊抽出が均一になるよう表面を平らにする。

2　軽くゆすって粉を平らにならす。

＊なるべく低い位置から細く湯を注ぐ。湯に空気が混ざりすぎないように静かに注ぐ。

3　注湯用ポットに湯を入れ82〜83℃の適温に調節する。第1投目の注湯開始。（第2投目以降も同じ温度の湯を用いる）

＊フィルターに直接湯をかけるとコーヒーがろ過されず薄い抽出液ができてしまう。

4　中心部分より外側へ円を描くように注ぐ。フィルターに直接湯をかけないように注意して外周まで湯を注ぐ。

＊ここで適度に蒸らす。時間が短すぎても長すぎてもよくない。

5　だんだんふくらんでくるが、ふくらみがとまり、沈んで表面が平らになるまで待つ。

＊中心から外側へ円を描くように注湯、外側へ達したらまた中心へ戻るように注湯する。

6　第2投目。いよいよ抽出本番。クリーム状の泡がこんもりと盛り上がる。このふくらんだ泡はコーヒーが新鮮な証拠。

＊コーヒーに適した水
ミネラルウォーターは、コーヒーをいれるという観点からは決してよいとは言えない。とくにミネラルを多く含んだ硬度の高い水は、コーヒーの苦味やそのほかの成分が溶解しにくい。水質にめぐまれている日本では、むしろ水道水を使うほうがよいが、塩素を多く含み、カルキ臭のある場合は、ろ過器を通して用いる。

＊2投目以降注湯量は常に一定になるよう、ろ過層は上げたり、下げたりしない。

7　第3投目。気泡がなめらかになり、抽出液のなめらかさに及ぶ。

＊完全に抽出液をドリップさせてしまうと粉の温度が低下し、そのあと適切な抽出ができなくなってしまう。

8　第3投目と4投目の間。完全に抽出液をドリップさせる前に第4投目へ。

9　第4投目。3投目と同じようになめらかな気泡となめらかなコーヒーが抽出される。

10　第4投目と5投目の間。温度が粉全体に均一に行きわたり、成分の過半が抽出済み。注湯のペースを早める。

＊第1投目から約3分。抽出は下降線に入り、このあとは悪い成分や、渋味のタンニンが多くなるので抽出をストップ。

11　この時点で、抽出量1杯分150ml、2杯分300mlになっていればよい。

12　抽出完了。温めておいたカップに注ぐ。

紅茶について

「茶」は、ツバキ科の常緑樹。紅茶は、茶の木の葉に含まれる酸化酵素の働きで発酵させ、紅色の色素をつくらせたもの（加熱して酸化酵素の働きを止め、茶の葉の緑色を保たせたものが緑茶）。

紅茶の等級

紅茶の等級とは品質を表すのではなく、茶葉の大きさと形を表す物である。

OP
(オレンジ・ペコー)
＊茶葉の大きさが7～12mm。

BOP
(ブロークン・オレンジ・ペコー)
＊茶葉の大きさが2～3mm。

BOPF
(ブロークン・オレンジ・ペコー・ファニングス)
＊茶葉の大きさが1～2mm。このサイズの茶葉はよくティーバッグに使用される。

紅茶の種類

紅茶は大きく分けて温帯系と熱帯系の二つの系統がある。
温帯茶は緑茶に近い色をし、一般的に緑がかった黄色や、ほんのりオレンジ色。熱帯茶は紅茶らしく、オレンジ色から鮮やかな紅色のものまでさまざまある。ここでは、ダージリン(温帯茶)とセイロン・ウバ(熱帯茶)で比較するが、見た目にも一目瞭然、水色※の違いがわかる。

※温帯茶(中国系)と熱帯茶(アッサム系)との水色の違い
写真左：ダージリン　写真右：セイロン・ウバ

※紅茶をいれたときの液体の色合いを水色という。

紅茶の産地

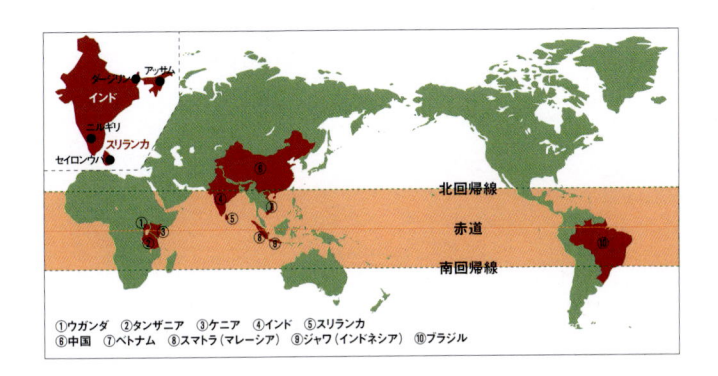

①ウガンダ ②タンザニア ③ケニア ④インド ⑤スリランカ
⑥中国 ⑦ベトナム ⑧スマトラ（マレーシア）⑨ジャワ（インドネシア）⑩ブラジル

インド　**ダージリン**
北インド、ヒマラヤ山麓の山岳地帯（高度2300m）の町ダージリンを中心に栽培。季節によって味や香りが大きく異なり、昼夜の寒暖差によって発生する霧が特有の香味を与えるともいう。赤みの少ない水色と繊細な香りが特徴。
・ファーストフラッシュ：3～4月の一番摘み。発酵が浅く、水色が淡いが新鮮な香味がある。
・セカンドフラッシュ：二番摘み。水色は明るいオレンジ色で、こくや香りが最も充実し、良質の茶葉にはマスカットフレーバーという特有の香りがある。

アッサム
北インド、アッサム地方で栽培。水色の赤みが強く、こくがある。タンニンの含有量が多く、ミルクティーに合うが、アイスティーにするとクリームダウンをおこしやすい。
＊クリームダウンは、紅茶を冷やしたときの温度変化でタンニンとカフェインが結合、結晶化して白く濁る現象。

ニルギリ
南インドのニルギリ高原で栽培。くせのない香りと味で、セイロン紅茶に似ている。

スリランカ（セイロン紅茶）　**セイロン・ウバ、ヌワラエリヤ、ディンブラ、キャンディなど**
インド紅茶に比べて水色は赤みが濃く、渋味は少ないが風味が強くこくがある。
＊セイロンはスリランカの植民地時代の名称。

中国　最も古くから紅茶が生産されていた。茶葉の色は黒っぽいが、水色は明るい。インドやセイロンの紅茶とはかなり違った個性的な香りがある。90％が輸出用。
ラプサンスーチョン（正山小種）、キーマン（祁門紅茶）、雲南紅茶（滇紅工夫）など

紅茶の抽出

①ポット
②ティースプーン
③茶漉し

●紅茶のジャンピング
紅茶をおいしく抽出させるにはまず、茶葉に最適な状態のお湯を注ぐことにある。お湯の温度だけでなく、状態が大切である。新鮮なくみたての水を沸騰させた瞬間のお湯が、酸素をたくさん含んだ新鮮なお湯である。このお湯を茶葉にかけると、湯の中で茶葉は上下にゆらゆらと沈んだり、浮いたりをくり返す。これをジャンピングと言う。ジャンピングしないと、味も、香りも適切に抽出されない。
紅茶の抽出のポイントは「ジャンピング」にある。

＊2杯以上は茶葉は杯数分倍数で計量する。

1 ポットに200〜250mlの熱湯を入れて温めておく。茶葉の小さいタイプの場合、ティースプーン軽く山盛り1杯が紅茶1杯分の分量。ポットの湯を捨てて、茶葉を入れる。2杯分なら山盛り2杯入れる。

茶葉の大きいタイプの場合、ティースプーン大山盛り1杯が紅茶1杯分の分量。

＊紅茶に適した水
日本は水に恵まれており、名水と言われるような湧き水を使うのもよいが、コストなどを考えると水道水でも充分においしい紅茶をいれることができる。ただし、塩素を多く含み、カルキ臭のある場合は、ろ過器を通して用いる。なにより沸騰したての湯を用いないとおいしい紅茶は抽出できない。

＊2杯以上は杯数分、180mlの倍数で計算して注ぐ。

2　沸騰したての湯を1杯分180ml注ぐ。2杯分なら360ml注ぐ。

＊小さい葉であれば約2分。大きい葉であれば約2分30秒蒸らす。

3　湯を注いですぐ、スプーンでさっとかき回し、すぐに蓋をして蒸らす。

＊複数杯いれるときは、カップの約半量ずつ回し注ぎをし、すべて同じ濃度にすることに気をつける。

4　茶漉しを使って、温めておいたカップに注ぐ。

5　でき上がり。

コーヒー豆と紅茶の茶葉の保存法

コーヒー
コーヒーは鮮度が重要。酸化しやすく、焙煎後は約2週間しかもたないため、まとめ買いをせずに2週間分ずつ購入する。使う直前まで挽かずに、豆のまま清潔な保存瓶に入れ、空気にふれないようにする。挽いた豆をやむをえず保存する場合も、保存瓶に入れて保存するが、なるべく早く使用すること。

紅茶
湿気が入らないように注意する。計量するティースプーンが湿っていないこと。常温保存でかまわないが、暖かいところには置かないようにする。

*量り売りの場合
密閉できるきれいな保存瓶や缶に入れ保存する。保存期間は4〜5カ月。

*缶入りの場合
1回ずつきっちりとふたをする。保存期間は4〜5カ月。

*ティーバッグの場合
1回分ずつ袋に入っているが、香りが飛びやすいので外装を開いたら密閉できる清潔な保存瓶や缶に入れて保存する。保存期間は4〜5カ月。

製菓用語集

《凡例》フランス語、　発音、　品詞、　意味
(f.) 形容詞または過去分詞の女性形、(pl.) 名詞の複数形、n.m.男性名詞、n.f.女性名詞、adj.形容詞、v.動詞
＊用例、※解説、(p.　) 写真と詳しい解説のあるページ、[　] 発音または読み方、→ 参考

abaisser アベセ　v.
　麺棒で生地を薄くのばす
abricot アプリコ　n.m.
　アプリコット (p.140)
abricoter アプリコテ　v.
　アプリコットジャムを塗る
acide citrique アスィッド・スィトリック　n.m.
　クエン酸 (p.335)
amande アマーンド　n.f.
　アーモンド (p.68)　＊amandes effilées [アマーンド・エフィレ] アーモンドスライス　→effiler　＊amandes hachées [アマーンド・アシェ] アーモンドダイス、アーモンドのみじん切り　→hacher
amarelle アマレル　n.f.
　サワーチェリーの一種
amaretto アマレット　n.m.
　アマレット (p.68)
angélique confite アンジェリック・コンフィット　n.f.
　アンゼリカの砂糖漬け
anis étoilé アニ・ゼトワレ　n.m.
　八角、スターアニス
appareil アパレユ　n.m.
　アパレイユ、数種類の材料を混ぜ合わせたもの　※流動性のあるものをいうことが多い
arôme de fruit アローム・ド・フリュイ　n.m.
　フルーツ香料 (p.338)
arroser アロゼ　v.
　液体（酒など）をかける、たらす

bain-marie バンマリ　n.m.
　湯煎、湯煎鍋
balance バランス　n.f.
　秤
banane バナンヌ　n.f.
　バナナ
barre バール　n.f.
　鉄芯 (p.334)　※règle à fondant [レーグル・ア・フォンダン] フォンダン用の枠、という製品もある
bassine バスィンヌ　n.f.
　ボウル　＊bassine à blanc [バスィンヌ・ア・ブラン] 卵白用ボウル、銅製ボウル
bâton バトン　n.m.
　棒　＊un bâton de cannelle [アン・バトン・ド・カネル] シナモンスティック1本
betterave sucrière ベトラーヴ・スュクリエール　n.f.
　甜菜 [てんさい]、ビーツ、ビート、砂糖大根 (p.22)
beurrage ブラージュ　n.m.
　デトランプで油脂を包むこと、加えること
beurre ブール　n.m.
　バター (p.25)　＊beurre demi-sel [ブール・ドゥミセル] 薄塩バター　＊beurre noisette [ブール・ヌワゼット] 焦がしバター　＊beurre manié [ブール・マニエ] バターと小麦粉を同量合わせたもの
beurrer ブレ　v.
　バターを塗る、バターを加える、デトランプで油脂を包む

bigarreau／(pl.)bigarreaux ビガロ　n.m.
　さくらんぼ、ビガロー（スイートチェリーの一種）　＊bigarreau confit [ビガロ・コンフィ] ドレンチェリー (p.332)
blanc d'œuf ブラン・ドゥフ　n.m.
　卵白
blanc／(f.)blanche ブラン／ブラーンシュ　adj.
　白い
blanchir ブランシール　v.
　卵黄に砂糖を加えて白っぽくなるまでかき混ぜる
broyeuse ブルワイユーズ　n.f.
　ブロワイユーズ、粉砕機 (p.139)
cacao カカオ　n.m.
　カカオ　＊cacao en poudre [カカオ・アン・プゥドル] ココアパウダー (p.354)　＊grain de cacao [グラン・ド・カカオ] カカオ豆
cadre à caramel カドル・ア・カラメル　n.m.
　キャラメル型 (p.345)
café カフェ　n.m.
　コーヒー　＊café soluble [カフェ・ソリューブル] インスタントコーヒー
calvados カルヴァドース　n.m.
　カルヴァドス (p.229)　※りんごのブランデー
canne カンヌ　n.f.
　甘蔗 [かんしょ]、さとうきび (p.22)
cannelé／(f.)cannelée カヌレ　adj.
　溝・うねのある　→canneler
canneler カヌレ　v.
　溝をつける
cannelle カネル　n.f.
　シナモン、肉桂 [ニッケイ]　＊bâton de cannelle [バトン・ド・カネル] シナモンスティック (p.234)
caramel カラメル　n.m.
　カラメル、キャラメル
caraméliser カラメリゼ　v.
　砂糖を焦がして色づけカラメルにする、（プディング型などに）カラメルを流す、カラメルを加える、菓子の仕上げに砂糖を振って表面を焦がしてカラメル状にする
caraméliseur カラメリズール　n.m.
　カラメライザー (p.73)　＊fer à gratiner [フェール・ア・グラティネ] 焼きごて
carraghénane カラゲナンヌ　n.m.
　カラギーナン (p.255)
carton カルトン　n.m.
　カルトン　※金や銀色でケーキの下に敷いて支える役割をする厚紙 (p.54)
cassonade カソナッド　n.f.
　カソナード　※甘蔗糖の粗糖
cercle セルクル　n.m.
　セルクル　※底のないリング状の型　＊cercle à entremets [セルクル・ア・アントルメ] アントルメ用のリング型 (p.47)　＊cercle à tarte [セルクル・ア・タルト] タルト用のリング型 (p.107)
cerise スリーズ　n.f.
　さくらんぼ (p.95)

chemiser　シュミゼ　v.
　（型の内側に）生地などを敷き込む、はりつける
chinois　シヌワ　n.m.
　シノワ　※液状のものを漉すのに適する円錐形の漉し器。ステンレスに穴をあけたものと網状のものがある
chiqueter　シクテ　v.
　折り込みパイ生地を重ねて焼くとき、重ねた生地の縁に等間隔に浅く切り目を入れる　※層が均一に浮き、見た目もきれいに仕上がる
chocolat　ショコラ　n.m.
　チョコレート（p.354）
cigarette de chocolat　スィガレット・ド・ショコラ　n.f.
　チョコレートのシガレット　※薄く削って細く巻いたチョコレート
citron　スィトロン　n.m.
　レモン（p.112）　＊citron vert［スィトロン・ヴェール］ライム
clarifier　クラリフィエ　v.
　卵黄と卵白を分ける、澄ませる　＊beurre clarifié［ブール・クラリフィエ］澄ましバター
clou de girofle　クル・ド・ジロフル　n.m.
　クローブ、丁子［チョウジ］（p.272）
cocotte　ココット
　ココット型（p.240）
cognac　コニャック　n.m.
　コニャック（p.237）
Cointreau　クワントロ　n.m.
　コワントロー（p.366）　※商標。オレンジの皮や花のエッセンスからつくるホワイトキュラソー。
colorant　コロラン　n.m.
　食用色素、着色料（p.54）
colorer　コロレ　v.
　着色する
confire　コンフィール　v.
　漬けこむ　※主に保存のために果実や野菜を砂糖、酢、蒸留酒に漬ける
confit／(f.)confite　コンフィ／コンフィット　adj.
　漬けこんだ　→confire
confiture　コンフィテュール　n.f.
　ジャム、プリザーブ
confiture d'abricot　コンフィテュール・ダブリコ　n.f.
　アプリコットジャム（p.81、p.140）
confiture de framboise　コンフィテュール・ド・フランボワーズ　n.f.
　フランボワーズジャム、ラズベリージャム（p.150）
congeler　コンジュレ　v.
　冷凍する
corne　コルヌ　n.f.
　カード、コルヌ（p.29）（一般には角［つの］や三日月形のものを指す言葉）　※弾力のあるプラスチック製で薄いかまぼこ形の器具
cornet　コルネ　n.m.
　円錐形の型、紙を円錐形に巻いた袋あるいは絞り出し袋（p.141）、（生地を）円錐形に巻いてクリームなどを詰めた菓子、小さな角笛

coucher　クシェ　v.
　生地やクリームを絞り出す　※絞り出し袋を45度程度に傾け、細長く帯状に絞る
coulis　クリ　n.m.
　クーリ　※果物などのピューレ状のソース
coupe　クップ　n.f.
　口が広がった足つきのグラス
couteau　クト　n.m.
　包丁、ナイフ　＊couteau-scie［クトスィ］波刃包丁
couverture　クヴェルテュール　n.f.
　クーヴェルテュール（p.355）
crémage　クレマージュ　n.m.
　クレメすること
crème aigre　クレム・エグル　n.f.
　サワークリーム（p.115）　→aigre［エグル］酸っぱい
crème de marron　クレム・ド・マロン　n.f.
　クレーム・ド・マロン、マロンクリーム（p.186）
crème de tartre　クレム・ド・タルトル　n.f.
　酒石酸水素カリウム　※英語ではクリームターターcream tartar（またはクリーム・オブ・ターターcream of tartar）
crème épaisse　クレム・エペス　n.f.
　発酵生クリーム（p.176）
crème fraîche (crème fleurette)　クレム・フレシュ（クレム・フルレット）　n.f.
　生クリーム
crémer　クレメ　v.
　クリーム状にする、生クリームを加える
cru／(f.)crue　クリュ／クリュ　adj.
　生の
cuillerée　キュイユレ　n.f.
　スプーン1杯の量　＊une cuillerée à potage de〜［ユンヌ・キュイユレ・ア・ポタージュ・ド］大さじ1　＊une cuillerée à café de〜［ユンヌ・キュイユレ・ア・カフェ・ド］小さじ1
cuire à blanc　キュイール・ア・ブラン　v.
　空焼きする
curaçao　キュラソ　n.m.
　キュラソー、オレンジリキュール
cutter　クトゥール　n.m.
　フードプロセッサー　※mixeurミクスール、robot-coupeロボクップとも呼ぶ

dariole　ダリヨル　n.f.
　口がやや開いた円筒形の型、ババ型（p.215）
demi　ドゥミ　n.m.
　½、0.5　※demi-〜で複合語をつくる
démouler　デムレ　v.
　型からはずす
densimètre (pèse-sirop)　ダンスィメトル（ペーズスィロ）　n.m.
　浮き秤比重計、糖度計（p.275）
dessécher　デセシェ　v.
　乾燥させる、余分な水分を飛ばす
détrempe　デトラーンプ　n.f.
　デトランプ、練り粉、こね生地　※小麦粉に水、塩などを加えて混ぜ合わせ、一まとめにした生地

diviseur à gâteau ディヴィズール・ア・ガト　n.m.
　（円形のケーキの）等分器
dorer ドレ　v.
　つやのある焼き色を与えるために生地に卵などを塗る
dorure ドリュール　n.f.
　ドレするための液、つやのある焼き色を与えるために生地に塗るもの、溶き卵
douille ドゥユ　n.f.
　口金　＊douille unie［ドゥユ・ユニ］丸口金　＊douille cannelée［ドゥユ・カヌレ］星口金　＊douille plate［ドゥユ・プラット］平口金　＊douille à bûche［ドゥユ・ア・ビュシュ］片目の口金（p.75）　＊douille à mont-blanc［ドゥユ・ア・モンブラン］モンブラン用口金（p.186）
dresser ドレセ　v.
　盛り付ける。生地やクリームを絞り出す　※絞り出し袋を立て、1点に絞り出すように丸く円形に絞る　→coucher

eau オ　n.f.
　水　＊eau bouillante［オ・ブイヤーント］熱湯（沸騰した湯）　＊eau chaude［オ・ショード］熱い湯　＊eau tiède［オ・ティエッド］ぬるま湯　＊eau froide［オ・フルワッド］冷水
eau de fleur d'oranger オ・ド・フルール・ドランジェ　n.f.
　オレンジの花水（p.237）
eau-de-vie de poire オドヴィ・ド・プワール　n.f.
　洋梨のブランデー（p.49）
eau-de-vie／(pl.)eaux-de-vie オドヴィ　n.f.
　ブランデー（p.212）　※直訳すると命の水
ébarber エバルベ　v.
　余分な生地を切り落とす
ébauchoir エボシュワール　n.m.
　マジパン細工用ヘラ（p.329）
économe エコノム　n.m.
　皮むきナイフ
écorce d'orange confite エコルス・ドラーンジュ・コンフィット　n.f.
　オレンジピール、オレンジの皮の砂糖漬け（p.122）
écumer エキュメ　v.
　アクをとる
écumoire エキュムワール　n.f.
　穴杓子
effiler エフィレ　v.
　（アーモンドなどを）縦に薄く切る、先細にする
égoutter エグテ　v.
　水気を切る
émonder エモンデ　v.
　湯むきする
emporte-pièce (découpoir) アンポルトピエス（デクプワール）　n.m.
　抜き型　＊emporte-pièce cannelé［アンポルトピエス・カヌレ］抜き型（菊）　＊emporte-pièce unie［アンポルトピエス・ユニ］抜き型（ストレート）
empreintes à liqueur アンプラント・ア・リクール　n.f.
　リキュールボンボン用の押し型（p.348）

enrober アンロベ　v.
　チョコレートなどでおおう、コーティングする
entonnoir à couler アントヌワール・ア・クレ　n.m.
　充填器（p.348）　※注ぎ口に栓があり、流す液体の量を手元で調節できるじょうご
épais／(f.)épaisse エペ／エペス　adj.
　（液体が）濃い、どろどろした
éplucher エプリュシェ　v.
　皮をむく
essence エサーンス　n.f.
　エッセンス、エキス、精髄
étaler エタレ　v.
　（生地を）広げる、薄くのばす
extrait エクストレ　n.m.
　エッセンス、エキス、抽出物　＊extrait de café［エクストレ・ド・カフェ］コーヒーエッセンス（p.76）　＊extrait de vanille［エクストレ・ド・ヴァニーユ］バニラエッセンス、バニラエクストラクト（p.42）

farine ファリンヌ　n.f.
　小麦粉、薄力粉
fariner ファリネ　v.
　小麦粉をまぶす、振りかける
fécule フェキュル　n.f.
　でんぷん　＊amidon［アミドン］でんぷん
fécule de blé フェキュル・ド・ブレ　n.f.
　浮き粉、小麦粉でんぷん（p.348）
fécule de maïs フェキュル・ド・マイス　n.f.
　コーンスターチ、とうもろこしでんぷん（p.68）
feuille フユ　n.f.
　葉、薄片、枚　＊une feuille de～［ユンヌ・フユ・ド］1枚の～
feuille de pain azyme フユ・ド・パン・アズィム　n.f.
　ウエハース（p.341）
feuille d'or フユ・ドール　n.f.
　金箔　※食用のものを使用
flamber フランベ　v.
　酒に火を入れてアルコール分を飛ばす
fonçage フォンサージュ　n.m.
　フォンセすること
foncer フォンセ　v.
　パイ生地などを型に敷き込む
fondant フォンダン　n.m.／adj.
　フォンダン（p.139）／（形容詞）溶ける、とろけるような、柔らかい（女性形fondante［フォンダーント］）
fontaine フォンテヌ　n.f.
　泉、粉を台の上に置き、中央を空けて（またはくぼませて）周りに壁をつくった状態
fouet フウェ　n.m.
　泡立器
fouetté／(f.)fouettée フウェテ　adj.
　泡立てた　→fouetter
fouetter フウェテ　v.
　（生クリームや卵などを）泡立てる、かき立てる
four フール　n.m.
　オーブン、窯

fourchette à tremper フルシェット・ア・トランペ　n.f.
チョコレートフォーク、トランペ串 (p.364)　※broche à tremper［ブロシュ・ア・トランペ］とも言う

frais／(f.)fraîche フレ／フレシュ　adj.
新鮮な、生の、涼しい

fraise フレーズ　n.f.
いちご (p.39)

fraiser フレゼ　v.
生地を少しずつ手のひらで押し出すようにして台にこすりつける　※fraser［フラゼ］とも言う。材料がすべてよく混ざっているか確認し、生地を均一でなめらかな状態にするために行う操作

framboise フランボワーズ　n.f.
フランボワーズ、ラズベリー (p.281)

fraser フラゼ　v.
→fraiser

frire フリール　v.
揚げる

friture フリチュール　n.f.
揚げ油、揚げもの

fromage フロマージュ　n.m.
チーズ　＊fromage frais［フロマージュ・フレ］フレッシュチーズ　＊fromage blanc［フロマージュ・ブラン］フレッシュチーズの一種 (p.45)

fromage de chèvre フロマージュ・ド・シェーヴル　n.m.
山羊のチーズ (p.103)

fruit フリュイ　n.m.
果物、フルーツ　＊fruit confit［フリュイ・コンフィ］果物の砂糖漬け (p.81)

ganache ガナシュ　n.f.
ガナシュ。生クリームとチョコレートを混ぜ合わせてつくるクリーム

garnir ガルニール　v.
詰める

garniture ガルニチュール　n.f.
（パイやタルトなどの）中身、詰め物、飾り、付け合わせ

gâteau ガト　n.m.
ガトー、菓子　※粉をベースにした菓子の総称

gaufrier ゴフリエ　n.m.
ワッフル用焼き型、ワッフルメーカー (p.245)

gélatine ジェラティンヌ　n.f.
ゼラチン (p.48)　＊feuille de gélatine［フユ・ド・ジェラティンヌ］板ゼラチン　＊gélatine en poudre［ジェラティンヌ・アン・プゥドル］粉ゼラチン

gelée ジュレ　n.f.
ゼリー、ジャム

gélifiant ジェリフィヤン　n.m.
凝固剤、ゲル化剤 (p.246)

gianduja ジャンデュジャ　n.m.
ジャンデュジャ (p.305)　※ヘーゼルナッツ入りのチョコレート

glacer グラセ　v.
つやがけする、フォンダンなどをかける

glucose グリュコーズ　n.m.
水あめ、ブドウ糖、グルコース (p.139)

gomme arabique ゴム・アラビック　n.f.
アラビアゴム、アラビアガム (p.329)

gousse グゥス　n.f.
（豆などの）さや、（にんにくなどの鱗茎の）1片

gousse de vanille グゥス・ド・ヴァニーユ　n.f.
バニラのさや (p.42)

gouttière グティエール　n.f.
雨どい、雨どいの形の型

grain グラン　n.m.
穀粒、種子、豆、粒　＊café en grains［カフェ・アン・グラン］、grains de café［グラン・ド・カフェ］コーヒー豆

grain de café グラン・ド・カフェ　n.m.
コーヒー豆、コーヒービーンズチョコレート（コーヒー豆の形のチョコレート）(p.57)

Grand Marnier グラン・マルニエ　n.m.
グラン・マルニエ (p.54)　※商標。オレンジとコニャックをベースにつくるリキュール

griller グリエ　v.
（グリルで）焼く、煎る

griotte グリヨット　n.f.
さくらんぼ、グリヨット（サワーチェリーの一種）　＊griotte à l'alcool［グリヨット・ア・ラルコル］グリヨットのアルコール漬け (p.369)

guigne ギーニュ　n.f.
さくらんぼ、ギーニュ（スイートチェリーの一種）

hacher アシェ　v.
みじん切りにする

huile ユイル　n.f.
油

imbibage アンビバージュ　n.m.
菓子にしみこませるもの、湿らせるもの（シロップや酒など）

imbiber アンビベ　v.
ジェノワーズやビスキュイなどに湿り気を与えたり風味をつけるために液体を塗ってしみこませる

infuser アンフュゼ　v.
煎じる、熱湯に浸す　※沸騰した液体にハーブ、スパイスなどを浸して香りや成分を抽出する

infusion de framboise アンフュズィヨン・ド・フランブワーズ　n.f.
フランボワーズのアンフュージョン (p.372)　※低糖度のリキュール

ivoire イヴワール　adj.
象牙色の、アイボリー　＊chocolat ivoire［ショコラ・イヴワール］ホワイトチョコレート

jaune ジョーヌ　adj.／n.m.
黄色い／黄色、黄色の部分

jaune d'œuf ジョーヌ・ドゥフ　n.m.
卵黄

julienne ジュリエンヌ　n.f.
せん切り、細切り

jus ジュ　n.m.
果汁、ジュース　＊jus d'orange［ジュ・ドラーンジュ］オレンジの果汁

kirsch キルシュ　n.m.
キルシュ　※さくらんぼの蒸留酒 (p.39)

kiwi キウィ　n.m.
キウィ

lait レ　n.m.
牛乳

lavande ラヴァーンド　n.f.
ラベンダー

levure chimique ルヴュール・シミック　n.f.
ベーキングパウダー (p.86)

levure de boulanger ルヴュール・ド・ブランジェ　n.f.
生イースト (p.208)　※boulanger：パン屋

lime リム　n.f.
ライム (p.112)

liqueur リクール　n.f.
リキュール、混成酒

liqueur à l'anis リクール・ア・ラニ　n.f.
アニス酒、アニス系の風味を持つリキュール (p.198)

louche ルッシュ　n.f.
レードル

macaronner マカロネ　v.
（マカロンをつくるのに適した状態になるように）マカロンの生地を混ぜて固さを調節する

macédoine マセドワンヌ　n.f.
4〜5mm角のさいの目切り。さいの目切りにした野菜または果物を混ぜ合わせたもの

macérer マセレ　v.
漬けこむ

mangue マーング　n.f.
マンゴー (p.280)

manqué マンケ　n.m.
マンケ型、やや口が開いた円形のケーキ型 (p.67、p.99)

mariner マリネ　v.
漬けこむ

marmelade マルムラッド　n.f.
マーマレード、ジャム (p.122)

marron マロン　n.m.
栗　＊marron au sirop［マロン・オ・スィロ］栗のシロップ漬け (p.186)

masquer マスケ　v.
クリームなどでおおう

médaillon メダヨン　n.m.
メダイヨン（大型のメダル）

mélangeur メランジュール　n.m.
メランジュール、製菓用ミキサー (p.28)　＊フイユfeuille（パレット、ビーター）：木の葉形　＊フエfouet（ホイッパー）：泡立器形　＊クロシェcrochet（フック）：鈎形

menthe マーント　n.f.
ミント、薄荷［ハッカ］(p.157)

meringue ムラーング　n.f.
メレンゲ

miel ミエル　n.m.
蜂蜜［はちみつ］(p.87)

miette ミエット　n.f.
（ビスキュイやパイなどの）くず、かけら　※英語でクラムcrumb。余ったビスキュイやフイユタージュなどを刻むか裏漉して細かくしたもの。

millasson ミラソン　n.m.
ミラソン (p.111)　※口がややひらいた円形の型、円形のタルトレット型

mixeur ミクスール　n.m.
ミキサー

moule ムゥル　n.m.
型

moulinette ムリネット　n.f.
漉し器、ムーリネット (p.140)　※ハンドルを廻して材料をつぶしながら漉すことができる製品

mousseline ムスリンヌ　n.f.／adj.
（料理で野菜のピューレなどに）泡立てた生クリームを加えたもの（ムースの一種）／（形容詞・不変化）生クリームを加えた、軽い

myrtille ミルティーユ　n.f.
ミルティーユ、ブルーベリー

nappage ナパージュ　n.m.
ナパージュ (p.48)、つや出し用のジャム、（塗る、かける）クリームやソース　→napper

nappage neutre ナパージュ・ヌートル　n.m.
ナパージュ・ヌートル、透明のナパージュ

nappe ナップ　n.f.
一般にはテーブルクロスのこと　＊à la nappe（ヘラなどの表面を）おおう状態（に）　※クレーム・アングレーズの濃度を表す

napper ナペ　v.
（全体をおおうように）かける、塗る

noisette ヌワゼット　n.f.
ヘーゼルナッツ (p.84)

noix ヌワ　n.f.
くるみ (p.332)、ナッツ（堅果）類

noix de coco ヌワ・ド・ココ　n.f.
ココナッツ、ココヤシの実（胚乳）

nougatine ヌガティンヌ　n.f.
ヌガティーヌ　※細工用の固いヌガー（煮詰めた糖液にアーモンドを加えて固めたもの）

œuf ウフ　n.m.
卵 (p.20)　＊œufs séchés［ウ・セシェ］乾燥卵　→secher

orange オラーンジュ　n.f.
オレンジ (p.280)

pailleté chocolat パユテ・ショコラ　n.m.
パイユテ・ショコラ、チョコレートフレーク (p.205)

palette en caoutchouc パレット・アン・カウチュウ　n.f.
ゴムベラ　＊マリーズmaryse（ゴムベラの商品名）と呼ばれることもある (p.29)

palette triangle パレット・トリヤーングル　n.f.
　三角パレット (p.358)
palette（couteau palette） パレット（クト・パレット）n.f.
　パレットナイフ、ナッペベラ (p.58)　＊palette coudée［パレット・クデ］アングルパレット
pamplemousse パンプルムゥス　n.m.
　グレープフルーツ (p.254)
papier cuisson パピエ・キュイソン　n.m.
　クッキングペーパーcooking paper（英）　※加熱調理用の紙 (p.27)
parfumer パルフュメ　v.
　香りをつける
passer パセ　v.
　漉す
passoire パスワール　n.f.
　漉し器　※漉す部分が半球形で目の細かい網になっているもの
pâte à glacer パータ・グラセ　n.f.
　パータ・グラセ (p.355)
pâte d'amandes crue パート・ダマーンド・クリュ　n.f.
　ローマジパン (p.319)
pâte d'amandes fondante パード・ダマーンド・フォンダーント　n.f.
　マジパン (p.319)
pâte de cacao パート・ド・カカオ　n.f.
　カカオマス
pâte de marron パート・ド・マロン　n.f.
　マロンペースト、パート・ド・マロン (p.186)
pâton パトン　n.m.
　バターを折り込んだデトランプ、必要な量に分割した生地の一かたまり
pêche ペシュ　n.f.
　桃　＊pêche jaune［ペシュ・ジョーヌ］黄桃　＊pêche blanche［ペシュ・ブラーンシュ］白桃　＊pêche de vigne［ペシュ・ド・ヴィーニュ］果肉が赤い桃
pectine ペクティンヌ　n.f.
　ペクチン (p.335)
peigne à décor ペーニュ・ア・デコール　n.m.
　コーム、櫛　※プラスチック製や金属製でぎざぎざの歯がついた器具。生地やクリームなどに筋模様をつける際に使う。三角形のものは三角カードと呼ぶ
perlage ペルラージュ　n.m.
　生地の表面に粉砂糖を振って焼き、表面に真珠（ペルルperle）のような粒をつくること
Pernod ペルノー　n.m.
　ペルノー (p.198)　※リコリス（甘草）風味のリキュールの商標
pic-vite ピクヴィット　n.m.
　ピケローラー (p.94)
pied ピエ　n.m.
　足　※マカロン・ムゥを焼いている間に側面から噴き出してきた生地
pignon ピニョン　n.m.
　松の実 (p.115)

pinceau パンソ　n.m.
　刷毛
pincée パンセ　n.f.
　一つまみ（の量）　＊une pincée de sel［ユンヌ・パンセ・ド・セル］塩一つまみ
pincer パンセ　v.
　生地の縁をパイばさみなどでつまむ、はさむ　※パイ生地の周囲に縁飾りをつけるために行う操作
piquer ピケ　v.
　（ピケローラーpique-viteかフォーク等で）生地に小さい穴をあける、（ナイフの先等で）パイ生地に蒸気を抜くための小さな穴をあける
pistache ピスタシュ　n.f.
　ピスタチオ (p.58)　＊pâte de pistaches［パート・ド・ピスタシュ］ピスタチオペースト (p.290)
plaque プラック　n.f.
　プレート　＊plaque à four［プラック・ア・フール］オーブンプレート
plaque à tuiles プラック・ア・テュイル　n.f.
　テュイル型、樋［とい、とゆ］型 (p.299)
plaquette de chocolat プラケット　n.f.
　チョコレートの薄い板
poche（à décor） ポシュ　n.f.
　絞り出し袋　＊poche à douille uni［ポシュ・ア・ドゥユ・ユニ］丸口金をつけた絞り出し袋
poêle à crêpes プワール・ア・クレップ　n.f.
　クレープパン (p.228)
poire プワール　n.f.
　洋梨、ポワール (p.49)
Poire Williams プワール・ウィリアム　n.f.
　ポワール・ウィリアム（ス）　※洋梨の品種名、洋梨のブランデーの商標
pomme ポム　n.f.
　りんご (p.100)　＊pomme verte［ポム・ヴェルト］青りんご
poudre à crème プゥドル・ア・クレム　n.f.
　カスタードパウダー (p.41)
praliné プラリネ　n.m./adj.
　プラリネ（ペースト）＝pralin［プララン］(p.125)／（形容詞）プラリネ風味の、プラリネを加えた（女性形pralinée）
pruneau／（pl.）pruneaux プリュノ　n.m.
　プルーン、干しプラム (p.231)
purée ピュレ　n.f.
　ピュレ (p.334：果物のピューレ)
purée de marron ピュレ・ド・マロン　n.f.
　マロンピューレ、ピュレ・ド・マロン (p.186)

quartier カルティエ　n.m.
　4分の1、1片、オレンジの一房
quenelle クネル　n.f.
　（アイスクリームやムースなどを）スプーンで形づくったフットボール形　※本来は肉や魚のすり身を小さくまとめてゆでた料理のこと

raisin レザン　n.m.
　ぶどう　＊raisin muscat［レザン・ミュスカ］マスカット

raisin sec レザン・セック　n.m.
レーズン、干しぶどう（p.81）

râpé／(f.)râpée ラペ　adj.
削った　→raper

râper ラペ　v.
削る　＊noix de coco râpée［ヌワ・ド・ココ・ラペ］ココナッツフレーク

rayer レイエ　v.
斜めにナイフの刃を入れて、筋模様をつける　※パイの層が切れて焼くと模様が浮き上がる

réfractomètre レフラクトメトル　n.m.
屈折糖度計、ブリックス計（p.275）

rhum ロム　n.m.
ラム酒（p.81）

robot-coupe ロボクップ　n.m.
フードプロセッサーの商標

rognure ロニュール　n.f.
生地の切れ端、二番生地

rondelle ロンデル　n.f.
輪切り　＊une rondelle de citron［ユンヌ・ロンデル・ド・スィトロン］レモンの輪切り1枚

rosace ロザス　n.f.
バラの花形装飾、バラ模様、放射状の模様

rouge ルージュ　adj.
赤い

rouleau（rouleau à pâte） ルロ（ルロ・ア・パート）　n.m.
麺棒

rouleau à nougat ルロ・ア・ヌガ　n.m.
ヌガーローラー、金属製麺棒（p.176）

rouleau cannelé ルロ・カヌレ　n.m.
筋つけ用麺棒　※金属製で溝が刻んである麺棒

roulette multicoupe（rouleau extensible） ルレット・ミュルティクップ（ルロ・エクスタンスィーブル）　n.m.
伸縮パイカッター（p.151）

ruban リュバン　n.m.
リボン　※卵に砂糖を加えて充分に泡立った状態をリュバン状という。すくいあげると一定の幅を保ちながらリボンのようにひらひらと流れ落ちる状態であることから

sablage サブラージュ　n.m.
サブレすること

sabler サブレ　v.
液体を加えずに油脂と粉をすり合わせてさらさらした状態にする

salé／(f.)salée サレ　adj.
塩辛い、塩を加えた

saupoudrer ソプドレ　v.
振りかける

sec／(f.)sèche セック／セシュ　adj.
乾いた、乾燥した

sécher セシェ　v.
乾かす、乾燥させる　＊blancs d'œuf séchés［ブラン・ドゥ・セシェ］乾燥卵白

sel セル　n.m.
塩　＊gros sel［グロ・セル］粗塩

serrer セレ　v.
メレンゲの仕上げに泡立器で力強く混ぜて気泡をひきしめる　※製菓用ミキサーで泡立てる場合は、最後にホイッパーを手に持って行う。

Silpat シルパット　n.m.
シルパット（p.27）　※商標。シリコン樹脂性でゴムのような弾力があるシート

sirop スィロ　n.m.
シロップ、糖液

soluble ソリューブル　adj.
溶ける、溶解性の

sorbétière（turbine à glace） ソルベティエール（テュルビンヌ・ア・グラス）　n.f.
ソルベティエール（p.277）

spatule en bois スパテュル・アン・ブワ　n.f.
木杓子、木ベラ

stabilisateur スタビリザトゥール　n.m.
安定剤（p.275）

streusel シュトロイゼル　n.m.
シュトロイゼル（ドイツ語から）　※甘いそぼろ状の生地

sucre スュクル　n.m.
砂糖

sucre de canne スュクル・ド・カンヌ　n.m.
甘蔗糖、さとうきびの砂糖（p.22）

sucre de palmier スュクル・ド・パルミエ　n.m.
パームシュガー（p.23）

sucre d'érable スュクル・デラブル　n.m.
メープルシュガー（p.23）

sucre en grains スュクル・アン・グラン　n.m.
白ざら糖、ざらめ糖（p.23）

sucre en morceaux スュクル・アン・モルソ　n.m.
角砂糖（p.23）

sucre glace スュクル・グラス　n.m.
粉砂糖

sucre inverti スュクル・アンヴェルティ　n.m.
転化糖（p.87）　※Trimorine［トリモリンヌ］代表的な転化糖の商品名。転化糖の代名詞になっている

sucre roux スュクル・ルゥ　n.m.
粗糖

sucre semoule スュクル・スムゥル　n.m.
グラニュー糖（p.23）

sucre vanillé スュクル・ヴァニエ　n.m.
バニラシュガー（p.173）

sucré／(f.)sucrée スュクレ　adj.
甘い、砂糖を加えた

surgelé／(f.)surgelée スュルジュレ　n.m.／adj.
冷凍食品／急速凍結の　→surgeler

surgeler スュルジュレ　v.
急速冷凍する　※congeler［コンジュレ］冷凍する、緩慢凍結する

tamis タミ　n.m.
粉ふるい、裏漉し器

tamiser タミゼ　v.
ふるう、裏漉す

tant pour tant（T.P.T.） タン・プール・タン（テ・ペ・テ） n.m.
タン・プール・タン、アーモンドと砂糖を同量ずつ合わせて挽き、粉末にしたもの（p.70）※アーモンドパウダーと粉糖を同量合わせて使ってもよい

tempérage タンペラージュ n.m.
テンパリングtempering（英）、調温 ※溶かしたチョコレートのカカオ脂を安定した結晶型にするための温度調整作業

température タンペラテュール n.f.
温度、気温

tempéreuse électrique タンペルーズ・エレクトリック n.f.
チョコレートウォーマー、テンパリングマシーン（p.358）

thé テ n.m.
茶、紅茶

thermomètre テルモメトル n.m.
温度計 ＊thermomètre centigrade［テルモメトル・サンティグラッド］百分度（摂氏）温度計

tourage トゥラージュ n.m.
デトランプにバターを折り込むこと

tourer トゥレ v.
（デトランプにバターを）折り込む

tourtière トゥルティエール n.f.
円形のオーブンプレート、鉄板、（底のある）タルト型（p.94）

tremper トランペ v.
（クーヴェルテュール、フォンダンなどで）コーティングする（おおう）、（シロップなどに）浸ける、（液体に）くぐらせる

trois-frères トルワフレール n.m.
トロワフレール型（p.249）※リング型（蛇の目型）の一種

uni／(f.)unie ユニ adj.
平坦な、なめらかな、飾りがない

vanille ヴァニーユ n.f.
バニラ（p.42）

vanilline ヴァニリンヌ n.f.
バニリン ※バニラの芳香成分である無色の化学物質

vert／(f.)verte ヴェール／ヴェルト adj.
緑の

vide-pomme ヴィドポム n.m.
りんごの芯抜き器

vin ヴァン n.m.
ワイン（p.266） ＊vin rouge［ヴァン・ルージュ］赤ワイン ＊vin blanc［ヴァン・ブラン］白ワイン ＊vin rosé［ヴァン・ロゼ］ロゼワイン

vol-au-vent（découpoir à vol-au-vent） ヴォロヴァン n.m.
ヴォロヴァン型 ※円盤状の型（p.121）

whisky ウィスキー n.m.
ウィスキー

yaourt ヤウール n.m.
ヨーグルト

zeste ゼスト n.m.
皮、（柑橘類の）表皮 ＊zeste de citron（d'orange）［ゼスト・ド・スィトロン（ドラーンジュ）］レモン（オレンジ）の皮（p.103）

フランスの祝祭日、行事

◎は移動祝日。キリストの生涯にちなんだ行事で、復活祭を軸に変動する。

1月1日　元旦
Jour de l'an[ジュール・ド・ラン]　法定休日

1月6日　公現祭
Épiphanie[エピファニ]（Jour des Rois[ジュール・デ・ルワ]）
キリストの誕生を祝って東方の3博士les rois[レ・ルワ]がベツレヘムを訪れた日。この日に食べるガレット・デ・ルワgalette des roisは、折り込みパイ生地でアーモンドクリームを包んで焼いたピティヴィエとほぼ同じ菓子で、中に一つ小さい陶製の人形を入れる。昔は人形ではなくそら豆fèves[フェーヴ]を入れていたのでこの人形のこともフェーヴと呼び、これをひきあてた人に紙でつくった王冠をかぶせ、1日王様・女王様として遊ぶ。地方によっては、パイではなく、ブリオッシュのようなパン生地でガレット・デ・ロワをつくるところもある。

2月2日　キリストの奉献、聖母お清めの祝日
Chandeleur[シャンドルール]
キリストの誕生から40日目に、お産の忌みが明けた聖母マリアが儀式のために神殿を訪れた日とされる。このとき、キリスト誕生の予言を受けたシモンという老人が「この子こそが人々を照らす明かりである」と言ったことにちなみ、教会に蝋燭を捧げることから、蝋燭祭りとも言われる。この日にはクレープをつくる。片手にコインを握り、片手でフライパンを持ってクレープを上手にひっくり返すことができれば、幸運になる、お金に困らないなどの言い伝えがある。

2月14日　バレンタインデー
Saint Valentin[サンヴァランタン]
バレンタインとは、ローマ皇帝の禁止令にさからって、兵士たちを結婚させたために殉教したキリスト教の聖人の名前。この聖人を称える日と、若い男女が「くじびき」で恋の相手を決めるという当時の春祭りが結びついて、バレンタインデーになったと言われる。欧米ではカードを送り、親しい人に贈りものをする。

◎2月頃　カーニバル
Carnaval[カルナヴァル]
謝肉祭ともいう。復活祭前の46日間の精進期間を四旬節Carême[カレーム]といい、それがはじまるまでに存分に飲み食いをして楽しむことからはじまった祭。四旬節のはじまる灰の水曜日の前日を、肉の火曜日Mardi gras[マルディ・グラ]といい、とくにその日を指すことが多い。フランスではリヨンやニースで盛大な祭りが行われる。

◎3〜4月　イースター（復活祭）
Pâques[パック]
十字架にかかったキリストが7日目に復活したことを祝う日。春分のあとの最初の満月の日の次の日曜日（春分は3月21日として計算）。イースターには、卵がつきもので、殻に色をつけたり絵を描いたイースターエッグを、教会に奉納したり、贈りものにして食べる。菓子店では、イースターの一月ほど前から、卵、雌鶏、うさぎ、子羊といったイースターにまつわるものを形どったチョコレートやマジパン細工をつくる。チョコレートなどでつくった卵の中に小さなチョコレートやキャンディを詰めた菓子を庭に隠し、宝探しのようにして子供たちにプレゼントする。イースターの翌日の月曜日は法定休日。

4月1日　エイプリルフール（四月馬鹿）
Poisson d'avril[プワソン・ダヴリル]
フランスでは4月の魚という。この場合の魚は鯖[さば]を指し、春になると簡単に釣れる間抜けな魚だから、などと言われる。菓子店には、魚の形のパイケースにカスタードクリームを詰め、いちごなど季節の果物をうろこに見立てて並べた、菓子（ポワソン・ダブリル）や、魚の形のチョコレートが並ぶ。

5月1日　メーデー
Fête de Travail[フェット・ド・トラヴァユ]　法定休日
すずらんの日Jour des muguets[ジュール・デ・ミュゲ]でもあり、大統領や親しい人にすずらんの花を贈る。それにちなんで、すずらんをモチーフにした菓子がつくられる。飲食店などでは女性客にサービスとしてすずらんの花を配ったりする。

5月8日　第二次世界大戦戦勝記念日
Fête de la Victoire[フェット・ド・ラ・ヴィクトワール]　法定休日

◎5月頃　キリスト昇天祭
Ascension[アサンスィヨン]　法定休日
キリストが復活後40日目に昇天したことを祝う日（イースターの40日後）。

◎5～6月　ペンテコステ（聖霊降臨祭）
Pentecôte[パントコット]
復活祭後の第7日曜日。コロンビエcolombier（鳩）を形どり、中にフェーヴを入れた菓子をつくる地方がある。この日の翌日の月曜日は法定休日。

7月14日　革命記念日
Fête Nationale[フェット・ナスィヨナル]　法定休日
パリ祭、Le Quatorze Juillet[ル・カトルズ・ジュイエ]とも言う。

8月15日　聖母被昇天祭
Assomption[アソンプシヨン]　法定休日

11月1日　万聖節
Toussaint[トゥサン]　法定休日
カトリックでは、1年365日が、それぞれ聖人の祝日として割りあてられているが[1]、この日は全ての聖人を祝う日。亡くなった人を偲ぶ日となっている。その前夜がハロウィーン。かぼちゃを目鼻の形にくり抜いた提灯にろうそくを灯し、お化けや魔女に仮装した子供たちが「お菓子をくれなきゃいたずらするぞ　Trick or treat」と言って近所の家を回る行事が、主にアメリカで行われる。かぼちゃのパイなど、かぼちゃを使った菓子をつくる。
　　※1　毎年刊行されるミシュランのレストランガイドブック（MICHELIN　LE GUIDE ROUGE）には、巻末に祝祭日とそれぞれの日の聖人がわかるカレンダーが掲載されている。

11月11日　第一次世界大戦休戦記念日
Fête de l'Armistice[フェット・ド・ラルミスティス]　法定休日

11月下旬～　アトヴェント（待降節）
Avent[アヴァン]
クリスマスからさかのぼって4回の日曜日を含むおよそ1カ月の準備期間。毎週1本ずつ蝋燭を灯して祈りを捧げ、キリストの降誕を待つ。クリスマスの飾りつけがはじまる。

12月25日　クリスマス（降誕祭）
Noël[ノエル]　法定休日
クリスマスに太い薪を燃やし、その灰をとっておくと、次の1年間病気や災難から守ってくれるという伝承から、ビュシュ・ド・ノエルBûche de Noëlがつくられるようになったという。ビュシュは薪という意味で、バタークリームを使ったロールケーキを薪に見立てたもの。バタークリームはコーヒーやチョコレートで風味をつけたものがよく使われる。

●日曜日や祝祭日、祝い事のある日の食卓には、菓子が欠かせないものである。上記のほか、母の日、父の日、ぶどうの収穫祭など、その折々にちなんだ菓子がつくられる。また、誕生、洗礼、初聖体拝領、婚約、結婚といった人生の節目のお祝いには、あめ細工やマジパン細工で祝い事にちなんだ装飾をしたクロカンブッシュcroquembouche[2]やドラジェdragée[3]が用意される。
　　※2　口（bouche）の中でかりかりかむ（croquer）というような意味。ウェディングケーキとして日本でも普及。子孫繁栄と幸せが天までとどくようにという願いがこめられていると言われ、参列者に配り分けられる。
　　※3　アーモンド、またはチョコレートを芯にして光沢のある固い砂糖衣でくるんだ糖菓。

菓子名索引

●あ
アマーンド・オ・ショコラ　Amandes au chocolat　373
ウ・ア・ラ・ネージュ　Œufs à la neige　268
エリソン　Hérissons　296
オペラ　Opéra　74
オムレット・オ・フレーズ　Omelette aux fraises　37
オラーンジュ　Orange　365

●か
ガト・ショコラ・ド・ナンスィ　Gâteau chocolat de Nancy　82
ガト・マルジョレンヌ　Gâteau Marjolaine　202
ガト・モカ　Gâteau moka　56
カラメル・ムゥ　Caramels mous　344
ガレット・ドラーンジュ　Galette d'orange　120
ガレット・ブルトンヌ　Galettes bretonnes　302
ギモーヴ　Guimauve　336
クイーニャマン　Kouign-amann　221
クグロフ　Kouglof　210
グラス・ア・ラ・ヴァニーユ　Glace à la vanille　(228), 276
グラニテ・オ・ペシュ　Granité aux pêches　282
グリヨット・オ・キルシュ　Griottes au kirsch　368
クレプ・ノルマーンド　Crêpes normandes　227
クレム・ランヴェルセ・オ・カラメル　Crème renversée au caramel　256
ケック・オ・フリュイ　Cake aux fruits　79
ゴーフル　Gaufres　244
コンフィ　Confits　296
コンポット・ド・プリュノ　Compote de pruneaux　271

●さ
サヴァラン　Savarin　213
サクリスタン　Sacristain　151
サバヨン　Sabayon　265
サントノレ　Saint-honoré　171
サンマルク　Saint-Marc　71
シャルロット・オ・プワール　Charlotte aux poires　46
シュウ・ア・ラ・クレム　Choux à la crème　162
シュウ・ア・ラ・クレム・シャンティイ　Choux à la crème chantilly　162
シュウ・アン・スュルプリーズ　Choux en surprise　164
ジュレ・ド・パンプルムゥス　Gelée de pamplemousse　253
ショソン・ナポリタン　Chausson napolitain　147
スィガレット　Cigarettes　304
スフレ・ア・ラ・ヴァニーユ　Soufflé à la vanille　238
スフレ・オ・ポム　Soufflé aux pommes　241
スフレ・グラセ・オ・グラン・マルニエ　Soufflé glacé au Grand Marnier　286
スュクセ・プラリネ　Succès praliné　193
セヴィニェ　Sévigné　187
ソルベ　Sorbets　278
ソルベ・オ・スィトロン　Sorbet au citron　279
ソルベ・ア・ラ・フランブワーズ　Sorbet à la framboise　280
ソルベ・ア・ラ・マーング　Sorbet à la mangue　280
ソルベ・ア・ロラーンジュ　Sorbet à l'orange　280

●た
タルト・オ・スリーズ　Tarte aux cerises　93
タルト・オ・マロン・エ・プワール　Tarte aux marrons et poires　199
タルト・タタン　Tarte Tatin　98
タルトゥレット・オ・スィトロン　Tartelette au citron　110
タルトゥレット・オ・ピニオン　Tartelette aux pignons　113
テュイル・オ・ザマーンド　Tuiles aux amandes　298
テュイル・ダンテル　Tuiles dentelles　300
テュッティ・フルッティ　Tutti frutti　378
トゥルト・フロマジェ　Tourteau fromagé　101
トラーンシュ・オ・ショコラ　Tranche au chocolat　62
トリュフ　Truffes　362

●な
ヌガ・グラセ　Nougat glacé　288
ヌガ・ド・プロヴァーンス　Nougat de Provence　342
ヌガ・ド・モンテリマール　Nougat de Montélimar　339

●は
パート・ド・フリュイ　Pâte de fruits　333
パイエット・フランブワーズ　Paillette framboise　151
バヴァルワ　Bavarois　247
バト・ショコラ　Bateaux chocolat　294
バトン・マレショ　Bâtons Maréchaux　308
パピヨン　Papillon　151
パリブレスト　Paris-brest　169
バルケット・オ・マロン　Barquettes aux marrons　295
パルフェ　Palfait　284
パルミエ　Palmier　150
パレ・オ・レザン　Palets aux raisins　306
パン・ド・ジェンヌ　Pain de Gênes　66
ピエモンテ　Piémontais　361
ビスキュイ・ド・ラーンス　Biscuit de Reims　267
ピティヴィエ　Pithiviers　142
ビテール　Bitter　190
ピュイ・ダムール　Puit d'amour　144
ビューニュ　Bugnes　235
ファール・ブルトン　Far breton　230
プティ・フール・オ・ザマーンド　Petits fours aux amandes　327
フユタージュ・スュクレ　Feuilletage sucré　149
プラリンヌ　Pralines　349
フラン・オ・プワール　Flan aux poires　106
フランブワズィンヌ　Framboisines　370
ブランマンジェ　Blanc-manger　250
フリュイ・デギゼ　Fruits déguisés　330
ブリヨシュ・オ・フリュイ・コンフィ　Brioche aux fruits confits　217
フレーズ　Fraises　296
フレズィエ　Fraisier　52
フロランタン・サブレ　Florentin sablé　118
ベーニェ・オ・ポム　Beignets aux pommes　232
ポンヌフ　Pont-neuf　166
ボンボン・ア・ラ・リクール　Bonbons à la liqueur　346

●ま
マカロン・オ・フランブワーズ　Macaron aux framboises　196
マカロン・ド・ナンスィ　Macarons de Nancy　312
マカロン・ムゥ　Macarons mous　314
マドレンヌ　Madeleine　85
マロン　Marrons　295
マンディヤン　Mendiants　360
ミルフユ・グラセ　Mille-feuille glacé　136
ミルフユ・ショコラ・ア・ラ・マーント　Mille-feuille chocolat à la menthe　154
ムゥス・オ・ショコラ　Mousse au chocolat　259
ムゥス・オ・スィトロン　Mousse au citron　262
ムリヌワ　Moulinois　123
モカ　Mokas　295
モンブラン　Mont-blanc　184

●ら
ルリジューズ　Religieuse　174
ルレ・オ・フリュイ　Roulé aux fruits　43
ロシェ・オ・ヌワ・ド・ココ　Rochers aux noix de coco　310
ロシュ・ダマーンド　Roches d'amandes　375

基本技法索引

【生地】
パータ・ゴーフル 245
パータ・クグロフ 211
パータ・クレープ 228
パータ・ケック 80
パータ・サヴァラン 214
パータ・ジェノワーズ 50,53,261,263
パータ・ジェノワーズ・オ・カフェ 57
パータ・ジェノワーズ・オ・ショコラ 63
パータ・シガレット (277),(279),305
パータ・シュー 148,160,162,165,167,170,172,175
パータ・シュクセ 194
パータ・セヴィニェ 188
パータ・ダクワーズ 200
パータ・ビスキュイ 34,44,47
パータ・ビスキュイ・ジョコンド 69,72,75,289
パータ・フォンセ 90,94,99,102,172
パータ・ブリオッシュ 218
パータ・ベーニェ 233
パータ・マカロン 197
パート・サブレ 116,119,121
パート・サブレ・オ・ショコラ 124
パート・シュクレ 104,107,111,294,295,296
パート・ダマンド・クリュ 320,327
パート・ダマンド(・フォンダント) 53,323,330
パート・フイユテ→フィユタージュ
パート・ルヴェ 208
フイユタージュ・ア・ラ・ミニュット 134
フイユタージュ・アンヴェルセ 132
フイユタージュ・オ・ショコラ 152,155
フイユタージュ(・オルディネール)
　　　　　　　　　　　129,137,143,145,148,150,165,167
フォン・ド・マルジョレンヌ 203

【クリームなど】
アパレイユ・オ・シトロン 111
アパレイユ・オ・フロマージュ 102
アプリコットジャム 140
アーモンドスライスのカラメリゼ 376
アーモンドのカラメリゼ 289,374
イタリアンメレンゲ→ムラング・イタリエンヌ
ガナッシュ 63,65,75,124,203,294,296,363,366
ガナッシュ・ア・ラ・フランボワーズ 371
ガナッシュ・オ・ブール 63
グラサージュ・ノワール 155
クーリ・ドランジュ 260
クレーム・ア・サントノレ 172
クレーム・ア・ピュイ・ダムール 145
クレーム・ア・ラニ 197
クレーム・ア・ラ・マーント 155
クレーム・アングレーズ 248,251,269,277,289
クレーム・オ・ブール 53,57,60,170,175,295
クレーム・オ・ブール・オ・カフェ 57,75,175
クレーム・オ・ブール・オ・プラリネ 188,194
クレーム・オ・フロマージュ・ブラン 44
クレーム・オ・マロン 185
クレーム・シブースト→クレーム・ア・サントノレ
クレーム・シャンティイ 163,172,185,203,245,248,254,266,285
クレーム・シャンティイ・ア・ラ・ヴァニーユ 72
クレーム・シャンティイ・オ・ショコラ 72
クレーム・シャンティイ・オ・プラリネ 203
クレーム・ダマンド 107,109,143,218,294,295,296
クレーム・ディプロマット 38,165

クレーム・パティシエール
　38,40,53,137,145,148,155,162,165,167,170,172,175,197,200,218,296
クレーム・フエテ 287
クレーム・ムスリンヌ 53
クレーム・ムスリンヌ・オ・プラリネ 170
シナモン風味のアイスクリーム 233
ジュレ・ド・フランボワーズ 145
ソース・オ・ミエル 242
ヌガティーヌ 175
パータ・ボンブ 72,188,191,260,285,287
ピスタチオ風味のクレーム・アングレーズ 289
ピニョン(松の実)・カラメリゼ 114
フォンダン 138,139,175,295,296,369
フォンダン・カフェ 175,295
フォンダン・ショコラ 138,175,294,295
フランジパーヌ 218
ポム・ノルマーンド 228
ムース・オ・シトロン 263
ムース・オ・ショコラ 191,260
ムース・オ・ブール・オ・ショコラ 124
ムース・オ・ブール・オ・プラリネ 124
ムスリンヌ・オ・マロン 200
ムラング・イタリエンヌ(イタリアンメレンゲ)
　　　　44,60,111,124,145,172,175,183,194,287
ムラング・オ・ショコラ 191
ムラング・オルディネール→ムラング・フランセーズ
ムラング・シュール・ル・フ→ムラング・スイス
ムラング・スイス(スイスメレンゲ) 182,191
ムラング・フランセーズ(フレンチメレンゲ) 181,185,188
桃のコンポート 283
洋梨のシロップ煮 49
洋梨のバヴァロワ 47
ラム酒風味のグラス・ア・ロー 307
レモンの皮のシロップ漬け 263

【その他】
型の準備 59
紙のコルネのつくり方 141
凝固剤(ゲル化剤)について 246
香料の種類 42
酒について 39
絞り出し袋の準備と絞り方 45
調温(テンパリング) 356
糖液の温度と状態 61
糖度の測り方 275
パイ生地ののばし方 92
パレットナイフの持ち方、選び方 58
ベリーについて 281
マジパン 319
マジパン細工(バラの花) 55
麺棒の使い方 97
ローマジパン 319

総索引

●あ
A.O.C　15
アーモンド　68
アーモンドスライス　376
アーモンドダイス　175
アイスクリーム　276
アイスクリームフリーザー　277
青りんごピューレ　334
揚げ菓子　232,235
穴杓子　51
アニス　198
アニゼット　198
アプリコット　140
アプリコットジャム　81,140
アベセ　95
アマレット　68
アラビアゴム（ガム）　329
アロゼ　216
アンゼリカの砂糖漬け　81,218
安定剤　275
アンビバージュ　44
アンビベ　44
アンフュージョン　372
アンフュゼ　155
イースト　208,236
イジニーのバター　15
いちご　38,39,44,53,214,252
インスタントコーヒー　57
ウィスキー　347
ウエハース　341
ヴォロヴァン型　121
浮き粉　348
浮き秤比重計　275
薄塩バター　25
エシレ産バター　25
エバルベ　111
エモンデ　320
オドヴィ→ブランデー
オーブン　26
オールインワン法　78
オレンジ　280
オレンジの花水　237
オレンジピール　122

●か
カード　29
カカオ豆　353
カカオバター　354
カカオマス　354
角砂糖　23
カスタードパウダー　41
カステラ包丁　58
可塑性　25
カソナード　23
カラギーナン　255
カラメライザー　73
カラメリゼ　73
カラメル　257,269,344
空焼き　95,111,115
カルヴァドス　229
カルトン　54
柑橘類の表皮　103,122
甘蔗糖　22
甘草［カンゾウ］→リコリス

キウイ　44,214,252
木杓子　29
キャラメル型　345
キュイール・ア・ブラン→空焼き
牛乳　24
キュラソー　366
凝固剤　246
強力粉　18,90
キルシュ　39
金箔　74,296
クーヴェルチュール　355
クーリ　260
クエン酸　335
クグロフ型　84,212
クシェ　175
果物の砂糖漬け→フリュイ・コンフィ
口金　45,75,186
クッキングペーパー　27
屈折糖度計　275
グラニュー糖　23
グラン・マルニエ　54
栗のシロップ漬け→マロン・オ・シロ
クリーミング性　25
グリヨット　94
グリヨットのアルコール漬け　369
グルコース　139
グルテン　19
くるみ　332
クレープ　227
クレープパン　228
グレープフルーツ　254
クレーム・エペス→発酵生クリーム
クレーム・ドゥーブル→発酵生クリーム
クレーム・ド・マロン　186
クレメ　104,116
クローブ　272
ゲル化剤　246
コーヒーエッセンス　76
コーヒービーンズチョコレート　57
ゴーフル型　245
コーンスターチ　68
焦がしバター　228
ココアパウダー　354
ココット型　240
ココナッツ　311
粉砂糖　23
コニャック　237
小麦粉　18,90
ゴムベラ　29
コルヌ→カード
コルネ　141,165
コワントロー　366
コンフィチュール　140
コンポート　271,283

●さ
サヴァラン型　215
さくらんぼ　94,95,369
砂糖　22
さとうきび　22
サブラージュ　91
サブレ　116
ざらめ糖→白ざら糖
サワークリーム　115

サワーチェリー　95
三角パレット　358
シガレット　260, 305
シクテ　143
シナモン　233, 234, 272
白ざら糖　23
絞り出し袋　45
シャーベット　278
ジャンデュジャ　305, 361, 379
シュガーバッター法　78
充填器　348
シュトロイゼル　94
シュミゼ　260
ショートニング性　25
食用色素　54
シルパット　27
シロップ　61, 183, 216, 275, 287
シロップ煮　49
伸縮パイカッター　151
スイートチェリー　95
筋つけ用麺棒　54
スターアニス　198
スリーズ　95
製菓用ミキサー　28
セシェ　288
ゼスト　103
ゼラチン　47, 48
ゼリー　253, 333
セルクル　47, 107
セレ　35
粗糖　23
ソルベティエール　277

●た
卵　20
タミゼ　34
ダリヨル型　215
タルト型　94, 107
タン・プール・タン　70
タン・プール・タン・ノワゼット　83
タンペラージュ　356
チーズ　45, 103
着色料→食用色素
調温　356
チョコレート　354
チョコレートウォーマー　358
チョコレートフォーク　364
チョコレートフレーク→パイユテ・ショコラ
チョコレート用の型　372
デセシェ　161
鉄芯　334
デトランプ　128
テュイル型　299
転化糖　87
てんさい　22
テンパリング　356
でんぷん　68, 348
とい（とゆ）型　148, 299
糖液→シロップ
糖度計　275
等分器　58
トゥラージュ　130
トゥルティエール　94, 107
共立法　50

トランペ　216
トランペ串→チョコレートフォーク
ドリュール　143
ドレ　143
ドレセ　163
ドレンチェリー　332
トロワフレール型　249

●な
ナップ　248, 277
ナッペベラ→パレットナイフ
ナパージュ　48
ナパージュ・ヌートル　48, 261
ナパージュ・ルージュ　48, 167
生イースト　208
生クリーム　24, 163
ヌガーローラー　176
ノワゼット→ヘーゼルナッツ

●は
パータ・グラセ　355
パート・ド・マロン　186
パームシュガー　23
パイユテ・ショコラ　205
薄力粉　18, 90
パスティス　198
バター　25
蜂蜜（はちみつ）　87
八角→スターアニス
発酵生クリーム　176
発酵バター　25
バナナ　44, 232
バニラ　42
バニラエクストラクト　42
バニラエッセンス　42
バニラオレオレジン　42
バニラシュガー　173
バニラのさや　42
バニリン　42, 343
ババ型→ダリヨル型
パピエ・キュイソン　27
パレットナイフ　58
パン・ド・ジェンヌ型　67
パンセ　121
ピアソンのスクエア法　279
ピエ　315
ビガロー　95
ピケ　95
ピケローラー　94
比重計　275
ピスタチオ　58
ピスタチオペースト　290
ピュレ　334
ピュレ・ド・マロン　186
フイユテ生地　128
フィンガーテスト　219
フウェテ　35
ブラージュ　130
ブール・ノワゼット　228
ブール・マニエ　239
フォンセ　95
フォンダン　139
フォンテンヌ　211
プティ・フール型　294

417

フラゼ→フレゼ
プラリネ 125
フラワーバッター法 78
フラン型 231
フランスパン用粉 211
ブランシール 40
ブランデー 212
フランベ 229
フランボワーズ 214, 280, 334
フランボワーズジャム 150
フランボワーズのアンフュージョン 372
ブリックス 275
フリュイ・コンフィ 81
フルーツ香料 338
ブルーベリー 214, 281
プルーン→干しプラム
フレゼ 105
フロマージュ→チーズ
フロマージュ・ブラン 45
ブロワイユーズ 139
ベーキングシート 27
ベーキングパウダー 86
ヘーゼルナッツ 84
ペクチン 335
別立法 34
ペルノー 198
ペルラージュ 47, 122
ボーメ 275
干しぶどう→レーズン
干しプラム 231, 272
ポワール→洋梨
ポワール・ウィリアム（ス） 49

●ま
マーマレード 122
マカロネ 197, 315
マジパン 319
マジパン細工用ヘラ 329
マシュマロ 336
マセレ 80
松の実 115
マロン・オ・シロ 186
マロンペースト→パート・ド・マロン
マンケ型 67, 99
マンゴー 280
水あめ 139
ミラソン 111
ミルティーユ 281
ミント 157
ムーリネット 140
メープルシュガー 23
メランジュール→製菓用ミキサー
メレンゲ 35, 180
桃 283

●や
山羊のチーズ 103
洋梨 49, 201, 260
洋梨のブランデー 49

●ら
ライム 112
ラズベリー 281
ラム酒 81

リキュールボンボン用の押し型 348
リコリス 198
リュバン 50
りんご 99, 100, 214, 228, 232
レイエ 143
レーズン 81
レモン 112
ローマジパン 319
ロザス 142

●わ
ワイン 266
ワッフル 244
ワッフルメーカー→ゴーフル型

<著者紹介>

川北 末一
かわきた　すえかず

辻製菓専門学校　製菓主任教授
1949年大阪府生まれ。1975年渡欧、リヨンの製菓店「ベルナション」、ヴィエンヌのレストラン「ピラミッド」をはじめ、フランス、ドイツ、オーストリア、イタリアの各地で研修。著書に『ヨーロッパのデザート』(鎌倉書房)、共著に『ウィーン菓子スペシャリテ』(文化出版局)、『プロ調理の基本7 洋菓子』(同朋舎メディアプラン)。『グラン・パティシエ　最新世界の洋菓子 (全5巻)』(同朋舎メディアプラン) 監修。

<菓子製作協力>

安井 清秀
やすい　きよひで

辻製菓専門学校　製菓教授
1959年岡山県生まれ。1986年ドイツ、オッフェンブルク「カフェ・コッハス」で研修。『グラン・パティシエ　最新世界の洋菓子(全5巻)』(同朋舎メディアプラン) で菓子の製作を担当。

瀬戸山 明夫
せとやま　あきお

辻製菓専門学校　製菓助教授
1970年兵庫県生まれ。2000年フランス「ジャン・フィリップ・ゲイ」で研修。

<コーヒー、紅茶担当>

伊藤 敏夫
いとう　としお

1959年年群馬県生まれ。コーヒー生産の研究のためブラジルで研修。共著『おいしい珈琲(コーヒー)の事典』(成美堂出版)。元辻製菓専門学校教授。

<原稿作成>

小阪 ひろみ
こさか　ひろみ

辻静雄料理教育研究所研究員
大阪市立大学文学部卒業。フランス語フランス文学専攻。製菓材料の解説、菓子の歴史、フランスの地理に関する部分の執筆と全体の校正を担当。

| プロのための
わかりやすい
フランス菓子 | Pâtisserie française |

初版発行	2004年4月1日
4版発行	2007年3月1日

著者Ⓒ	川北末一（かわきた・すえかず）　辻製菓専門学校
発行者	土肥大介
発行所	株式会社柴田書店
	〒113-8477　東京都文京区湯島3-26-9 イヤサカビル
書籍編集部	☎03(5816)8260
お問い合わせ	☎03(5816)8282　営業部・ご注文窓口
ホームページURL	http://www.shibatashoten.co.jp
振替	00180-2-4515
印刷	凸版印刷株式会社
製本	大口製本印刷株式会社

本書は小社発行の『料理百科』49号から60号に掲載した「プロのための洋菓子技術講座」をもとに大幅に加筆をして再構成したものである。

落丁、乱丁本はお取替えいたします。
Printed in Japan